U0113480

白话华严经

洪启嵩　译讲

第四册

上海三联书店

皈命颂

南无大智海毗卢遮那如来
南无大方广佛华严经
南无莲华藏海华严会上佛菩萨

皈命圣不动自性大悲者　　大智海普贤现流清净道
因道果圆满毗卢遮那智　　唯佛与佛究竟大华严经
净信为能入道源功德母　　发心即成堕佛数成正觉
殊胜了义不可思议佛音　　住不退真实随顺如来语
愿佛摄我莲华藏清净海　　性起唯住帝珠正觉道场
相摄相入广大悲智力用　　平等受用寂灭金刚法界
皈命大方广佛常住华严　　随顺华严法流永无退转

目　录

十定品第二十七

卷第四十
《十定品》导读

　　原来《六十华严》的译本并没有《十定品》第二十七，这一品只出现在《八十华严》。本经中从这一品起十一品是第七会，即重会普光明殿会，因为第二会也是普光明殿会，所以第七会为重会。《十地品》以前是菩萨历阶位而修持，本品以下则在阐明普贤因圆果满德用圆备之等觉及妙觉位。本品的梵文名为"如来十三昧品"，以如来所证的十种三昧，虽是普贤所证所说，但因为是等觉位，亦得以名为如来，但汉译本略去了"如来"二字。本品的单行经有西晋竺法护翻译的《等目菩萨所问三昧经》三卷。"等目菩萨"在本经中作"普眼菩萨"，是本品的发问者，所问的内容便是十种三昧，而由普贤菩萨回答。

　　《十定品》之初佛仍是在菩提场的普光明殿，而入于刹那际诸佛三昧，住于无相中，与所灌顶位的菩萨在一起。普眼申问普贤行成就的大三昧为何？经过众菩萨启请，普贤菩萨现身，而佛便劝普贤宣说十大三昧，令诸菩萨能善入成满普贤所有行愿。普贤菩萨便承力演说此十大三昧：

　　一，普光大三昧。菩萨有十无尽法，发十种无边心，有十种入三昧差别智，有十种入大三昧善巧智。

　　二，妙光大三昧。能入诸世界，诸世界亦来入此身，而恒真如性，能普入、普观、普思、普了，因为一切法如幻之故。

　　三，次第遍往诸佛国土大三昧。菩萨过无数世界而于彼入此三昧，或刹那入，或久劫入；入已，明见一切世界。

　　四，清净深心行大三昧。供养无数世界诸佛而不起佛出世、涅槃想，虽如梦幻而忆持不忘。

五，知过去庄严藏大三昧。能知过去一切法之次第，此三昧名为过去清净藏；而由三昧起，受佛十种灌顶法。

六，智光明藏大三昧。能知未来一切劫诸佛而不离一念，又入十种持门，知差别相，令众生入十种不空。

七，了知一切世界佛庄严大三昧。能次第入诸世界，见佛及众会，见自身及佛身，成就十种速疾法，得十种法印，得十种广大智藏，得十种最清净威德身，令众生得十种圆满，为众生作十种佛事。

八，众生差别身大三昧。住此三昧得十种无所着，而出入自在，得十种称赞、十种光明照耀、十种无所作，境界自在，终到十种神通彼岸。

九，法界自在大三昧。于六入处乃至一一毛孔入三昧，得十种海，复得十种殊胜，复得十种力，从四辩才流出诸行，入一切智海，亦以四智河利益一切令入一智海，而常修普贤行愿不倦无染。

十，无碍轮大三昧。能住无碍身、语、意业，乃至转无碍法轮，且有一莲华而生其上，能证一切佛法而住普贤行，入普幻门三昧，住师子奋迅智，住十大法藏，得十种法，同诸佛而不名佛、不名十力，因为修普贤行不息故名大三昧。安住于普贤行愿当中，相续不断，心地清净。

卷第四十
十定品第二十七之一

【原典】

　　尔时，世尊在摩竭提国阿兰若法菩提场中，始成正觉，于普光明殿入刹那际诸佛三昧，以一切智自神通力现如来身，清净无碍，无所依止，无有攀缘，住奢摩他最极寂静，具大威德无所染著，能令见者悉得开悟，随宜出兴不失于时，恒住一相所谓无相。与十佛刹微尘数菩萨摩诃萨俱，靡不皆入灌顶之位，具菩萨行，等于法界无量无边，获诸菩萨普见三昧，大悲安隐一切众生，神通自在，同于如来，智慧深入，演真实义，具一切智，降伏众魔，虽入世间，心恒寂静，住于菩萨无住解脱。其名曰金刚慧菩萨、无等慧菩萨、义语慧菩萨、最胜慧菩萨、常舍慧菩萨、那伽慧菩萨、成就慧菩萨、调顺慧菩萨、大力慧菩萨、难思慧菩萨、无碍慧菩萨、增上慧菩萨、普供慧菩萨、如理慧菩萨、善巧慧菩萨、法自在慧菩萨、法慧菩萨、寂静慧菩萨、虚空慧菩萨、一相慧菩萨、善慧菩萨、如幻慧菩萨、广大慧菩萨、势力慧菩萨、世间慧菩萨、佛地慧菩萨、真实慧菩萨、尊胜慧菩萨、智光慧菩萨、无边慧菩萨、念庄严菩萨、达空际菩萨、性庄严菩萨、甚深境菩萨、善解处非处菩萨、大光明菩萨、常光明菩萨、了佛种菩萨、心王菩萨、一行菩萨、常现神通菩萨、智慧芽菩萨、功德处菩萨、法灯菩萨、照世菩萨、持世菩萨、最安隐菩萨、最上菩萨、无上菩萨、无比菩萨、超伦菩萨、无碍行菩萨、光明焰菩萨、月光菩萨、一尘菩萨、坚固行菩萨、霔法雨菩萨、最胜幢菩萨、普庄严菩萨、智眼菩萨、法眼菩萨、慧云菩萨、总持王菩萨、无住愿菩萨、智藏菩萨、心王菩萨、内觉慧菩萨、住佛智菩萨、陀罗尼勇健力菩萨、持地力菩萨、妙月菩萨、须弥顶菩萨、宝顶菩萨、普光照菩萨、威德王菩萨、智慧轮菩萨、大威德菩萨、大龙相菩萨、质直行菩萨、不退转菩萨、持法幢菩萨、无忘失菩萨、摄诸趣菩萨、不思议决定慧菩萨、游戏无边智菩萨、无尽妙法藏菩萨、智日菩萨、法日菩萨、智藏菩萨、智泽菩萨、普见菩萨、不空见菩萨、金刚通菩萨、金刚智菩萨、金刚焰菩萨、金刚慧菩萨、普眼菩萨、佛日菩萨、持佛金刚秘密义菩萨、普眼境界智庄严菩萨。如是等菩萨摩诃萨十佛刹微尘数，往昔皆与毗卢遮那如来同修菩萨诸善根行。

尔时，普眼菩萨摩诃萨承佛神力，从座而起，偏袒右肩，右膝著地，合掌白佛言："世尊！我于如来、应、正等觉，欲有所问，愿垂哀许。"佛言："普眼！恣汝所问，当为汝说，令汝心喜。"普眼菩萨言："世尊！普贤菩萨及住普贤所有行愿诸菩萨众成就几何三昧解脱，而于菩萨诸大三昧或入、或出、或时安住？以于菩萨不可思议广大三昧善入出故，能于一切三昧自在，神通变化无有休息？"佛言："善哉！普眼！汝为利益去、来、现在诸菩萨众而问斯义。普眼！普贤菩萨今现在此，已能成就不可思议自在神通，出过一切诸菩萨上，难可值遇，从于无量菩萨行生，菩萨大愿悉已清净，所行之行皆无退转，无量波罗蜜门、无碍陀罗尼门、无尽辩才门皆悉已得，清净无碍，大悲利益一切众生，以本愿力尽未来际而无厌倦。汝应请彼，彼当为汝说其三昧自在解脱。"

尔时，会中诸菩萨众闻普贤名，即时获得不可思议无量三昧，其心无碍，寂然不动，智慧广大，难可测量，境界甚深，无能与等；现前悉见无数诸佛，得如来力，同如来性，去、来、现在靡不明照，所有福德不可穷尽，一切神通皆已具足。其诸菩萨于普贤所，心生尊重，渴仰欲见，悉于众会周遍观察而竟不睹，亦不见其所坐之座。此由如来威力所持，亦是普贤神通自在使其然耳。

尔时，普眼菩萨白佛言："世尊！普贤菩萨今何所在？"佛言："普眼！普贤菩萨今现在此道场众会，亲近我住，初无动移。"是时，普眼及诸菩萨复更观察道场众会，周遍求觅，白佛言："世尊！我等今者犹未得见普贤菩萨其身及座。"佛言："如是，善男子！汝等何故而不得见？善男子！普贤菩萨住处甚深不可说故。普贤菩萨获无边智慧门，入师子奋迅定，得无上自在用，入清净无碍际，生如来十种力，以法界藏为身，一切如来共所护念，于一念顷，悉能证入三世诸佛无差别智，是故汝等不能见耳。"

尔时，普眼菩萨闻如来说普贤菩萨清净功德，得十千阿僧祇三昧，以三昧力复遍观察，渴仰欲见普贤菩萨，亦不能睹。其余一切诸菩萨众，俱亦不见。时，普眼菩萨从三昧起，白佛言："世尊！我已入十千阿僧祇三昧，求见普贤而竟不得，不见其身及身业、语及语业、意及意业、座及住处，悉皆不见。"佛言："如是！如是！善男子！当知皆以普贤菩萨住不思议解脱之力。普眼！于汝意云何？颇有人能说幻术文字中种种幻相所住处不？"答言："不也。"佛言："普眼！幻中幻相尚不可说，何况普贤菩萨秘密身境界、秘密语境界、秘密意境界，而于其中能入能见！何以故？普贤菩萨境界甚深，不可思议，无有量，已过量。举要言之，普贤菩萨以金刚慧普入法界，于一切世界无所行、无所住，知一切众生身皆即非身，无去无来，得无断尽、无差别自在神通，无依无作，无有动转，至于法界究竟边际。善男子！若有得见普贤菩萨，若得承事，若得闻名，若有思惟，若有忆念，若生信解，若勤观察，若始趣向，若正求觅，若兴誓愿，相续不绝，皆获利益，无空过者。"

尔时，普眼及一切菩萨众，于普贤菩萨心生渴仰，愿得瞻觐，作如是言："南无一切诸佛！南无普贤菩萨！"如是三称，头顶礼敬。尔时，佛告普眼菩萨及诸众会言："诸佛子！汝等宜更礼敬普贤，殷勤求请，又应专至观察十方，想普贤身现在其前。如是思惟，周遍法界，深心信解，厌离一切，誓与普贤同一行愿，入于不二真实之法，其身普现一切世间，悉知众生诸根差别，遍一切处，集普贤道。若能发起如是大愿，则当得见普贤菩萨。"是时，普眼闻佛此语，与诸菩萨俱时顶礼，求请得见普贤大士。

尔时，普贤菩萨即以解脱神通之力，如其所应，为现色身，令彼一切诸菩萨众皆见普贤亲近如来，于此一切菩萨众中坐莲华座；亦见于余一切世界一切佛所，从彼次第相续而来；亦见在彼一切佛所，演说一切诸菩萨行，开示一切智智之道，阐明一切菩萨神通，分别一切菩萨威德，示现一切三世诸佛。是时，普眼菩萨及一切菩萨众，见此神变，其心踊跃，生大欢喜，莫不顶礼普贤菩萨，心生尊重，如见十方一切诸佛。是时，以佛大威神力及诸菩萨信解之力、普贤菩萨本愿力故，自然而雨十千种云。所谓种种华云、种种鬘云、种种香云、种种末香云、种种盖云、种种衣云、种种严具云、种种珍宝云、种种烧香云、种种缯彩云。不可说世界，六种震动，奏天音乐，其声远闻不可说世界。放大光明，其光普照不可说世界，令三恶趣悉得除灭，严净不可说世界，令不可说菩萨入普贤行、不可说菩萨成普贤行，不可说菩萨于普贤行愿，悉得圆满，成阿耨多罗三藐三菩提。

尔时，普眼菩萨白佛言："世尊！普贤菩萨，是住大威德者、住无等者、住无过者、住不退者、住平等者、住不坏者、住一切差别法者、住一切无差别法者、住一切众生善巧心所住者、住一切法自在解脱三昧者。"佛言："如是！如是！普眼！如汝所说，普贤菩萨有阿僧祇清净功德，所谓无等庄严功德、无量宝功德、不思议海功德、无量相功德、无边云功德、无边际不可称赞功德、无尽法功德、不可说功德、一切佛功德、称扬赞叹不可尽功德。"

尔时，如来告普贤菩萨言："普贤！汝应为普眼及此会中诸菩萨众说十三昧，令得善入，成满普贤所有行愿。诸菩萨摩诃萨说此十大三昧故，令过去菩萨已得出离，现在菩萨今得出离，未来菩萨当得出离。何者为十？一者普光大三昧，二者妙光大三昧，三者次第遍往诸佛国土大三昧，四者清净深心行大三昧，五者知过去庄严藏大三昧，六者智光明藏大三昧，七者了知一切世界佛庄严大三昧，八者众生差别身大三昧，九者法界自在大三昧，十者无碍轮大三昧。此十大三昧，诸大菩萨乃能善入，去、来、现在一切诸佛已说、当说、现说。若诸菩萨爱乐尊重，修习不懈，则得成就。如是之人，则名为佛，则名如来，亦则名为得十力人，亦名导师，亦名大导师，亦名一切智，亦名一切见，亦名住无碍，亦名达诸境，亦名一切法自在。此菩萨普入一切世界，而于世界无所著；普入一切众生界，而于众生无所取；普入一切身，而于身无所碍；普入一切法界，而知法界无有边。

亲近三世一切佛，明见一切诸佛法，巧说一切文字，了达一切假名，成就一切菩萨清净道，安住一切菩萨差别行。于一念中，普得一切三世智，普知一切三世法，普说一切诸佛教，普转一切不退轮，于去、来、现在一一世，普证一切菩提道。于此一一菩提中，普了一切佛所说。此是诸菩萨法相门，是诸菩萨智觉门，是一切种智无胜幢门，是普贤菩萨诸行愿门，是猛利神通誓愿门，是一切总持辩才门，是三世诸法差别门，是一切诸佛示现门，是以萨婆若安立一切众生门，是以佛神力严净一切世界门。若菩萨入此三昧，得法界力无有穷尽，得虚空行无有障碍，得法王位无量自在。譬如世间灌顶受职。得无边智，一切通达，得广大力，十种圆满，成无诤心，入寂灭际，大悲无畏，犹如师子，为智慧丈夫，然正法明灯。一切功德叹不可尽，声闻、独觉莫能思议。得法界智，住无动际，而能随俗种种开演。住于无相，善入法相，得自性清净藏，生如来清净家。善开种种差别法门，而以智慧了无所有，善知于时，常行法施，开悟一切，名为智者。普摄众生，悉令清净，以方便智示成佛道，而常修行菩萨之行，无有断尽。入一切智方便境界，示现种种广大神通。是故，普贤！汝今应当分别广说一切菩萨十大三昧，今此众会咸皆愿闻。”

尔时，普贤菩萨承如来旨，观普眼等诸菩萨众而告之言：“佛子！云何为菩萨摩诃萨普光明三昧？佛子！此菩萨摩诃萨有十种无尽法。何者为十？所谓诸佛出现智无尽、众生变化智无尽、世界如影智无尽、深入法界智无尽、善摄菩萨智无尽、菩萨不退智无尽、善观一切法义智无尽、善持心力智无尽、住广大菩提心智无尽、住一切佛法一切智愿力智无尽。佛子！是名菩萨摩诃萨十种无尽法。佛子！此菩萨摩诃萨发十种无边心。何等为十？所谓发度脱一切众生无边心；发承事一切诸佛无边心；发供养一切诸佛无边心；发普见一切诸佛无边心；发受持一切佛法不忘失无边心；发示现一切佛无量神变无边心；发为得佛力故，不舍一切菩提行无边心；发普入一切智微细境界，说一切佛法无边心；发普入佛不思议广大境界无边心；发于佛辩才起深志乐，领受诸佛法无边心；发示现种种自在身，入一切如来道场众会无边心。是为十。佛子！此菩萨摩诃萨有十种入三昧差别智。

何者为十？所谓东方入定西方起，西方入定东方起，南方入定北方起，北方入定南方起，东北方入定西南方起，西南方入定东北方起，西北方入定东南方起，东南方入定西北方起，下方入定上方起，上方入定下方起。是为十。

"佛子！此菩萨摩诃萨有十种入大三昧善巧智。何者为十？佛子！菩萨摩诃萨以三千大千世界为一莲华，现身遍此莲华之上结跏趺坐，身中复现三千大千世界，其中有百亿四天下，一一四天下现百亿身，一一身入百亿百亿三千大千世界，于彼世界一一四天下，现百亿百亿菩萨修行，一一菩萨修行生百亿百亿决定解，一一决定解令百亿百亿根性圆满，一一根性成百亿百亿菩萨法不退业。然所现身非一非多，入定、出定无所错乱。佛子！如罗睺阿修罗王本身长七百由旬，化形长十六万八千由旬，于大海中出其半身，与须弥山而正齐等。佛子！彼阿修罗王虽化其身长十六万八千由旬，然亦不坏本身之相，诸蕴、界、处悉皆如本，心不错乱，不于变化身而作他想，于其本身生非己想，本受生身恒受诸乐，化身常现种种自在神通威力。佛子！阿修罗王有贪、恚、痴，具足骄慢，尚能如是变现其身，何况菩萨摩诃萨能深了达心法如幻，一切世间皆悉如梦，一切诸佛出兴于世皆如影像，一切世界犹如变化，言语音声悉皆如响，见如实法，以如实法而为其身，知一切法本性清净，了知身心无有实体，其身普住无量境界，以佛智慧广大光明净修一切菩提之行！

"佛子！菩萨摩诃萨住此三昧，超过世间，远离世间，无能惑乱，无能映夺。佛子！譬如比丘观察内身，住不净观，审见其身皆是不净。菩萨摩诃萨亦复如是，住此三昧，观察法身，见诸世间普入其身，于中明见一切世间及世间法，于诸世间及世间法皆无所著。佛子！是名菩萨摩诃萨第一普光明大三昧善巧智。

"佛子！云何为菩萨摩诃萨妙光明三昧？佛子！此菩萨摩诃萨能入三千大千世界微尘数三千大千世界，于一一世界现三千大千世界微尘数身，一一身放三千大千世界微尘数光，一一光现三千大千世界微尘数色，一一色照三千大千世界微尘数世界，一一世界中调伏三千大千世界微尘数众生。是诸世界种种不同，菩萨悉知。所谓世界杂染、世界清净、世界所因、世界建立、世界同住、世界光色、世界来往，如是一切，菩萨悉知，菩萨悉入。是诸世界亦悉来入菩萨之身，然诸世界无有杂乱，种种诸法亦不坏灭。佛子！譬如日出绕须弥山、照七宝山，其七宝山及宝山间皆有光影分明显现。其宝山上所有日影，莫不显现山间影中。其七山间所有日影，亦悉显现山上影中；如是展转，更相影现，或说日影出七宝山，或说日影出七山间，或说日影入七宝山，或说日影入七山间。但此日影更相照现，无有边际，体性非有，亦复非无，不住于山，不离于山，不住于水，亦不离水。佛子！菩萨摩诃萨亦复如是，住此妙光广大三昧，不坏世间❶安立之相，不灭世间诸法自性，不住世界内，不住世界外，于诸世界无所分别，亦不坏于世界之相。观一切法一相无相，亦不坏于诸法自性，住真如性，恒不舍离。佛子！譬如幻师善知幻术，住四衢道，作诸幻事，于一日中一须臾顷，或现一日，或现一夜，或复现作七日七夜、半月、一月、一年、百年，随其所欲，皆能示现，城邑聚落、泉流河海、日月云雨、宫殿屋宅，如是一切，靡不具足。不以示现经年岁故，坏其根本一日一时。不以本时极短促故，坏其所现日月年岁。幻相明现，本日不灭。菩萨摩诃萨亦复如是，入此妙光广大三昧，现阿僧祇世界入一世界。其阿僧祇世界，一一皆有地、水、火、风、大海、诸山、城邑、聚落、园林、屋宅、天宫、龙宫、夜叉宫、乾闼婆宫、阿修罗宫、迦楼罗宫、紧那罗宫、摩睺罗伽宫，种种庄严皆悉具足。欲界、色界、无色界，小千世界、大千世界，业行果报，死此生彼。一切世间所有时节、须臾、昼夜、半月、一月、一岁、百岁、成劫、坏劫、杂染国土、清净国土、广大国土、狭小国土，于中诸佛出兴于世，佛刹清净，菩萨众会周匝围绕，神通自在，教化众生。其诸国土所在方处，无量人众悉皆充满，殊形异趣，种种众生无量无边，不可思议，去、来、现在清净业力出生无量上妙珍宝。如是等事，咸悉示现，入一世界。菩萨于此普皆明见，普入普观，普思普了，以无尽智皆如实知，不以彼世界多故坏此一世界，不以此世界一故坏彼多世界。何以故？菩萨知一切法皆无我故，是名入无命法、无作法者；菩萨于一切世间勤修行无诤法故，是名住无我法者；菩萨如实见一切身皆从缘起故，是名住无众生法者；菩萨知一切生灭法皆从因生故，是名住无补伽罗法者；菩萨知诸法本性平等故，是名住无意生、无摩纳婆法者；菩萨知一切法本性寂静故，是名住寂静法者；菩萨知一切法一相故，是名住无分别法者；菩萨知法界无有种种差别法故，是名住不思议法者；菩萨勤修一切方便，善调伏众生故，是名住大悲法者。

"佛子！菩萨如是能以阿僧祇世界入一世界，知无数众生种种差别，见无数菩萨各各发趣，观无数诸佛处处出兴，彼诸如来所演说法，其诸菩萨悉能领受，亦见自身于中修行。然不舍此处而见在彼，亦不舍彼处而见在此，彼身、此身无有差别，入法界故。常勤观察，无有休息，不舍智慧，无退转故。如有幻师随于一处，作诸幻术，不以幻地故坏于本地，不以幻日故坏于本日。菩萨摩诃萨亦复如是，于无国土现有国土，于有国土现无国土；于有众生现无众生，于无众生现有众生；无色现色，色现无色；初不乱后，后不乱初。菩萨了知一切世法悉亦如是，同于幻化。知法幻故，知智幻；知智幻故，知业幻；知智幻、业幻已，起于幻智，观一切业如世幻者，不于处外而现其幻，亦不于幻外而有其处。菩萨摩诃萨亦复如是，不于虚空外入世间，亦不于世间外入虚空。何以故？虚空、世间无差别故，住于世间，亦住虚空。菩萨摩诃萨于虚空中能见、能修一切世间种种差别妙庄严业，于一念顷悉能了知无数世界若成若坏，亦知诸劫相续次第，能于一念现无数劫，亦不令其一念广大。菩萨摩诃萨得不思议解脱幻智，到于彼岸，住于幻际，入世幻数，思惟诸法悉皆如幻。不违幻世，尽于幻智，了知三世与幻无别，决定通达，心无边际。如诸如来住如幻智，其心平等；菩萨摩诃萨亦复如是，知诸世间皆悉如幻，于一切处皆无所著、无有我所。如彼幻师作诸幻事，虽不与彼幻事同住，而于幻事亦无迷惑；菩萨摩诃萨亦复如是，知一切法到于彼岸，心不计我能入于法，亦不于法而有错乱。是为菩萨摩诃萨第二妙光明大三昧善巧智。"

注释

❶ "间"，大正本原作"界"，今依三本改之。

【白话语译】

这时，世尊在摩竭提国阿兰若法菩提道场，刚刚成就正等正觉，在普光明殿中证入刹那诸佛三昧，以一切智慧自在神通力示现如来的身躯，清净而无所障碍，没有任何的依止，没有任何的攀缘，安住在极静的禅定。他威德广大，没有任何的染垢执着，凡是见到他的人无不立刻开悟。他随顺时宜示现世间，不失时节因缘，恒常住在一相，就是所谓的无相境界。

这时还有十佛刹微尘数的菩萨摩诃萨在世尊身旁。这些菩萨都已证入灌顶之位，他们的菩萨胜行，等同法界，无量无边；并都证得菩萨的普见三昧，因此能用大悲心安稳众生。他们的神通自在，等同如来。他们的智慧深入，因此能够演说真实的法义，具足一切的智慧，降伏所有魔众。他们虽然身处世间，但心灵寂静，恒常安住于菩萨的无住解脱。

这些菩萨的名号是金刚慧菩萨、无等慧菩萨、义语慧菩萨、最胜慧菩萨、常舍慧菩萨、那伽慧菩萨、成就慧菩萨、调顺慧菩萨、大力慧菩萨、难思慧菩萨、无碍慧菩萨、增上慧菩萨、普供慧菩萨、如理慧菩萨、善巧慧菩萨、法自在慧菩萨、法慧菩萨、寂静慧菩萨、虚空慧菩萨、一相慧菩萨、善慧菩萨、如幻慧菩萨、广大慧菩萨、势力慧菩萨、世间慧菩萨、佛地慧菩萨、真实慧菩萨、尊胜慧菩萨、智光慧菩萨、无边慧菩萨、念庄严菩萨、达空际菩萨、性庄严菩萨、甚深境菩萨、善解处非处菩萨、大光明菩萨、常光明菩萨、了佛种菩萨、心王菩萨、一行菩萨、常现神通菩萨、智慧芽菩萨、功德处菩萨、法灯菩萨、照世菩萨、持世菩萨、最安隐菩萨、最上菩萨、无上菩萨、无比菩萨、超伦菩萨、无碍行菩萨、光明焰菩萨、月光菩萨、一尘菩萨、坚固行菩萨、霆法雨菩萨、最胜幢菩萨、普庄严菩萨、智眼菩萨、法眼菩萨、慧云菩萨、总持王菩萨、无住愿菩萨、智藏菩萨、心王菩萨、内觉慧菩萨、住佛智菩萨、陀罗尼勇健力菩萨、持地力菩萨、妙月菩萨、须弥顶菩萨、宝顶菩萨、普光照菩萨、威德王菩萨、智慧轮菩萨、大威德菩萨、大龙相菩萨、质直行菩萨、不退转菩萨、持法幢菩萨、无忘失菩萨、摄诸趣菩萨、不思议决定慧菩萨、游戏无边智菩萨、无尽妙法藏菩萨、智日菩萨、法日菩萨、智藏菩萨、智泽菩萨、普见菩萨、不空见菩萨、金刚通菩萨、金刚智菩萨、金刚焰菩萨、金刚慧菩萨、普眼菩萨、佛日菩萨、持佛金刚秘密义菩萨、普眼境界智庄严菩萨。如此等等十佛刹微尘数的菩萨摩诃萨；他们过去都曾经与毗卢遮那如来一同修习菩萨的各种善根行。

这时，普眼菩萨摩诃萨承受佛陀威神力的加持，而从宝座上起身，祖露右肩，右膝跪地，合掌向佛陀说："世尊！我有些问题想请教您，愿您垂怜哀悯，允许我发问！"

佛陀说："普眼菩萨！有什么问题尽管发问，我会为你宣说，让你欢喜高兴。"

普眼菩萨说："世尊！普贤菩萨及所有安住普贤菩萨行愿的菩萨，成就了哪些解脱三昧，能在各种菩萨广大三昧中或入定，或出定，或适时而安住？因为他们在不可思议广大三昧中出入自在，所以也能在一切三昧中神通自在而不休息。"

佛陀回答说："善哉！普眼菩萨！你为利益过去、未来、现在三世的所有菩萨，而提出这个问题。普眼菩萨！普贤菩萨现在就在这里。他成就的不可思议自在神通力，超出一切菩萨，确实不易见到。因为他从无量的菩萨行中生出，已经清净所有菩萨的广大行愿，于行愿中从不退转。他已经证得所有无量的波罗蜜门、无障碍的陀罗尼门及无穷尽的辩才法门，因此能够以清净无碍的大悲心利益众生，以本愿力穷尽未来的时际而不厌倦。你应该请教普贤菩萨，他会为你宣说他的自在解脱三昧。"

这时，大会中的菩萨，当听到普贤菩萨的名号时，立即证得不可思议的无量三昧。他们的心念无有障碍、寂静不动，智慧广大而难以测量，三昧境界也甚深无比。他们能见到无数的诸佛示现眼前，因此而得证如来的威力，使自己的体性如同如来。他们能在三世中散发大法光明，拥有的福德更是不可穷尽，具足所有的神通力量。

这些菩萨对于普贤菩萨都心生尊重，渴望能见到普贤菩萨，但是他们极目四望，怎么也看不到普贤菩萨的身影，也没看见普贤菩萨安坐的宝座。

这其实都是如来威神力的加持，也是普贤菩萨运用自在神通力的结果。

这时，普眼菩萨又问佛陀："世尊！普贤菩萨到底在哪里呢？"

佛陀回答说："普眼菩萨！普贤菩萨早就在这个法会，安住在我身边，从开始到现在都没有移动过。"

这时，普眼菩萨以及所有的菩萨又仔细观察法会道场，四处寻觅。然后，普眼菩萨又对佛陀说："世尊！我们还是见不着普贤菩萨的身影以及他的宝座。"

佛陀回答说："善男子！你们为什么无法亲眼看见呢？善男子！因为普贤菩萨安住的处所甚为深奥而不可说。普贤菩萨已经证得无边的智慧法门，证入师子奋迅定的三昧境界，得证了无上自在的力用，又证入清净无障碍的分际，生出如来的十种力用，以法界的宝藏作为身躯，因此一切如来都共同护持忆念，而且能够在一念之间证入三世诸佛无所差别的智慧，所以你们根本无法亲见普贤菩萨。"

这时，普眼菩萨听闻如来宣说普贤菩萨的清净功德，立即证得十千阿僧祇三昧。他又以这些三昧的力量普遍观察，渴望见到普贤菩萨，但还是无法看见。其他的菩萨大众也都无法看见。

这时，普眼菩萨从三昧中起定，向佛陀说："世尊！我已证入十千阿僧祇的三昧，竟然还是无法见着普贤菩萨，看不见他的身形以及身业、言语以及语业、意念以及意业、宝座以及住处。"

佛陀说："如是！如是！善男子！你应当了解，这实在是因为普贤菩萨安住在不可思议的解脱力，所以你根本无法见着。普眼菩萨！你认为如何呢？有人能够说出幻术中各种幻相安住的处所吗？"

普眼菩萨回答："不能。"

佛陀说："普眼菩萨！幻术中的幻相尚且不可说，更何况是想要亲见普贤菩萨的秘密身境界、秘密语境界、秘密意境界。为什么呢？普贤菩萨甚为深奥的境界，不可思议，也无法衡量，因为那早已超出任何可衡量的境界。简要来说，普贤菩萨以金刚智慧普遍进入法界，在任何世界都没有所谓的往来或安住可言。因为他了知众生的身躯都不是身躯，没有所谓的来与去，因此得证了无断尽、无差别的自在神通力，没有依止、没有造作、没有动转，直到法界的究竟边际。善男子！如果有人得以见到普贤菩萨，或是承事供养，或是听闻名号，或是心中思惟忆念，或是生起信解，或是勤加观察，或是开始趣向，或是正在觅求，或是兴起誓愿，只要相续不绝，都能获得利益而不空过。"

这时，普眼菩萨以及菩萨众，心中都渴望瞻仰普贤菩萨，而异口同声地说："南无❶一切诸佛！南无普贤菩萨！"

如此称名三次，再以头顶礼敬拜。

这时，佛陀告诉普眼菩萨以及法会大众："诸佛子啊！你们应更加礼敬普贤菩萨，更加恳切请求，又应专心观察十方世界，观想普贤菩萨的身形示现面前。如此思惟，周遍法界，深心信解，厌离一切，发誓与普贤菩萨修习同一行愿，也就是证入真实不二的法门，身形普遍示现世间，完全知晓众生根器的差别，在任何地方都能积集普贤菩萨的道业。如果你们能够发起这样的大愿，就可以见到普贤菩萨。"

这时，普眼菩萨听到佛陀所说的话，便与所有的菩萨同时顶礼，请求亲见普贤大士。

这时，普贤菩萨即以解脱神通的力量，回应普眼菩萨以及所有菩萨的请愿，为他们示现色身，使他们都能看到普贤菩萨出现如来身旁，在菩萨大众中端坐莲华宝座；也让他们看到普贤菩萨相续出现在其他一切世界的所有佛所；也看到普贤菩萨在他方一切佛所，演说一切菩萨行愿，开示一切智智，阐明一切菩萨神通，分别一切菩萨威德，示现一切三世诸佛。

这时，普眼菩萨以及所有的菩萨，看见普贤菩萨的神通变化，心中无比欢喜，都极为尊重地向普贤菩萨顶礼，就如同看见十方诸佛一般。

这时，由于佛陀的广大威神力，加上所有菩萨信仰解悟的力量，以及普贤菩萨的本愿力，天空自然雨下十千种云，也就是种种的华云、种种的鬘云、种种的香云、种种的末香云、种种的盖云、种种的衣云、种种的严具云、种种的珍宝云、种种的烧香云、种种的缯彩云。又有不可说数的世界同时发生六种震动。又演奏着天上的音乐，乐声远至不可说数的世界。

又放射出大光明，这大光明普遍照耀不可说数的世界，灭除所有地狱、饿鬼、畜生等三恶道，使不可说数的世界庄严清净；更使不可说数的菩萨趣入普贤行愿，不可说数的菩萨成就普贤行愿，不可说数的菩萨因圆满普贤行愿而成就无上正等正觉。

这时，普眼菩萨向佛陀说："世尊！如此看来，普贤菩萨确实是安住广大威德、安住无等、安住无过、安住不退转、安住平等、安住不沮坏、安住一切差别法、安住一切无差别法、安住一切众生善巧心所安住、安住一切法自在解脱三昧。"

佛陀说："如是！如是！普眼菩萨！如同你所说的，普贤菩萨有阿僧祇的清净功德，也就是无等的庄严功德、无量宝藏的功德、不可思议海的功德、无量相的功德、无边云的功德、无边际不可称赞的功德、无尽法的功德、不可说的功德、一切佛陀的功德、称扬赞叹不可穷尽的功德。"

这时，如来告诉普贤菩萨说："普贤菩萨！你应当为普眼菩萨，以及所有与会的菩萨，演说十种三昧法门；使他们都能方便证入，圆满普贤菩萨的所有行愿。因为有诸大菩萨演说这十种广大的三昧，因此能使过去世的菩萨证得出离，现在世的菩萨正在证得出离，未来世的菩萨即将证得出离。是哪十种大三昧？一者，普光大三昧；二者，妙光大三昧；三者，次第遍往诸佛国土大三昧；四者，清净深心行大三昧；五者，知过去庄严藏大三昧；六者，智光明藏大三昧；七者，了知一切世界佛庄严大三昧；八者，众生差别身大三昧；九者，法界自在大三昧；十者，无碍轮大三昧。

"这十种大三昧，只有大菩萨才能够出入自在。这是过去、未来、现在的一切诸佛，已经演说、将会演说、正在演说的妙法。

"如果有菩萨爱乐尊重这十种大三昧，而且修习不懈，就可以成为像大菩萨一般，就可以称为佛陀，可以称为如来，可以称为得十力人，可以称为导师，可以称为大导师，可以称为一切智，可以称为一切见，可以称为住无碍，可以称为达诸境，可以称为一切法自在。

"证得这十种大三昧的菩萨，他虽普遍进入所有的世界，但却不执着任何世界；他虽普遍进入一切众生界，但却不执取任何众生；他虽普遍进入一切的身相，但在身相中却没有任何障碍；他虽普遍进入一切法界，但了知法界没有边际。他亲近三世的一切佛陀，彻见一切佛法，巧说一切文字，通达一切假名，成就一切菩萨的清净道业，安住一切菩萨的差别行。他能在一念之间，普遍证得一切三世的智慧，普遍了知一切三世的法门，普遍演说一切的佛陀教义，普遍运转一切不退转的法轮。他在三世当中的每一世，都普遍证得一切菩提道业；而在各种菩提中，又能普遍了知一切佛陀所说的妙义。

"这十种大三昧，是所有菩萨的法相门，是所有菩萨智慧觉悟的法门，是一切种智无胜幢的法门，是普贤菩萨的行愿法门，是猛利神通誓愿的法门，是一切总持辩才的法门，是三世诸法相互差别的法门，是一切诸佛示现的法门，是以一切种智安立一切众生的法门，是以佛陀威神力严净一切世界的法门。

"菩萨如果进入这些三昧，即能证得无穷的法界力量，证得在虚空界中无碍地游行；也能证得法王位的无量自在，就譬如在世间当中灌顶受持职位。他证得无边的智慧而通达一切，证得十种圆满的威力，成就无争执的心，入于寂静灭绝，心如师子大悲无畏，成为有智慧的大丈夫，点燃正法的光明灯。他的一切功德赞叹不尽，声闻、独觉都无法测度。他证得法界的智慧，安住在不动的境地，因此能够随顺世俗开演佛法；他安住无相，因此能够随意趣入任何法相。他证得自性清净的法藏，出生在如来清净的家中；又能够善巧开展各种差别的法门，而以智慧了知这些法门都是无所有的。他善于掌握适当的时机，以法布施开悟众生，所以称为智者。他能普遍摄受众生，使他们都证得清净。他也能以方便的智慧示现成就佛道，并且不断修行菩萨的行愿。他进入一切智慧方便，示现各种广大的神通力。

"所以，普贤！现在你应该详细地分别宣说一切菩萨的十大三昧，今天在此集会的大众都非常乐意听闻。"

这时，普贤菩萨承受如来的旨意，对着普眼菩萨及所有的菩萨说："佛子啊！什么是菩萨摩诃萨的普光明三昧呢？

"佛子啊！证得普光明三昧的菩萨摩诃萨，有十种无尽的法门。是哪十种法门呢？即所谓的：一，诸佛出现的智慧无穷尽；二，众生变化的智慧无穷尽；三，世界如幻影的智慧无穷尽；四，深入法界的智慧无穷尽；五，善巧摄取菩萨的智慧无穷尽；六，菩萨不退转的智慧无穷尽；七，善巧观察一切佛法义理的智慧无穷尽；八，善巧受持心力的智慧无穷尽；九，安住在广大菩提心的智慧无穷尽；十，安住在一切佛法及一切智慧愿力的智慧无穷尽。佛子啊！这说是菩萨摩诃萨的十种无尽法门。

"佛子啊！这位菩萨摩诃萨能发起十种无边心。是哪十种无边心呢？即所谓的：一，发起度化一切众生的无边心；二，发起承事一切诸佛的无边心；三，发起供养一切诸佛的无边心；四，发起普遍亲见一切诸佛的无边心；五，发起受持一切佛法而不遗忘漏失的无边心；六，发起示现一切佛陀无量神通变化的无边心；七，为了证得佛陀的威力，发起不舍弃一切菩提行的无边心；八，发起普遍进入一切智的微细境界，演说一切佛法的无边心；九，发起普遍进入佛陀不可思议广大境的无边心；十，发起对于佛陀的辩才生起甚深志乐，领会受持佛法的无边心；十一，发起示现各种自在身，进入一切如来道场的无边心。以上就是菩萨摩诃萨发起的十种无边心❷。

"佛子啊！这位菩萨摩诃萨又有十种进入三昧的差别智慧。是哪十种智慧呢？即所谓的：东方入定，西方起定；西方入定，东方起定；南方入定，北方起定；北方入定，南方起定；东北方入定，西南方起定；西南方入定，东北方起定；西北方入定，东南方起定；东南方入定，西北方起定；下方入定，上方起定；上方入定，下方起定。就是这十种差别智慧。

"佛子啊！这位菩萨摩诃萨又有十种证入广大三昧的善巧智慧。是哪十种呢？佛子啊！菩萨摩诃萨以三千大千世界作为一朵莲华；示现身形遍及莲华之上而结跏趺坐；在身形中又示现三千大千世界；三千大千世界中又有百亿个四天下；每一个四天下又示现百亿身形；每一个身形又进入百亿百亿个三千大千世界；那些世界的每一个四天下，又示现百亿百亿位正在修行的菩萨；每一个菩萨因修行而生起了百亿百亿个决定不疑的理解；每一个决定不疑的理解又圆满了百亿百亿种根性；每一种根性又成就百亿百亿种菩萨不退转的法门。然而他示现的身形，不是一个，也不是多个；他虽然如此地出入禅定，却从不错乱。

"佛子啊！如同罗睺阿修罗王的本身身长七百由旬，变化身形长达十六万八千由旬，他的下半身在海中，而上半身则与须弥山等高。

"佛子啊！阿修罗王的变化身形虽然长达十六万八千由旬，但是却不会破坏他本身的相状，所有的五蕴、十八界、十二处等，完全都如同原貌。他的内心不会错乱，不会以为这个变化身是别人，也不会以为这个本身不是他自己。他原本受生的身形恒常享有各种快乐，而化身则时常示现各种自在的神通威力。

"佛子啊！阿修罗王不断贪、嗔、痴与骄慢，都能够如此变化示现，更何况是菩萨摩诃萨——能够了达心法如幻，一切世间如梦，一切诸佛出现在世间如同影像，一切世界变化莫测，言语音声也如声响；因此他能够见到如实的法门，并以如实的法门作为身形，了知一切法的体性原本清净，并且了知身心是没有实体的；他的身形普遍安住在无量的境界，并以佛陀广大的智慧光明，清净修行所有的菩提行。

"佛子啊！菩萨摩诃萨安住在这个三昧时，超越世间，远离世间，无人能够惑乱他的禅定，无物能够映夺他的光明。

"佛子啊！譬如比丘修不净观，观察自己的体内，了知自己的体内确实不净。菩萨摩诃萨也是如此，他安住在这个三昧时，观察法身，看见世间种种都在法身之中，一切世间以及世间法无不清楚明见，因此不会执着任何的世间及世间法。

"佛子啊！以上就是菩萨摩诃萨的第一普光明大三昧善巧智慧。

"佛子啊！什么是菩萨摩诃萨的妙光明三昧呢？

"佛子啊！证得此三昧的菩萨摩诃萨，能进入三千大千世界微尘数的三千大千世界，又在每一个世界示现三千大千世界微尘数的身形，每一个身形又都能放射三千大千世界微尘数的光明，每一道光明又示现三千大千世界微尘数的颜色，又以每一种颜色照耀三千大千世界微尘数的世界，又在每一个世界调伏教化三千大千世界微尘数的众生。

"菩萨完全了知这些世界的种种不同，即所谓的世界中的杂染、世界中的清净、世界成立的因缘、世界的建立、世界中同住的众生、世界中的光彩、世界中的来往。如此等等，菩萨完全了知，也都能进入这些世界；而这些世界也都能进入菩萨身中毫不杂乱，也不会坏灭其中所有的种种诸法。

"佛子啊！譬如升起的太阳，围绕须弥山，照耀七宝山。这七宝山及宝山之间有光影分明显现。宝山的所有日影没有不显现在山间的日影，而七宝山所有的日影也都显现在宝山的日影，如此辗转地交互显现。可以说七宝山生出日影，也可以说七山之间生出日影；可以说日影进入七宝山，也可以说日影进入七山之间。但是这日影交互地映照显现，没有边际。日影的体性，不是有，也不是无，虽不安住于山，却也不远离于山；不安住在水中，也不远离于水中。

"佛子啊！菩萨摩诃萨也是如此，他虽安住在这个妙光广大三昧，但从不破坏世界的安立之相，也不损灭世间诸法的自性；他不安住在世界之内，也不安住在世界之外；在所有世界没有任何分别，也不破坏世界差别的相状；观照一切法是一相无相，也不破坏诸法各自的体性。他恒常安住真如体性，从不舍离。

"佛子啊！譬如清楚了知幻术的幻化师，能在街坊造作幻化之事，能够把一日中短促的一刹那，或示现为一日，或示现为一夜，或示现为七日七夜、半月、一月、一年、百年；凡是他所想的，像城邑、聚落、流泉、河川、大海、日月、云雨、宫殿、屋宅，如此一切，没有什么不能变化示现的。但是外在世界并不会因他示现历经年岁，就破坏原本的一日一时；而原本极短促的时间，也不会破坏他所示现的日月年岁。幻化的现象既能够清楚显现，而原本的状态也不会消灭。

"菩萨摩诃萨也是如此，他证入这个妙光广大三昧时，能够示现阿僧祇的世界摄入于一个世界。这阿僧祇数的世界，每一个世界都有地、水、火、风、大海、诸山、城邑、聚落、园林、屋宅、天宫、龙宫、夜叉宫、乾闼婆宫、阿修罗宫、迦楼罗宫、紧那罗宫、摩睺罗伽宫，具足各种庄严。

又示现欲界、色界、无色界，小千世界、大千世界，业行果报，死于此处、生于彼处，一切世间的所有时节、须臾、昼夜、半月、一月、一年、百年、成劫、坏劫。又示现杂染的国土、清净的国土、广大的国土、狭小的国土。这些国土中，又有诸佛出现世间，使国土得以清净；诸佛四周又有菩萨众会围绕，以自在神通教化调伏众生。这些国土，充满不同形体的无量大众，有身处各道无量无边不可思议的众生，但是诸佛都能使他们以三世清净的业力生出无量的上妙珍宝。如此等等的事情，都完全示现在一个世界。

"菩萨对于这些都明白彻见，并普遍进入、普遍观察、普遍思惟、普遍了知，以无尽的智慧如实了知。不会因为其他众多的世界，而破坏了这一个世界；也不会因为这一个世界，而破坏了其他众多的世界。

"为什么呢？因为菩萨了知一切法都是无我，所以名为证入无生命法、无造作法的人。因为菩萨在一切世间当中精勤修行无争执法，所以名为安住无我法的人。因为菩萨如实见到一切身都是因缘生起，所以名为安住在无众生法的人。因为菩萨了知一切生灭都是因缘和合而生，所以名为安住在无补伽罗❸法的人。因为菩萨了知诸法原本的体性平等无二，所以名为安住在无意识生起、无摩纳婆❹法的人。因为菩萨了知一切法的原本体性寂静，所以名为安住在寂静法的人。因为菩萨了知一切法为一相，所以名为安住在分别法的人。因为菩萨了知法界中没有各种差别法，所以名为安住在不可思议法的人。因为菩萨精勤修习一切方便，善巧调伏众生，所以名为安住在大悲法的人。

"佛子啊！这位菩萨能如此将阿僧祇世界摄入于一个世界，了知无数众生的种种差别，见到无数菩萨各自发起趣向，观察无数诸佛出现各处。并且看见在场的菩萨都能领受那些如来演说的教法，而他自己也在当中修行。然而，他并不是舍离此处的自身，才能看见那些如来道场中的自己；也不是舍离那些如来道场的自己，才能看见在此处的自身。他早就了知，在彼处的身体与在此处的身体，其实是没有任何差别的。因为他已证入法界，因此恒常精勤观察；因为他不舍离智慧，因此心中不再退转。

"如同幻化师在任一处所造作幻术，不会因为幻化大地而破坏了原本的大地，不会因为幻化太阳而破坏了原本的太阳。菩萨摩诃萨也是如此，在无佛国刹土中示现有佛国刹土，在有佛国刹土中示现无佛国刹土；在有众生中示现无众生，在无众生中示现有众生；在无色相中示现有色相，在有色相中示现无色相；前面的现象不会扰乱后面现象，后面现象也不会扰乱前面的现象。菩萨了知一切世间法都是如此，就如同幻化一般。

"菩萨因为了知法的幻化，而能了知智慧的幻化；因为了知智慧的幻化，而能了知业力的幻化；因为了知智慧的幻化、业力的幻化，而能生起幻化的智慧，观察一切的业报宛如世间的幻相；不会在造作幻化的处所之外显现幻化，而幻化之外也没有造作幻化的处所。菩萨摩诃萨也是如此，不在虚空之外进入世间，也不会在世间之外进入虚空。为什么呢？因为虚空与世间并无差别，安住世间就是安住虚空。

"菩萨摩诃萨能在虚空中，彻见及修习世间各种差别的妙庄严业；能够在一念间，了知无数世界的成就或败坏，也了知所有时劫的相续次第。他能在一念之间示现无数的时劫，但不会因为示现无数的时劫而使这一念变得广大。

"菩萨摩诃萨已经证得不可思议的解脱幻智，到达涅槃彼岸。他安住在幻化之际，进入世间的幻相，思惟诸法如梦如幻。他不会违背幻化的世间，只是穷尽幻化的智慧，了知三世与幻化并无差别，因此能够决定通达、心无边际。

"就如同所有如来安住的如幻智慧，心念平等无二；菩萨摩诃萨也是如此，了知所有世间宛如幻化，不执着任何处所，也没有我所的错觉。

"就如同幻化师造作幻化之事，他虽然不跟幻事同住，但对于这些幻事却从不迷惑。菩萨摩诃萨也是如此，他了知到达彼岸的一切法，虽然不证入，但也不会对这一切法产生谬见。

"这就菩萨摩诃萨的第二妙光明大三昧善巧智慧。"

【注释】

❶ 南无：梵语 namas，意译作"归命"、"敬礼"、"归依"、"救我"、"度我"等义，是众生向佛至心的皈依信顺的话。

❷ 以上实际共列出十一种无边心。

❸ 补伽罗：梵语 pudgala，又音译作"补特伽罗"，即"人"或"众生"的意思。

❹ 摩纳婆：梵语 mānava，意译作"儒童"，又译作"年少者"。

卷第四十一
十定品第二十七之二

【原典】

"佛子！云何为菩萨摩诃萨次第遍往诸佛国土神通三昧？佛子！此菩萨摩诃萨过于东方无数世界，复过尔所世界微尘数世界，于彼诸世界中入此三昧，或刹那入，或须臾入，或相续入，或日初分时入，或日中分时入，或日后分时入，或夜初分时入，或夜中分时入，或夜后分时入，或一日入，或五日入，或半月入，或一月入，或一年入，或百年入，或千年入，或百千年入，或亿年入，或百千亿年入，或百千那由他亿年入，或一劫入，或百劫入，或百千劫入，或百千那由他亿劫入，或无数劫入，或无量劫入，或无边劫入，或无等劫入，或不可数劫入，或不可称劫入，或不可思劫入，或不可量劫入，或不可说劫入，或不可说不可说劫入，若久若近，若法若时，种种不同。菩萨于彼不生分别，心无染著，不作二，不作不二，不作普，不作别，虽离此分别，而以神通方便从三昧起，于一切法不忘不失，至于究竟。譬如日天子，周行照曜，昼夜不住，日出名昼，日没名夜，昼亦不生，夜亦不灭。菩萨摩诃萨于无数世界入神通三昧，入三昧已，明见尔所无数世界，亦复如是。佛子！是为菩萨摩诃萨第三次第遍往诸佛国土神通大三昧善巧智。

"佛子！云何为菩萨摩诃萨清净深心行三昧？佛子！此菩萨摩诃萨知诸佛身数等众生，见无量佛过阿僧祇世界微尘数。于彼一一诸如来所，以一切种种妙香而作供养，以一切种种妙华而作供养，以一切种种盖大如阿僧祇佛刹而作供养，以超过一切世界一切上妙庄严具而作供养，散一切种种宝而作供养，以一切种种庄严具庄严经行处而作供养，以一切无数上妙摩尼宝藏而作供养，以佛神力所流出过诸天上味饮食而作供养，一切佛刹种种上妙诸供养具，能以神力普皆摄取而作供养。于彼一一诸如来所，恭敬尊重，头顶礼敬，举身布地，请问佛法，赞佛平等，称扬诸佛广大功德，入于诸佛所入大悲，得佛平等无碍之力。于一念顷，一切佛所勤求妙法，然于诸佛出兴于世、入般涅槃，如是之相皆无所得，如散动心了别所缘，心起不知何所缘起，心灭不知何所缘灭。此菩萨摩诃萨亦复如是，终不分别如来出世及涅槃相。佛子！如日中阳焰，不从云生，不从池生，不处于陆，不住于水，非有非无，非善非恶，非清非浊，不堪饮漱，不可秽污，非有体非无体，非有味非无味，以因缘故而现水相，为识所了，远望似水而兴水想，近之则无，水想自灭。此菩萨摩诃萨亦复如是，不得如来出兴于世及涅槃相。诸佛有相及以无相，皆是想心之所分别。佛子！此三昧名为清净深心行。菩萨摩诃萨于此三昧，入已而起，起已不失。譬如有人从睡得寤，忆所梦事，觉时虽无梦中境界，而能忆念心不忘失。菩萨摩诃萨亦复如是，入于三昧，见佛闻法，从定而起，忆持不忘，而以此法开晓一切道场众会，庄严一切诸佛国土，无量义趣悉得明达，一切法门皆亦清净，然大智炬，长诸佛种，无畏具足，辩才不竭，开示演说甚深法藏。是为菩萨摩诃萨第四清净深心行大三昧善巧智。

"佛子！云何为菩萨摩诃萨知过去庄严藏三昧？佛子！此菩萨摩诃萨能知过去诸佛出现，所谓劫次第中诸刹次第，刹次第中诸劫次第，劫次第中诸佛出现次第，佛出现次第中说法次第，说法次第中诸心乐次第，心乐次第中诸根次第，根次第中调伏次第，调伏次第中诸佛寿命次第，寿命次第中知亿那由他年岁数量次第。佛子！此菩萨摩诃萨得如是无边次第智故，则知过去诸佛，则知过去诸刹，则知过去诸❶法门，则知过去诸劫，则知过去诸法，则知过去诸心，则知过去诸解，则知过去诸众生，则知过去诸烦恼，则知过去诸仪式，则知过去诸清净。佛子！此三昧名过去清净藏，于一念中，能入百劫，能入千劫，能入百千劫，能入百千亿那由他劫，能入无数劫，能入无量劫，能入无边劫，能入无等劫，能入不可数劫，能入不可称劫，能入不可思劫，能入不可量劫，能入不可说劫，能入不可说不可说劫。佛子！彼菩萨摩诃萨入此三昧，不灭现在，不缘过去。佛子！彼菩萨摩诃萨从此三昧起，于如来所受十种不可思议灌顶法，亦得，亦清净，亦成就，亦入，亦证，亦满，亦持，平等了知三轮清净。何等为十？一者辩不违义，二者说法无尽，三者训辞无失，四者乐说不断，五者心无恐畏，六者语必诚实，七者众生所依，八者救脱三界，九者善根最胜，十者调御妙法。佛子！此是十种灌顶法。若菩萨入此三昧，从三昧起无间则得。如歌罗逻入胎藏时，于一念间识则托生；菩萨摩诃萨亦复如是，从此定起，于如来所，一念则得此十种法。佛子！是名菩萨摩诃萨第五知过去庄严藏大三昧善巧智。

"佛子！云何为菩萨摩诃萨智光明藏三昧？佛子！彼菩萨摩诃萨住此三昧，能知未来一切世界一切劫中所有诸佛，若已说、若未说，若已授记、若未授记，种种名号各各不同，所谓无数名、无量名、无边名、无等名、不可数名、不可称名、不可思名、不可量名、不可说名。当出现于世，当利益众生，当作法王，当兴佛事，当说福利，当赞善义，当说白分义，当净治诸恶，当安住功德，当开示第一义谛，当入灌顶位，当成一切智。彼诸如来修圆满行，发圆满愿，入圆满智，有圆满众，备圆满庄严，集圆满功德，悟圆满法，得圆满果，具圆满相，成圆满觉。彼诸如来名姓种族、方便善巧、神通变化、成熟众生、入般涅槃，如是一切皆悉了知。此菩萨于一念中，能入一劫、百劫、千劫、百千劫、百千亿那由他劫，入阎浮提微尘数劫，入四天下微尘数劫，入小千世界微尘数劫，入中千世界微尘数劫，入大千世界微尘数劫，入佛刹微尘数劫，入百千佛刹微尘数劫，入百千亿那由他佛刹微尘数劫，入无数佛刹微尘数劫，入无量佛刹微尘数劫，入无边佛刹微尘数劫，入无等佛刹微尘数劫，入不可数佛刹微尘数劫，入不可称佛刹微尘数劫，入不可思佛刹微尘数劫，入不可量佛刹微尘数劫，入不可说佛刹微尘数劫，入不可说不可说佛刹微尘数劫。如是未来一切世界所有劫数，能以智慧皆悉了知。以了知故，其心复入十种持门。何者为十？所谓入佛持故，得不可说佛刹微尘数诸佛护念；入法持故，得十种陀罗尼光明无尽辩才；入行持故，出生圆满殊胜诸愿；入力持故，无能映蔽，无能摧伏；入智持故，所行佛法无有障碍；入大悲持故，转于不退清净法轮；入差别善巧句持故，转一切文字轮，净一切法门地；入师子受生法持故，开法关钥，出欲淤泥；入智力持故，修菩萨行，常不休息；入善友力持故，令无边众生普得清净；入无住力持故，入不可说不可说广大劫；入法力持故，以无碍方便智，知一切法自性清净。

"佛子！菩萨摩诃萨住此三昧已，善巧住不可说不可说劫，善巧住不可说不可说刹，善巧知不可说不可说种种众生，善巧知不可说不可说众生异相，善巧知不可说不可说同异业报，善巧知不可说不可说精进、诸根习气、相续差别诸行，善巧知不可说不可说无量染净种种思惟，善巧知不可说不可说法种种义、无量文字、演说言辞，善巧知不可说不可说种种佛出现、种族、时节、现相、说法、施为佛事、入般涅槃，善巧知不可说不可说无边智慧门，善巧知不可说不可说一切神通无量变现。佛子！譬如日出世间，所有村营、城邑、宫殿、屋宅、山泽、鸟兽、树林、华果，如是一切种种诸物，有目之人悉得明见。佛子！日光平等，无有分别，而能令目见种种相。此大三昧亦复如是，体性平等，无有分别，能令菩萨知不可说不可说百千亿那由他差别之相。佛子！此菩萨摩诃萨如是了知时，令诸众生得十种不空。何等为十？一者见不空，令诸众生生善根故；二者闻不空，令诸众生得成熟故；三者同住不空，令诸众生心调伏故；四者发起不空，令诸众生如言而作，通达一切诸法义故；五者行不空，令无边世界皆清净故；六者亲近不空，于不可说不可说佛刹诸如来所，断不可说不可说众生疑故；七者愿不空，随所念众生，令作胜供养成就诸愿故；八者善巧法不空，皆令得住无碍解脱清净智故；九者雨法雨不空，于不可说不可说诸根众生中，方便开示一切智行令住佛道故；十者出现不空，现无边相，令一切众生皆蒙照故。佛子！菩萨摩诃萨住此三昧，得十种不空时，诸天王众皆来顶礼，诸龙王众兴大香云，诸夜叉王顶礼其足，阿修罗王恭敬供养，迦楼罗王前后围绕，诸梵天王悉来劝请，紧那罗王、摩睺罗伽王咸共称赞，乾闼婆王常来亲近，诸人王众承事供养。佛子！是为菩萨摩诃萨第六智光明藏大三昧善巧智。

"佛子！云何为菩萨摩诃萨了知一切世界佛庄严三昧？佛子！此三昧何故名了知一切世界佛庄严？佛子！菩萨摩诃萨住此三昧，能次第入东方世界，能次第入南方世界，西方、北方、四维上下，所有世界悉亦如是，能次第入。皆见诸佛出兴于世，亦见彼佛一切神力，亦见诸佛所有游戏，亦见诸佛广大威德，亦见诸佛最胜自在，亦见诸佛大师子吼，亦见诸佛所修诸行，亦见诸佛种种庄严，亦见诸佛神足变化，亦见诸佛众会云集、众会清净、众会广大、众会一相、众会多相、众会处所、众会居止、众会成熟、众会调伏、众会威德，如是一切悉皆明见。亦见众会其量大小等阎浮提，亦见众会等四天下，亦见众会等小千界，亦见众会等中千界，亦见众会量等三千大千世界。亦见众会充满百千亿那由他佛刹，亦见众会充满阿僧祇佛刹，亦见众会充满百佛刹微尘数佛刹，亦见众会充满千佛刹微尘数佛刹，亦见众会充满百千亿那由他佛刹微尘数佛刹，亦见众会充满无数佛刹微尘数佛刹，亦见众会充满无量佛刹微尘数佛刹，亦见众会充满无边佛刹微尘数佛刹，亦见众会充满无等佛刹微尘数佛刹，亦见众会充满不可数佛刹微尘数佛刹，亦见众会充满不可称佛刹微尘数佛刹，亦见众会充满不可思佛刹微尘数佛刹，亦见众会充满不可量佛刹微尘数佛刹，亦见众会充满不可说佛刹微尘数佛刹，亦见众会充满不可说不可说佛刹微尘数佛刹。亦见诸佛于彼众会道场中，示现种种相、种种时、种种国土、种种变化、种种神通、种种庄严、种种自在、种种形量、种种事业。菩萨摩诃萨亦见自身往彼众会，亦自见身在彼说法，亦自见身受持佛语，亦自见身善知缘起，亦自见身住在虚空，亦自见身住于法身，亦自见身不生染著，亦自见身不住分别，亦自见身无有疲倦，亦自见身普入诸智，亦自见身普知诸义，亦自见身普入诸地，亦自见身普入诸趣，亦自见身普知方便，亦自见身普住佛前，亦自见身普入诸力，亦自见身普入真如，亦自见身普入无诤，亦自见身普入诸法。如是见时，不分别国土，不分别众生，不分别佛，不分别法，不执著身，不执著身业，不执著心，不执著意。譬如诸法，不分别自性，不分别音声，而自性不舍、名字不灭。菩萨摩诃萨亦复如是，不舍于行，随世所作，而于此二无所执著。

"佛子！菩萨摩诃萨见佛无量光色、无量形相，圆满成就，平等清净，一一现前，分明证了。或见佛身种种光明，或见佛身圆光一寻，或见佛身如盛日色，或见佛身微妙光色，或见佛身作清净色，或见佛身作黄金色，或见佛身作金刚色，或见佛身作绀青色，或见佛身作无边色，或见佛身作大青摩尼宝色。或见佛身其量七肘，或见佛身其量八肘，或见佛身其量九肘，或见佛身其量十肘，或见佛身二十肘量，或见佛身三十肘量，如是乃至一百肘量、一千肘量。或见佛身一俱卢舍量，或见佛身半由旬量，或见佛身一由旬量，或见佛身十由旬量，或见佛身百由旬量，或见佛身千由旬量，或见佛身百千由旬量，或见佛身阎浮提量，或见佛身四天下量，或见佛身小千界量，或见佛身中千界量，或见佛身大千界量，或见佛身百大千世界量，或见佛身千大千世界量，或见佛身百千大千世界量，或见佛身百千亿那由他大千世界量，或见佛身无数大千世界量，或见佛身无量大千世界量，或见佛身无边大千世界量，或见佛身无等大千世界量，或见佛身不可数大千世界量，或见佛身不可称大千世界量，或见佛身不可思大千世界量，或见佛身不可量大千世界量，或见佛身不可说大千世界量，或见佛身不可说不可说大千世界量。佛子！菩萨如是见诸如来无量色相、无量形状、无量示现、无量光明、无量光明网，其光分量等于法界，于法界中无所不照，普令发起无上智慧。又见佛身，无有染著，无有障碍，上妙清净。佛子！菩萨如是见于佛身，而如来身不增不减。譬如虚空，于虫所食芥子孔中亦不减小，于无数世界中亦不增广。其诸佛身亦复如是，见大之时亦无所增，见小之时亦无所减。佛子！譬如月轮，阎浮提人见其形小而亦不减，月中住者见其形大而亦不增。菩萨摩诃萨亦复如是，住此三昧，随其心乐，见诸佛身种种化相，言辞演法，受持不忘，而如来身不增不减。

"佛子！譬如众生命终之后，将受生时，不离于心，所见清净。菩萨摩诃萨亦复如是，不离于此甚深三昧，所见清净。佛子！菩萨摩诃萨住此三昧，成就十种速疾法。何者为十？所谓速增诸行圆满大愿，速以法光照耀世间，速以方便转于法轮度脱众生，速随众生业示现诸佛清净国土，速以平等智趣入十力，速与一切如来同住，速以大慈力摧破魔军，速断众生疑令生欢喜，速随胜解示现神变，速以种种妙法言辞净诸世间。

"佛子！此菩萨摩诃萨复得十种法印，印一切法。何等为十？一者同去、来、今一切诸佛平等善根，二者同诸如来得无边际智慧法身，三者同诸如来住不二法，四者同诸如来观察三世无量境界皆悉平等，五者同诸如来得了达法界无碍境界，六者同诸如来成就十力所行无碍，七者同诸如来永绝二行住无诤法，八者同诸如来教化众生恒不止息，九者同诸如来于智善巧、义善巧中能善观察，十者同诸如来与一切佛平等无二。

"佛子！若菩萨摩诃萨成就此了知一切世界佛庄严大三昧善巧方便门，是无师者，不由他教自入一切佛法故；是丈夫者，能开悟一切众生故；是清净者，知心性本净故；是第一者，能度脱一切世间故；是安慰者，能开晓一切众生故；是安住者，未住佛种性者令得住故；是真实知者，入一切智门故；是无异想者，所言无二故；是住法藏者，誓愿了知一切佛法故；是能雨法雨者，随众生心乐悉令充足故。佛子！譬如帝释，于顶髻中置摩尼宝，以宝力故，威光转盛。其释天王初获此宝，则得十法，出过一切三十三天。何等为十？一者色相，二者形体，三者示现，四者眷属，五者资具，六者音声，七者神通，八者自在，九者慧解，十者智用。如是十种，悉过一切三十三天。菩萨摩诃萨亦复如是，初始获得此三昧时，则得十种广大智藏。何等为十？一者照耀一切佛刹智，二者知一切众生受生智，三者普作三世变化智，四者普入一切佛身智，五者通达一切佛法智，六者普摄一切净法智，七者普令一切众生入法身智，八者现见一切法普眼清净智，九者一切自在到于彼岸智，十者安住一切广大法普尽无余智。

"佛子！菩萨摩诃萨住此三昧，复得十种最清净威德身。何等为十？一者为照耀不可说不可说世界故，放不可说不可说光明轮；二者为令世界咸清净故，放不可说不可说无量色相光明轮；三者为调伏众生故，放不可说不可说光明轮；四者为亲近一切诸佛故，化作不可说不可说身；五者为承事供养一切诸佛故，雨不可说不可说种种殊妙香华云；六者为承事供养一切佛，及调伏一切众生故，于一一毛孔中化作不可说不可说种种音乐；七者为成熟众生故，现不可说不可说种种无量自在神变；八者为于十方种种名号一切佛所请问法故，一步超过不可说不可说世界；九者为令一切众生见闻之者皆不空故，现不可说不可说种种无量清净色相身，无能见顶；十者为与众生开示无量秘密法故，发不可说不可说音声语言。佛子！菩萨摩诃萨得此十种最清净威德身已，能令众生得十种圆满。何等为十？一者能令众生得见于佛，二者能令众生深信于佛，三者能令众生听闻于法，四者能令众生知有佛世界，五者能令众生见佛神变，六者能令众生念所集业，七者能令众生定心圆满，八者能令众生入佛清净，九者能令众生发菩提心，十者能令众生圆满佛智。

"佛子！菩萨摩诃萨令众生得十种圆满已，复为众生作十种佛事。何等为十？所谓以音声作佛事，为成熟众生故；以色形作佛事，为调伏众生故；以忆念作佛事，为清净众生故；以震动世界作佛事，为令众生离恶趣故；以方便觉悟作佛事，为令众生不失念故；以梦中现相作佛事，为令众生恒正念故；以放大光明作佛事，为普摄取诸众生故；以修菩萨行作佛事，为令众生住胜愿故；以成正等觉作佛事，为令众生知幻法故；以转妙法轮作佛事，为众说法不失时故；以现住寿命作佛事，为调伏一切众生故；以示般涅槃作佛事，知诸众生起疲厌故。佛子！是为菩萨摩诃萨第七了知一切世界佛庄严大三昧善巧智。"

注释

❶ "诸"，大正本原无，今依前后文意增之。

【白话语译】

"佛子啊！ ❶什么是菩萨摩诃萨的次第遍往诸佛国土神通三昧？佛子啊！菩萨摩诃萨经过东方无数世界，再经过世界微尘数的世界，在这些世界中证入菩萨摩诃萨次第遍往诸佛国土的神通三昧。

"他有时候在刹那之间证入，或在须臾之间证入，或相续之间证入，或是日初的时候证入，或是日中的时候证入，或是傍晚的时候证入，或是晚上的时候证入，或是半夜的时候证入，或是后半夜的时候证入，或是一日之间证入，或是五日之间证入，或是半个月之间证入，或是一个月之间证入，或是一年之间证入，或是百年之间证入，或是千年之间证入，或是百千年才证入，或是亿年之间证入，或是百亿年才证入，或是经过百千那由他亿年证入，或是经过一个时劫证入，或是百个时劫证入，或是经历百千个时劫证入，或是经过百千那由他亿时劫证入，或过无数时劫才证入，或是经过了无量时劫才证入，或是经过无边的时劫才证入，或是经过无等时劫才证入，或是经过不可数的时劫才证入，或是过了不可称的时劫才证入，或是过了不可思议的时劫才证入，或是过了不可量的时劫才证入，或是过了不可说的时劫才证入，或是过了不可说不可说的时劫才证入。

"不管是久远或是相近，不管是法门或是时间，菩萨都不会心生分别，一点也不贪染执着。不会在意彼此的差异，也不会在意彼此是否相同无二。也不会特别在意看法是否相同一致，也不会在意那些分别差异的想法。菩萨虽然已经远离了这些相互对待的分别见解，但是却能够用神通的方便力量从三昧中起定，总持不忘一切的法门，而证得究竟。

"就譬如天上的大日天子周行世界照耀世间，虽然太阳昼夜都不曾停滞，但人们却因日出而称"昼"，太阳隐落就称"夜"。其实，太阳并不是在白天生起，晚上又消失不见，并没有昼与夜的自性。菩萨摩诃萨在无数的世界证入神通三昧后，也是一样清楚彻见前述的无数世界。佛子啊！这就是菩萨摩诃萨第三次第遍往诸佛国土神通三昧的善巧智慧。

"佛子啊！❷什么是菩萨摩诃萨的清净深心行三昧？佛子啊！菩萨摩诃萨了知多如众生的佛陀，也见过多得不可计数的佛陀，超过阿僧祇世界微尘数。不管到哪一位如来的处所，菩萨都以各种上妙的熏香供养诸佛；或者供养各种妙花；或是供养大得像阿僧祇佛土般的宝盖；或是供养一切世界中最殊胜庄严的器具；或是散下各种宝物作为供养，并且以各种庄严器具装饰诸佛经过的处所；或者供养无数上好美妙的摩尼宝藏；或用佛陀威神力流出的美味饮食供养诸佛，因为这种供养比诸天的饮食更殊胜。而且，菩萨能够用神通力摄取一切的佛国刹土，并用所有上好美妙的供养器供养诸佛。

"另外，菩萨更在所有如来的处所恭敬尊重，五体投地顶礼诸佛。将身躯敷布地面请佛说法，赞叹佛陀的平等无二，称扬各位佛陀的广大功德。菩萨并能进入所有佛陀的处所，入诸佛的大悲，证得佛陀平等无障碍的力量。他还能在一念之间，前往一切诸佛净土，精勤求取妙法。然而却对诸佛示现出生、兴起世间，以及证入般涅槃的种种相貌，了无所得。就如妄念无知的散心❸，菩萨虽然了知分别一切的所缘境界，不知道心念是因为什么因缘而生起，也不知道心念是因为什么因缘而消灭，其实一切本来都是空无自性啊！菩萨摩诃萨也是如此，不会分别如来出世及涅槃相。

"佛子啊！就宛如日中的阳焰❹，像海市蜃楼一般幻现出绿洲。但日中的阳焰既不是从云中出生，也不是从池中出生；不在陆上，也不安住水中；既不是有，也不是没有；既非善也非恶；既不是清净的，也不是污浊的；既没法饮用漱洗，也不能说它是秽垢污染的；它既没有形体，也不是没有形体；不是有味道，也不是没有味道。只是因为种种聚合因缘的，才有种种虚幻的外相。意识虽然了知这一切，但是肉眼远远地望去还是会让人误以为是真的水，直到走近一看，却发觉根本没这回事，这种误以为有水的想法自然就消灭了。菩萨摩诃萨也是这样，了知如来出生兴起于世间及涅槃相皆了不可得，说诸佛有相或者无相，其实都是因为个人的忆想而有所分别。

"佛子啊！这三昧就称之为清净深心行三昧。菩萨摩诃萨即使从这三昧之中起定，定境中的三昧也不会消失。就譬如有人从睡梦中醒来，回忆所作的梦，醒时虽已不在梦中，但却仍能忆念梦境，不会遗忘漏失。菩萨摩诃萨也是这样。菩萨证入三昧亲见到佛陀听闻佛法，即使出定之后，也还能忆念受持而不忘失。并能用这些法开晓一切道场的集会大众，庄严一切诸佛国土。同时，他也已完全明白通达无量的义趣，清净一切的法门。并已点燃广大的智慧火炬，长养诸佛种性，毫无所惧，辩才无碍，所以能够开示演说甚深的法藏。这就是菩萨摩诃萨第四清净深心行大三昧的善巧智慧。

"佛子啊！❺什么是菩萨摩诃萨了知过去庄严法藏三昧？佛子啊！菩萨摩诃萨能够了知过去诸佛出现的因缘，也就是相续时劫中出现各佛国刹土的次第，佛土相续时各个时劫的相续次第，诸佛在时劫相续时出现的次第，佛国刹土相续时诸佛示现说法的相续次第，诸佛说法相续时与会大众心生喜乐的相续次第，与会大众心生喜乐的相续时各类根器出现的相续次第，各根器相续中所受调伏教化的相续次第，调伏教化相续时诸佛示现寿命的相续次第，诸佛寿命相续了知亿万那由他年岁数的相续次第。

"佛子啊！菩萨摩诃萨如果能证得如是无边相续的次第智慧，就可以了知过去诸佛，了知过去所有的诸佛刹土，了知过去所有的法门，了知过去所有的时劫，了知过去的法门，了知过去所有的心念，了知过去各种心念意解，了知过去所有的众生，了知过去的所有烦恼，了知过去所有的仪轨，还有过去的各种清净。

"佛子啊！这三昧称为过去清净法藏三昧。这三昧能使菩萨在一念之间证入百劫，或证入千劫，或证入百千劫，或证入百千亿那由他数的时劫，或证入无数的时劫，或证入无量的时劫，或证入无边的时劫，或证入无等的时劫，或证入不可数的时劫，或证入不可称的时劫，或证入不可思议的时劫，或证入不可量的时劫，或证入不可说的时劫，或证入不可说不可说的时劫。

"佛子啊！菩萨摩诃萨证入这个三昧时，既不会灭除现在的因缘，也不会缘取过去的境界。佛子啊！菩萨摩诃萨从这个三昧起定后，能在如来处所受持十种不可思议的灌顶，并且能证得清净成就，趣入了悟，圆满受持。这十种能平等了知所有境界，清净身、口、意三轮，不可思议的灌顶法，是哪十种灌顶呢？一，所有的辩辞都不违背法义；二，能演说无尽的法门；三，所有的训令语词都无缺失；四，乐于说法从不间断；五，心中毫不恐怖畏惧；六，所有的言语都诚实无伪；七，为所有众生所依止；八，解救众生，使他们脱离欲界、色界、无色界等三界；九，成就人中最殊胜的善根；十，具足调伏驾驭众生的微妙法门。

"佛子啊！这就是十种灌顶法门。凡是菩萨能从三昧中起定，就能毫无间断地证得这十种法门，宛如歌罗逻❻能在一念之间就趣入母胎，意识安住其中一样。菩萨摩诃萨也是如此，从此定起，在如来处所，一念之间就可证得这十种灌顶法。佛子啊！这就是菩萨摩诃萨第五了知过去庄严法藏广大三昧的善巧智慧。

"佛子啊！什么是菩萨摩诃萨的智光明藏三昧？佛子啊！菩萨摩诃萨安住三昧时，能够了知未来一切世界时劫的所有诸佛。不管是已宣说的，或是未宣说的，已经授记成佛，或是未授记成佛者，他们的名号都各不相同。这些名号之多，有无数的名称、无量的名称、无边的名称、无等的名称、不可数的名称、不可称的名称、不可思议的名称、不可量的名称、不可说的名称。

"其中有应当出现于世间的；应当利益众生的；应当成为法王的；应当兴起佛事的；应当宣说福德与利益的；应当赞叹至善义理的；应当说清净洁白的义理及分别法义；应当清净对治诸恶；应当安住清净功德的；应当开示第一义谛的；应当证入灌顶地位，准备绍接佛位的。安住在这三昧的诸佛如来无不修习圆满的行持，发起圆满的誓愿，证入圆满的智慧。徒众圆满，净土圆满庄严，积集圆满的功德。了悟圆满的法义，证得圆满的果位。具足圆满的相好，成就圆满的无上正等正觉。菩萨对这些如来的名号、姓氏、神族等身家背景，以及他们的各种善巧方便、神通力的变化，使众生成熟，以及证入般涅槃的种种情况，无不了知。

"因为菩萨能在一念之间了知一个时劫，百个时劫，千个时劫，百千个时劫，百千亿那由他数的时劫，阎浮提微尘数的时劫，四天下微尘数的时劫，小千世界微尘数的时劫，中千世界微尘数的时劫，大千世界微尘数的时劫，佛国刹土微尘数的时劫，百千个佛国刹土微尘数的时劫，百千亿那由他佛国刹土微尘数的时劫，无数个佛国刹土微尘数的时劫，无量佛国刹土微尘数的时劫，无边佛国刹土微尘数的时劫，无等佛国刹土微尘数的时劫，不可数佛国刹土微尘数的时劫，不可称佛国刹土微尘数的时劫，不可思议佛国刹土微尘数的时劫，不可量佛国刹土微尘数的时劫，不可说佛国刹土微尘数的时劫，不可说不可说佛国刹土微尘数的时劫。如此穷尽未来一切世界的所有时劫，菩萨的智慧都能完全了知，清楚明白之后，菩萨又证入十种总持法门。

"是哪十种总持法门呢？一，因为菩萨能证入佛陀的总持法门，所以得证了不可说佛国刹土微尘数诸佛的佑护与忆念；二，因为菩萨能证入总持的法门，所以证得了十种陀罗尼光明的无穷尽辩才；三，因为菩萨能证入行愿总持的法门，所以能出生圆满殊胜的行愿；四，因为菩萨能证入大威力总持，所以再也没有事物能够障碍他，也没有什么事物能够摧毁他；五，因为他已证入智慧的总持法门，所以修行佛法不再有任何障碍；六，因为他已证入大悲心的总持法门，所以能转不退失的清净法轮；七，因为他已证入差别善巧的文句总持法门，所以能转动一切文字的法轮与清净一切法门；八，因为他已证入宛如师子受生的无畏勇猛总持法门，所以能开启佛法的关键锁钥，出离欲望的淤泥；九，因为他已证入智慧力量的总持法门，所以能修习菩萨行，恒常精进而不休息；十，因为他已证入善友力量的总持法门，所以无边的众生都能得证清净。因为菩萨已经证入无住力量的总持，所以能证入不可说不可说的广大时劫。又因为他已证入佛法力量的总持，所以能用无障碍的方便智慧了知一切法的清净自性。

"佛子啊！菩萨摩诃萨安住在这三昧时，能善巧安住在不可说不可说的时劫，善巧安住在不可说不可说的佛国刹土。清楚了知不可说不可说的种种众生；清楚了知众生的相异之处；清楚了知业力，以及不可说不可说相同与差异的果报；清楚了知修行人不可说不可说的精进情形，及各种根器习气和种种相续差别；清楚了知思惟不可说不可说的无量染垢与清净；清楚了知法要不可说不可说的种种义理与无量文字及演说言辞；清楚了知诸佛不可说不可说的出生种族、时节因缘、示现外相、如何演说佛法、施行各种佛事、并证入般涅槃等；清楚了知不可说不可说的无边智慧法门；清楚了知一切神通不可说不可说的无量变化示现。

"佛子啊！就譬如日出世间，所有的村庄、城市、宫殿、屋宅、山泽、鸟兽、树林、花朵果实，凡是有眼睛的人都能看见这一切。佛子啊！这就好像日光平等照映众生，使大家都能看到各种外相。这种大三昧也是如此，体性平等无二，没有分别。因此，能使菩萨了知不可说不可说百千亿那由他无可计数的相互差别。佛子啊！菩萨摩诃萨如果能够如此了知，就能使所有的众生成就十种不空过。

"是哪十种不空过呢？一，所见到的一切绝不空过，因为能使所有的众生生出善根；二，他听闻的一切绝不空过，因此能成熟所有的众生；三，他能与众生一同安住绝不空过，因此能调伏所有众生的心念；四，他发起的一切菩提心绝不空过，因此能使所有众生的作为都依照言说，通达诸法义；五，他一切的殊胜妙行绝不空过；六，他亲近诸佛如来绝不空过，因此能在不可说不可说的佛国刹土，断除不可说不可说的疑惑；七，他所有的大愿绝不空过，因此能随所忆念的众生，使他们普行殊胜的供养，成就所有的行愿；八，一切善巧的方便教法绝不空过，使一切众生都能证得并安住在无障碍解脱的清净智慧；九，他雨下所有的法雨绝不空过，因此能对不可说不可说根器的众生，方便开示一切智慧的行愿，安住佛陀的道业；十，他出兴示现一切的妙相绝不空过，因此能示现无边的妙相，照顾所有的众生。

"佛子啊！菩萨摩诃萨安住在这个三昧，证得十种不空过的时候，所有天王及大众都前来顶礼。所有龙王大众无不兴起广大的香云，所有的夜叉王都顶礼他的双脚。阿修罗王则恭敬地献上供养，迦楼罗王则纷纷前后围绕。所有梵天王都前来劝请，紧那罗王、摩睺罗伽王都共同称扬赞叹。乾闼婆王也不时亲近，所有人中的王者也都前来供养。佛子啊！这就是菩萨摩诃萨第六智光明藏广大三昧的善巧智慧。

"佛子啊！❼什么是菩萨摩诃萨了知一切世界佛庄严大三昧呢？佛子啊！这三昧为何称为了知一切世界诸佛的庄严呢？

"佛子啊！菩萨摩诃萨安住在这三昧时，能够次第进入东方的世界，能够次第进入南方的世界、西方的世界、北方的世界，也都能够次第进入四维上下的所有世界。他也能见到十方世界诸佛出生兴起世间，以及诸佛所有的神通力量、诸佛所有的神通游戏、诸佛的广大威德、诸佛的殊胜自在、诸佛的大师子吼❽。也能见到诸佛修习的各种行愿，及种种庄严，还有诸佛神足通❾的变化。诸佛的大众集会宛如云彩一样汇集，大众集会成就的清净、大众集会的广大、大众集会成为一相、大众集会成为多相、大众集会的处所、大众集会的居住安止、大众集会的成熟、大众集会受到的调伏教化、大众集会显示的威德，这一切，菩萨没有不清楚彻见的。

"另外，他也看见大众集会的数目大小同等一个阎浮提洲，或等同四天下。或看见大众集会的数目等同小千世界，或等同中千世界，或等同三千大千世界，他也看见大众集会充满了百千亿那由他数的佛国刹土，也看见大众集会充满了阿僧祇佛国刹土，也看见大众集会充满了百佛国刹土微尘数的佛国刹土。也看见大众集会充满了如千佛国土微尘数的佛国刹土，也看见大众集会充满如无量佛国刹土微尘数的佛国刹土。也看见大众集会充满了如无边佛国刹土微尘数的佛国刹土，也看见大众集会充满无等的佛国刹土微尘数的佛国刹土。也看见大众集会充满不可计数佛国刹土所有微尘数的佛国刹土，也看见大众集会充满了不可称佛国刹土微尘数的佛国刹土。也看见大众集会充满不可思议佛国刹土微尘数的佛国刹土，也看见大众集会充满了不可量佛国刹土微尘数的佛国刹土。也看见大众集会充满不可说佛国刹土微尘数的佛国刹土，也看见大众集会充满不可说不可说佛国刹土微尘数的佛国刹土。

"他也能看见诸佛在各个不同的法会道场，示现种种妙相、种种时劫、种种佛国刹土、种种变化、种种神通力、种种庄严、种种自在、种种形体身量、种种事业。

"菩萨摩诃萨也能看见自身前往各个法会；也看见自己在法会中说法；也看见自己信受总持佛陀的话语；也看见自身清楚了知各种缘起；也看见自己安住虚空；也看见自己安住法身；也看见自己不生出污染执着；也看见自己不安住分别差异；也看见自己从不疲乏厌倦；也看见自己普遍证入所有的智慧，普遍了知所有的义理，普遍进入所有的境地，普遍进入六种生趣，普遍了知方便，普遍安住诸佛面前，普遍证入所有的力量，普遍证入真如境地，普遍证入无净；也看见自己普遍证入所有的法义。

"他看见这些变化示现时，既不会分别佛国刹土，也不会分别众生，更不会分别佛陀或者分别法义。他不会执着身，也不会执着身业；不执着心念，也不会执着意识。就譬如所有法义不会分别自性，不会分别音声；也从不舍离自性，也不会灭失名字。菩萨摩诃萨也是如此，从不舍离行愿，却又能随顺世间造作的事业，并且不会执着二者。

"佛子啊！菩萨摩诃萨又看见佛陀圆满成就无量的光明及色彩、无量的形相。这一切真实平等清净地示现菩萨眼前，菩萨也都清楚了知。他或是看见佛陀身相的种种光明，或是见到佛陀身上一寻八尺的圆光，或是看见佛身宛如日光炽盛的颜色，或是看见佛身微妙光明的色彩，或是看见佛身示现清净的色彩，或是看见佛身化为黄金色，或是看见佛身化为透明的金刚色，或是看见佛身化为绀青色，或是看见佛身幻化无边的色彩，或是看见佛身幻化大青摩尼宝色。菩萨或是见到佛陀的身体有七个手肘之长，或是见到佛陀的身体有八个手肘之长，或是见到佛陀的身体有九个手肘之长，或是看见佛陀的身体有十手肘之长，或是看见佛陀的身体有二十手肘长，或是看见佛陀的身体有三十手肘长，如此乃至长如一百肘之长、一千肘之长。或是看见佛陀的身体长如一俱卢舍❿，或是看见佛陀的身体长如半由旬⓫，或是看见佛陀的身体长如一由旬，或是看见佛陀的身体有十由旬之长，或是看见佛陀的身体有百由旬长，或是看见佛陀的身体有千由长，或是看见佛陀的身体有百千由旬长，或是看见佛陀的身体有阎浮提一洲长，或是看见佛陀的身体有四天下长，或是看见佛陀的身体有小千世界长，或是看见佛陀的身体有中千世界那么长，或大千世界那么长，或是百个大千世界那么长，或是千个大千世界那么长，或是百千个大千世界那么长，或是长如百千亿那由他数个大千世界，或是长如无数个大千世界，或是长如无量个大千世界，或是长如无边的大千世界，或是长如无等的大千世界，或是长如不可说的大千世界，或是长如不可说不可说的大千世界。

"佛子啊！菩萨能够见到诸佛如此无量的色相、无量的形状，示现种种不可尽的相貌，并放射无量的光明、无量的光明网。这些光明等同整个法界，因此整个法界没有什么地方照耀不到，法界的众生都能因此而发起无上的智慧。菩萨又见到佛陀的身体完全没有任何污染执着，没有障碍，非常微妙清净。

"佛子啊！菩萨虽然见到佛身有种种变化，但是如来的身量却是不增、不减。就譬如虚空⑫无所增减。所以，即使他身处小虫所吃的小芥子孔中，也不会减少；或者他身处无数的世界，也不会增广。其他诸佛的身体也是这样，我们看见他极大时，佛身其实并没有任何增加，我们看见他极小时，佛身也没有任何减损。

"佛子啊！就譬如月轮⑬，阎浮提人看见月亮变小时，月亮实际上并没有减少；或者感觉月亮很大时，它也不曾增大。菩萨摩诃萨也是这样，能够安住在这个三昧，随顺心中所喜乐的，看见诸佛化现的种种妙相，并且在听闻佛陀以言语文辞开演法义后，都能信受总持不忘。而如来的身体并不因此而增加或减少。佛子啊！就譬如众生命终之后⑭，即将托胎受生时，不曾远离他的心识，因此看见的一切都十分清楚明净。菩萨摩诃萨也是如此，不曾远离甚为深奥的三昧，因此他所看见的一切无不清净。

"佛子啊！菩萨摩诃萨安住在这三昧时，能成就十种速疾法门。是哪十种速疾法门呢⑮？一，能够迅速地增长诸行圆满的广大行愿；二，能够迅速地以法的光明照耀世间；三，能够迅速用方便转动法轮，度化解脱众生；

四，能够迅速随着众生的业力，示现诸佛清净的刹土；五，能够迅速以平等无二的智慧趣入诸佛十力；六，能够迅速与诸佛一起安住；七，能够迅速以大慈的力量摧破魔军；八，能够迅速断除众生的疑惑，使众生心生欢喜；九，能够迅速随着殊胜的解悟，示现神通变化；十，能够迅速以种种微妙法义言辞来清净一切世间。

"佛子啊！这菩萨摩诃萨又能证得十种法印，来印证一切的法。是哪十种呢？一，与过去、未来、现在一切诸佛平等的善根；二，等同诸佛一般，证得无边际的智慧法身；三，同等诸佛，安住不二法门；四，同等诸佛，观察过去、未来、现在三世无量境界都完全平等；五，等同诸佛，证得了达法界无碍；六，同等诸佛成就十力，一切所行无障碍；七，等同诸佛永远断绝见行❻与爱行❼等两种行的惑业，安住在平等无净的佛法；八，等同诸佛一般，教化众生恒常不休止歇息；九，能够等同诸佛一般，清楚观察智慧及义理的善巧；十，像诸佛与一切诸佛平等无二。

"佛子啊！如果菩萨摩诃萨能成就这个了知一切世界诸佛庄严广大三昧的善巧方便法门，那么我们就可以称他为无师者。这是因为他不必经由他人的教导，就能自行证入一切佛法。或者称他为丈夫，因为他能令所有的众生开悟。或者称他为清净者，因为他了知心性根本就是清净的。或者称他为第一者，因为他能够度化解脱一切世间。或者称他为安慰者，因为他能开导一切众生。或者称他为安住者，因为他能使未安住佛陀种性的人，都安住佛陀的种性。或者称他为真实了知者，因为他能证入一切智慧的法门。或者称他为无异想者，因为他所说的一切言语，都是一如而无二相。或者称他住法藏者，因为他誓愿了知一切的佛法。或者称他为雨法雨者，因为他能随着众生心中的趣乐，使他们都完全充满足够。

"佛子啊！就譬如帝释天王，在发髻中安置摩尼宝珠，就能借助宝珠的力量使他的威光更加炽盛。帝释天王刚获得这宝珠就获得十种利益，超过一切三十三天的天众。是哪十种利益呢？一，身色相貌；二，外表形体；三，示现；四，眷属；五，资助用具；六，音声；七，神通；八，自在；九，慧解的力量；十，智慧的应用方便。如此的十种殊胜，都超过一切三十三天的天众。

"菩萨摩诃萨也是如此，他才证得这三昧，就成就了十种广大智慧的法藏。是哪十种智慧法藏呢？一，照耀一切佛国刹土的智慧；二，了知一切众生受生的智慧；三，普遍在过去、未来、现在三世变化的智慧；四，普遍进入诸佛之身的智慧；五，通达佛法的智慧；六，普遍摄受一切清净法门的智慧；七，使一切众生证入法身的智慧；八，能够现前见到一切法的普眼清净智慧；九，一切自在到彼岸的智慧；十，安住一切广大佛法普遍穷尽无余的智慧。

"佛子啊！菩萨摩诃萨安住在这三昧时，又证得十种最清净威德具足的身相。是哪十种身相呢？一，为了照耀不可说不可说的世界，放射不可说不可说的光明轮相；二，为了使整个世界都证得清净，放射不可说不可说无量色彩的光明轮；三，为了教化调伏众生，放射不可说不可说的光明轮；四，为了亲近诸佛，示现种种不可说不可说的化身；五，为了承事供养诸佛，而降下不可说不可说种种殊胜微妙的香华云；六，为了承事供养诸佛，及调伏教化众生，在每一毛孔中化现不可说不可说的种种音乐；七，为了成熟众生，而化现不可说不可说无量的自在神通力变化；八，为了在十方世界中向种种名号的佛陀请问佛法，一步就跨越了不可说不可说的世界；九，为了使所有见闻他的众生都不空过，生起信心，而示现不可说不可说无量清净的色相身，高大到没有人能够看见他的头顶；十，为了向众生开示无量的秘密法，发出不可说不可说的音声语言。

"佛子啊！菩萨摩诃萨证得这十种最清净、威德具足的身相之后，能够使众生得到十种的圆满。是哪十种圆满呢？一，使众生见到佛陀；二，使众生深心信仰诸佛；三，使众生听闻佛法；四，使众生了知有佛陀的世界；五，使众生见到佛陀神通力的变化；六，使众生忆念自己所积集的业力；七，使众生的定心圆满；八，使众生证入佛陀的清净；九，使众生发起菩提心；十，使众生智慧圆满等同佛陀。

"佛子啊！菩萨摩诃萨使众生得到十种圆满之后，又为众生兴作十种佛事。是哪十种佛事呢？一，为了成熟众生，而以音声兴作佛事；二，为调伏教化众生，而以色相形体兴作佛事；三，为了清净众生，而以忆念兴作佛事；四，为了使众生远离恶道，而以震动世界兴作佛事；五，为了使众生不失去正念，而以方便觉悟兴作佛事；六，为了使众生恒常提起正念，而以梦中示现兴作佛事；七，为了普遍摄受所有众生，而放射广大光明兴作佛事；八，为了使众生安住在殊胜的行愿，而修习菩萨行兴作佛事；九，为了使众生了知诸法如幻，而成就正等正觉兴作佛事；十，为了不失时宜，而转胜妙法轮兴作佛事；十一，为了调伏众生，而示现安住世间兴作佛事；十二，为了让众生，厌离生死流转，而示现般涅槃兴作佛事。佛子啊！这就是菩萨摩诃萨第七了知一切世界佛陀庄严广大三昧的善巧智慧。"

【注释】

❶ 以下这段说明"次第遍往诸佛国土神通三昧"。

❷ 以下这段说明"清净深心行三昧"。

❸ 这里是以妄念无知的比喻，显示契合真如无念。

❹ 这里是以阳焰似水的比喻，显示了妄同真。

❺ 以下这段说明"知过去庄严藏三昧"。

❻ 歌罗逻：父母两精初于胎内和合凝结之状态，意译作"凝滑"、"薄酪"等。

❼ 以下这段说明"了知一切世界佛庄严大三昧"。

❽ 师子吼：这里是以师子吼来比喻佛以无畏音说法。而且，当佛说法时，使菩萨生起勇猛心求菩提，而外道、恶魔生怖畏，就像师子吼，如狮子扬威，百兽降伏。

❾ 神足通：五种神通之一，证得神足通者，不论何处都能来去自如。

❿ 俱卢舍：梵语 krośa 的音译，为印度古代尺度名，大约是四百弓或五百弓之距离，一弓为七尺二寸。

⓫ 由旬：是梵语 yojana 的音译，为印度计算里程的单位，是指帝王一日行军的里程，约三十里或四十里，一里为六町。又八俱卢舍作一由旬。

⓬ 这里是以虚空无增减的比喻，来显现法性身无增减。

⓭ 这里是以月无增减为比喻，来显现真常色身之体不变，只是随着心念不同所见

各异。

⓮ 这里是以境随心现为比喻，显现菩萨心净则佛亦净。

⓯ 以下说明此定的利益，有七部分，分别说七种利益。

⓰ 见行：不随他人教语，凭自己的意思而行，称为"见行"。

⓱ 爱行：随顺他人的教语而行，称为"爱行"。

卷第四十二
十定品第二十七之三

【原典】

"佛子！云何为菩萨摩诃萨一切众生差别身三昧？佛子！菩萨摩诃萨住此三昧，得十种无所著。何者为十？所谓于一切刹无所著，于一切方无所著，于一切劫无所著，于一切众无所著，于一切法无所著，于一切菩萨无所著，于一切菩萨愿无所著，于一切三昧无所著，于一切佛无所著，于一切地无所著，是为十。

"佛子！菩萨摩诃萨于此三昧云何入？云何起？佛子！菩萨摩诃萨于此三昧，内身入，外身起；外身入，内身起；同身入，异身起；异身入，同身起；人身入，夜叉身起；夜叉身入，龙身起；龙身入，阿修罗身起；阿修罗身入，天身起；天身入，梵王身起；梵王身入，欲界身起；天中入，地狱起；地狱入，人间起；人间入，余趣起；千身入，一身起；一身入，千身起；那由他身入，一身起；一身入，那由他身起；阎浮提众生众中入，西瞿陀尼众生众中起；西瞿陀尼众生众中入，北拘卢众生众中起；北拘卢众生众中入，东毗提诃众生众中起；东毗提诃众生众中入，三天下众生众中起；三天下众生众中入，四天下众生众中起；四天下众生众中入，一切海差别众生众中起；一切海差别众生众中入，一切海神众中起；一切海神众中入，一切海水大中起；一切海水大中入，一切海地大中起；一切海地大中入，一切海火大中起；一切海火大中入，一切海风大中起；一切海风大中入，一切四大种中起；一切四大种中入，无生法中起；无生法中入，妙高山中起；妙高山中入，七宝山中起；七宝山中入，一切地种种稼穑树林黑山中起；一切地种种稼穑树林黑山中入，一切妙香华宝庄严中起；一切妙香华宝庄严中入，一切四天下下方上方一切众生受生中起；一切四天下下方上方一切众生受生中入，小千世界众生众中起；小千世界众生众中入，中千世界众生众中起；中千世界众生众中入，大千世界众生众中起；大千世界众生众中入，百千亿那由他三千大千世界众生众中起；百千亿那由他三千大千世界众生众中入，无数世界众生众中起；无数世界众生众中入，无量世界众生众中起；无量世界众生众中入，无边佛刹众生众中起；无边佛刹众生众中入，无等佛刹众生众中起；无等佛刹众生众中入，不可数世界众生众中起；不可数世界众生众中入，不可称世界众生众中起；不可称世界众生众中入，不可思世界众生众中起；不可思世界众生众中入，不可量世界众生众中起；不可量世界众生众中入，不可说世界众生众中起；不可说世界众生众中入，不可说不可说世界众生众中起；不可说不可说世界众生众中入，杂染众生众中起；杂染众生众中入，清净众生众中起；清净众生众中入，杂染众生众中起；眼处入，耳处起；耳处入，眼处起；鼻处入，舌处起；舌处入，鼻处起；身处入，意处起；意处入，身处起；自处入，他处起；他处入，自处起；一微尘中入，无数世界微尘中起；无数世界微尘中入，一微尘中起；声闻入，独觉起；独觉入，声闻起；自身入，佛身起；佛身入，自身起；一念入，亿劫起；亿劫入，一念起；同念入，别时起；别时入，同念起；前际入，后际起；后际入，前际起；前际入，中际起；中际入，前际起；三世入，刹那起；刹那入，三世起；真如入，言说起；言说入，真如起。

"佛子！譬如有人为鬼所持，其身战动不能自安，鬼不现身令他身然。菩萨摩诃萨住此三昧亦复如是，自身入定他身起，他身入定自身起。佛子！譬如死尸以咒力故而能起行，随所作事皆得成就，尸之与咒虽各差别，而能和合成就彼事。菩萨摩诃萨住此三昧亦复如是，同境入定异境起，异境入定同境起。佛子！譬如比丘得心自在，或以一身作多身，或以多身作一身，非一身没多身生，非多身没一身生。菩萨摩诃萨住此三昧亦复如是，一身入定多身起，多身入定一身起。佛子！譬如大地其味一种，所生苗稼种种味别，地虽无差别，然味有殊异。菩萨摩诃萨住此三昧亦复如是，无所分别，然有一种入定多种起，多种入定一种起。

"佛子！菩萨摩诃萨住此三昧，得十种称赞法之所称赞。何者为十？所谓入真如故，名为如来；觉一切法故，名之为佛；为一切世间所称赞故，名为法师；知一切法故，名一切智；为一切世间所归依故，名所依处；了达一切法方便故，名为导师；引一切众生入萨婆若道故，名大导师；为一切世间灯故，名为光明；心志圆满，义利成就，所作皆办❶，住无碍智，分别了知一切诸法故，名为十力自在；通达一切法轮故，名一切见者。是为十。

"佛子！菩萨摩诃萨住此三昧，复得十种光明照耀。何者为十？所谓得一切诸佛光明，与彼平等故；得一切世界光明，普能严净故；得一切众生光明，悉往调伏故；得无量无畏光明，法界为场演说故；得无差别光明，知一切法无种种性故；得方便光明，于一切法离欲际而证入故；得真实光明，于一切法离欲际心平等故；得遍一切世间神变光明，蒙佛所加恒不息故；得善思惟光明，到一切佛自在岸故；得一切法真如光明，于一毛孔中善说一切故。是为十。

"佛子！菩萨摩诃萨住此三昧，复得十种无所作。何者为十？所谓身业无所作，语业无所作，意业无所作，神通无所作，了法无性无所作，知业不坏无所作，无差别智无所作，无生起智无所作，知法无灭无所作，随顺于文不坏于义无所作。是为十。

"佛子！菩萨摩诃萨住此三昧，无量境界种种差别。所谓一入多起，多入一起；同入异起，异入同起；细入粗起，粗入细起；大入小起，小入大起；顺入逆起，逆入顺起；无身入有身起，有身入无身起；无相入有相起，有相入无相起；起中入，入中起。如是皆是此之三昧自在境界。佛子！譬如幻师，持咒得成，能现种种差别形相，咒与幻别而能作幻，咒唯是声而能幻作眼识所知种种诸色、耳识所知种种诸声、鼻识所知种种诸香、舌识所知种种诸味、身识所知种种诸触、意识所知种种境界。菩萨摩诃萨住此三昧亦复如是，同中入定异中起，异中入定同中起。佛子！譬如三十三天共阿修罗斗战之时，诸天得胜，修罗退衄。阿修罗王其身长大七百由旬，四兵围绕无数千万，以幻术力将诸军众，同时走入藕丝孔中。菩萨摩诃萨亦复如是，已善成就诸幻智地，幻智即是菩萨，菩萨即是幻智，是故能于无差别法中入定差别法中起，差别法中入定无差别法中起。

"佛子！譬如农夫田中下种，种子在下，果生于上。菩萨摩诃萨住此三昧亦复如是，一中入定多中起，多中入定一中起。佛子！譬如男女赤白和合，或有众生于中受生，尔时名为歌罗逻位，从此次第住母胎中，满足十月，善业力故，一切肢分皆得成就，诸根不缺，心意明了。其歌罗逻与彼六根体状各别，以业力故，而能令彼次第成就，受同异类种种果报。菩萨摩诃萨亦复如是，从一切智歌罗逻位，信解愿力渐次增长，其心广大，任运自在，无中入定有中起，有中入定无中起。

"佛子！譬如龙宫依地而立，不依虚空，龙依宫住，亦不在空，而能兴云遍满空中。有人仰视所见宫殿，当知皆是乾闼婆城，非是龙宫。佛子！龙虽处下，而云布上。菩萨摩诃萨住此三昧亦复如是，于无相入有相起，于有相入无相起。佛子！譬如妙光大梵天王所住之宫，名一切世间最胜清净藏，此大宫中普见三千大千世界诸四天下天宫、龙宫、夜叉宫、乾闼婆宫、阿修罗宫、迦楼罗宫、紧那罗宫、摩睺罗伽宫、人间住处及三恶道、须弥山等，种种诸山、大海、江河、陂泽、泉源、城邑、聚落、树林、众宝，如是一切种种庄严，尽大轮围所有边际，乃至空中微细游尘，莫不皆于梵宫显现，如于明镜见其面像。菩萨摩诃萨住此一切众生差别身大三昧，知种种刹，见种种佛，度种种众，证种种法，成种种行，满种种解，入种种三昧，起种种神通，得种种智慧，住种种刹那际。

"佛子！此菩萨摩诃萨到十种神通彼岸。何者为十？所谓到诸佛尽虚空遍法界神通彼岸，到菩萨究竟无差别自在神通彼岸，到能发起菩萨广大行愿入如来门佛事神通彼岸，到能震动一切世界一切境界悉令清净神通彼岸，到能自在知一切众生不思议业果皆如幻化神通彼岸，到能自在知诸三昧粗细入出差别相神通彼岸，到能勇猛入如来境界而于其中发生大愿神通彼岸，到能化作佛化转法轮调伏众生令生佛种令入佛乘速得成就神通彼岸，到能了知不可说一切秘密文句而转法轮令百千亿那由他不可说不可说法门皆得清净神通彼岸，到不假昼夜年月劫数一念悉能三世示现神通彼岸。是为十。佛子！是名菩萨摩诃萨第八一切众生差别身大三昧善巧智。

"佛子！云何为菩萨摩诃萨法界自在三昧？佛子！此菩萨摩诃萨于自眼处乃至意处入三昧，名法界自在。菩萨于自身一一毛孔中入此三昧，自然能知诸世间，知诸世间法，知诸世界，知亿那由他世界，知阿僧祇世界，知不可说佛刹微尘数世界。见一切世界中有佛出兴，菩萨众会悉皆充满，光明清净，淳善无杂，广大庄严，种种众宝以为严饰。菩萨于彼，或一劫、百劫、千劫、亿劫、百千亿那由他劫、无数劫、无量劫、无边劫、无等劫、不可数劫、不可称劫、不可思劫、不可量劫、不可说劫、不可说不可说劫、不可说不可说佛刹微尘数劫，修菩萨行，常不休息。又于如是无量劫中住此三昧，亦入亦起，亦成就世界，亦调伏众生，亦遍了法界，亦普知三世，亦演说诸法，亦现大神通，种种方便无著无碍。以于法界得自在故，善分别眼，善分别耳，善分别鼻，善分别舌，善分别身，善分别意，如是种种差别不同，悉善分别尽其边际。菩萨如是善知见已，能生起十千亿陀罗尼法光明，成就十千亿清净行，获得十千亿诸根，圆满十千亿神通，能入十千亿三昧，成就十千亿神力，长养十千亿诸力，圆满十千亿深心，运动十千亿力持，示现十千亿神变，具足十千亿菩萨无碍，圆满十千亿菩萨助道，积集十千亿菩萨藏，照明十千亿菩萨方便，演说十千亿诸义，成就十千亿诸愿，出生十千亿回向，净治十千亿菩萨正位，明了十千亿法门，开示十千亿演说，修治十千亿菩萨清净。

"佛子！菩萨摩诃萨复有无数功德、无量功德、无边功德、无等功德、不可数功德、不可称功德、不可思功德、不可量功德、不可说功德、无尽功德。佛子！此菩萨于如是功德皆已办具，皆已积集，皆已庄严，皆已清净，皆已莹彻，皆已摄受，皆能出生，皆可称叹，皆得坚固，皆已成就。

"佛子！菩萨摩诃萨住此三昧，为东方十千阿僧祇佛刹微尘数名号诸佛之所摄受，一一名号复有十千阿僧祇佛刹微尘数佛，各各差别。如东方，南、西、北方，四维、上、下，亦复如是。彼诸佛悉现其前，为现诸佛清净刹，为说诸佛无量身，为说诸佛难思眼，为说诸佛无量耳，为说诸佛清净鼻，为说诸佛清净舌，为说诸佛无住心，为说如来无上神通，令修如来无上菩提，令得如来清净音声，开示如来不退法轮，显示如来无边众会，令入如来无边秘密，赞叹如来一切善根，令入如来平等之法，宣说如来三世种性，示现如来无量色相，阐扬如来护念之法，演畅如来微妙法音，辩明一切诸佛世界，宣扬一切诸佛三昧，示现诸佛众会次第，护持诸佛不思议法，说一切法犹如幻化，明诸法性无有动转，开示一切无上法轮，赞美如来无量功德，令入一切诸三昧云，令知其心如幻如化、无边无尽。

“佛子！菩萨摩诃萨住此法界自在三昧时，彼十方各十千阿僧祇佛刹微尘数名号如来，一一名中各有十千阿僧祇佛刹微尘数佛同时护念，令此菩萨得无边身；令此菩萨得无碍心；令此菩萨于一切法得无忘念；令此菩萨于一切法得决定慧；令此菩萨转更聪敏，于一切法皆能领受；令此菩萨于一切法悉能明了；令此菩萨诸根猛利，于神通法悉得善巧；令此菩萨境界无碍，周行法界恒不休息；令此菩萨得无碍智，毕竟清净；令此菩萨以神通力，一切世界示现成佛。

“佛子！菩萨摩诃萨住此三昧，得十种海。何者为十？所谓得诸佛海，咸睹见故；得众生海，悉调伏故；得诸法海，能以智慧悉了知故；得诸刹海，以无性无作神通皆往诣故；得功德海，一切修行悉圆满故；得神通海，能广示现令开悟故；得诸根海，种种不同悉善知故；得诸心海，知一切众生种种差别无量心故；得诸行海，能以愿力悉圆满故；得诸愿海，悉使成就，永清净故。

“佛子！菩萨摩诃萨得如是十种海已，复得十种殊胜。何等为十？一者于一切众生中最为第一，二者于一切诸天中最为殊特，三者于一切梵王中最极自在，四者于诸世间无所染著，五者一切世间无能映蔽，六者一切诸魔不能惑乱，七者普入诸趣无所罣碍，八者处处受生知不坚固，九者一切佛法皆得自在，十者一切神通悉能示现。

“佛子！菩萨摩诃萨得如是十种殊胜已，复得十种力，于众生界修习诸行。何等为十？一谓勇健力，调伏世间故；二谓精进力，恒不退转故，三谓无著力，离诸垢染故；四谓寂静力，于一切法无诤论故；五谓逆顺力，于一切法心自在故；六谓法性力，于诸义中得自在故；七谓无碍力，智慧广大故；八谓无畏力，能说诸法故；九谓辩才力，能持诸法故；十谓开示力，智慧无边故。佛子！此十种力是广大力、最胜力、无能摧伏力、无量力、善集力、不动力、坚固力、智慧力、成就力、胜定力、清净力、极清净力、法身力、法光明力、法灯力、法门力、无能坏力、极勇猛力、大丈夫力、善丈夫修习力、成正觉力、过去积集善根力、安住无量善根力、住如来力力、心思惟力、增长菩萨欢喜力、出生菩萨净信力、增长菩萨勇猛力、菩提心所生力、菩萨清净深心力、菩萨殊胜深心力、菩萨善根熏习力、究竟诸法力、无障碍身力、入方便善巧法门力、清净妙法力、安住大势一切世间不能倾动力、一切众生无能映蔽力。

"佛子！此菩萨摩诃萨于如是无量功德法，能生，能成就，能圆满，能照明，能具足，能遍具足，能广大，能坚固，能增长，能净治，能遍净治。此菩萨功德边际、智慧边际、修行边际、法门边际、自在边际、苦行边际、成就边际、清净边际、出离边际、法自在边际，无能说者。此菩萨所获得、所成就、所趣入、所现前、所有境界、所有观察、所有证入、所有清净、所有了知、所有建立一切法门，于不可说劫无能说尽。

"佛子！菩萨摩诃萨住此三昧，能了知无数、无量、无边、无等、不可数、不可称、不可思、不可量、不可说、不可说不可说一切三昧。彼一一三昧，所有境界无量广大，于境界中若入、若起、若住，所有相状，所有示现，所有行处，所有等流，所有自性，所有除灭，所有出离，如是一切靡不明见。

"佛子！譬如无热恼大龙王宫流出四河，无浊无杂，无有垢秽，光色清净犹如虚空。其池四面各有一口，一一口中流出一河，于象口中出恒伽河，师子口中出私陀河，于牛口中出信度河，于马口中出缚刍河。其四大河流出之时，恒伽河口流出银沙，私陀河口流❷出金刚沙，信度河口流出金沙，缚刍河口流❸出琉璃沙；恒伽河口作白银色，私陀河口作金刚色，信度河口作黄金色，缚刍河口作琉璃色，一一河口广一由旬。其四大河既流出已，各共围绕大池七匝，随其方面四向分流，颎涌奔驰，入于大海。其河旋绕，一一之间有天宝所成优钵罗华、波头摩华、拘物头华、芬陀利华，奇香发越，妙色清净。种种华叶，种种台蕊，悉是众宝，自然映彻，咸放光明，互相照现。其无热池周围广大五十由旬，众宝妙沙遍布其底，种种摩尼以为严饰，无量妙宝庄严其岸，栴檀妙香普散其中，优钵罗华、波头摩华、拘物头华、芬陀利华及余宝华皆悉遍满，微风吹动，香气远彻，华林宝树周匝围绕。日光出时，普皆照明池河内外一切众物，接影连辉，成光明网。如是众物，若远、若近、若高、若下、若广、若狭、若粗、若细，乃至极小一沙一尘，悉是妙宝，光明鉴彻，靡不于中日轮影现，亦复展转更相现影。如是众影不增不减、非合非散，皆如本质而得明见。

"佛子！如无热大池，于四口中流出四河入于大海，菩萨摩诃萨亦复如是，从四辩才，流出诸行，究竟入于一切智海。如恒伽大河，从银色象口流出银沙，菩萨摩诃萨亦复如是，以义辩才，说一切如来所说一切义门，出生一切清净白法，究竟入于无碍智海。如私陀大河，从金刚色师子口流出金刚沙，菩萨摩诃萨亦复如是，以法辩才，为一切众生说佛金刚句，引出金刚智，究竟入于无碍智海。如信度大河，从金色牛口流出金沙，菩萨摩诃萨亦复如是，以训辞辩，说随顺世间缘起方便，开悟众生，令皆欢喜，调伏成熟，究竟入于缘起方便海。如缚刍大河，于琉璃色马口流出琉璃沙，菩萨摩诃萨亦复如是，以无尽辩，雨百千亿那由他不可说法，令其闻者皆得润洽，究竟入于诸佛法海。如四大河，随顺围绕无热池已，四方入海，菩萨摩诃萨亦复如是，成就随顺身业、随顺语业、随顺意业，成就智为前导身业、智为前导语业、智为前导意业，四方流注，究竟入于一切智海。

"佛子！何者名为菩萨四方？佛子！所谓见一切佛而得开悟，闻一切法受持不忘，圆满一切波罗蜜行，大悲说法，满足众生。如四大河围绕大池，于其中间，优钵罗华、波头摩华、拘物头华、芬陀利华皆悉遍满，菩萨摩诃萨亦复如是，于菩提心中间，不舍众生，说法调伏，悉令圆满无量三昧，见佛国土庄严清净。如无热大池，宝树围绕，菩萨摩诃萨亦复如是，现佛国土庄严围绕，令诸众生趣向菩提。如无热大池，其中纵广五十由旬，清净无浊，菩萨摩诃萨亦复如是，菩提之心其量无边，善根充满，清净无浊。如无热大池，以无量宝庄严其岸，散栴檀香遍满其中，菩萨摩诃萨亦复如是，以百千亿十种智宝严菩提心大愿之岸，普散一切众善妙香。如无热大池，底布金沙，种种摩尼间错庄严，菩萨摩诃萨亦复如是，微妙智慧周遍观察，不可思议菩萨解脱种种法宝间错庄严，得一切法无碍光明，住于一切诸佛所住，入于一切甚深方便。如阿那婆达多龙王，永离龙中所有热恼，菩萨摩诃萨亦复如是，永离一切世间忧恼，虽现受生而无染著。如四大河，润泽一切阎浮提地，既润泽已，入于大海，菩萨摩诃萨亦复如是，以四智河润泽天、人、沙门、婆罗门，令其普入阿耨多罗三藐三菩提智慧大海，以四❹种力而为庄严。何者为四？一者愿智河，救护调伏一切众生，常不休息；二者波罗蜜智河，修菩提行，饶益众生，去、来、今世相续无尽，究竟入于诸佛智海；三者菩萨三昧智河，无数三昧以为庄严，见一切佛，入诸佛海；四者大悲智河，大慈自在，普救众生，方便摄取，无有休息，修行秘密功德之门，究竟入于十力大海。如四大河，从无热池既流出已，究竟无尽，入于大海，菩萨摩诃萨亦复如是，以大愿力修菩萨行，自在知见无有穷尽，究竟入于一切智海。如四大河，入于大海，无能为碍令不入者，菩萨摩诃萨亦复如是，常勤修习普贤行愿，成就一切智慧光明，住于一切佛菩提法，入如来智无有障碍。如四大河，奔流入海，经于累劫亦无疲厌，菩萨摩诃萨亦复如是，以普贤行愿，尽未来劫修菩萨行，入如来海不生疲厌。

　　"佛子！如日光出时，无热池中金沙、银沙、金刚沙、琉璃沙及余一切种种宝物，皆有日影于中显现，其金沙等一切宝物，亦各展转而现其影，互相鉴彻，无所妨碍。菩萨摩诃萨亦复如是，住此三昧，于自身一一毛孔中，悉见不可说不可说佛刹微尘数诸佛如来，亦见彼佛所有国土道场众会一一佛所听法、受持、信解、供养，各经不可说不可说亿那由他劫而不想念时节长短，其诸众会亦无迫隘。何以故？以微妙心，入无边法界故，入无等差别业果故，入不思议三昧境界故，入不思议思惟境界故，入一切佛自在境界故，得一切佛所护念故，得一切佛大神变故，得诸如来难得难知十种力故，入普贤菩萨行圆满境界故，得一切佛无劳倦神通力故。

"佛子！菩萨摩诃萨虽能于定一念入出，而亦不废长时在定，亦无所著；虽于境界无所依住，而亦不舍一切所缘；虽善入刹那际，而为利益一切众生，现佛神通，无有厌足；虽等入法界，而不得其边；虽无所住、无有处所，而恒趣入一切智道，以变化力普入无量众生众中，具足庄严一切世界；虽离世间颠倒分别，超过一切分别之地，亦不舍于种种诸相；虽能具足方便善巧，而究竟清净；虽不分别菩萨诸地，而皆已善入。佛子！譬如虚空，虽能容受一切诸物，而离有无。菩萨摩诃萨亦复如是，虽普入一切世间，而离世间想；虽勤度一切众生，而离众生想；虽深知一切法，而离诸法想；虽乐见一切佛，而离诸佛想；虽善入种种三昧，而知一切法自性皆如，无所染著；虽以无边辩才演无尽法句，而心恒住离文字法；虽乐观察无言说法，而恒示现清净音声；虽住一切离言法际，而恒示现种种色相；虽教化众生，而知一切法毕竟性空；虽勤修大悲度脱众生，而知众生界无尽无散；虽了达法界常住不变，而以三轮调伏众生，恒不休息；虽常安住如来所住，而智慧清净，心无怖畏，分别演说种种诸法，转于法轮常不休息。佛子！是为菩萨摩诃萨第九法界自在大三昧善巧智。"

注释

❶ "办"，大正本原作"辨"，今依明、宫本改之。

❷ "流"，大正本原无，今依明、宫本增之。

❸ "流"，大正本原无，今依前后文意增之。

❹ "四"，大正本原作"十"，今依三本及宫本改之。

【白话语译】

"佛子啊！❶什么是菩萨摩诃萨一切众生差别身三昧呢？

"佛子啊！菩萨安住在这三昧的时候，将得证十种无所执着的境界。是哪十种无所执着的境界呢？一，不执着任何刹土；二，不执着任何方所；三，不执着任何时劫；四，不执着任何众生；五，不执着任何法门；六，不执着任何菩萨；七，不执着任何菩萨的行愿；八，不执着任何三昧；九，不执着任何佛陀；十，不执着任何境地。就是这十种无执着的境界。

"佛子啊！❷菩萨摩诃萨是如何进入这三昧？又如何起定的呢？

"佛子啊！❸菩萨摩诃萨在这三昧时，从身内入定，从体外起定；或从体外入定，从身内起定；或从某个身体中入定，从另一个身体起定；或从另一个身体中入定，从这一个身体中起定；或从人的身体中入定，从夜叉的身体中起定；或从夜叉的身内入定，从龙王的身中起定；或从龙王的身中入定，从阿修罗的身体中起定；或从阿修罗的身中入定，从天人的身中起定；或从天人的身中入定❹，从梵王的身中起定；或从梵王的身中入定，从欲界的身中起定；或从天中入定，从地狱中起定；或从地狱中入定，从人间起定；或从人间入定，从其余五道起定。

"或是从千个身中入定❺，从一身中起定；或从一身中入定，从千个身中起定；或从那由他数的身中入定，从一身中起定；或从一身中入定，从那由他数的身中起定；或从阎浮提洲❻的众生中入定，从西瞿陀尼洲的众生中起定；或从西瞿陀尼洲的众生中入定，从北拘卢的众生中起定；或从北拘卢的众生中入定，从东毗提诃洲的众生中起定；或从东毗提诃洲的众生中入定，从三天下的众生中起定；或从三天下的众生中入定，从四天下的众生中起定；或从四天下的众生中入定，从一切大海的差别众生起定❼；或从一切大海的差别众生中入定，从一切大海的诸神中起定；从一切大海的诸神中入定，从一切大海的水大中起定；从一切大海的水大中入定，从一切大海的地大中起定；从一切大海的地大中入定，从一切大海的火大中起定；从一切大海的火大中入定，从一切大海的风大中起定；从一切大海的风大中入定，从一切的地、水、火、风四大中起定；从一切的四大中入定，从无生法当中起定；从无生法当中入定，从妙高山中起定。

"从妙高山入定，从七宝山起定；从七宝山入定，从一切地上的种种稼穑、树林、黑山起定；从一切地上的种种稼穑、树林、黑山中入定，从一切美妙香华宝庄严中起定；从一切美妙香华宝庄严中入定❽，从一切四天下的下方、上方一切众生的托胎受生中起定；从一切四天下的下方、上方一切众生的托胎受生中入定❾，从小千世界的众生中起定；从小千世界的众生中入定，从中千世界的众生中起定；从中千世界的众生中入定，从大千世界的众生中起定；从大千世界的众生中入定，从百千亿那由他数的三千大千世界众生中起定；从百千亿那由他数的三千大千世界众生中入定，从无数世界的众生中起定。

"从无数世界的众生中入定，从无量世界的众生中起定；从无量世界的众生中入定，从无边际佛国刹土的众生中起定；从无边际佛国刹土的众生中入定，从无等佛国刹土的众生中起定；从无等佛国刹土的众生中入定，从不可数世界的众生中起定；从不可数世界的众生中入定，从不可称世界的众生中起定；从不可称世界的众生中入定，从不可思世界的众生中起定；从不可思世界的众生中入定，从不可量世界的众生中起定；从不可量世界的众生中入定，从不可说世界的众生中起定；从不可说世界的众生中入定，从不可说不可说世界的众生中起定；从不可说不可说世界的众生中入定，从混杂染污的众生中起定。❿

"从混杂染污的众生中入定，从清净的众生中起定；从清净的众生中入定，从混杂染污的众生中起定；从眼根入定⓫，从耳根起定；从耳根入定，从眼根起定；从鼻根入定，从舌根起定；从舌根入定，从鼻根起定；从身根入定，从意根起定；从意根入定，从身根起定；从自己的根处入定，从他人的根处中起定；从他人的根处中入定，从自己的根处起定。

"从一微尘入定⓬，从无数世界的微尘起定；从无数世界的微尘入定，从一微尘起定；从声闻入定，从独觉起定；从独觉入定，从声闻起定；从自己的身体入定，从佛陀的身体起定；从佛陀的身体入定，从自己的身体起定；从一念入定，从亿个时劫起定；从亿个时劫入定，从一念起定；从共同的念中入定，从分别的时间中起定；从分别的时间中入定，从共同的念中起定；从过去的时际入定，从未来的时际起定；从未来的时际入定，从过去的时际起定；从过去的时际入定，从现在的时际起定；从现在的时际入定，从过去的时际起定；从过去、现在、未来三世入定，从刹那起定；从刹那入定，从过去、现在、未来三世起定；从真如的境地入定，从言说起定；从言说入定，从真如的境地起定。

　　"佛子啊！⑬譬如有人被鬼附身，全身颤动，自己根本没法安静下来。这是因为鬼魅附在他身上，虽然人看不见鬼，但鬼却能使他的身体颤动不已。鬼身不会因为与他的身体不同就无法对他的身体作用。菩萨摩诃萨安住在这三昧时也是如此，能从自身入定而从他身起定，或是从他身入定而从自身起定。肉身虽然不同，但却能够自在的出入不定。

　　"佛子啊！⑭又譬如有些死尸会因为符咒的力量而自行动作行走，随着符咒的力量做事，并且完成这些事情。死尸虽然不是符咒，但二者一旦和合就能完成某些事情。菩萨摩诃萨安住在三昧的时候也是如此，能从相同的境界入定而从不同的境界起定。或从不同的境界入定，而从相同的境界起定。

　　"佛子啊！⑮就譬如得证了自在心的比丘，能以一身化作多身，或是以多身化作一身。他并非是一身消失，再生出多身；也不是多身消失，再生出一身。菩萨摩诃萨安住在三昧时也是如此，能够从一身入定，从多身起定；也能够从多身入定，再从一身起定。

　　"佛子啊！就譬如大地只有一种⑯，但是生出的苗稼气味却不尽相同。大地虽然没有差别，但是却会产生不同的味道。菩萨摩诃萨安住在这三昧的时候也是如此，虽然没有任何分别，但是却能从一种境界入定而从多种境界起定。或是从多种境界入定，从一种境界起定。

　　"佛子啊！⑰菩萨摩诃萨安住在这三昧时，证得了十种称赞的法，并且因为这十种称赞的法而为大众赞叹。是哪十种称赞的法呢？一，因为他已证入真如，所以人们称他为"如来"；二，因为他已经觉悟一切的法，所以人们称他为"佛陀"；三，因为世人莫不称赞他，所以人们都称他为"法师"；四，因为他已了知一切法，所以人们称他为"一切智"；五，因为他已是所有世人的归依，所以人们都称他为"所依处"；六，因为他了知通达一切法的方便，所以人们称他为"导师"；七，因为他能引领众生证入诸佛一切种智的萨婆若道，所以又称为"大导师"；八，因为他能作为一切世间明灯，所以又名为"光明"；九，因为他心志圆满，成就义利，所做的事情莫不成办，因此能安住在无碍的智慧，分别了知一切诸法，所以又名为"十力自在"；十，因为他通达一切法轮，所以又称为"一切见者"，就是这十种称赞法。

"佛子啊！菩萨摩诃萨安住在这三昧时，又证得十种光明照耀。是哪十种光明呢？一，得证诸佛的光明，因为他已等同诸佛；二，得证一切世界的光明，因为他能够普遍庄严清净一切世界；三，得证一切众生的光明，因为他能前往调伏所有的众生；四，得证无所畏惧的光明，因为他能以整个法界为道场演说佛法；五，得证无差别光明，因为他了知一切法实无种种自性；六，得证方便的光明，因为他已证入远离五欲境界的一切法门；七，得证真实的光明，因为他能平等看待一切远离五欲境界的法门；八，得证遍及一切世间神通变化的光明，因为他不断地受诸佛加持；九，得证善巧思惟的光明，因为他已到达和等同诸佛的自在彼岸；十，得证一切法真如境界的光明，因为他能于一个毛孔中善巧演说所有的法门。就是这十种光明照耀。

"佛子啊！菩萨摩诃萨安住在这三昧时，又得证了十种无所造作。是哪十种无所造作呢？一，他的身业是无所造作的；二，他的语业是无所造作的；三，他的意业是无所造作的；四，他的神通是无所造作的；五，他了知诸法皆无自性而无所造作；六，他了知各种业力是不会败坏的而无所造作；七，他了知无差异分别的智慧而无所造作；八，他了知由无生所起的智慧是无所造作的；九，他了知法的消失灭绝是无所造作的；十，他能随顺于文句而不坏于法是无所造作的。就是这十种无所造作。

"佛子啊！❶菩萨摩诃萨即使安住在这个三昧的无量境界时，仍有种种差别：从一入定而从多起定，从多入定而从一起定；从相同入定而从相异起定，从相异入定而从相同起定；从细入定而从粗起定，从粗入定而从细起定；从大入定而从小起定，从小入定而从大起定；顺向入定而相逆起定，从逆向入定而从相顺起定；从无身入定而从有身起定，从有身入定而从无身起定；从无相入定而从有相起定，从有相入定而从无相起定；从起定证入而从入定起定。这些都是这个三昧的自在境界。

"佛子啊！❶就譬如幻化师，当他持咒成就的时候，就能够幻化种种奇异的形相。而我们知道咒术与幻化的本质不同，但是二者却能造作幻相。就像咒语只是声音而已，却能造作幻化种种事相。其实，不管是眼识所了知的各种色相；或耳识所了知的各种声音；鼻识所了知的各种香味；舌识所了知的各种味道；身识所了知的各种触觉；意识所了知的各种意境，幻化师都能够自在地幻化。菩萨摩诃萨安住在这三昧时也是如此，从相同入定而从相异起定；从相异入定而从相同起定。

"佛子啊！❷就譬如三十三天的天众与阿修罗战斗时，诸天大众赢了阿修罗。此时，虽然阿修罗王身长七百由旬，而四周更有无数的阿修罗兵众围绕，但是他却能利用幻术将这些军兵同时缩小，使他们遁入莲藕的藕孔。菩萨摩诃萨也是如此，因为他已经成就所有智慧如幻的境地。如幻的智慧即是菩萨，菩萨即是如幻的智慧。因为这样，所以他能够在无差别法中入定，在差别法中起定；在差别法中入定，在无差别法中起定。

"佛子啊！❷就譬如农夫在田中播种，种子在土中，果实生长在土上。菩萨安住在这三昧时也是如此，能从一入定而从多起定，或从多入定而从一起定。

"佛子啊！❷就譬如男女赤色的卵子与白色的精子相互结合，这时会有众生在受精卵中受生。这时我们就称这已有意识投胎的受精卵为歌罗逻位。从此之后次第安住在母胎中，满十个月时，因为善业所以他四肢俱全，诸根不缺，心意明白了知。这个歌罗逻与他的六根形体及形状各各不同，这都是他因为与生俱来的业力，而使四肢的歌罗逻位能够次第成就，受相异或同类的种种果报。菩萨摩诃萨也是如此，因为他不断增长一切智歌罗逻位的信解愿力，所以心量就慢慢变得广大，而能够任意自在。因此，能从无入定而从有起定；或从有入定而从无起定。

"佛子啊！㉓就譬如龙宫得依附地面才能耸立。龙王安住的宫殿，虽不是依虚空而建立，却能兴起大云遍满天空。如果有人仰视的话，应该知道他所看见的宫殿，其实都是像幻化的乾闼婆城，并非其实的龙宫。佛子啊！龙王虽位住在地上，而云彩分布天上。菩萨摩诃萨安住在这三昧的时候也是如此，从无相证入而从有相起定；或从有相证入而从无相起定。

"佛子啊！㉔就譬如妙光大梵天王的宫殿，称为一切世间最清净藏宫殿。在这广大的梵宫观看三千大千世界四天下的天宫、龙宫、夜叉宫、乾闼婆宫、阿修罗宫、迦楼罗宫、紧那罗宫、摩睺罗伽宫。人间居住的处所以及三恶道、须弥山等，各种高山、大海、江河、陂泽、泉源、城邑、聚落、树林、许多宝物，如此一切各种庄严，穷尽大轮围山所有边际，乃至于虚空微细游动的尘土，都能一目了然，就如同我们在镜子里看见自己一样清楚。菩萨摩诃萨安住在一切众生差别身的广大三昧时，能了知种种的刹土，得见种种佛陀，度化种种众生，证得种种的法，成就种种行持，圆满种种解悟，证入种种三昧，示现种种神通，得证种种智慧，安住种种的刹那分际。

"佛子啊！菩萨摩诃萨已到达十种神通的彼岸。是哪十种神通彼岸呢？一，到达诸佛如来穷尽虚空、遍及法界的大神通彼岸；二，到达菩萨究竟无差别自在的大神通彼岸；三，到达能够发起菩萨广大行愿，并证入诸佛如来法门的大神通彼岸；四，到达能够震动一切世界及一切境界，并且能完全清净这些地方的大神通彼岸；五，到达能够自在了知众生不可思议的业力、果报皆是幻化的大神通彼岸；六，到达能够自在了知所有三昧粗细，证入出定差别相的大神通彼岸；七，到达能够勇猛证入诸佛如来的境界，并在其中发起广大行愿的大神通彼岸；八，到达能够化现为佛陀，及化作佛陀转法轮调伏教化众生，使众生生出诸佛种性，证入佛陀的法乘而立刻成就的大神通彼岸；九，到达能够了知不可说的一切秘密文句义理而转法轮，并且清净百千亿那由他不可说不可说法门的大神通彼岸；十，到达不必借由昼夜、年、月、时劫，就能于一念之间示现过去、未来、现在三世的大神通彼岸。就是这十种。佛子啊！这就是菩萨摩诃萨第八一切众生差别身广大三昧的善巧智慧。

"佛子啊！什么是菩萨摩诃萨法界自在三昧？

"佛子啊！菩萨摩诃萨能于自己眼根处，乃至于意根处证入三昧，这个三昧就称为法界自在三昧。菩萨能够在自身的每一个毛孔中证入这个三昧，自然了知所有的世间；所有的世间法；所有的世界；亿那由他数的世界；阿僧祇数的世界；不可说佛国刹土微尘数的世界。并且见到每个世界都有佛陀出现兴起，菩萨充满每一法会虚空，光明清净，淳善而不混杂，广大庄严，更有各种宝物装饰庄严。菩萨在那里，无论是经过一个时劫、百个时劫、千个时劫、亿个时劫、百千亿那由他数的时劫、无数的时劫、无量的时劫、无边际的时劫、无等的时劫、不可数的时劫、不可称的时劫、不可思的时劫、不可量的时劫、不可说不可说的时劫、不可说不可说的佛国刹土微尘数的时劫，都能精勤地修习菩萨行，从不歇息。即使经过无量的时劫仍安住在这三昧，也同时还能证入、起定、成就世界，调伏教化众生，遍及了知法界，普遍了知过去、未来、现在三世，演说诸法，及示现大神通的种种方便，毫不执着，没有障碍。

"因为菩萨已在法界得证自在，所以能够清楚地分别眼根，清楚地分别耳根，清楚地分别鼻根，清楚地分别舌根，清楚地分别身根，清楚地分别意根。如此六根种种不同的差异，他都能仔细分别，乃至穷尽边际。菩萨如果能够如此清楚了知及明见，就能生起十千亿陀罗尼法的光明，成就十千亿的清净行愿，证得十千亿诸根，圆满十千亿的神通，证入十千亿的三昧，成就十千亿的神力，长养十千亿的所有力量，圆满十千亿深心，运动十千亿的加持力，示现十千亿的神通变化，具足十千亿菩萨的无所障碍，圆满十千亿菩萨辅助修道的方法，积集十千亿菩萨的法藏，照明十千亿菩萨的方便，演说十千亿的各种法义，成就十千亿所有行愿，生出十千亿的回向，清净治理十千亿菩萨的正位，明白了知十千亿的法门，开示十千亿的演说，修习治理十千亿种菩萨的清净。

"佛子啊！菩萨摩诃萨又有无数的功德、无量的功德、无边际的功德、无等的功德、不可数的功德、不可称的功德、不可思的功德、不可量的功德、不可说的功德、无穷尽的功德。佛子啊！像上面所说的种种功德，这位菩萨都已成办具足，都已积集；都已庄严，都已清净；都已晶莹透彻，都已摄取受持；都能够生出，都已坚固，都已成就。因此，人们莫不称叹。

"佛子啊！菩萨摩诃萨安住在这三昧时，东方十千阿僧祇佛国刹土微尘数名号的诸佛都前来摄受。而每一个名号的佛陀又有十千阿僧祇佛国刹土微尘数的佛陀，各个佛陀相互差别，而东方、南方、西方、北方，所有四维、上下，也有如此无量的佛陀。

"这些如来全都示现在菩萨摩诃萨面前，为他示现诸佛的清净刹土；为他演说诸佛无边的身量；为他演说诸佛难可思议的佛眼；为他演说诸佛可听闻十方无量世界的耳根；为他演说诸佛的清净鼻根；为他演说诸佛的清净妙舌；为他演说诸佛的无住心；为他演说诸佛如来无上的神通力；使他能修习诸佛如来的无上菩提；使他证得诸佛如来的清净音声；并为他开示诸佛如来不退转的法轮；显示诸佛如来无边的大众集会；使他证入诸佛如来无边的秘密，赞叹诸佛如来的一切善根；证入诸佛如来平等之法，宣说诸佛如来过去、未来、现在三世的种性；示现诸佛如来无量的色相，阐扬诸佛如来护持忆念之法；畅演诸佛如来的微妙法音，辨别明了诸佛的世界；宣扬诸佛三昧，示现诸佛法会的相续次第；护持诸佛不可思议的法门，演说一切法犹如幻化；明白诸法的体性没有动转，开示一切无上的法轮；赞美诸佛无量的功德，证入一切三昧云，了知心意如幻、如化、无边、无穷尽。

"佛子啊！❷菩萨摩诃萨安住在这法界自在三昧时，十方世界各有十千阿僧祇数佛国刹土微尘数不同名号的诸佛同时前来护持忆念。因此菩萨能够证得无边际的身量；证得无障碍的心；总持一切法毫无忘失，忆念不断；并且得证总持决定的智慧；又变得聪慧敏捷，能够领会受持一切法；明白了知一切法；能够善巧变化所有的神通法门，诸根变得更勇猛锐利；能遍行整个法界不曾歇止，境界无碍；能证得无障碍的智慧，毕竟清净；并且以神通力在一切世界示现成佛。

"佛子啊！菩萨摩诃萨安住在这三昧时，证得十种如大海般广大的境界。是哪十种广大的境界呢？一，证得诸佛大海，因为他已了见一切；二，证得众生海，因为他能调伏教化所有的众生；三，证得诸法海，因为他能够以智慧了知诸法；四，证得诸刹海，因为他能以无体性及无造作的神通，前往诣见各个佛国刹土；五，证得功德海，因为他已圆满所有的行持；六，证得神通海，因为他能够随处示现，令众生开悟；七，证得诸根海，因为他清楚了知各种根器的众生；八，证得诸心海，因为他能了知众生心念的种种差别；九，证得诸行海，因为他能以愿力圆满种种行持；十，证得诸愿海，因为他能成就众生，永远清净。

"佛子啊！菩萨摩诃萨证得这十种大海后，又证得十种殊胜。是哪十种呢？一，在众生中最为第一；二，在诸天中最为殊胜；三，在梵王中最为自在；四，在所有的世间从无污染执着；五，世间没有任何事物能够遮蔽隐藏他；六，诸魔都不能迷惑散乱他的心志；七，他能普遍进入六道诸趣而没有任何障碍；八，他能在各处所中投胎受生，却清楚了知没有一处受生的地方是坚固不坏的；九，对一切的佛法都得自在；十，能够示现任何神通。

"佛子啊！菩萨摩诃萨证得如此十种的殊胜之后，又证得十种力量，能在众生中修习诸菩萨行。是哪十种力量呢？一，勇健的力量，因为他能调伏教化世间；二，精进的力量，因为他恒常不退转；三，无所执着的力量，因为他已远离所有的染垢；四，寂静的力量，因为他对一切法毫无诤论；五，逆向与顺向的力量，因为他对一切法，都能心意自在；六，诸佛体性的力量，因为他已成就所有的法义；七，无障碍的力量，因为他智慧广大；八，无畏惧的力量，因为他能够演说诸法；九，辩才的力量，因为他能够受持诸法；十，开示的力量，因为他智慧无边。

"佛子啊！这十种力量是广大的力量，最殊胜的力量，没有人能摧破调伏的力量，无量的力量，诸善积集的力量，不动的力量，坚固的力量，智慧的力量，成就的力量，殊胜禅定的力量，清净的力量，极为清净的力量，法身的力量，法光明的力量，法灯的力量，法门的力量，没有人能够败坏的力量，极为勇猛的力量，大丈夫的力量，善于修习的力量，成就正等正觉的力量，过去积集善根的力量，安住无量善根的力量，安住诸佛如来的力量，具足威力思惟的力量，增长菩萨欢喜的力量，生出菩萨清净信愿的力量，增长菩萨勇猛的力量，出生菩提心的力量，菩萨清净深心的力量，菩萨殊胜深心的力量，菩萨熏习善根的力量，究竟诸法的力量，无障碍身的力量，证入方便善巧法门的力量，清净微妙法门的力量，安住大威势、一切世间不能倾动的力量，众生不能遮蔽隐藏的力量。

"佛子啊！菩萨摩诃萨对如此无量的功德法，都能出生、能够成就、能够圆满、能够照明、能够具足、能够普遍具足、能够广大、能够坚固、能够增长、能够清净治理、能够普遍清净治理。所以没有人可以穷尽演说菩萨功德的边际、智慧的边际、修行的边际、法门的边际、自在的边际、苦行的边际、成就的边际、清净的边际、出离的边际、法自在的边际。菩萨所获得的、所成就的、所趣入的、所示现眼前的、所有的境界、所有的观察、所证入的、所清净的，所了知、建立的法门，即使以不可说的时劫演说，也说不完。

"佛子啊！菩萨摩诃萨安住在这三昧时，能够了知无数、无量、无边、无等、不可数、不可称、不可思、不可量、不可说、不可说不可说、一切的三昧。每一个三昧的境界，都非常广大。不管是从境界证入、起定、安住、所有相貌形状，所有的示现，所有行经的处所，所有等同流类的示现，所有的自性，所有消除灭绝，所有的出离，所有的一切，菩萨无不明白彻见。

"佛子啊！❷就譬如无热恼大龙王宫的阿耨达池流出的四条河流，光色清净，犹如虚空，一点儿也不污浊混杂与秽垢。这阿耨达池的四面各有一个出口，每一个出口都流出一条河流。当中的象口流出恒伽河，师子口流出私陀河，牛口则流出信度河，马口则流出缚刍河。这四条大河的水流也是与众不同，恒伽河流出的是银沙，私陀河流出金刚沙，信度河河口流出金沙，缚刍河河口则流出琉璃沙。又恒伽河口是银白色的，私陀河口是金刚色的，信度河口是金黄色，缚刍河口是琉璃色。

"每一个河口大如一由旬，这四条大河都各自围绕大池七圈，并随着它的方向而向四方分别流出，波浪汹涌，奔驰入海。这四条大河旋转围绕着，每一条河道又有天上珍宝形成的优钵罗华、波头摩华、拘物头华、芬陀利华，散发奇妙的香气及清净微妙的色泽。这种种花朵及枝叶，台蕊莫不是珍宝构成，彼此相映彻照，光明无比，不断地照耀显现。这座无热池的周长约有五十由旬，池底遍布许多珍宝和精微的细沙，各种摩尼宝珠也罗列其中装饰，岸边更有无量微妙的宝物庄严。栴檀香的美妙气味遍散池中，优钵罗华、波头摩华、拘物头华、芬陀利华及其他的宝花更遍满整个无热池。每当微风吹拂，香气就飘向远方。池的四周有花丛及珍宝所成的树林围绕。日光出现的时候把大池照得通明，使大池及河流内外所有东西的光影光辉相续不断，交织成一片光明的大网。这些东西不管是在远处，还在近处；在高处，或在下方；或广大，或狭小；或粗，或细；乃至于极小的一沙、一尘莫不是神妙的宝物构成，光明彻照。在正午的日照中一一显现，辗转辉映彼此的影像。虽然如此，但这众多的影像却从不增加也不减少，从不聚合也从不分散，每一种东西的本质莫不清楚照见。

“佛子啊！就像无热大池从四个出水口流出四条入于大海的大河，菩萨摩诃萨也是如此，从四辩才流出各种菩萨妙行，最后证入一切智慧海。一如恒伽大河，从银色的象口流出银沙，菩萨摩诃萨也是如此。以义理的无碍辩才解说一切诸佛演说的法，出生一切清净洁白的法，最后证入无障碍的智慧海。

“一如私陀大河，从金刚色师子口流出金刚沙，菩萨摩诃萨也是如此，以佛法的辩才为众生演说佛陀如金刚般不坏的文句，引领金刚般的智慧，证入无障碍的智慧海。

“又如信度河从金色的牛口流出金沙，菩萨摩诃萨也是如此，以训示言辞辩说，随顺世间的缘起方便开悟众生，使众生欢喜，调伏教化使他们成熟，最后证入缘起方便海。

“又如缚刍河，从琉璃色的马口流出琉璃沙，菩萨摩诃萨也是如此，以无穷尽的辩才法雨，普降百千亿那由他不可说数的法门。滋润所有听闻的众生，究竟证入诸佛法海。

"一如四大河随顺围绕无热池之后，从四方流入大海，菩萨摩诃萨也是如此，成就随顺身业、随顺语业、随顺意业。成就以智慧为前导的身业、以智慧为前导的语业，以智慧为前导的意业，最后从四个方向流注一切智慧海。

"佛子啊！什么叫作菩萨四方？佛子啊！一，面见诸佛而开悟；二，所有听闻的法都受持不忘；三，圆满一切波罗蜜行愿；四，以大悲说法满足一切。

"一如四大河围绕大池，大池中的优钵罗华、波头摩华、拘物头华、芬陀利华等遍满池中，菩萨摩诃萨也是如此，他在菩提心的大池中间从不舍离众生，不断演说佛法调伏教化众生，他们都能圆满无量的三昧，见到诸佛刹土的庄严清净。

"如同无热池有珍宝树林围绕，菩萨摩诃萨也是如此，能示现佛国刹土的庄严围绕，使众生都乐于趣向菩提。

"如同无热大池宽长各五十由旬，清净而不污浊，菩萨摩诃萨也是如此，他的菩提心量广大无边，善根充满，清净而不污浊。

"如同无热大池以无量的珍宝庄严池岸，栴檀香气遍满大池，菩萨摩诃萨也是如此，他能以百千亿十种智慧珍宝庄严广大行愿的菩提心池岸，普遍散发一切众善美妙的香气。

"又如同无热大池的池底满布金沙，各种摩尼珍宝更交错间杂，庄严其中，菩萨摩诃萨也是如此，他能以微妙的智慧周遍观察，并以不可思议菩萨解脱的各种法宝交错间杂，庄严其中。证得一切无障碍的法光明，安住诸佛安住之处，证入一切甚深方便。

"如同阿那婆达多龙王永远远离龙道的所有燥热烦恼，菩萨摩诃萨也是如此，能永远远离一切世间的忧愁烦恼，即使示现受生也毫无染着。

"如同四大河润泽一切阎浮提大地之后，流入大海，菩萨摩诃萨也是如此，他能以四种智慧的大河润泽天、人、沙门、婆罗门，使他们普遍证入无上正等正觉的智慧大海，更能以四种智慧力量庄严。是哪四种智慧力量呢？一，以大愿的智慧河，救护调伏众生从不歇息；二，到达解脱彼岸的波罗蜜智慧河，以修习菩提行饶益众生，过去、未来、现在相续无穷尽，究竟证入诸佛智慧海；三，用无数的三昧庄严菩萨的三昧智河，使众生都能亲见诸佛并证入诸佛海；四，以大悲智河的大慈自在普遍救度众生，并以善巧方便摄取众生，从不休息，并修行甚深秘密的功德法门，最后证入佛陀十力大海。

"如同四条大河流出无热池之后，无穷尽地流入大海，菩萨摩诃萨也是如此，以广大的愿力修菩萨行，自在的了知及见闻而没有穷尽，最后究竟证入一切智慧海。

"如同没有什么事物能够障碍大河，使四条大河不能流入大海的，菩萨摩诃萨也是如此，不断精勤修习普贤行愿，因此没有什么障碍能够阻止他成就一切智慧光明，安住诸佛的菩提法门，证入诸佛的智慧。

"又如同四条大河奔流入海，即使经过了无以数计的时劫也会不疲倦厌烦，菩萨摩诃萨也是如此，即使以穷尽未来时劫修持普贤行愿、或菩萨行，乃至证入如来大海，也不会疲倦厌烦。

"佛子啊！如同日光出现的时候，无热池里的金沙、银沙、金刚沙、琉璃沙及其余各种宝物，都有日轮的影像显现其中。其余如金沙等一切宝物，也各自辗转而映现其影像，互相照明彻见，没有任何妨碍。菩萨摩诃萨也是如此，安住在这三昧时，能在自身的每一毛孔见到不可说不可说佛国刹土微尘数的诸佛，也能在毛孔中看见诸佛刹土的法会。并且还在每一佛陀的处所听闻佛法，信受奉持、信解供养。即使经历不可说不可说的亿那由他数的时劫，不管时节的长短，所有集会的大众，从来也不会感到逼迫狭隘。为什么呢？因为菩萨能以微妙的心意证入无边的法界，证入无等量差别的作业果报，证入不思议的三昧境界，证入不可思议的思惟境界，证入诸佛的自在境界，证得诸佛的护持忆念，证得诸佛广大的神通变化，证得诸佛难能知晓的十种力量，证入普贤菩萨行愿的圆满境界，证得诸佛无有疲劳厌倦的神通力。

"佛子啊！❸菩萨摩诃萨虽然能够在一念之间出入这个禅定三昧，但是却不会排斥长时间安住定境，而也不执着要长时间入定。虽然他不依止任何境界，但也不会舍弃一切所依止的因缘。虽然他能够善巧证入刹那的分际，为了利益众生示现诸佛神通，但他从不以此满足。虽然他能等同证入法界，却找不到法界的边际。虽然他不安住任何处所，但却能恒常趣入一切智慧大道，并以变化的力量普遍进入无量的众生，具足庄严所有的世界。虽然他已远离世间的颠倒分别，超过一切分别的境地，但却不会舍离种种诸相。虽然他已具足方便善巧，然而却仍究竟清净。虽然他不会分别菩萨的种种境地，而他却能善巧地分别证入任一境地。

"佛子啊！譬如虚空虽然能够含藏一切，而却能远离有无两边。菩萨摩诃萨也是如此，虽然能普遍证入世间，却能远离世间的种种欲想。他虽然勤于度化众生，却不曾染着众生的欲想。虽然他深刻了知所有的法门，却远离种种法门的忆想。虽然他乐于见到诸佛，却远离诸佛的念头。虽然他能善巧证入各种禅定三昧，却了知一切法自性都是真如不二，没有任何污染执着。虽然他能以无边的辩才演说无穷尽的法句，而心却恒常安住在远离文字法的境地。虽然他欣乐观察无言说法，却恒常示现清净的音声。虽然他安住在一切远离言语法门的分际，然而却恒常示现各种色相。虽然他调伏教化众生，却了知一切法的体性毕竟空不可得。虽然他勤于修习大悲度化解脱众生，却了知众生境界没有穷尽没有散乱。虽然他通达法界恒常安住毫无造作，然而却以身、语、意三轮调伏教化众生，从不稍歇。虽然他恒常安住诸佛安住的境地，然而他智慧清净的心却毫不恐怖畏惧。他并且能分别演说种种诸法，转诸法轮，恒常不休息。佛子啊！这就是菩萨摩诃萨第九法界的自在广大三昧的善巧智慧。"

【注释】

❶ 这里在说明"一切众生差别身三昧"。

❷ 以下是说明入出之相，略举十类，以表示无尽。

❸ 首先以各类的正报来说明出定、入定。

❹ 第二，依照六趣的依报来说明出定、入定。

❺ 第三，一、多相对。

❻ 第四，四洲大海相对。

❼ 第五，四大种相对。

❽ 第六，各个方所相对。

❾ 第七，众数多少相对。

❿ 第八，污染与清净相对。

⓫ 第九，诸界相对。

⓬ 第十，诸类相对。

⓭ 以下列举四种譬喻，显出前十类相对出入自在。第一为鬼力持人之喻，这是比喻第一与第四。

⓮ 第二，符咒起动死尸的比喻，这是比喻第二、第五、第六。

⓯ 第三，罗汉现神通的比喻，这是比喻第三与第七。

⓰ 第四，大地一种而苗稼多种的比喻，这是比喻后三类。

⓱ 以下是入定的比喻。

⓲ 以下说明这种三昧境界的自在。

⓳ 再来举六种譬喻解释前面所说，第一是幻现六境的比喻，比喻前者相同及与相异之处。

⓴ 第二，修罗窜匿的比喻，是比喻前者的粗、细及大、小二者相对。

㉑ 第三，农夫下种的比喻，是比喻前者的上、下及一、多二者相对。

㉒ 第四，受胎生成的比喻。

㉓ 第五，龙下云上的比喻，比喻前者有相和无相。

㉔ 梵宫普现的比喻，比喻前者的入定、起定以及顺、逆。

㉕ 前段在说明定的体用，再来说明定的成益，并说十种利益。

㉖ 以下举譬喻显现前面所说。

㉗ 以下总结双行，显示权便、真实及定心、散心双行无障碍。

卷第四十三

十定品第二十七之四

【原典】

"佛子！云何为菩萨摩诃萨无碍轮三昧？佛子！菩萨摩诃萨入此三昧时，住无碍身业、无碍语业、无碍意业，住无碍佛国土，得无碍成就众生智，获无碍调伏众生智，放无碍光明，现无碍光明网，示无碍广大变化，转无碍清净法轮，得菩萨无碍自在，普入诸佛力，普住诸佛智，作佛所作，净佛所净，现佛神通，令佛欢喜，行如来行，住如来道，常得亲近无量诸佛，作诸佛事，绍诸佛种。

"佛子！菩萨摩诃萨住此三昧已，观一切智，总观一切智，别观一切智，随顺一切智，显示一切智，攀缘一切智，见一切智，总见一切智，别见一切智，于普贤菩萨广大愿、广大心、广大行、广大所趣、广大所入、广大光明、广大出现、广大护念、广大变化、广大道，不断不退，无休无替，无倦无舍，无散无乱，常增进，恒相续。何以故？此菩萨摩诃萨于诸法中，成就大愿，发行大乘，入于佛法大方便海，以胜愿力，于诸菩萨所行之行，智慧明照，皆得善巧，具足菩萨神通变化，善能护念一切众生，如去、来、今一切诸佛之所护念，于诸众生恒起大悲，成就如来不变异法。

"佛子！譬如有人以摩尼宝置色衣中，其摩尼宝虽同衣色，不舍自性。菩萨摩诃萨亦复如是，成就智慧，以为心宝，观一切智，普皆明现，然不舍于菩萨诸行。何以故？菩萨摩诃萨发大誓愿，利益一切众生，度脱一众生，承事一切诸佛，严净一切世界，安慰众生，深入法海，为净众生界，现大自在，给施众生，普照世间，入于无边幻化法门，不退不转，无疲无厌。佛子！譬如虚空持众世界，若成若住，无厌无倦，无羸无朽，无散无坏，无变无异，无有差别，不舍自性。何以故？虚空自性，法应尔故。菩萨摩诃萨亦复如是，立无量大愿，度一切众生，心无厌倦。

"佛子！譬如涅槃，去、来、现在无量众生于中灭度，终无厌倦。何以故？一切诸法本性清净，是谓涅槃。云何于中而有厌倦？菩萨摩诃萨亦复如是，为欲度脱一切众生，皆令出离而现于世。云何而起疲厌之心？佛子！如萨婆若，能令过去、未来、现在一切菩萨，于诸佛家已、现、当生，乃至令成无上菩提，终不疲厌。何以故？一切智与法界无二故，于一切法无所著故。菩萨摩诃萨亦复如是，其心平等住一切智，云何而有疲厌之心？佛子！此菩萨摩诃萨有一莲华，其华广大，尽十方际，以不可说叶、不可说宝、不可说香而为庄严；其不可说宝，复各示现种种众宝，清净妙好，极善安住。其华常放众色光明，普照十方一切世界无所障碍。真金为网，弥覆其上。宝铎徐摇，出微妙音，其音演畅一切智法。此大莲华具足如来清净庄严，一切善根之所生起，吉祥为表，神力所现，有十千阿僧祇清净功德，菩萨妙道之所成就，一切智心之所流出，十方佛影于中显现，世间瞻仰犹如佛塔，众生见者无不礼敬，从能了幻正法所生，一切世间不可为喻。

"菩萨摩诃萨于此华上结跏趺坐，其身大小与华相称。一切诸佛神力所加，令菩萨身一一毛孔各出百万亿那由他不可说佛刹微尘数光明，一一光明现百万亿那由他不可说佛刹微尘数摩尼宝，其宝皆名普光明藏，种种色相以为庄严，无量功德之所成就，众宝及华以为罗网，弥覆其上，散百千亿那由他殊胜妙香，无量色相种种庄严，复现不思议宝庄严盖以覆其上。一一摩尼宝悉现百万亿那由他不可说佛刹微尘数楼阁；一一楼阁❶现百万亿那由他不可说佛刹微尘数莲华藏师子之座；一一师子座现百万亿那由他不可说佛刹微尘数光明；一一光明现百万亿那由他不可说佛刹微尘数色相；一一色相现百万亿那由他不可说佛刹微尘数光明轮；一一光明轮现百万亿那由他不可说佛刹微尘数毗卢遮那摩尼宝华；一一华现百万亿那由他不可说佛刹微尘数台；一一台现百万亿那由他不可说佛刹微尘数佛；一一佛现百万亿那由他不可说佛刹微尘数神变；一一神变净百万亿那由他不可说佛刹微尘数众生众；一一众生众中现百万亿那由他不可说佛刹微尘数诸佛自在；一一自在雨百万亿那由他不可说佛刹微尘数佛法；一一佛法有百万亿那由他不可说佛刹微尘数修多罗；一一修多罗说百万亿那由他不可说佛刹微尘数法门；一一法门有百万亿那由他不可说佛刹微尘数金刚智所入法轮，差别言辞各别演说；一一法轮成熟百万亿那由他不可说佛刹微尘数众生界；一一众生界有百万亿那由他不可说佛刹微尘数众生，于佛法中而得调伏。

"佛子！菩萨摩诃萨住此三昧，示现如是神通境界无量变化，悉知如幻而不染著，安住无边不可说法，自性清净、法界实相、如来种性，无碍际中，无去无来，非先非后，甚深无底，现量所得，以智自入，不由他悟，心不迷乱，亦无分别，为去、来、今一切诸佛之所称赞，从诸佛力之所流出，入于一切诸佛境界，体性如实，净眼现证，慧眼普见，成就佛眼，为世明灯，行于智眼所知境界，广能开示微妙法门。成菩提心，趣胜丈夫，于诸境界无有障碍，入智种性，出生诸智，离世生法而现受生，神通变化，方便调伏。如是一切无非善巧，功德解欲悉皆清净，最极微妙具足圆满，智慧广大犹如虚空，善能观察众圣境界，信行愿力坚固不动，功德无尽，世所称叹。于一切佛所观之藏，大菩提处一切智海，集众妙宝，为大智者，犹如莲华自性清净，众生见者皆生欢喜、咸得利益。智光普照，见无量佛，净一切法，所行寂静，于诸佛法究竟无碍。恒以方便住佛菩提功德行中而得出生，具菩萨智，为菩萨首，一切诸佛共所护念。得佛威神，成佛法身，念力难思，于境一缘而无所缘，其行广大，无相无碍，等于法界，无量无边。所证菩提犹如虚空，无有边际，无所缚著，于诸世间普作饶益，一切智海善根所流，悉能通达无量境界。已善成就清净施法，住菩萨心，净菩萨种，能随顺生诸佛菩提，于诸佛法皆得善巧，具微妙行，成坚固力。一切诸佛自在威神，众生难闻，菩萨悉知入不二门，住无相法，虽复永舍一切诸相，而能广说种种诸法，随诸众生心乐欲解，悉使调伏，咸令欢喜。法界为身，无有分别，智慧境界不可穷尽，志常勇猛，心恒平等。见一切佛功德边际，了一切劫差别次第，开示一切法，安住一切刹，严净一切诸佛国土，显现一切正法光明，演去、来、今一切佛法，示诸菩萨所住之处。为世明灯，生诸善根，永离世间，常生佛所，得佛智慧明了第一。一切诸佛皆共摄受，已入未来诸佛之数，从诸善友而得出生，所有志求，皆无不果。具大威德，住增上意，随所听闻咸能善说，亦为开示闻法善根。住实际轮，于一切法心无障碍，不舍诸行，离诸分别，于一切法心无动念。得智慧明，灭诸痴暗，悉能明照一切佛法，不坏诸有而生其中，了知一切诸有境界。从本已来无有动作，身、语、意业皆悉无边，虽随世俗演说种种无量文字，而恒不坏离文字法。深入佛海，知一切法但有假名，于诸境界无系无著，了一切法，空无所有，所修诸行从法界生，犹如虚空无相无形。深入法界随顺演说，于一境门生一切智，观十力地以智修学，智为桥梁至萨婆若，以智慧眼见法无碍，善入诸地知种种义，一一法门悉得明了，所有大愿靡不成就。

"佛子！菩萨摩诃萨以此开示一切如来无差别性，此是无碍方便之门，此能出生菩萨众会，此法唯是三昧境界，此能勇进入萨婆若，此能开显诸三昧门，此能无碍普入诸刹，此能调伏一切众生，此能住于无众生际，此能开示一切佛法，此于境界皆无所得。虽一切时演说开示，而恒远离妄❷想分别。虽知诸法皆无所作，而能示现一切作业；虽知诸佛无有二相，而能显示一切诸佛；虽知无色，而演说诸色；虽知无受，而演说诸受；虽知无想，而演说诸想；虽知无行，而演说诸行；虽知无识，而演说诸识，恒以法轮开示一切；虽知法无生，而常转法轮；虽知法无差别，而说诸差别门；虽知诸法无有生灭，而说一切生灭之相；虽知诸法无粗无细，而说诸法粗细之相；虽知诸法无上、中、下，而能宣说最上之法；虽知诸法不可言说，而能演说清净言辞；虽知诸法无内无外，而说一切内外诸法；虽知诸法不可了知，而说种种智慧观察；虽知诸法无有真实，而说出离真实之道；虽知诸法毕竟无尽，而能演说尽诸有漏；虽知诸法无违无诤，然亦不无自他差别；虽知诸法毕竟无师，而常尊敬一切师长；虽知诸法不由他悟，而常尊敬诸善知识；虽知法无转，而转法轮；虽知法无起，而示诸因缘；虽知诸法无有前际，而广说过去；虽知诸法无有后际，而广说未来；虽知诸法无有中际，而广说现在；虽知诸法无有作者，而说诸作业；虽知诸法无有因缘，而说诸集因；虽知诸法无有等比，而说平等、不平等道；虽知诸法无有言说，而决定说三世之法；虽知诸法无有所依，而说依善法而得出离；虽知法无身，而广说法身；虽知三世诸佛无边，而能演说唯有一佛；虽知法无色，而现种种色；虽知法无见，而广说诸见；虽知法无相，而说种种相；虽知诸法无有境界，而广宣说智慧境界；虽知诸法无有差别，而说行果种种差别；虽知诸法无有出离，而说清净诸出离行；虽知诸法本来常住，而说一切诸流转法；虽知诸法无有照明，而恒广说照明之法。

"佛子！菩萨摩诃萨入如是大威德三昧智轮，则能证得一切佛法，则能趣入一切佛法，则能成就，则能圆满，则能积集，则能清净，则能安住，则能了达，与一切法自性相应，而此菩萨摩诃萨不作是念：'有若干诸菩萨、若干菩萨法、若干菩萨究竟、若干幻究竟、若干化究竟、若干神通成就、若干智成就、若干思惟、若干证入、若干趣向、若干境界。'何以故？菩萨三昧，如是体性，如是无边，如是殊胜故。此三昧种种境界、种种威力、种种深入，所谓入不可说智门、入离分别诸庄严、入无边殊胜波罗蜜、入无数禅定、入百千亿那由他不可说广大智、入见无边佛胜妙藏、入于境界不休息、入清净信解助道法、入诸根猛利大神通、入于境界心无碍、入见一切佛平等眼、入积集普贤胜志行、入住那罗延妙智身、入说如来智慧海、入起无量种自在神变、入生一切佛无尽智门、入住一切佛现前境界、入净普贤菩萨自在智、入开示无比普门智、入普知法界一切微细境界、入普现法界一切微细境界、入一切殊胜智光明、入一切自在边际、入一切辩才法门际、入遍法界智慧身、入成就一切处遍行道、入善住一切差别三昧、入知一切诸佛心。

"佛子！此菩萨摩诃萨住普贤行，念念入百亿不可说三昧，然不见普贤菩萨三昧及佛境界庄严前际。何以故？知一切法究竟无尽故，知一切佛刹无边故，知一切众生界不思议故，知前际无始故，知未来无穷故，知现在尽虚空遍法界无边故，知一切诸佛境界不可思议故，知一切菩萨行无数故，知一切诸佛辩才所说境界不可说无边故，知一切幻心所缘法无量故。

"佛子！如如意珠，随有所求，一切皆得，求者无尽，意皆满足，而珠势力终不匮止。菩萨摩诃萨亦复如是，入此三昧，知心如幻，出生一切诸法境界，周遍无尽，不匮不息。何以故？菩萨摩诃萨成就普贤无碍行智，观察无量广大幻境，犹如影像无增减故。佛子！譬如凡夫，各别生心，已生、现生及以当生，无有边际，无断无尽。其心流转，相续不绝，不可思议。菩萨摩诃萨亦复如是，入此普幻门三昧，无有边际，不可测量。何以故？了达普贤菩萨普幻门无量法故。佛子！譬如难陀、跋难陀、摩那斯龙王及余大龙降雨之时，滴如车轴，无有边际。虽如是雨，雨终不尽，此是诸龙无作境界。菩萨摩诃萨亦复如是，住此三昧，入普贤菩萨诸三昧门、智门、法门、见诸佛门、往诸方门、心自在门、加持门、神变门、神通门、幻化门、诸法如幻门、不可说不可说诸菩萨充满门，亲近不可说不可说佛刹微尘数如来正觉门，入不可说不可说广大幻网门，知不可说不可说差别广大佛刹门，知不可说不可说有体性、无体性世界门，知不可说不可说众生想门，知不可说不可说时劫差别门，知不可说不可说世界成坏门，知不可说不可说覆住、仰住诸佛刹门，于一念中皆如实知。如是入时，无有边际，无有穷尽，不疲不厌，不断不息，无退无失，于诸法中，不住非处，恒正思惟，不沉不举。求一切智常无退舍，为一切佛刹照世明灯，转不可说不可说法轮；以妙辩才咨问如来，无穷尽时，示成佛道无有边际，调伏众生恒无废舍，常勤修习普贤行愿，未曾休息，示现无量不可说不可说色相身无有断绝。何以故？譬如然火，随所有缘，于尔所时火起不息。菩萨摩诃萨亦复如是，观察众生界、法界、世界，犹如虚空无有边际，乃至能于一念之顷，往不可说不可说佛刹微尘数佛所。一一佛所，入不可说不可说一切智种种差别法。令不可说不可说众生界出家为道，勤修善根，究竟清净。令不可说不可说菩萨于普贤行愿未决定者而得决定，安住普贤智慧之门，以无量方便，入不可说不可说三世成、住、坏广大差别劫，于不可说不可说成、住、坏世间差别境界，起于尔所大悲大愿，调伏无量一切众生，悉使无余。何以故？此菩萨摩诃萨为欲度脱一切众生，修普贤行，生普贤智，满足普贤所有行愿。是故，诸菩萨应于如是种类、如是境界、如是威德、如是广大、如是无量、如是不思议、如是普照明、如是一切诸佛现前住、如是一切如来所护念、如是成就往昔善根、如是其心无碍不动三昧之中，勤加修习，离诸热恼，无有疲厌，心不退转，立深志乐，勇猛无怯，顺三昧境界，入难思智地。不依文字，不著世间，不取诸法，不起分别，不染著世事，不分别境界，于诸法智但应安住，不应称量。所谓亲近一切智，悟解佛菩提，成就法光明，施与一切众生善根。于魔界中拔出众生，令其得入佛法境界，令不舍大愿，勤观出道，增广净境，成就诸度，于一切佛深生信解。常应观察一切法性，无时暂舍；应知自身与诸法性普皆平等；应当明解世间所作，示其如法智慧方便；应常精进，无有休息；应观自身善根鲜少；应勤增长他诸善根；应自修行一切智道；应勤增长菩萨境界；应乐亲近诸善知识；应与同行而共止住；应不分别佛；应不舍离念；应常安住平等法界；应知一切心识如幻；应知世间诸行如梦；应知诸佛愿力出现犹如影像；应知一切诸广大业犹如变化；应知言语悉皆如响；应观诸法一切如幻；应知一切生灭之法皆如音声；应知所往一切佛刹皆无体性；应为请问如来佛法不生疲倦；应为开悟一切世间，勤加教诲而不舍离；应为调伏一切众生，知时说法而不休息。

"佛子！菩萨摩诃萨如是修行普贤之行，如是圆满菩萨境界，如是通达出离之道，如是受持三世佛法，如是观察一切智门，如是思惟不变异法，如是明洁增上志乐，如是信解一切如来，如是了知佛广大力，如是决定无所碍心，如是摄受一切众生。佛子！菩萨摩诃萨入普贤菩萨所住如是大智慧三昧时，十方各有不可说不可说国土，一一国土各有不可说不可说佛刹微尘数如来名号，一一名号各有不可说不可说佛刹微尘数诸佛而现其前，与如来念力，令不忘失如来境界。与一切法究竟慧，令入一切智；与知一切法种种义决定慧，令受持一切佛法，趣入无碍；与无上佛菩提，令入一切智开悟法界；与菩萨究竟慧，令得一切法光明，无诸黑暗；与菩萨不退智，令知时、非时，善巧方便调伏众生；与无障碍菩萨辩才，令悟解无边法演说无尽；与神通变化力，令现不可说不可说差别身无边色相种种不同开悟众生；与圆满言音，令现不可说不可说差别音声种种言辞开悟众生；与不唐捐力，令一切众生若得见形、若得闻法，皆悉成就，无空过者。

"佛子！菩萨摩诃萨如是满足普贤行故，得如来力，净出离道，满一切智。以无碍辩才神通变化，究竟调伏一切众生，具佛威德，净普贤行，住普贤道，尽未来际，为欲调伏一切众生，转一切佛微妙法轮。何以故？佛子！此菩萨摩诃萨成就如是殊胜大愿诸菩萨行，则为一切世间法师；则为一切世间法日；则为一切世间智月；则为一切世间须弥山王，巍然高出，坚固不动；则为一切世间无涯智海；则为一切世间正法明灯，普照无边，相续不断；为一切众生开示无边清净功德，皆令安住功德善根；顺一切智，大愿平等，修习普贤广大之行，常能劝发无量众生，住不可说不可说广大行三昧，现大自在。

"佛子！此菩萨摩诃萨，获如是智，证如是法，于如是法审住明见；得如是神力，住如是境界，现如是神变，起如是神通。常安住大悲，常利益众生，开示众生安隐正道，建立福智大光明幢。证不思议解脱，住一切智解脱，到诸佛解脱彼岸，学不思议解脱方便门，已得成就，入法界差别门，无有错乱。于普贤不可说不可说三昧游戏自在，住师子奋迅智，心意无碍，其心恒住十大法藏。何者为十？所谓住忆念一切诸佛，住忆念一切佛法，住调伏一切众生大悲，住示现不思议清净国土智，住深入诸佛境界决定解，住去、来、现在一切佛平等相菩提，住无碍无著际，住一切法无相性，住去、来、现在一切佛平等善根，住去、来、现在一切如来法界无差别身、语、意业先导智，住观察三世一切诸佛受生、出家、诣道场、成正觉、转法轮、般涅槃悉入刹那际。

"佛子！此十大法藏广大无量，不可数、不可称、不可思、不可说、无穷尽、难忍受，一切世智无能称述。佛子！此菩萨摩诃萨已到普贤诸行彼岸，证清净法，志力广大，开示众生无量善根，增长菩萨一切势力，于念念顷满足菩萨一切功德，成就菩萨一切诸行，得一切佛陀罗尼法，受持一切诸佛所说。虽常安住真如实际，而随一切世俗言说，示现调伏一切众生。何以故？菩萨摩诃萨住此三昧，法如是故。佛子！菩萨摩诃萨以此三昧，得一切佛广大智，得巧说一切广大法自在辩才，得一切世中最为殊胜清净无畏法，得入一切三昧智，得一切菩萨善巧方便，得一切法光明门，到安慰一切世间法彼岸，知一切众生时、非时，照十方世界一切处，令一切众生得胜智，作一切世间无上师，安住一切诸功德，开示一切众生清净三昧，令入最上智。何以故？菩萨摩诃萨如是修行，则利益众生，则增长大悲，则亲近善知识，则见一切佛，则了一切法，则诣一切刹，则入一切方，则入一切世，则悟一切法平等性，则知一切佛平等性，则住一切智平等性。于此法中，作如是业，不作余业。住未足心，住不散乱心，住专一心，住勤修心，住决定心，住不变异心。如是思惟，如是作业，如是究竟。

"佛子！菩萨摩诃萨无异语、异作，有如语、如作。何以故？譬如金刚，以不可坏而得其名，终无有时离于不坏。菩萨摩诃萨亦复如是，以诸行法而得其名，终无有时离诸行法。譬如真金，以有妙色而得其名，终无有时离于妙色。菩萨摩诃萨亦复如是，以诸善业而得其名，终无有时离诸善业。譬如日天子，以光明轮而得其名，终无有时离光明轮。菩萨摩诃萨亦复如是，以智慧光而得其名，终无有时离智慧光。譬如须弥山王，以四宝峰处于大海，迥然高出而得其名，终无有时舍离四峰。菩萨摩诃萨亦复如是，以诸善根处在于世，迥然高出而得其名，终无有时舍离善根。譬如大地，以持一切而得其名，终无有时舍离能持。菩萨摩诃萨亦复如是，以度一切而得其名，终无有时舍离大悲。譬如大海，以含众水而得其名，终无有时舍离于水。菩萨摩诃萨亦复如是，以诸大愿而得其名，终不暂舍度众生愿。譬如军将，以能惯习战斗之法而得其名，终无有时舍离此能。菩萨摩诃萨亦复如是，以能惯习如是三昧而得其名，乃至成就一切智智，终无有时舍离此行。如转轮王，驭四天下，常勤守护一切众生，令无横死，恒受快乐；菩萨摩诃萨亦复如是，入如是等诸大三昧，常勤化度一切众生，乃至令其究竟清净。譬如种子，植之于地，乃至能令茎叶增长；菩萨摩诃萨亦复如是，修普贤行，乃至能令一切众生善法增长。譬如大云，于夏暑月降霪大雨，乃至增长一切种子。菩萨摩诃萨亦复如是，入如是等诸大三昧，修菩萨行，雨大法雨，乃至能令一切众生究竟清净、究竟涅槃、究竟安隐、究竟彼岸、究竟欢喜、究竟断疑，为诸众生究竟福田，令其施业皆得清净，令其皆住不退转道，令其同得一切智智，令其皆得出离三界，令其皆得究竟之智，令其皆得诸佛如来究竟之法，置诸众生一切智处。何以故？菩萨摩诃萨成就此法，智慧明了，入法界门，能净菩萨不可思议无量诸行。所谓能净诸智，求一切智故；能净众生，使调伏故；能净刹土，常回向故；能净诸法，普了知故；能净无畏，无怯弱故；能净无碍辩，巧演说故；能净陀罗尼，于一切法得自在故；能净亲近行，常见一切佛兴世故。

"佛子！菩萨摩诃萨住此三昧，得如是等百千亿那由他不可说不可说清净功德，于如是等三昧境界得自在故，一切诸佛所加被故，自善根力之所流故，入智慧地大威力故，诸善知识引导力故，摧伏一切诸魔力故，同分善根淳净力故，广大誓愿欲乐力故，所种善根成就力故，超诸世间无尽之福、无对力故。

"佛子！菩萨摩诃萨住此三昧，得十种法，同去、来、今一切诸佛。何者为十？所谓得诸相好，种种庄严，同于诸佛；能放清净大光明网，同于诸佛；神通变化，调伏众生，同于诸佛；无边色身，清净圆音，同于诸佛；随众生业现净佛国，同于诸佛；一切众生所有语言皆能摄持、不忘不失，同于诸佛；无尽辩才随众生心而转法轮令生智慧，同于诸佛；大师子吼无所怯畏，以无量法开悟群生，同于诸佛；于一念顷，以大神通普入三世，同于诸佛；普能显示一切众生诸佛庄严、诸佛威力、诸佛境界，同于诸佛。"

尔时，普眼菩萨白普贤菩萨言："佛子！此菩萨摩诃萨得如是法，同诸如来，何故不名佛？何故不名十力？何故不名一切智？何故不名一切法中得菩提者？何故不得名为普眼？何故不名一切境中无碍见者？何故不名觉一切法？何故不名与三世佛无二住者？何故不名住实际者？何故修行普贤行愿犹未休息？何故不能究竟法界舍菩萨道？"

尔时，普贤菩萨告普眼菩萨言："善哉！佛子！如汝所言，若此菩萨摩诃萨同一切佛，以何义故不名为佛，乃至不能舍菩萨道？佛子！此菩萨摩诃萨已能修习去、来、今世一切菩萨种种行愿，入智境界，则名为佛；于如来所修菩萨行无有休息，说名菩萨。如来诸力皆悉已入，则名十力；虽成十力，行普贤行而无休息，说名菩萨。知一切法而能演说，名一切智；虽能演说一切诸法，于一一法善巧思惟未尝止息，说名菩萨。知一切法无有二相，是则说名悟一切法；于二、不二一切诸法差别之道善巧观察，展转增胜，无有休息，说名菩萨。已能明见普眼境界，说名普眼；虽能证得普眼境界，念念增长未曾休息，说名菩萨。于一切法悉能明照，离诸暗障，名无碍见；常勤忆念无碍见者，说名菩萨。已得诸佛智慧之眼，是则说名觉一切法；观诸如来正觉智眼而不放逸，说名菩萨。住佛所住，与佛无二，说名与佛无二住者；为佛摄受，修诸智慧，说名菩萨。常观一切世间实际，是则说名住实际者；虽常观察诸法实际，而不证入，亦不舍离，说名菩萨。不来不去，无同无异，此等分别悉皆永息，是则说名休息愿者；广大修习，圆满不退，则名未息普贤愿者。了知法界无有边际，一切诸法一相无相，是则说名究竟法界舍菩萨道；虽知法界无有边际，而知一切种种异相，起大悲心度诸众生，尽未来际无有疲厌，是则说名普贤菩萨。

"佛子！譬如伊罗钵那象王，住金胁山七宝窟中，其窟周围悉以七宝而为栏楯，宝多罗树次第行列，真金罗网弥覆其上。象身洁白犹如珂雪，上立金幢，金为璎珞，宝网覆鼻，宝铃垂下，七肢成就，六牙具足，端正充满，见者欣乐，调良善顺，心无所逆。若天帝释将欲游行，尔时象王即知其意，便于宝窟而没其形，至忉利天释主之前，以神通力种种变现，令其身有三十三头，于一一头化作七牙，于一一牙化作七池，一一池中有七莲华，一一华中有七采女，一时俱奏百千天乐。是时，帝释乘兹宝象，从难胜殿往诣华园，芬陀利华遍满其中。是时，帝释至华园已，从象而下，入于一切宝庄严殿，无量采女以为侍从，歌咏妓乐受诸快乐。尔时，象王复以神通隐其象形，现作天身，与三十三天及诸采女，于芬陀利华园之内欢娱戏乐，所现身相、光明衣服、往来进止、语笑观瞻，皆如彼天，等无有异，无能分别，此象、此天，象之与天，更互相似。

"佛子！彼伊罗钵那象王，于金胁山七宝窟中无所变化，至于三十三天之上，为欲供养释提桓因，化作种种诸可乐物，受天快乐，与天无异。佛子！菩萨摩诃萨亦复如是，修习普贤菩萨行愿及诸三昧，以为众宝庄严之具，七菩提分为菩萨身，所放光明以之为网，建大法幢，鸣大法钟，大悲为窟，坚固大愿以为其牙，智慧无畏犹如师子，法缯系顶，开示秘密，到诸菩萨行愿彼岸。为欲安处菩提之座，成一切智，得最正觉，增长普贤广大行愿，不退不息，不断不舍，大悲精进，尽未来际，度脱一切苦恼众生。不舍普贤道，现成最正觉，现不可说不可说成正觉门，现不可说不可说转法轮门，现不可说不可说住深心门。于不可说不可说广大国土，现涅槃变化门。于不可说不可说差别世界，而现受生修普贤行，现不可说不可说如来。于不可说不可说广大国土菩提树下成最正觉，不可说不可说菩萨众亲近围绕。或于一念顷，修普贤行而成正觉，或须臾顷，或于一时，或于一日，或于半月，或于一月，或于一年，或无数年，或于一劫，如是乃至不可说不可说劫，修普贤行而成正觉。复于一切诸佛刹中而为上首，亲近于佛，顶礼供养，请问观察如幻境界，净修菩萨无量诸行、无量诸智、种种神变、种种威德、种种智慧、种种境界、种种神通、种种自在、种种解脱、种种法明、种种教化调伏之法。

"佛子！菩萨摩诃萨本身不灭，以行愿力于一切处如是变现。何以故？欲以普贤自在神力调伏一切诸众生故，令不可说不可说众生得清净故，令其永断生死轮故，严净广大诸世界故，常见一切诸如来故，深入一切佛法流故，忆念三世诸佛种故，忆念十方一切佛法及法身故，普修一切菩萨诸行使圆满故，入普贤流自在能证一切智故。佛子！汝应观此菩萨摩诃萨，不舍普贤行，不断菩萨道，见一切佛，证一切智，自在受用一切智法。如伊罗钵那象王不舍象身，往三十三天，为天所乘，受天快乐，作天游戏，承事天主，与天采女而作欢娱，同于诸天无有差别。佛子！菩萨摩诃萨亦复如是，不舍普贤大乘诸行，不退诸愿，得佛自在，具一切智，证佛解脱，无障无碍，成就清净，于诸国土无所染著，于佛法中无所分别。虽知诸法普皆平等无有二相，而恒明见一切佛土；虽已等同三世诸佛，而修菩萨行相续不断。佛子！菩萨摩诃萨安住如是普贤行愿广大之法，当知是人心得清净。

"佛子！此是菩萨摩诃萨第十无碍轮大三昧殊胜心广大智。佛子！此是菩萨摩诃萨所住普贤行十大三昧轮。"

注释

❶ "阁"，大正本原作"闇"，今依前后文意改之。

❷ "妄"，大正本原作"忘"，今依前后文意改之。

【白话语译】

"佛子啊！ ❶什么是菩萨摩诃萨无碍轮三昧？佛子啊！菩萨摩诃萨证入这禅定三昧时，安住在无障碍的身业，安住在无障碍的语业，安住在无障碍的意业，更安住在无障碍的佛国刹土。因此，得以亲证无障碍成就众生的智慧；无障碍调伏教化众生的智慧；并放射出无障碍的光明，显现无障碍的光明网；示现无障碍的广大变化；转动无障碍的清净法轮；证得菩萨无障碍的自在；证入诸佛的威力；普遍安住在诸佛的智慧；从事诸佛的殊胜行；清净诸佛清净的一切净业；示现佛陀的广大神通；使佛陀心生欢喜；实行如来的殊胜妙行；安住如来之道；并且恒常亲近无量的诸佛；从事诸佛伟大的事业；绍隆诸佛的种性。

"佛子啊！ ❷菩萨摩诃萨安住在这三昧时，能观察一切的智慧，总体观照一切的智慧，分别观察一切的智慧，随顺一切的智慧，显示一切的智慧，攀缘一切的智慧，见到一切的智慧，总体见到一切的智慧，分别见到一切的智慧。而对于普贤菩萨广大的愿力、广大的心念、广大的行愿、所趣向的广大境界、所进入的广大境界、广大的光明、广大的出兴示现、广大的护持忆念、广大的变化、广大的正道，都从不间断退转。没有休息，没有替代；没有厌倦，没有舍离；没有分散，没有混乱；恒常增进，恒常相续。为什么呢？因为这位菩萨摩诃萨已经成就种种法门广大的行愿，并且发心实践大乘的殊胜妙行，证入佛法的广大方便海。所以，能用智慧的光明及殊胜的愿力，实行一切菩萨的行持，并且修学不断，善巧自在。他又具足菩萨的神通变化，能够护持忆念一切众生，就如同过去、未来、现在三世诸佛护持忆念众生一般。以大悲对待众生，所以他能够成就如来不可变异的佛法。

"佛子啊！就譬如有人将摩尼宝珠放在色彩斑斓的衣服中，这些摩尼宝珠虽然因为透明照耀而与衣服的颜色相同，但是摩尼宝珠还是不会改变自身的特性。菩萨摩诃萨也是如此，他成就智慧之后，就以智慧为心的珍宝，因此能清楚地观察一切智慧，从不舍离菩萨的一切行愿。为什么呢？菩萨摩诃萨曾发起广大的誓愿，这些誓愿都是为了利益众生，度化解脱众生；承接诸佛如来的佛事，清净庄严所有的世界；安慰众生，深入法海。他又为了清净众生，而示现大自在，布施众生，普遍照耀一切世间。证入无边的幻化法门，毫不退失、动转，也毫不疲倦厌烦。

"佛子啊！就如虚空能够执持所有的世界，不管是生成或是安住，虚空都毫不厌倦。没有羸弱，也没有朽败；没有散失，也没有损坏；没有改变，也没有相异。不管是什么情形，虚空都没有差别，不会舍离自身的体性。为什么呢？这是因为虚空自身的体性本来如是。

"菩萨摩诃萨也是如此，不管他立下了多少广大的行愿，或度化了多少众生，他从来不会厌烦疲倦。佛子啊！就譬如涅槃，不管是在过去、未来或现在，不管有多少众生于涅槃中得证灭度，它始终没有厌烦疲倦。为什么呢？因为所有一切法的根本是清净无染的，即所谓的：涅槃。所以，涅槃怎会厌倦？菩萨摩诃萨也是如此，他为了度化解脱众生，使他们都能出离而仍示现世间，怎会心生疲厌呢？佛子啊！就宛如诸佛的一切种智，能够使过去、未来、现在三世的一切菩萨，不管是过去、现在或未来三世都能出生诸佛家中，直至无量众生成就无上菩提心时都不会疲倦厌烦。为什么呢？因为一切智慧与法界本来就是平等无二，而且也不会执着任何法。菩萨摩诃萨也是如此，他的心念平等，安住在一切智慧，所以怎么会感到疲倦厌烦呢？

"佛子啊！这位菩萨摩诃萨有一朵莲华，这朵莲华非常广大，边际几乎等同十方世界。这花又以不可说的树叶、不可说的珍宝、不可说的香味庄严；这些不可说的珍宝又各自示现其他种种聚宝。这些珍宝都十分清净妙好，极善第一，而且境界寂静。这朵莲华时常放射各种颜色的光明，普遍照耀十方世界，没有任何障碍。莲华上方覆有真金作的网，宝铎徐徐摇动，发出微妙的音声。这音声畅演着一切智慧的法门。这朵广大的莲华是从一切善根生起的，因此具足诸佛如来的清净庄严，并且用由神通力示现十千阿僧祇种的清净功德庄严外表。这朵莲华是由菩萨的妙道所成，从一切智慧妙心中流出。所以十方世界诸佛的影像无不示现其中，世间众生瞻仰这朵大莲华就好像瞻仰佛塔一般，凡是看见的众生没有不礼拜尊敬的，他们并且能从中了知一切如幻的境界，并从正法出生，这种境界是一般凡夫众生所无法了知。

"菩萨摩诃萨结跏趺坐在这莲华之上，他的身形恰与莲华相称。因为诸佛神力的加持，使菩萨身上的每一个毛孔各放射百万亿那由他不可说佛国刹土微尘数的光明。每一道光明又示现百万亿那由他数不可说佛国刹土微尘数的摩尼宝珠，这些珍宝都称为普光明藏。它们都有各种色相庄严，都是无量功德所成就的。上面并覆有以许多珍宝及花朵形成的罗网，散发出百千亿那由他数殊胜美妙的香气，彰显无量庄严的色相。

"另外，上方又有不可思议的珍宝庄严；每一个摩尼珍宝都映现百万亿那由他、不可说佛国刹土微尘数的楼阁；每一楼阁又示现百万亿那由他数、不可说佛国刹土微尘数的莲华藏师子宝座；每一个师子宝座又示现百万亿那由他数、不可说佛国刹土微尘数的光明；每一光明又示现百万亿那由他、不可说佛国刹土微尘数的色相；每一色相又示现百万亿那由他数、不可说佛国刹土微尘数般的光明轮；每一光明轮又示现百万亿那由他数、不可说佛国刹土微尘数的毗卢那摩尼宝华；每一宝花又示现百万亿那由他数、不可说佛国刹土微尘数的台座；每一台座又示现百万亿那由他数、不可说佛国刹土微尘数的佛陀；每一位佛陀又示现百万亿那由他数、不可说佛国刹土微尘数的神通变化；每一神通变化又示现清净百万亿那由他数、不可说佛国刹土微尘数的众生；每一众生又示现百万亿那由他数、不可说佛国刹土微尘数诸佛如来的自在；每一自在又如雨般降下百万亿那由他数、不可说佛国刹土微尘数的佛法；每一佛法又有百万亿那由他数、不可说佛国刹土微尘数的修多罗；每一修多罗又演说百万亿那由他数、不可说佛国刹土微尘数的法门；每一个法门又有百万亿那由他数、不可说佛国刹土微尘数金刚智慧入的法轮，用各种不同的言辞各别演说佛法；每一个法轮又成熟百万亿那由他数、不可说佛国刹土微尘数的众生；每一个众生又有百万亿那由他数、不可说佛国刹土微尘数的众生，因佛法而得以调伏教化。

"佛子啊！❸菩萨摩诃萨安住在这禅定三昧时，能示现如此的神通，以及无量的变化。因为他了知世间如幻，而没有任何污染执着。且他安住在无边不可说的法门，自性完全清净。并且证得法界的实相，具足诸佛如来的种性。因此能够无碍地示现无去无来、非先非后、完全平等一如的境界。他的智慧甚深，所以能自行悟入智慧，趣入这些现量❹的体证，完全不必经由他人启悟教导。他从不迷惑散乱，也从不分别过去、未来、现在三世。所以诸佛无不称赞他❺。他从诸佛的神力流出，证入一切诸佛如来的境界。他的体性如同真如实相，因此能用清净的眼目亲见这些境界。而且他的智慧之眼能普遍见到一切，并且成就佛眼而成为世间的明灯，实践一切智慧的眼所能了知的所有境界，开示种种微妙的法门。成就菩提心❻，成为殊胜的大丈夫。在所有境界当中没有障碍，证入智慧的种性而出生所有的智慧。他虽然远离所有世间杂染轮回的受生法，却依然以大悲心示现受生世间，并且用神通变化方便调伏众生。因为他已获证所有微妙的功德，了悟佛法及种种志念、欲向❼，成就圆满，智慧广大犹如虚空。所以能够示现以上种种方便的法门。

"他也能清楚地观察所有圣人的境界，信行愿力坚固不动，功德无穷，世人无不称扬赞叹。他常在诸佛处所观察法藏，并且在广大菩提处的智慧海中，积集了许多奇妙的珍宝，所以称得上是大智者。他的自性清净犹如莲华，见到的人莫不心生欢喜，并且获得利益。他智慧的光明普遍照耀，可以得见无量的佛陀，及清净一切的法门。所行的一切都具足了寂静无净的妙行❽，因此能究竟所有的佛法而无障碍。他恒常方便安住在佛陀的菩提功德行中而得出生，并且具足菩萨的智慧，成为菩萨的上首，诸佛如来无不护持忆念。他已证得佛陀的威神力，成就法身，念力难以思议，因此能专注于任何外境的因缘而毫不攀缘执着。他行愿广大，无相无碍；同等法界，无量无边。

"他得证如虚空的菩提，没有边际，没有任何束缚执着，因此能在世间普遍兴作佛事，饶益众生❾。一切智慧海—善根流向之处，他也都完全通达。因为他已善巧成就清净的布施法门，安住菩萨心，清净菩萨的种性；

并且能够随顺众生及诸佛如来的菩提心，对诸佛法门都已善巧自在。又他的行愿微妙难议，因为已经成就坚固不坏的力量，并具足诸佛❿自在的威神力量，众生平时都难得听闻，菩萨已完全证入不二法门，所以安住在无相法门，他虽然已经永远舍离诸相，但还是能为众生宣说各种法门，随顺众生心之所乐及志欲了解，使一切众生无不调伏教化，心生欢喜。他还能以整个法界为身⓫，现证平等无二的境界，没有任何差异与分别。他的智慧不可穷尽，志向勇猛，心念平等。他能亲见一切佛陀功德的边际，也能了知一切时劫的差别与次第相续。他还能开示所有的法门⓬，安住在所有的佛国刹土；庄严清净一切诸佛刹土，示现一切正法的光明；演说三世佛法，示现一切菩萨安住的处所。

　　"他是世间的明灯，因此能出生一切的善根。永远出离世间，恒常出生在佛陀的处所。证得佛陀智慧的明了第一⓭，诸佛无不摄受。因此他早已侧身未来诸佛的行列，从一切善友中出生。他心志欲求的一切都不会没有结果，他的威德广大⓮，安住在增上的意乐。凡是他所听闻的，无不善巧演说，亦为他人开示自在听闻妙法的善根⓯。他安住在真如实际的三轮，因此对一切法，心无障碍。他不舍离诸行。他已远离一切的差异与分别，对一切法门毫无二念⓰，因此能够证得智慧，灭除一切的愚痴昏暗。光明照耀一切，不败坏一切存有而出生在一切存有之中，了知一切有的境界。从原本以来就无有任何意想造作，身业、语业、意业、业力完全没有边际。他虽然能随顺世俗演说种种无量的文字⓱，仍能恒常不败坏离弃文字法门。因为他深入佛海，了知一切的法都只是假名，因此能不执着任何境界。他了知一切的法是空无所有的⓲，因此修行的一切行愿莫不是从法界中所生，就像虚空无相无形。菩萨深入法界并随顺缘起演说诸法，能从一个境界出生一切的智慧。观察佛陀的十力，而用智慧精勤修学⓳，并用智慧作为桥梁到达诸佛一切种智的萨婆若境地。以智慧眼彻见佛法无碍，善巧证入一切境界。并了知各种法义⓴，明白了知所有的法门、所有的大愿没有不成就的。

　　"佛子啊！㉑菩萨摩诃萨以此开示诸佛没有差别的体性，这是无障碍的方便之门。从这能够出生菩萨大众的集会，这法门是三昧的境界。这个法门能够勇猛进入诸佛的一切种智，及开示显现一切三昧法门。无障碍的普遍进入一切刹土，调伏教化一切众生，及安住无有任何众生的境界，也能开演示现一切佛法。虽然如此，他在一切境界仍了无所得。虽然他能在一切时劫演说开示，但却能远离妄想及差异分别。他虽然了知诸法都没有任何造作，但仍能示现一切造作之业。他虽然了知诸佛没有内、外二相，但仍能示现诸佛。他虽然了知无色，却能演说诸色。他虽然了知无受，却仍能演说诸受。他虽然了知无想，却能演说一切诸想。虽然了知无行，却仍能演说一切诸行。他虽然了知无识，却能演说一切诸识，恒常以法轮开示。他虽然了知诸法无生，而却仍不断转动法轮。他虽然了知佛法无差异分别，却仍能演说各种差别法门。

"他虽然了知一切法没有生起与灭失，而却能演说一切生起与灭失之相。他虽然了知一切法门没有粗、细之分，却能演说一切法门粗细之相。他虽然了知一切法门没有上、中、下之分，而却仍能宣说最上乘的法。他虽然了知一切法门不可言说，而却仍能演说清净的言辞。虽然他了知一切法门没有内外之分，却仍能演说一切内外法门。虽然他了知诸法不可了知，而却仍能演说各种智慧的观察。虽然他了知一切法门毫不真实，却仍能演说出离世间的真实要道。虽然他了知一切法门毕竟无穷尽，却仍能演说尽所有的有漏法。虽然他了知一切法门既不相违也没有诤论，然而也不是没有自他的差别。虽然他了知一切的法门，毕竟证得无师的智慧，却仍能尊敬所有师长。虽然他了知一切法门不必经由他人的教导而得到，却仍能尊敬所有的善知识。虽然他了知佛法是没有动转，而却仍能转动法轮。虽然他了知佛法没有生起，而却仍能示现一切的因缘。虽然他了知一切法门没有前际，而却仍广大宣说过去。虽然他了知一切法门没有后际，而却能广大宣说未来。虽然他了知一切法门没有中际，而仍广大宣说现在。虽然他了知一切法门没有造作者，而却能演说所有造作的业。

"虽然他了知一切法门没有因缘，却仍能演说各种因缘集聚的原因。虽然他了知一切法门没有所谓的平等或比较的问题，却仍能演说平等及不平等的道理。虽然他了知一切法门没有言语说辞，却仍能决定演说过去、未来、现在三世的佛法。虽然他了知一切法毫无所依，却仍能演说依止善法而出离的道理。虽然他了知佛法无身，却仍广为宣说法身。虽然他了知过去、未来、现在三世诸佛无边，却仍演说法界只有一位真实佛陀的法要。虽然他了知诸法无色，却仍示现种种色相。虽然他了知佛法无见，却仍广大宣说诸见。虽然他了知佛法无相，却仍演说种种相貌。虽然他了知一切法没有境界，却仍广为宣说智慧的境界。虽然他了知一切法门无二无别，却仍演说诸行及果报的种种差异分别。虽然他了知一切法门没有出离，却仍宣说一切清净的出离行。虽然他了知一切法门本来常住，却仍演说一切流转的法门。虽然他了知一切法门没有照耀及光明，却仍不断广大宣说光明照耀的佛法。

"佛子啊！㉒菩萨摩诃萨证入如此广大威德的三昧智慧轮时，能证得一切的佛法，趣入一切佛法。能成就、圆满、积集、清净、安住、了知通达，与一切佛法的自性相应。而这位菩萨摩诃萨不会想下面这些事情：世界上到底有多少的菩萨众；多少的菩萨法；多少的菩萨究竟；多少种幻化的究竟；多少种化现的究竟；多少种神通力的成就；多少种智慧的成就；多少种思惟；多少种证入；多少种趣向；多少种境界。因为这一切境界，都是以无念般若证得的，远离一切的境相与计量。为什么呢？因为菩萨三昧如此的体性，如此无边、如此殊胜。

"这位菩萨三昧的种种境界、种种威力、种种深刻的证入，就是证入不可说的智慧法门，证入远离分别的所有庄严，证入无边殊胜的波罗蜜，证入无数的禅定境界，证入百千亿那由他数不可说的广大智慧，证入亲见无边佛陀殊胜微妙的法藏，证入境界从不休息，证入清净信仰解悟的助道法门，证入诸根勇猛锐利的广大神通，证入心无障碍的境界，证入亲见诸佛的平等眼目，证入积集普贤菩萨殊胜心志的行愿，证入安住那罗延微妙智慧的身躯，证入演说诸佛如来的智慧海，证入生起无量自在的神通变化，证入生出一切佛陀无穷尽的智慧法门，证入安住一切佛陀现前的境界，证入清净普贤菩萨的自在智慧，证入开示无比的普门智慧，证入普遍了知法界一切微细的境界，证入普遍示现法界一切微细的境界，证入一切殊胜的智慧光明，证入一切自在的边际，证入一切辩才法门的边际，证入遍及法界的智慧身相，证入成就一切处所的遍行妙道，证入善巧安住在一切差别三昧，证入了知诸佛如来的心念。

"佛子啊！❷这位菩萨摩诃萨安住在普贤的殊胜妙行时，念念都能证入百亿不可说的三昧境界。然而还未能证见圆满普贤菩萨的三昧，以及佛陀境界的微妙庄严的前际境界。为何他能证得这境界呢？因为他了知一切法门究竟无穷尽，了知一切佛国刹土无边际，了知一切众生不可思议，了知往昔前际无始，了知未来是无穷尽的，了知现在穷尽整个虚空乃至遍及法界都是无边无尽的，了知诸佛如来不可思议，了知菩萨的行愿无数，了知诸佛辩才演说的境界是不可说、无边际的，了知一切幻化心念所缘的法门无量。佛子啊！就宛如如意的宝珠，可以随着任何众生的希求，而随心自在地供给他们所需要的一切。希求的人即使无穷尽、欲念无止都能满足他们，从来不会匮乏歇止。

"菩萨摩诃萨也是如此。证入这三昧时，了知心念如幻，所以能周遍而无穷尽地出生一切的法门，不曾匮乏，也不会歇息。为什么呢？因为菩萨摩诃萨成就了普贤菩萨无障碍行愿的智慧时，观察无量的广大幻境都如影像，既不会增加，也不会减少。佛子啊！就譬如凡夫，各自生起的念头，不管是已生起的、现在生起的以及未来当会生起的，没有边际、没有间断，也没有穷尽。他们的心念流转相续，从不断绝，不可思议。菩萨摩诃萨也是如此，证入这普幻法门的三昧时，没有边际、不可测量。为什么呢？因为他已了知通达普贤菩萨普幻法门之无量法。

"佛子啊！就譬如难陀、跋难陀、摩那斯龙王及其余的大龙王在降雨时，下雨如车轴般轮转无尽，没有边际。虽然他如此降雨，但是雨却不曾下尽，这就是所有大龙王无造作的示现。菩萨摩诃萨也是如此，安住在这三昧时，证入普贤菩萨所有的三昧法门、智慧法门、得见诸佛如来的法门、来往所有方所的法门、心念自在的法门、加持的法门、神通变化的法门、神通力的法门、幻化的法门、一切法门如幻的法门、不可说不可说一切菩萨充满的法门、亲近不可说不可说佛国刹土微尘数如来的正觉法门。证入不可说不可说广大幻化的法门，了知不可说不可说广大佛国刹土彼此差别的法门，了知不可说不可说有体性及无体性世界的法门，了知不可说不可说众生欲想的法门，了知不可说不可说时劫的差别法门，了知不可说不可说世界生成到败坏的法门，了知不可说不可说覆盖安住与上仰安住诸佛的刹土法门，菩萨在一念之间就能如实了知。如此证入时，没有边际也没有穷尽，不会疲倦，也不感厌烦，不曾间断停止，更不会退转忘失。

"他在诸法中不曾安住非处，只是恒常端正地思惟，不昏沉掉举❷。他为了求取一切的智慧，恒常不退转舍离众生。始终作为照耀一切佛国刹土的明灯，并转动不可说不可说的法轮。他能以微妙的辩才询问诸佛如来，并且穷尽时劫示现成就佛道，没有边际。从不废弃舍离调伏教化众生，又时常精勤修习普贤菩萨的行愿，未曾休息。示现无量不可说不可说的色相身，从不断绝。

"为什么呢？就譬如点燃火焰一般，火焰点燃因缘时，生起后就不会熄灭。菩萨摩诃萨也是如此，他观察众生界、法界、世界犹如虚空没有边际，但是却能够在一念之间，前往不可说不可说佛国刹土微尘数的佛陀处所。并在每一个佛陀处所证入不可说不可说一切智慧的差别法门，使不可说不可说的众生出家成就佛道，精勤修习善根，究竟清净。使不可说不可说菩萨在普贤菩萨的行愿中未决定的能够决定，而安住普贤菩萨智慧的法门。并以无量的方便，证入不可说不可说的过去、未来、现在三世的生成、安住、败坏广大差别的时劫。而在不可说不可说的成劫、住劫、坏劫世间的差别境界，生起大悲心及广大的行愿，调伏无量众生，使他们皆无有残余漏失。

"为什么呢？这位菩萨摩诃萨为了度化解脱众生，修习普贤菩萨行愿，生出普贤菩萨的智慧，并满足普贤菩萨所有行愿。因为这个缘故，所有的菩萨应该在如此的种类❷、如此的境界、如此的威德、如此的广大、如此的无量、如此的不思议、如此普遍光明的照耀、如此的诸佛现前安住、如此一切如来护持忆念、如此成就往昔的善根、如此所有菩萨的心念无障碍也不动转，而勤加修习三昧，远离所有因痛苦而身热心恼的苦业。没有疲倦厌烦，心不退转，建立甚深的志向与欣乐。勇猛精进，毫不胆怯，随顺三昧证入难思议的智慧地。不依于文字，不执着世间。不摄取诸法，不心生分别。不染垢与执着世事，不分别境界。安住诸法的智慧，而不称量分别。

"也就是亲近一切的智慧，悟解佛陀的菩提。成就法的光明，布施众生善根。救拔众生出离魔界。使众生得以证入佛法，使众生不舍离广大的行愿，精勤观察出离之道。增广清净的境界，成就所有度化众生的事业。对一切佛陀心生深切的信仰及解悟，时常观察佛法的体性，片刻毫不舍离。并了知自身与诸法的体性都是平等无二。明了世间造作的一切，而示现众生如法的智慧方便。时常精进而没有休息。观察自身鲜少善根，精进增长他人的善根。自己修行一切智慧，精勤增长菩萨的境界。并乐于亲近善知识，与一切善知识共同修行并且共同安止居住。不分别佛陀，不舍离正念。时常安住平等的法界。了知一切的心识犹如幻化，了知世间诸行如同梦幻，了知诸佛如来示现的愿力也如影如幻，了知所有广大的业力都是幻化不实，了知言语如同声响，观察诸法的一切如同梦幻，了知一切生起及灭失的法门都如同音声虚幻不实。了知安住的一切佛国刹土都没有体性。为了请问如来佛法从不疲倦，为了开悟一切世间所有众生，勤加教诲而不舍离。为了调伏教化众生，善知时机演说佛法而不休息。

"佛子啊！菩萨摩诃萨如此修行普贤菩萨行愿时，能够如此圆满菩萨的境界，通达出离之道。受持过去、未来、现在三世的佛法，观察一切智慧法门，思惟不变异的法门。光明洁净的增上心志欣乐。信仰解悟一切如来，了知佛陀广大的威神力。决定没有任何障碍的心，摄受一切众生。

"佛子啊！❷菩萨摩诃萨证入普贤菩萨安住的广大智慧三昧时，十方各有不可说不可说的佛国刹土。每一个佛国刹土各有不可说不可说的佛国刹土微尘数的如来名号，每一个名号各有不可说不可说佛国刹土微尘数的诸佛示现在菩萨摩诃萨面前。赐予他如来的念力，使他不忘失如来的境界；赐予他一切法门究竟的智慧，使他证入一切的智慧。赐予他了知一切法门义理的决定智慧，使他能受持佛法而趣入无碍的境界。又给他无上佛陀的菩提，使他证入智慧开悟的法界。又给他菩萨究竟的智慧，使他能够证得佛法的光明，没有丝毫黑暗。又给他菩萨不退转的智慧，使他了知什么是合适的时机，什么是不恰当的时机，以善巧方便调伏教化众生。又给予无障碍菩萨的辩才，使他开悟并了解无边的佛法，以演说穷尽无余的力量。又给予神通变化力，使他示现种种不可说不可说差别身及无边色相，来开悟众生。又给予他圆满的言语及声音，使他示现不可说不可说的差别音声及种种言语文体开悟众生。又给予他一切所作绝不空过、功不唐捐的力量，使凡是见到或只是听闻他名号的众生，都完全成就没有空过。

"佛子啊！菩萨摩诃萨如此圆满具足普贤菩萨的行愿，所以能证得如来的力量，清净出离，圆满一切智慧，再以无碍的辩才神通变化，究竟调伏教化众生。他又具足佛陀的威德，因此能够清净普贤菩萨的行愿，安住普贤之道，穷尽未来际，都只为了调伏教化众生，转动一切佛陀的微妙法轮。为什么呢？

"佛子啊！这位菩萨摩诃萨成就如此殊胜广大的行愿时，就可说是世间众生的法师，世间的法日，世间智慧的月华，巍然高出其余众山，坚固不动摇的须弥山王；一切世间无边的智慧海；照耀无边，相续而不断绝的正法明灯。并且能为众生开示无边的清净功德，使他们都安住在善根功德。随顺一切的智慧，平等无二地修习普贤菩萨广大的行愿。并且劝发众生，安住在不可说不可说的广大行愿三昧，而示现大自在。

"佛子啊！这位菩萨摩诃萨证得如此的智慧时，也证得如此的法门。因此能在如此的大法中审察安住、明澈证见。获得如此的神力，安住在如此的境界。示现如此的神通变化，生起如此的神通。他时常安在大悲，恒常利益众生，开示众生安稳的正道，建立福德智慧的广大光明幢。他又证得不思议的解脱，安住在一切智慧的解脱。到达诸佛解脱的彼岸，学习不思议的解脱方便法门。他并且已经成就证入法界的差别法门，没有任何错杂纷乱。因此能够游戏自在于普贤菩萨不可说不可说的三昧，安住在如师子奋迅般的勇猛智慧，心意无碍。并且恒常安住在十大法藏。

"是哪十大法藏呢？一，安住忆念诸佛如来；二，安住忆念佛法；三，安住调伏教化一切众生的大悲；四，安住示现不思议清净佛国刹土的智慧；五，安住深刻趣入诸佛境界的决定解悟；六，安住过去、未来、现在三世诸佛平等一相的菩提；七，安住无碍无执的际分；八，安住佛法的无相体性；九，安住过去、未来、现在诸佛平等的善根；十，安住过去、未来、现在一切如来法界无差别身业、语业、意业为先导的智慧。安住观察过去、未来、现在三世诸佛的受生、出家、参访道场、成就正觉、转法轮、般涅槃等都能完全趣入一刹那之际。佛子啊！这十大法藏广大无量、不可数、不可称、不可思、不可说、无穷尽、难忍受，一切世间的智慧都不能够称扬述说得完。

　　"佛子啊！这位菩萨摩诃萨已到达普贤菩萨诸行的彼岸，得证清净的法门。因此能以广大的心志力量，开示众生无量的善根。增长菩萨的一切势力，念念都能圆满具足菩萨的一切功德，成就菩萨一切的诸行。得证诸佛的陀罗尼法门，受持诸佛所演说的。但他虽然时常安住真如实相，却仍能随顺世俗的言说，示现调伏教化众生。为什么呢？因为菩萨摩诃萨安住在这三昧法门。佛子啊！菩萨摩诃萨能以这三昧，证得佛陀的广大智慧，证得善巧演说一切广大佛法的自在辩才。得证世间最殊胜清净无畏的法门，证入并获得一切三昧智慧。得证一切菩萨的善巧方便，得到一切佛法的光明法门。到达安慰一切世间法门的彼岸，了知一切合宜的时机与不合宜的时机。并照耀十方世界一切处所，使一切众生获得最殊胜的智慧。又作一切世间无上的导师，安住所有的功德。开示众生清净的三昧，使众生证入最上的智慧。

　　"为什么？因为菩萨摩诃萨如此修行时，能够利益众生，增长大悲；亲近善知识，亲见一切佛陀；了知一切法门，诣见一切佛国刹土；证入一切方所，趣入一切的世间；了悟一切法门的平等体性，知晓一切佛陀的平等体性；安住一切智慧的平等体性。能在此法中从事净业，而不造作其余的行业。他又安住勤求佛陀智慧从不满足的心，安住在不散乱的心念；安住专一的心念，安住勤加修行的心；安住决定心，安住不变异的心中。念念都如此思惟、如此作业、如此究竟。

"佛子啊！❷菩萨摩诃萨所说的语言无相异差别、作为无相异差别，因此语言如实、作为如实。为什么呢？就譬如不败坏的金刚，无人能坏，因此才称为金刚。不坏的体性若变得可坏，就不会称为金刚。菩萨摩诃萨也是如此，他以所有的行愿及法门而证得这个名号，绝不会离开这些行愿及法门。

"就譬如真金❷，是因为它美妙的颜色而得到这个称号，它绝不会失去这美妙的颜色。菩萨摩诃萨也是如此，以所有的善业行而获得菩萨摩诃萨的名号，所以他片刻都不会离开这些善业。

"就又如大日天子❷，以光明的日轮而获得大日天子的名号，所以他绝对不会远离光明日轮。菩萨摩诃萨也是如此，以智慧的光明而获得名号，因此他绝不会远离智慧光明。

"就又如须弥山王❸，是以四宝峰处于大海，迥然高出海面而得到须弥山王的名号，所以他绝不可能舍弃远离四宝峰。菩萨摩诃萨也是如此，以诸善根处于世间，迥然高出而得到菩萨的名号，绝不会舍离善报。

"就又如大地❸，因为能够受持一切而被称为大地，所以它绝不会舍弃远离能够受持之特性。菩萨摩诃萨也是如此，因为度化一切而获得这个名号，所以他绝不会舍弃远离大悲。

"就譬如大海❸，以含受众水而获得大海的名号，所以大海绝对不可能舍弃远离海水。菩萨摩诃萨也是如此，是以诸广大的行愿而获得菩萨名号，所以绝对不会片刻舍弃度化众生的行愿。

"就譬如将军❸，是以娴熟战斗的方法而获得将军的名号，所以他绝对不会舍弃远离这种天分。菩萨摩诃萨也是如此，他以娴熟如此的三昧而获得菩萨的名号，乃至成就一切智的智慧，所以他片刻都不会舍弃远离这个行愿。

"就如同转轮王❸，管理四天下的一切，恒常勤加守护众生，使众生都无横死，而能不断享受快乐。菩萨摩诃萨也是如此，他证入如此等等的所有广大三昧时，仍勤于度化众生，乃至使一切众生究竟清净。

"就又如种子须种在土里❸才能增长茎叶。菩萨摩诃萨也是如此，修习普贤菩萨的行愿从不断绝，乃至于使一切众生增长善法。

"就譬如大云在夏季时才会降下大雨❸，增长所有的种子。菩萨摩诃萨也是如此，证入如此等等的广大三昧，修习菩萨的行愿，雨下大法雨。乃至能够使一切众生究竟清净、究竟涅槃、究竟安稳、究竟到达彼岸、究竟欢喜、究竟断除疑惑，是所有的众生的究竟福田。能使众生布施的业行都得清净；使众生都安住在不退转的道业；使众生都得一切智的智慧；使众生都能出离三界；使众生都得到究竟的智慧；使众生都得到诸佛如来究竟的法门，并安置众生在一切智慧的处所。

"为什么呢？因为菩萨摩诃萨成就这个法门时，能以明白了知的智慧，证入法界的法门，清净菩萨不可思议的无量诸行。就是因为他能够清净所有的智慧，求得一切的智慧；因为他能够清净众生，调伏教化众生；因为他能够清净佛国刹土，时常回向；因为他能够清净诸法，普遍了知；因为他能够清净无畏，不会怯弱；因为他能够清净无障碍的辩才，善巧演说；因为他能够清净陀罗尼法门，在一切法门当中获得自在；因为他能够清净亲近诸善知识的行愿，恒常见到诸佛出兴世间。

"佛子啊！菩萨摩诃萨安住在这三昧时，证得如此同等百千亿那由他数不可说不可说的清净功德。因此能获得如此自在的三昧，为一切诸佛所加持守护。他能从善根流出力量，证入智慧地的广大威力。他为善知识引导的力量，能够摧毁降伏所有的魔力。因为他等同其分的善根淳厚清净，誓愿广大欲乐力，所种善根力量成就，超出一切世间无穷尽福德的无双无对力量。佛子啊！菩萨摩诃萨安住在这三昧时，证得十种法门，等同过去、未来、现在一切诸佛。是哪十种法门呢？一，获得所有等同诸佛好相的种种庄严；二，能够放射等同诸佛的清净大光明网；三，能等同诸佛以神通变化调伏教化众生；四，能等同诸佛以无边的色身，清净圆满音声；五，能等同诸佛随顺众生的业行而示现清净的佛国刹土；六，能等同诸佛摄持众生所有的语言不忘失；七，能以等同诸佛的无穷尽辩才随顺众生的心念动转法轮，使他们生起智慧；八，大师子吼等同诸佛无所怯弱畏惧，因此能用无量的法门开悟众生；九，一念之间，就能以同等诸佛的广大神通普遍趣入过去、未来、现在三世；十，能以同等诸佛的能力普遍为众生示现诸佛的庄严、诸佛的威神力、诸佛的境界。"

这时，普眼菩萨对普贤菩萨说："佛子啊！这位菩萨摩诃萨已得如此等同诸佛的法门，但是为什么还不能称为佛陀？还不能称为十力？还不能称为一切智？还不能称为一切法中得证菩提者？为什么还不能称为普眼？还不能称为一切境中无碍见者？为什么还不能称为觉一切法？还不能称为与三世佛无二住者？为什么还不能称为住实际者？为什么修行普贤菩萨的行愿未曾休息？为什么还不能究竟法界而舍离菩萨道？"

这时，普贤菩萨告诉普眼菩萨说："善哉！佛子！就如同你所说的，如果这位菩萨摩诃萨等同诸佛，为什么还不能称为佛陀？乃至于还不能舍弃菩萨道？佛子啊！如果这位菩萨摩诃萨已经能够修习过去、未来、现在三世一切菩萨的种种行愿，证入智慧的境界，则能称为佛陀。但是他却还在诸佛处所修习菩萨行而没有休息，所以还是称为菩萨。

"凡能证入诸佛如来所有力量的，就可以称为十力。他虽然成就十力，但仍修行普贤菩萨的行愿而没有休息，所以仍称为菩萨。

"凡能了知一切法而演说者，就可以称为一切智。他虽然也能够演说所有的法门，但在每一法门中仍然善巧思惟，不曾歇止，所以名为菩萨。

"凡了知一切的法门没有二相者，就可以称为了悟一切法门。但菩萨对于二相、不二相的所有法门差异分别，仍然善巧观察，辗转增胜，没有休息，所以称为菩萨。

"已经能够明见普眼境界的，就称为普眼。他虽能证得普眼的境界，但因他念念增长，未曾休息，所以说名为菩萨。

"凡能光明照耀一切法，远离所有黑暗障碍的，就称为无碍见。因为他仍须时常勤加忆念见无碍的人，所以仍称为菩萨。已经得到诸佛如来智慧眼目的，就可以称为觉一切法。但是他仍不放逸地观察诸如来正觉智慧的眼目，所以称为菩萨。

"安住在佛陀所安住之处，与佛陀没有分别的，就可以称为与佛无二住者。但因为他仍为佛陀所持受而修习诸多智慧，所以称为菩萨。

"时常观察一切世间真如实际的，就可以称为住实际者。他虽然时常观察诸法的真如实际却不证入，也不舍弃远离，所以称为菩萨。

"不来也不去，无同也无异，凡永远止息这种种分别的，就可以称为休息愿者。但他仍广大地修习，圆满而不退转，所以名为未息普贤愿者。

"了知法界没有边际，诸法只有一相——无相的，就可以称为究竟法界舍菩萨道。虽然他了知法界没有边际，也清楚了知种种差异相，但仍发起大悲心，度化一切众生，穷尽未来际，没有疲倦与厌烦，所以仍称为普贤菩萨。

"佛子啊！就譬如伊罗钵那象王住在金胁山的七宝窟时，七宝窟周围以七种珍宝作为栏楯，宝多罗树次第排列，其上又覆有真金罗网。大象洁白的身躯如同白雪，象身上安立金幢，以其金作为璎珞。覆有珍宝做成的网覆于象鼻上，还有宝铃垂下，七肢成就，六牙具足并且端正充满。看到的人无不欣羡喜乐，调良善顺，心念没有任何过失。如果天帝释想要游行，象王就会知道他的心意，并且隐没身形，来到忉利天主面前，再以神通力示现种种变化，化现三十三个头颅。而每一个头颅又化现七只象牙，每一只象牙又化现七座池子。每一个池子又有七朵莲华，每一朵莲华又有七采女，同时演奏千百种天乐。这时，帝释天王乘着这宝象，从难胜殿前往花园，这花园中遍满着芬陀利华。帝释天王来到花园之后，从象背上下来，进入一切宝庄严殿，有无量的采女侍从，以歌唱吟咏供他受用快乐。这时，象王又再以神通力隐去象的身形，化现天人的身形，与三十三天的天人以及所有采女，在芬陀利华园中欢喜游戏。它示现的身相、光明的衣服，往来进退、言语谈笑、外形观瞻，与天人无二无别。无人能够区别这只象王与这些天人，而这象王与天人简直是完全相似。

"佛子啊！那个伊罗钵那象王，在金胁山七宝窟中并没有任何变化，直到三十三天以上。为了供养释提桓因，而化现种种可供娱乐之物，受用天人的快乐，与天人无异。佛子啊！菩萨摩诃萨也是如此，修习普贤菩萨的行愿以及所有的禅定三昧，作为所有宝贵庄严的器具。以七菩提分别作为菩萨的身形，以它放射的光明为网，建立广大的法幢，敲鸣大法钟。以大悲心作为洞窟，以坚固的大愿作牙，无畏的智慧如同师子。以法续系在顶上，并开示秘密的法门，到达所有菩萨的彼岸。

"菩萨为了安处菩提的宝座以成就一切智，证得最正觉，增长普贤菩萨广大的行愿。从不退转休息，不断绝也不舍弃大悲精进。穷尽未来际，度化解脱一切苦恼众生。因此不舍弃普贤的道行；又为了现前成就最正觉，示现不可说不可说的成就正觉法门；示现不可说不可说的转法轮法门；示现不可说不可说安住深心的法门。在不可说不可说的广大佛国刹土，示现涅槃变化的法门；在不可说不可说的差别世界，示现受生，修习普贤菩萨的行愿；又示现不可说不可说诸佛，在不可说不可说广大佛国刹土菩提树下成就正等正觉，并有不可说不可说的菩萨众亲近围绕。

"或在一念之间，修习普贤菩萨行愿而成就正等正觉。或在片刻之间；或在一时之间；或在一日之间；或在半个月之中；或在一年之中；或在无数年之中；或在一个时劫，如此乃至于到不可说不可说的时劫，修习普贤菩萨的行愿而成就正觉。又在一切佛国刹土作为上首，亲近佛陀，顶礼供养。请问佛陀，观察如幻的境界，清净修习菩萨无量的诸行、无量的智慧、各种神通变化、各种威德、各种智慧、各种境界、各种神通力、各种自在、各种解脱、各种法门的光明、各种教化调伏的法门。

"佛子啊！菩萨摩诃萨的本身不会灭失，所以能以行愿的力量，在一切处所如此的变化示现。为什么呢？因为他想以普贤菩萨的自在威神力调伏教化众生，使不可说不可说的众生都得清净。使他们永远断除生死轮回，庄严清净一切广大的世界。时常见到诸佛，深入一切佛法之流。忆念过去、未来、现在三世所有佛陀的种性，忆念十方世界佛法及法身。普遍修习并且圆满菩萨所有的行愿，证入普贤菩萨之流，自在证得一切智慧。佛子啊！您应当观察这菩萨摩诃萨不舍弃普贤菩萨的行愿，不断绝菩萨道，亲见一切佛陀，证得一切智慧，自在受用一切智慧法门。如同伊罗钵那象王不舍弃象的身躯，而仍能前往三十三天作为天人的骑乘，享受天人的快乐。同天人游戏，承事天主，与天人及采女一同欢喜娱乐，如同天人一般，没有差别。

"佛子啊！菩萨摩诃萨也是如此，不舍弃普贤菩萨大乘的所有诸行，誓愿从不退转。因此能证得佛陀的自在，具足一切的智慧。证得佛陀的解脱无碍，成就清净。而在所有佛国刹土没有任何染垢执着，不会分别佛法。虽然他了知诸法普遍平等，没有二相，但仍能够恒常光明彻见一切佛国刹土。虽然他等同过去、未来、现在三世诸佛，但仍修习菩萨行愿相续不绝。佛子啊！菩萨摩诃萨安住在这个普贤菩萨行愿的广大法门时，应当了知此人心意已经清净。

"佛子啊！这就是菩萨摩诃萨第十无障碍法轮大三昧的殊胜心与广大智慧。

"佛子啊！这就是菩萨摩诃萨所安住的普贤行愿十大三昧轮。"

【注释】

❶ 这段在说明第十无碍轮三昧，和进入这个三昧时的方便。

❷ 再来说明三昧的智用，有四段。刚开始总摄佛之功德，也就是如来二十一种殊胜。

❸ 再说明通达无相之法。

❹ 现量不杂染分别思虑，纯粹直觉的认识。

❺ 这段在说明居于佛位的功德。

❻ 这段在说明证得佛平等的功德。

❼ 这段在说明到达无障碍处的功德。

❽ 这段在说明不可转之法的功德。

❾ 这段在说明所行无碍的功德。

❿ 这段在说明安立诸法不可思议的功德。

⓫ 这里在说明普见过去、现在、未来三世。

⓬ 这里在说明菩萨身恒常充满一切国土。

⓭ 这段在说明菩萨的智慧，能明白了达诸法。

❹ 下一句在说明菩萨能了知一切行。

❺ 再来说明菩萨能去除一切疑惑。

❻ 这里在说明无有能测菩萨身者。

❼ 这里在说明菩萨所求的智慧。

❽ 这里在说明菩萨到达佛陀的究竟彼岸。

❾ 这里在说明菩萨具足如来的平等解脱。

❿ 这里在说明菩萨得证无中、边的佛平等地。

㉑ 这里在说明穷尽法界。

㉒ 这里在说明证入诸法。

㉓ 这里在说明普遍的功德无尽。

㉔ 沉，即昏沉；举，即掉举。不沉不举是指心不昏沉又不散乱。

㉕ 以下结论是在劝勉修行。

㉖ 以下是禅定的圆满，在说其功德。

㉗ 以下举十个比喻，解释菩萨之所以为菩萨。第一是金刚不坏之喻，显示菩萨行体的坚牢。

㉘ 第二是真金妙色的比喻，表示以善业装饰外表。

㉙ 第三是日轮光明的比喻，以显示智慧圆满光明。

㉚ 第四是须弥四峰的比喻，以表示菩萨的善根超出。

㉛ 第五是大地能持万物的比喻，以显示大悲能荷负之力。

㉜ 第六是大海含水的比喻，以显示大愿能普育万物。

㉝ 第七是将军明了战术的比喻，以显示菩萨没有一时会舍弃如是的三昧。

㉞ 第八是转轮圣王护世的比喻，表示菩萨的定力清净，众生皆能感受。

㉟ 第九是植物生长的比喻，以显示菩萨行能增长众生善根。

㊱ 第十是时雨滋生种子的比喻，以显示法雨普成万物。

十通品第二十八

卷第四十四

《十通品》导读

本品是第七会的第二品，此品亦由普贤菩萨来演说十通之法。本品在《六十华严》作"十明品"，慈恩寺梵本及西藏本皆作"神通品"。智慧明照故名"明"，智慧通达自在无碍故名"通"，通即是神通之意。本品宣说十种菩萨的神通妙用，依次是：

一，他心通。知无量世界无数众生心。

二，天眼通。以无碍清净天眼智通，见无数众生之生死。

三，宿命通。以宿住随念智通知自己及无量众生过去无量劫之事。

四，未来际通。以知未来际劫智通，知未来一切事。

五，无碍清净天耳通。成就清净无碍天耳，于一切音声自在听闻。

六，无体性无动作往一切佛刹通。一闻佛名，即现身彼国土，而实无所往。

七，善分别一切言辞通。知一切世界种种众生之言辞。

八，无数色身通。以出生无量阿僧祇色身庄严智通，知一切法离色相，而以无相入于法界，因而出生种种妙色。

九，一切法智通。以一切法智通，知一切法无来无去、非一非异。诸法从缘起，随顺寂灭性，非世谛非真谛，而以大悲辩才演说妙法。

十，入一切法灭尽三昧通。不舍大悲，念念入于寂灭。

住此十种神通，悉得一切三世无碍智神通。

卷第四十四

十通品第二十八

【原典】

尔时，普贤菩萨摩诃萨告诸菩萨言："佛子！菩萨摩诃萨有十种通。何者为十？佛子！菩萨摩诃萨以他心智通，知一三千大千世界众生心差别，所谓善心、不善心、广心、狭心、大心、小心、顺生死心、背生死心、声闻心、独觉心、菩萨心、声闻行心、独觉行心、菩萨行心、天心、龙心、夜叉心、乾闼婆心、阿修罗心、迦楼罗心、紧那罗心、摩睺罗伽心、人心、非人心、地狱心、畜生心、阎魔王处心、饿鬼心、诸难处众生心，如是等无量差别种种众生心，悉分别知。如一世界，如是百世界、千世界、百千世界、百千亿那由他世界，乃至不可说不可说佛刹微尘数世界中所有众生心悉分别知。是名菩萨摩诃萨第一善知他心智神通。

"佛子！菩萨摩诃萨以无碍清净天眼智通，见无量不可说不可说佛刹微尘数世界中众生，死此生彼，善趣、恶趣，福相、罪相，或好或丑，或垢或净。如是品类无量众生，所谓天众、龙众、夜叉众、乾闼婆众、阿修罗众、迦楼罗众、紧那罗众、摩睺罗伽众、人众、非人众、微细身众生众、广大身众生众、小众、大众，如是种种众生众中，以无碍眼悉皆明见。随所积集业、随所受苦乐、随心、随分别、随见、随言说、随因、随业、随所缘、随所起，悉皆见之，无有错谬。是名菩萨摩诃萨第二无碍天眼智神通。

"佛子！菩萨摩诃萨以宿住随念智通，能知自身及不可说不可说佛刹微尘数世界中一切众生，过去不可说不可说佛刹微尘数劫宿住之事。所谓某处生、如是名、如是姓、如是种族、如是饮食、如是苦乐，从无始来，于诸有中，以因以缘，展转滋长，次第相续，轮回不绝，种种品类、种种国土、种种趣生、种种形相、种种业行、种种结使、种种心念、种种因缘、受生差别，如是等事，皆悉了知。又忆过去尔所佛刹微尘数劫，尔所佛刹微尘数世界中，有尔所佛刹微尘数诸佛，一一佛如是名号，如是出兴，如是众会，如是父母，如是侍者，如是声闻，如是最胜二大弟子，于如是城邑，如是出家。复于如是菩提树下成最正觉，于如是处，坐如是座，演说如是若干经典，如是利益尔所众生，于尔所时住于寿命，施作如是若干佛事，依无余依般涅槃界而般涅槃，般涅槃后法住久近，如是一切悉能忆念。又忆念不可说不可说佛刹微尘数诸佛名号，一一名号有不可说不可说佛刹微尘数佛，从初发心，起愿修行，供养诸佛，调伏众生，众会说法，寿命多少，神通变化，乃至入于无余涅槃，般涅槃后法住久近，造立塔庙种种庄严，令诸众生种植善根，皆悉能知。是名菩萨摩诃萨第三知过去际劫宿住智神通。

"佛子！菩萨摩诃萨以知尽未来际劫智通，知不可说不可说佛刹微尘数世界中所有劫，一一劫中所有众生，命终受生，诸有相续，业行果报，若善，若不善，若出离，若不出离，若决定，若不决定，若邪定，若正定，若善根与使俱，若善根不与使俱，若具足善根，若不具足善根，若摄取善根，若不摄取善根，若积集善根，若不积集善根，若积集罪法，若不积集罪法，如是一切皆能了知。又知不可说不可说佛刹微尘数世界，尽未来际，有不可说不可说佛刹微尘数劫，一一劫有不可说不可说佛刹微尘数诸佛名号，一一名号有不可说不可说佛刹微尘数诸佛如来，一一如来，从初发心，起愿立行，供养诸佛，教化众生，众会说法，寿命多少，神通变化，乃至入于无余涅槃，般涅槃后法住久近，造立塔庙种种庄严，令诸众生种植善根，如是等事悉能了知。是名菩萨摩诃萨第四知尽未来际劫智神通。

"佛子！菩萨摩诃萨成就无碍清净天耳，圆满广大，聪彻离障，了达无碍，具足成就，于诸一切所有音声，欲闻、不闻，随意自在。佛子！东方有不可说不可说佛刹微尘数佛，是诸佛所说、所示、所开、所演、所安立、所教化、所调伏、所忆念、所分别，甚深广大、种种差别、无量方便、无量善巧清净之法，于彼一切皆能受持。又于其中若义、若文、若一人、若众会，如其音辞，如其智慧，如所了达，如所示现，如所调伏，如其境界，如其所依，如其出道，于彼一切悉能记持，不忘不失，不断不退，无迷无惑，为他演说，令得悟解，终不忘失❶一文一句。如东方，南、西、北方、四维、上、下，亦复如是。是名菩萨摩诃萨第五无碍清净天耳智神通。

"佛子！菩萨摩诃萨住无体性神通、无作神通、平等神通、广大神通、无量神通、无依神通、随念神通、起神通、不起神通、不退神通、不断神通、不坏神通、增长神通、随诣神通。此菩萨闻极远一切世界中诸佛名，所谓无数世界、无量世界，乃至不可说不可说佛刹微尘数世界中诸佛名，闻其名已，即自见身在彼佛所。彼诸世界，或仰或覆，各各形状，各各方所，各各差别，无边无碍。种种国土，种种时劫，无量功德，各别庄严。彼彼如来于中出现，示现神变，称扬名号，无量无数，各各不同。此菩萨一得闻彼诸如来名，不动本处，而见其身在彼佛所，礼拜尊重，承事供养，问菩萨法，入佛智慧，悉能了达诸佛国土道场众会及所说法，至于究竟，无所取著。如是，经不可说不可说佛刹微尘数劫，普至十方而无所往，然诣佛刹观佛听法请道，无有断绝，无有废舍，无有休息，无有疲厌。修菩萨行，成就大愿，悉令具足，曾无退转，为令如来广大种性不断绝故。是名菩萨摩诃萨第六住无体性无动作往一切佛刹智神通。

"佛子！菩萨摩诃萨以善分别一切众生言音智通，知不可说不可说佛刹微尘数世界中众生种种言辞。所谓圣言辞、非圣言辞、天言辞、龙言辞、夜叉言辞、乾闼婆、阿修罗、迦楼罗、紧那罗、摩睺罗伽、人及非人，乃至不可说不可说众生所有言辞，各各表示，种种差别，如是一切皆能了知。此菩萨随所入世界，能知其中一切众生所有性欲，如其性欲，为出言辞，悉令解了，无有疑惑。如日光出现，普照众色，令有目者悉得明见。菩萨摩诃萨亦复如是，以善分别一切言辞智，深入一切言辞云，所有言辞令诸世间聪慧之者悉得解了。是名菩萨摩诃萨第七善分别一切言辞智神通。

"佛子！菩萨摩诃萨以出生无量阿僧祇色身庄严智通，知一切法远离色相，无差别相，无种种相，无无量相，无分别相，无青、黄、赤、白相。菩萨如是入于法界，能现其身，作种种色。所谓无边色、无量色、清净色、庄严色、普遍色、无比色、普照色、增上色、无违逆色、具诸相色、离众恶色、大威力色、可尊重色、无穷尽色、众杂妙色、极端严色、不可量色、善守护色、能成熟色、随化者色、无障碍色、甚明彻色、无垢浊色、极澄净色、大勇健色、不思议方便色、不可坏色、离瑕翳色、无障暗色、善安住色、妙庄严色、诸相端严色、种种随好色、大尊贵色、妙境界色、善磨莹色、清净深心色、炽然明盛色、最胜广大色、无间断色、无所依色、无等比色、充满不可说佛刹色、增长色、坚固摄受色、最胜功德色、随诸心乐色、清净解了色、积集众妙色、善巧决定色、无有障碍色、虚空明净色、清净可乐色、离诸尘垢色、不可称量色、妙见色、普见色、随时示现色、寂静色、离贪色、真实福田色、能作安隐色、离诸怖畏色、离愚痴行色、智慧勇猛色、身相无碍色、游行普遍色、心无所依色、大慈所起色、大悲所现色、平等出离色、具足福德色、随心忆念色、无边妙宝色、宝藏光明色、众生信乐色、一切智现前色、欢喜眼色、众宝庄严第一色、无有处所色、自在示现色、种种神通色、生如来家色、过诸譬喻色、周遍法界色、众皆往诣色、种种色、成就色、出离色、随所化者威仪色、见无厌足色、种种明净色、能放无数光网色、不可说光明种种差别色、不可思香光明超过三界色、不可量日轮光明照耀色、示现无比月身色、无量可爱乐华云色、出生种种莲华鬘云庄严色、超过一切世间香焰普熏色、出生一切如来藏色、不可说音声开示演畅一切法色、具足一切普贤行色。佛子！菩萨摩诃萨深入如是无色法界，能现此等种种色身，令所化者见，令所化者念，为所化者转法轮，随所化者时，随所化者相，令所化者亲近，令所化者开悟，为所化者起种种神通，为所化者现种种自在，为所化者施种种能事。是名菩萨摩诃萨为度一切众生故勤修成就第八无数色身智神通。

"佛子！菩萨摩诃萨以一切法智通，知一切法无有名字、无有种性，无来、无去，非异、非不异，非种种、非不种种，非二、非不二，无我、无比，不生、不灭，不动、不坏，无实、无虚，一相、无相，非无、非有，非法、非非法，不随于俗、非不随俗，非业、非非业，非报、非非报，非有为、非无为，非第一义、非不第一义，非道、非非道，非出离、非不出离，非量、非无量，非世间、非出世间，非从因生、非不从因生，非决定、非不决定，非成就、非不成就，非出、非不出，非分别、非不分别，非如理、非不如理。此菩萨不取世俗谛，不住第一义，不分别诸法，不建立文字，随顺寂灭性，不舍一切愿，见义知法，兴布法云，降霆法雨。虽知实相不可言说，而以方便无尽辩才，随法、随义，次第开演。以于诸法言辞辩说皆得善巧，大慈大悲，悉已清净，能于一切离文字法中出生文字，与法、与义，随顺无违，为说诸法悉从缘起，虽有言说而无所著。演一切法，辩才无尽，分别安立，开发示导，令诸法性具足明显，断众疑网，悉得清净。虽摄众生，不舍真实，于不二法而无退转，常能演说无碍法门，以众妙音，随众生心，普雨法雨而不失时。是名菩萨摩诃萨第九一切法智神通。

"佛子！菩萨摩诃萨以一切法灭尽三昧智通，于念念中入一切法灭尽三昧，亦不退菩萨道，不舍菩萨事，不舍大慈大悲心，修习波罗蜜，未尝休息。观察一切佛国土，无有厌倦。不舍度众生愿，不断转法轮事，不废教化众生业，不舍供养诸佛行，不舍一切法自在门，不舍常见一切佛，不舍常闻一切法。知一切法平等无碍，自在成就一切佛法，所有胜愿皆得圆满。了知一切国土差别，入佛种性，到于彼岸。能于彼彼诸世界中，学一切法，了法无相，知一切法皆从缘起，无有体性，然随世俗方便演说。虽于诸法心无所住，然顺众生诸根欲乐，方便为说种种诸法。此菩萨住三昧时，随其心乐，或住一劫，或住百劫，或住千劫，或住亿劫，或住百亿劫，或住千亿劫，或住百千亿劫，或住那由他亿劫，或住百那由他亿劫，或住千那由他亿劫，或住百千那由他亿劫，或住无数劫，或住无量劫，乃至或住不可说不可说劫。菩萨入此一切法灭尽三昧，虽复经于尔所劫住，而身不离散，不羸瘦，不变异，非见非不见，不灭不坏，不疲不懈，不可尽竭。

虽于有于无悉无所作，而能成办❷诸菩萨事。所谓恒不舍离一切众生，教化调伏未曾失时，令其增长一切佛法，于菩萨行悉得圆满。为欲利益一切众生，神通变化无有休息，譬如光影普现一切，而于三昧寂然不动。是为菩萨摩诃萨入一切法灭尽三昧智神通。

"佛子！菩萨摩诃萨住于如是十种神通，一切天人不能思议，一切众生不能思议，一切声闻、一切独觉，及余一切诸菩萨众，如是皆悉不能思议。此菩萨，身业不可思议，语业不可思议，意业不可思议，三昧自在不可思议，智慧境界不可思议，唯除诸佛及有得此神通菩萨，余无能说此人功德称扬赞叹。佛子！是为菩萨摩诃萨十种神通。若菩萨摩诃萨住此神通，悉得一切三世无碍智神通。"

注释

❶ "失"，大正本原作"天"，今依前后文意改之。
❷ "办"，大正本原作"辨"，今依明、宫本改之。

【白话语译】

❶这时，普贤菩萨摩诃萨告诉众菩萨："佛子啊！菩萨摩诃萨有十种不可思议的神通妙用，是哪十种呢？

"佛子啊！菩萨摩诃萨能以他心智慧神通，了知一切三千大千世界众生心的差别，也就是善心、不善心❷、广心、狭心❸、大心、小心❹、顺生死心、背生死心、声闻心、独觉心、菩萨心、声闻行心、独觉行心、菩萨行心、天心、龙心、夜叉心、乾闼婆心、阿修罗心、迦楼罗心、紧那罗心、摩睺罗伽心、人心、非人心、地狱心、畜生心、阎魔王处心、饿鬼心、八种苦难处众生心。如此等无量差别的种种众生心，无不完全清楚了知。如同了知这个世界的众生心，他对百个世界、千个世界、百千个世界、百千亿那由他数个世界，乃至于不可说不可说佛国刹土微尘数世界中，所有众生的心都能分别了知。这就是菩萨摩诃萨第一个善知他心智慧神通。

"佛子啊！❺菩萨摩诃萨能以无碍清净天眼智慧神通，见到不可说不可说佛国刹土微尘数世界的众生，从此处死亡而往生彼处，投生善趣或是恶趣，具有福德的身相或是罪业的身相，长相美好或是丑陋，生处污垢或是清净。如此种种不同的无量众生，也就是天众、龙众、夜叉众、乾闼婆众、阿修罗众、迦楼罗众、紧那罗众、摩睺罗伽众、人众、非人众、微细身的众生、广大身的众生、小的众生、大的众生。如此种种的众生，他的无碍天眼无不明白看见。或是随着众生积集的业力、所受的苦乐、心念、分别、知见、言说、随因、业、所缘、所起，无不明白看见，没有错谬。这就是菩萨摩诃萨第二个无碍天眼智慧神通。

"佛子啊！❻菩萨摩诃萨以宿住随念智慧神通，能了知自身及不可说不可说佛国刹土微尘数世界的一切众生，及他们过去不可说不可说佛国刹土微尘数劫的宿昔往事，也就是出生某处、姓名、种族、饮食、苦乐等。从无始劫以来生死轮回，因为因缘和合辗转滋长各种生命，次第相续未曾断绝。他对种种含识生灵、种种国土、种种趣生、种种形相、种种业行、种种烦恼；种种心念、种种差别受生的因缘，都明白了知。又忆及过去有这些佛国刹土微尘数劫，有这些佛国刹土微尘数世界，有这些佛国刹土微尘数的诸佛。每一佛的名号、出兴、众会、父母、服侍的随从、声闻、最优秀的两位大弟子、城邑、出家、于菩提树下成就正等正觉、在此处、坐此座、演说若干经典、利益这许多的众生。施予造作如此的若干佛事，依止无余涅槃，依止般涅槃界而灭度般涅槃，般涅槃灭度之后，正法住世的时期有多久，菩萨对这一切无不忆念。

"他又忆念不可说不可说佛国刹土微尘数的诸佛名号，每一名号都有不可说不可说佛国刹土微尘数的诸佛。从初发心，发起大愿修行，供养诸佛，调伏一切众生。集会大众说法，寿命多少，神通变化，乃至于趣入无余涅槃。般涅槃之后，正法住世的时期有多久，造立种种庄严的庙塔，令众生种植善根，都能明白了知。这就是菩萨摩诃萨第三知过去际劫的宿住智慧神通。

"佛子啊！❼菩萨摩诃萨以知尽未来际劫神通智慧，了知不可说不可说佛国刹土微尘数世界的所有时劫，及每一时劫所有众生：临命终受生时，种种生命的存有相续不绝。业行果报，不管是善、不善；出离、不出离；决定、不决定；邪定、正定；善根与烦恼结使结合相俱，或是善根不与烦恼结使结合相俱；是具足善根，或是不具足善根；是摄取善根，或是不摄取善根；是积集善根，或是不积集善根；是积集罪业之法，或是没有积集罪业之法，如此种种菩萨无不明白了知。他又了知不可说不可说佛国刹土微尘数的世界，尽未来际有不可说不可说佛国刹土微尘数时劫。每个时劫又有不可说不可说佛国刹土微尘数的诸佛名号，每一名号又有不可说不可说佛国刹土微尘数的诸佛如来。每一如来从初发心开始，发起大愿通行不退转，供养诸佛，教化众生。大众集会说法，佛陀住世多久，神通变化，乃至于趣入无余涅槃。般涅槃后正法安住世间多久，造立种种庄严的塔庙，令诸众生种植善根，如此等事，他都明白了知。这就是菩萨摩诃萨第四知尽未来际劫智慧神通。

"佛子啊！❽菩萨摩诃萨以无碍清净天耳智慧神通，圆满广大，聪敏明彻远离障碍。了达没有障碍，具足成就，对于种种一切所有的音声，不管是想要听闻的、或不想听闻的，都随意自在。

"佛子啊！东方有不可说不可说的佛国刹土微尘数佛，那些佛所说、所示现、所开示、所演说、所安立、所教化、所调伏、所忆念、所分别，甚深广大种种差别无量方便的善巧清净之法，菩萨都能受持。他又对其中的义理、文辞、是一人、或是大众集会，不管是音声言辞，或是智慧，只要是诸佛所了达、示现、调伏、境界、依止的、出家成道等，都能记忆奉持。不忘记、不漏失、不间断、不退转、无迷无惑。菩萨能把这一切为他人演说，令人悟解，始终不曾忘失一字一句，就如他在东方演说一般，南、西、北方、四维上下的佛国刹土也都是如此。此就是菩萨摩诃萨第五无碍清净天耳智慧神通。

"佛子啊！❾菩萨摩诃萨安住在无体性无动作往一切佛国刹土智慧神通，这个神通可说是无体性的神通、无造作的神通、平等的神通、广大的神通、无量的神通、无依的神通、随念的神通、起心动念的神通、不起心动念的神通、不退转的神通、不间断的神通、不毁坏的神通、增长的神通、随心自在前往诣见一切世界的神通。这位菩萨还能听闻所有极远世界的诸佛名号，就是无数的世界、无量的世界，乃至于不可说不可说佛国刹土微尘数世界的诸佛名号。他听闻名号之后，无不立刻示现自身在彼佛所在，那些世界有的仰起，有的覆盖。各种形状、各种方位处所、各种差别不可尽说，但菩萨都能无碍地趣入。各种的国土、种种的时劫，无量的功德，都庄严不已。

"无量无数的如来都出现其中，不管是示现神通变化，称赞宣扬诸佛名号，都各各不同。这位菩萨一听闻这些如来的名号，即能在本处不动而出现在诸佛所在。礼拜尊重，承事供养，请问菩萨法益，趣入佛智慧。能完全明了通达诸佛国土聚会时所说之法，乃至究竟的境界，但菩萨仍无任何取舍执着。如此，经过了不可说不可说佛国刹土微尘数的时劫，菩萨表面看起来普遍前往十方，但实无所往。他参访佛国刹土，觐见佛陀听闻佛法，请求佛道等都从不断绝，也不曾废弃舍离，不曾休息，也不感疲劳厌倦。他勤修菩萨行，成就大愿，令一切具足，不曾退转。这都是为了不断绝如来广大的种性。以上就是菩萨摩诃萨第六住无体性无动作往一切佛国刹土智慧神通。

"佛子啊！⑩菩萨摩诃萨能以善分别一切众生言音智慧神通，了知不可说不可说佛国刹土微尘数世界众生的种种言辞。就是圣者的言辞、非圣者的言辞、天人的言辞、龙的言辞、夜叉的言辞、乾闼婆、阿修罗、迦楼罗、紧那罗、摩睺罗伽、人及非人，乃至于不可说不可说众生的所有言辞。各种不同的表达方法，其间种种的差别等，菩萨无不了知。这位菩萨能随着他趣入的世界，了知其中众生所有的根性欲望，并且能照他们的根性想望，用他们所能了解的话，为他们解说。让他们都能完全了解，没有任何疑惑。如同日光普遍照耀众色，凡是目明的人都可以看见。菩萨摩诃萨也是如此，以善分别一切言辞的智慧，深入一切的言辞云，因此他所有的言辞都能让世间聪慧的人了解。以上就是菩萨摩诃萨第七善分别一切言辞智慧神通。

"佛子啊！⑪菩萨摩诃萨能以无量阿僧祇色身庄严智慧神通，了知一切的法，远离色相、无有差别相、无有种种相、无有无量相、无有分别相、无青色、黄色、赤色、白色相。菩萨如此深入法界，所以自身能够化作种种色相。就是无边的色相、无量的色相、清净的色相、庄严的色相、普遍的色相、无比的色相、普照的色相、增上的色相、无违逆的色相、具足诸相的色相、远离众恶的色相、大威力的色相、可尊重的色相、无穷尽的色相、各种杂妙的色相、非常庄严的色相、不可量的色相、善巧守护的色相、成熟圆满的色相、随顺教化者的色相、无障碍的色相、甚为明澈的色相、无垢浊的色相、极为澄净的色相、大勇健的色相、不可思议方便的色相、不可坏的色相、离瑕疵暗翳的色相、无障暗的色相、善安住的色相、妙庄严的色相、诸相端严的色相、种种随形好的色相、大尊贵的色相、妙境界的色相、善巧研磨辉莹的色相、清净深心的色相、炽然明盛的色相、最胜广大的色相、无间断的色相、无所依的色相、充满不可说佛国刹土的色相、增长的色相、坚固摄受的色相、最功德的色相、随诸众生心所乐的色相、清净解了的色相、积集聚妙的色相、善巧决定净的色相、清净可乐的色相、远离各种尘垢的色相、不可称量的色相、微妙证见的色相、普见的色相、随时示现的色相、寂静的色相、远离贪着的色相、真实福田的色相、能作安稳的色相、远离一切怖畏的色相、远离愚痴行为的色相、智慧勇猛的色相、身相无碍的色相、游行普遍的色相、心无所依的色相、大慈所生的色相、大悲所示现的色相、平等出离的色相、具足福德的色相、随心忆念的色相、无边妙宝的色相、宝藏光明的色相、众生信乐的色相、一切智慧现前的色相、欢喜眼色的色相、众宝庄严第一的色相、性空无有处所的色相、自在示现的色相、种种神通的色相、出生如来家中的色相、超过一切譬喻的色相、周遍法界的色相、大众都皆前往参诣的色相、种种的色相，成就的色相、出离的色相、随顺受教化者而示现威仪的色相、见无厌足的色相、种种光明清净的色相、能放出无数光网的色相、不可说光明的种种差别色相、香光明不可思议超过三界的色相、不可量日轮光明照耀的色相、示现无比明月身的色相、无量可爱乐华云的色相、出生种种莲华鬘云庄严的色相、超过一切世间香焰普熏的色相、出生一切如来藏的色相、不可说音声开示演畅一切法的色相、具足一切普贤行的色相。

"佛子啊！菩萨摩诃萨深入如此无色法界时，能够示现像上面所说的种种色身，让受教化的人无不亲见，无不忆念，无不转法轮。菩萨深知什么时机该示现受教化者所认同的相，才能让受教化者亲近开悟。因此他能为受教化的人，生起种种的神通，示现种种的自在，施作种种能事。以上就是菩萨摩诃萨为了度化众生勤修成就第八无数的色身智慧神通。

"佛子啊！⓬菩萨摩诃萨能以通达一切佛法的法智通，了知一切法无有名字，无有种性。无来、无去；非异、非不异；非种种、非不种种；非二、非不二；无我、无比⓭；不生、不灭；不动、不坏；无实、无虚；一相、无相；非无、非有；非法、非非法；不随于俗、非不随于俗；非业、非非业；非报、非非报；非有为、非无为；非第一义、非不第一义；非道、非非道；非出离、非不出离；非量、非无量；非世间、非出世间；非从因生、非不从因生；非决定、非不决定；非成就、非不成就；非出、非不出；非分别、非不分别；非如理、非不如理。这位菩萨不取世俗的义谛，也不安住于第一义。不分别诸法，不建立文字。因此能随顺寂灭的休性，不舍离一切愿力。见义了知法，兴起遍布法云，降注法雨。

"虽然他了知言语无法真正宣说实相，但是他能运用善巧方便的法门，而以无尽辩才随着法门、随着义理次第开示演说，以言辞辩说诸法。他的大慈心、大悲心都已完全清净，因此能离一切文字法而出生文字，能随顺法门、义理而没有无任何悖逆。他为了宣说诸法都是因缘而生，虽着言语说辞但却从不执取。他能辩才无碍地演说一切的法，分别安立，示现教导启发众生，令众生具足种种法性；断除疑惑之网，完全清净。虽然他摄受众生，但从不舍弃真实的义理，仍安住不二法门，从不退转。所以能以众多妙音演说无碍法门，随顺众生的心，普遍雨下法雨而不失度化众生的时机。以上就是菩萨摩诃萨第九一切法智慧神通。

"佛子啊！ ⑪菩萨摩诃萨能以一切法灭尽三昧智慧神通，念念趣入一切法灭尽三昧，也不退失菩萨道；不舍离菩萨事业；不舍离大慈大悲心。所以，他能修习到彼岸的智慧未曾休息，无有厌倦地观察一切的佛国刹土。从不舍离度化众生的誓愿，不断转动法轮，教化众生不曾懈怠。供养诸佛从不断绝，不舍一切自在法门。常见诸佛从不舍离，恒常闻法从不舍离。了知一切法平等无碍，而能自在成就一切的佛法，圆满所有殊胜的誓愿。他了知一切国土的差别，因此能趣入佛陀的种性，而到达彼岸。虽然他了知诸法无相，了知一切的法皆从缘起，无有体性。但仍能学习所有世界的一切法，然后随着世俗方便演说。

"他虽不住诸法，仍能随顺众生各种根性的欲乐，善巧方便地为他们演说种种法门。这位菩萨安住三昧时，能随着他心中的喜乐，或安住一劫；或安住百劫；或安住千劫；或安住亿劫；或安住百亿劫；或安住千亿劫；或安住百千亿劫；或安住那由他数亿劫；或安住百那由他数亿劫；或安住千那由他数亿劫；或安住百千那由他数亿劫；或安住无数劫；或安住无量劫；乃至安住不可说不可说劫。菩萨趣入这个一切法灭尽三昧时，即使经历上述所有的时劫，身体也会不离散，或消瘦变异。非见、非不见，不灭不坏。不疲劳不懈怠，不可穷尽枯竭。虽然他对有、无毫无造作，却能成办种种菩萨事业，就是从不舍离众生，教化调伏众生都合于时宜。增长一切的佛法，圆满所有的菩萨行。他为了利益一切众生，神通变化从不稍歇。所以，他虽像光影般普遍示现，其实却住于三昧，寂然不动。以上就是菩萨摩诃萨趣入一切法灭尽的三昧智慧神通。

"佛子啊！菩萨安住在这十种神通时，一切的天人都觉得不可思议，一切的众生也觉得不可思议。一切的声闻、一切的独觉，及其余一切的菩萨众，如此等等都觉得不可思议。这个菩萨的身业不可思议、语业不可思议、意业不可思议、三昧自在不可思议、智慧境界不可思议。除了诸佛及证得此神通的菩萨外，无人能详说或称扬赞叹这位菩萨的功德。佛子啊！以上就是菩萨摩诃萨的十种神通。菩萨摩诃萨若能安住这些神通时，就可完全得证一切三世的无碍智慧神通。"

【注释】

❶ 这一品是在回答第二会中十通的问题。通，神通的意思，因为它妙用难测，自在无碍，所以叫神通。依定力引发神通，所以十定品说明十通，有十段。最初是他心智通。

❷ 善心、不善心是概括诸心的总说，以下是别说。

❸ 广心、狭心是约心行而言，自利、独善其身的是狭心，利他、救济众生的是广心。

❹ 大心、小心是依福报而言，以天界为大，人界为小。

❺ 第二是天眼智通。

❻ 第三是宿住随念智通。

❼ 第四是知尽未来际劫智通。

❽ 第五是无碍清净天耳通。

❾ 第六是无体性智通。

❿ 第七是善分别言音通。

⓫ 第八是色身庄严智通。

⓬ 第九是一切法智通。

⓭ 无比，指"我所"和"我"不为对比之意。

⓮ 第十是灭定智通。

十忍品第二十九

卷第四十四（续）

卷第四十四（续）

《十忍品》导读

　　本品仍是由普贤菩萨宣说。忍是"忍解印可"之意，十忍位是等觉位的后心，以此忍断微细无明，但亦可通前五位（信、住、行、回向、地）。十忍的体性是智，一般来说忍是因、智是果，实皆是以智慧为体。大乘行或普贤行，皆以忍而不证入实际，为趣向佛果的方法。否则，证入涅槃将落入二乘，则不能圆满菩萨行，是非常可惜而违背发菩提心的初衷。

　　本品内容主要是说得十忍则能到达一切菩萨无碍忍地，此十忍是：

　　一，音声忍。于佛所说法音，乐于闻、思、修。

　　二，顺忍。随顺诸法思惟观察。

　　三，无生法忍。不见法生或法灭。

　　四，如幻忍。知一切法如幻从缘起，一中解多，多中解一。

　　五，如焰忍。知一切法如阳焰，一切世间非实而假言说。

　　六，如梦忍。知一切世间如梦想分别而觉悟。

　　七，如响忍。知一切音声如空谷回响虚妄不实，而能示现种种善巧言句转法无碍。

　　八，如影忍。于水、镜中现影，而不漂生死、不沉涅槃。

　　九，如化忍。知一切世间皆如化现，以愿力化现利益众生。

　　十，如空忍。了知一切法界如虚空无相、无起、无二，又菩萨智慧如虚空清净、无边而含持一切法。成就此忍得无来身、无去身等种种身。

　　末了再以重颂复述十忍之义。这十忍近似《般若经》的精神，但更加入了普贤菩萨的无尽行愿，而有种种不可思议的成就。

卷第四十四（续）

十忍品第二十九

【原典】

尔时，普贤菩萨告诸菩萨言："佛子！菩萨摩诃萨有十种忍，若得此忍，则得到于一切菩萨无碍忍地，一切佛法无碍无尽。何者为十？所谓音声忍、顺忍、无生法忍、如幻忍、如焰忍、如梦忍、如响忍、如影忍、如化忍、如空忍。此十种忍，三世诸佛已说、今说、当说。

"佛子！云何为菩萨摩诃萨音声忍？谓闻诸佛所说之法不惊、不怖、不畏，深信悟解，爱乐趣向，专心忆念，修习安住。是名菩萨摩诃萨第一音声忍。

"佛子！云何为菩萨摩诃萨顺忍？谓于诸法，思惟观察，平等无违，随顺了知，令心清净，正住修习，趣入成就。是名菩萨摩诃萨第二顺忍。

"佛子！云何为菩萨摩诃萨无生法忍？佛子！此菩萨摩诃萨不见有少法生，亦不见有少法灭。何以故？若无生则无灭，若无灭则无尽，若无尽则离垢，若离垢则无差别，若无差别则无处所，若无处所则寂静，若寂静则离欲，若离欲则无作，若无作则无愿，若无愿则无住，若无住则无去无来。是名菩萨摩诃萨第三无生法忍。

"佛子！云何为菩萨摩诃萨如幻忍？佛子！此菩萨摩诃萨知一切法皆悉如幻，从因缘起，于一法中解多法，于多法中解一法。此菩萨知诸法如幻已，了达国土，了达众生，了达法界，了达世间平等，了达佛出现平等，了达三世平等，成就种种神通变化。譬如幻，非象、非马、非车、非步、非男、非女，非童男、非童女，非树、非叶、非华、非果，非地、非水、非火、非风，非昼、非夜，非日、非月，非半月、非一月，非一年、非百年，非一劫、非多劫，非定、非乱，非纯、非杂，非一、非异，非广、非狭，非多、非少，非量、非无量，非粗、非细，非是一切种种众物，种种非幻，幻非种种，然由幻故，示现种种差别之事。菩萨摩诃萨亦复如是，观一切世间如幻，所谓业世间、烦恼世间、国土世间、法世间、时世间、趣世间、成世间、坏世间、运动世间、造作世间。菩萨摩诃萨观一切世间如幻时，不见众生生，不见众生灭；不见国土生，不见国土灭；不见诸法生，不见诸法灭；不见过去可分别，不见未来有起作，不见现在一念住；不观察菩提，不分别菩提；不见佛出现，不见佛涅槃；不见住大愿，不见入正位❸，不出平等性。是菩萨虽成就佛国土，知国土无差别；虽成就众生界，知众生无差别；虽普观法界，而安住法性，寂然不动；虽达三世平等，而不违分别三世法；虽成就蕴、处，而永断所依；虽度脱众生，而了知法界平等，无种种差别；虽知一切法远离文字，不可言说，而常说法，辩才无尽；虽不取著化众生事，而不舍大悲，为度一切转于法轮；虽为开示过去因缘，而知因缘性无有动转。是名菩萨摩诃萨第四如幻忍。

"佛子！云何为菩萨摩诃萨如焰忍？佛子！此菩萨摩诃萨知一切世间同于阳焰。譬如阳焰，无有方所，非内、非外，非有、非无，非断、非常，非一色、非种种色，亦非无色，但随世间言说显示。菩萨如是如实观察，了知诸法，现证一切，令得圆满。是名菩萨摩诃萨第五如焰忍。

"佛子！云何为菩萨摩诃萨如梦忍？佛子！此菩萨摩诃萨知一切世间如梦。譬如梦，非世间、非离世间，非欲界、非色界、非无色界，非生、非没，非染、非净，而有示现。菩萨摩诃萨亦复如是，知一切世间悉同于梦，无有变异故，如梦自性故，如梦执著故，如梦性离故，如梦本性故，如梦所现故，如梦无差别故，如梦想分别故，如梦觉时故。是名菩萨摩诃萨第六如梦忍。

"佛子！云何为菩萨摩诃萨如响忍？佛子！此菩萨摩诃萨闻佛说法，

观诸法性，修学成就，到于彼岸，知一切音声，悉同于响，无来无去，如是示现。佛子！此菩萨摩诃萨观如来声，不从内出，不从外出，亦不从于内外而出。虽了此声非内、非外、非内外出，而能示现善巧名句，成就演说。譬如谷响，从缘所起，而与法性无有相违，令诸众生随类各解而得修学。如帝释夫人阿修罗女，名曰舍支，于一音中出千种音，亦不心念令如是出。菩萨摩诃萨亦复如是，入无分别界，成就善巧随类之音，于无边世界中恒转法轮。此菩萨善能观察一切众生，以广长舌相而为演说，其声无碍，遍十方土，令随所宜，闻法各异。虽知声无起而普现音声，虽知无所说而广说诸法，妙音平等，随类各解，悉以智慧而能了达。是名❹菩萨摩诃萨第七如响忍。

"佛子！云何为菩萨摩诃萨如影忍？佛子！此菩萨摩诃萨，非于世间生，非于世间没；非在世间内，非在世间外；非行于世间，非不行世间；非同于世间，非异于世间；非往于世间，非不往世间；非住于世间，非不住世间；非是世间，非出世间；非修菩萨行，非舍于大愿；非实，非不实。虽常行一切佛法，而能办一切世间事，不随世间流，亦不住法流。譬如日月、男子、女人、舍宅、山林、河泉等物，于油、于水、于身、于宝、于明镜等清净物中而现其影。影与油等，非一、非异，非离、非合，于川流中亦不漂度，于池井内亦不沉没，虽现其中，无所染著。然诸众生，知于此处有是影现，亦知彼处无如是影，远物、近物虽皆影现，影不随物而有近远。菩萨摩诃萨亦复如是，能知自身及以他身，一切皆是智之境界，不作二解，谓自、他别，而于自国土、于他国土，各各差别，一时普现。如种子中，无有根芽茎节枝叶，而能生起如是等事。菩萨摩诃萨亦复如是，于无二法中分别二相，善巧方便，通达无碍。是名菩萨摩诃萨第八如影忍。菩萨摩诃萨成就此忍，虽不往诣十方国土，而能普现一切佛刹，亦不离此，亦不到彼，如影普现，所行无碍，令诸众生见差别身，同于世间坚实之相，然此差别即非差别，别与不别，无所障碍。此菩萨从于如来种性而生，身、语及意清净无碍，故能获得无边色相清净之身。

"佛子！云何为菩萨摩诃萨如化忍？佛子！此菩萨摩诃萨知一切世间

皆悉如化。所谓一切众生意业化，觉想所起故；一切世间诸行化，分别所起故；一切苦乐颠倒化，妄取所起故；一切世间不实法化，言说所现故；一切烦恼分别化，想念所起故；复有清净调伏化，无分别所现故；于三世不转化，无生平等故；菩萨愿力化，广大修行故；如来大悲化，方便示现故；转法轮方便化，智慧无畏辩才所说故。菩萨如是了知世间、出世间化，现证知、广大知、无边知、如事知、自在知、真实知，非虚妄见所能倾动，随世所行，亦不失坏。譬如化，不从心起、不从心法起，不从业起、不受果报，非世间生、非世间灭，不可随逐、不可揽触，非久住、非须臾住，非行世间、非离世间，不专系一方，不普属诸方，非有量、非无量，不厌不息、非不厌息，非凡、非圣，非染、非净，非生、非死，非智、非愚，非见、非不见，非依世间、非入法界，非黠慧、非迟钝，非取、非不取，非生死、非涅槃，非有、非无有。菩萨如是善巧方便，行于世间修菩萨道，了知世法，分身化往，不著世间，不取自身，于世、于身无所分别。不住世间，不离世间，不住于法，不离于法。以本愿故，不弃舍一众生界，不调伏少众生界。不分别法，非不分别，知诸法性无来无去，虽无所有而满足佛法，了法如化，非有非无。佛子！菩萨摩诃萨如是安住如化忍时，悉能满足一切诸佛菩提之道，利益众生。是名菩萨摩诃萨第九如化忍。菩萨摩诃萨成就此忍，凡有所作，悉同于化。譬如化士，于一切佛刹无所依住，于一切世间无所取著，于一切佛法不生分别，而趣佛菩提无有懈倦，修菩萨行，离诸颠倒，虽无有身，而现一切身，虽无所住，而住众国土，虽无有色，而普现众色，虽不著实际，而明照法性，平等圆满。佛子！此菩萨摩诃萨于一切法无所依止，名解脱者；一切过失悉皆舍离，名调伏者；不动不转，普入一切如来众会，名神通者；于无生法已得善巧，名无退者；具一切力，须弥、铁围不能为障，名无碍者。

"佛子！云何为菩萨摩诃萨如空忍？佛子！此菩萨摩诃萨了一切法界犹如虚空，以无相故；一切世界犹如虚空，以无起故；一切法犹如虚空，以无二故；一切众生行犹如虚空，无所行故；一切佛犹如虚空，无分别故；一切佛力犹如虚空，无差别故；一切禅定犹如虚空，三际平等故；所说一切法犹如虚空，不可言说故；一切佛身犹如虚空，无著无碍故。菩萨如是，以如虚空方便，了一切法皆无所有。佛子！菩萨摩诃萨以如虚空忍智了一切法时，得如虚空身、身业，得如虚空语、语业，得如虚空意、意业。譬如虚空，一切法依，不生不殁，菩萨摩诃萨亦复如是，一切法身，不生不殁。譬如虚空，不可破坏，菩萨摩诃萨亦复如是，智慧诸力不可破坏。譬如虚空，一切世间之所依止而无所依，菩萨摩诃萨亦复如是，一切诸法之所依止而无所依。譬如虚空，无生、无灭，能持一切世间生、灭，菩萨摩诃萨亦复如是，无向、无得，能示向、得，普使世间修行清净。譬如虚空，无方、无隅，而能显现无边方、隅，菩萨摩诃萨亦复如是，无业、无报，而能显示种种业、报。譬如虚空，非行、非住，而能示现种种威仪，菩萨摩诃萨亦复如是，非行、非住，而能分别一切诸行。譬如虚空，非色、非非色，而能示现种种诸色，菩萨摩诃萨亦复如是，非世间色、非出世间色，而能示现一切诸色。譬如虚空，非久、非近，而能久住，现一切物，菩萨摩诃萨亦复如是，非久、非近，而能久住，显示菩萨所行诸行。譬如虚空，非净、非秽，不离净、秽，菩萨摩诃萨亦复如是，非障、非无障，不离障、无障。譬如虚空，一切世间皆现其前，非现一切世间之前，菩萨摩诃萨亦复如是，一切诸法皆现其前，非现一切诸法之前。譬如虚空，普入一切，而无边际，菩萨摩诃萨亦复如是，普入诸法，而菩萨心无有边际。何以故？菩萨所作如虚空故。谓所有修习、所有严净、所有成就皆悉平等，一体、一味、一种，分量如虚空，清净遍一切处。如是证知一切诸法，于一切法无有分别，严净一切诸佛国土，圆满一切无所依身，了一切方无有迷惑，具一切力不可摧坏，满足一切无边功德，已到一切甚深法处，通达一切波罗蜜道，普坐一切金刚之座，普发一切随类之音，为一切世间转于法轮，未曾失时。是名菩萨摩诃萨第十如空忍。

"菩萨摩诃萨成就此忍，得无来身，以无去故；得无生身，以无灭故；得无动身，以无坏故；得不实身，离虚妄故；得一相身，以无相故；得无量身，佛力无量故；得平等身，同如相故；得无差别身，等观三世故；得至一切处身，净眼等照无障碍故；得离欲际身，知一切法无合散故；得虚空无边际身，福德藏无尽如虚空故；得无断无尽法性平等辩才身，知一切法相唯是一相，无性为性，如虚空故；得无量无碍音声身，无所障碍如虚空故；得具足一切善巧清净菩萨行身，于一切处皆无障碍如虚空故；得一切佛法海次第相续身，不可断绝如虚空故；得一切佛刹中现无量佛刹身，离诸贪著如虚空无边故；得示现一切自在法无休息身，如虚空大海无边际故；得一切不可坏坚固势力身，如虚空任持一切世间故；得诸根明利如金刚坚固不可坏身，如虚空一切劫火不能烧故；得持一切世间力身，智慧力如虚空故。

"佛子！是名菩萨摩诃萨十种忍。"

尔时，普贤菩萨摩诃萨欲重宣其义，而说颂言：

> 譬如世有人，闻有宝藏处，以其可得故，心生大欢喜。
> 如是大智慧，菩萨真佛子，听闻诸佛法，甚深寂灭相。
> 闻此深法时，其心得安隐，不惊亦不怖，亦不生恐畏。
> 大士求菩提，闻斯广大音，心净能堪忍，于此无疑惑。
> 自念以闻此，甚深微妙法，当成一切智，人天大导师。
> 菩萨闻此音，其心大欢喜，发生坚固意，愿求诸佛法。
> 以乐菩提故，其心渐调伏，令信益增长，于法无违谤。
> 是故闻此音，其心得堪忍，安住而不动，修行菩萨行。
> 为求菩提故，专行向彼道，精进无退转，不舍众善轭。
> 以求菩提故，其心无恐畏，闻法增勇猛，供佛令欢喜。
> 如有大福人，获得真金藏，随身所应服，造作庄严具。
> 菩萨亦如是，闻此甚深义，思惟增智海，以修随顺法。
> 法有亦顺知，法无亦顺知，随彼法如是，如是知诸法。
> 成就清净心，明彻大欢喜，知法从缘起，勇猛勤修习。
> 平等观诸法，了知其自性，不违佛法藏，普觉一切法。
> 志乐常坚固，严净佛菩提，不动如须弥，一心求正觉。
> 以发精进意，复修三昧道，无量劫勤行，未曾有退失。
> 菩萨所入法，是佛所行处，于此能了知，其心无厌怠。
> 如无等所说，平等观诸法，非不平等忍，能成平等智。

随顺佛所说，成就此忍门，如法而了知，亦不分别法。
三十三天中，所有诸天子，共同一器食，所食各不同。
所食种种食，不从十方来，如其所修业，自然咸在器。
菩萨亦如是，观察一切法，悉从因缘起，无生故无灭，
无灭故无尽，无尽故无染，于世变异法，了知无变异，
无异则无处，无处则寂灭，其心无染著，愿度诸群生。
专念于佛法，未尝有散动，而以悲愿心，方便行于世。
勤求于十力，处世而不住，无去亦无来，方便善说法。
此忍最为上，了法无有尽，入于真法界，实亦无所入。
菩萨住此忍，普见诸如来，同时与授记，斯名受佛职。
了达三世法，寂灭清净相，而能化众生，置于善道中。
世间种种法，一切皆如幻，若能如是知，其心无所动。
诸业从心生，故说心如幻，若离此分别，普灭诸有趣。
譬如工幻师，普现诸色像，徒令众贪乐，毕竟无所得。
世间亦如是，一切皆如幻，无性亦无生，示现有种种。
度脱诸众生，令知法如幻，众生不异幻，了幻无众生。
众生及国土，三世所有法，如是悉无余，一切皆如幻。
幻作男女形，及象马牛羊，屋宅池泉类，园林华果等。
幻物无知觉，亦无有住处，毕竟寂灭相，但随分别现。
菩萨能如是，普见诸世间，有无一切法，了达悉如幻。
众生及国土，种种业所造，入于如幻际，于彼无依著。
如是得善巧，寂灭无戏论，住于无碍地，普现大威力。
勇猛诸佛子，随顺入妙法，善观一切想，缠网于世间。
众想如阳焰，令众生倒解，菩萨善知想，舍离一切倒。
众生各别异，形类非一种，了达皆是想，一切无真实。
十方诸众生，皆为想所覆，若舍颠倒见，则灭世间想。
世间如阳焰，以想有差别，知世住于想，远离三颠倒。
譬如热时焰，世见谓为水，水实无所有，智者不应求。

众生亦复然，世趣皆无有，如焰住于想，无碍心境界。

若离于诸想，亦离诸戏论，愚痴著想者，悉令得解脱。

远离骄慢心，除灭世间想，住尽无尽处，是菩萨方便。

菩萨了世法，一切皆如梦，非处非无处，体性恒寂灭。

诸法无分别，如梦不异心，三世诸世间，一切悉如是。

梦体无生灭，亦无有方所，三界悉如是，见者心解脱。

梦不在世间，不在非世间，此二不分别，得入于忍地。

譬如梦中见，种种诸异相，世间亦如是，与梦无差别。

住于梦定者，了世皆如梦，非同非是异，非一非种种。

众生诸刹业，杂染及清净，如是悉了知，与梦皆平等。

菩萨所行行，及以诸大愿，明了皆如梦，与世亦无别。

了世皆空寂，不坏于世法，譬如梦所见，长短等诸色。

是名如梦忍，因此了世法，疾成无碍智，广度诸群生。

修行如是行，出生广大解，巧知诸法性，于法心无著。

一切诸世间，种种诸音声，非内亦非外，了之悉如响。

如闻种种响，心不生分别；菩萨闻音声，其心亦如是。

瞻仰诸如来，及听说法音，演契经无量，虽闻无所著。

如响无来处，所闻声亦然，而能分别法，与法无乖谬。

善了诸音声，于声不分别，知声悉空寂，普出清净音。

了法不在言，善入无言际，而能示言说，如响遍世间。

了知言语道，具足音声分，知声性空寂，以世言音说。

如世所有音，示同分别法，其音悉周遍，开悟诸群生。

菩萨获此忍，净音化世间，善巧说三世，于世无所著。

为欲利世间，专意求菩提，而常入法性，于彼无分别。

普观诸世间，寂灭无体性，而恒为饶益，修行意不动。

不住于世间，不离于世间，于世无所依，依处不可得。

了知世间性，于性无染著，虽不依世间，化世令超度。

世间所有法，悉知其自性，了法无有二，无二亦无著。

心不离世间，亦不住世间，非于世间外，修行一切智。

譬如水中影，非内亦非外，菩萨求菩提，了世非世间。

不于世住出，以世不可说，亦不在内外，如影现世间。

入此甚深义，离垢悉明彻，不舍本誓心，普照智慧灯。

世间无边际，智入悉齐等，普化诸群生，令其舍众著。

观察甚深法，利益群生众，从此入于智，修行一切道。

菩萨观诸法，谛了悉如化，而行如化行，毕竟永不舍。

随顺化自性，修习菩提道，一切法如化，菩萨行亦然。

一切诸世间，及以无量业，平等悉如化，毕竟住寂灭。

三世所有佛，一切亦如化，本愿修诸行，变化成如来。

佛以大慈悲，度脱化众生，度脱亦如化，化力为说法。

知世皆如化，不分别世间，化事种种殊，皆由业差别。

修习菩提行，庄严于化藏，无量善庄严，如业作世间。

化法离分别，亦不分别法，此二俱寂灭，菩萨行如是。

化海了于智，化性印世间，化非生灭法，智慧亦如是。

第十忍明观，众生及诸法，体性皆寂灭，如空无处所。

获此如空智，永离诸取著，如空无种种，于世无所碍。

成就空忍力，如空无有尽，境界如虚空，不作空分别。

虚空无体性，亦复非断灭，亦无种种别，智力亦如是。

虚空无初际，亦复无中后，其量不可得，菩萨智亦然。

如是观法性，一切如虚空，无生亦无灭，菩萨之所得。

自住如空法，复为众生说，降伏一切魔，皆斯忍方便。

世间相差别，皆空无有相，入于无相处，诸相悉平等。

唯以一方便，普入众世间，谓知三世法，悉等虚空性。

智慧与音声，及以菩萨身，其性如虚空，一切皆寂灭。

如是十种忍，佛子所修行，其心善安住，广为众生说。

于此善修学，成就广大力，法力及智力，为菩提方便。

通达此忍门，成就无碍智，超过一切众，转于无上轮。

所修广大行，其量不可得，调御师智海，乃能分别知。

舍我而修行，入于深法性，心常住净法，以是施群生。

众生及刹尘，尚可知其数，菩萨诸功德，无能度其限。

菩萨能成就，如是十种忍，智慧及所行，众生莫能测。

注释

❸ "位"，大正本原作"住"，今依三本及宫本改之。

❹ "名"，大正本原作"各"，今依三本及宫本改之。

【白话语译】

❶这时，普贤菩萨告诉诸菩萨众："佛子啊！菩萨摩诃萨有十种忍境界，如果他能得证这十种法忍，就能证得到一切菩萨无碍法忍的境地，及无障碍无穷尽的一切佛法。是哪十种法忍呢？一，音声忍；二，顺忍；三，无生法忍；四，如幻忍；五，如焰忍；六，如梦忍；七，如响忍；八，如影忍；九，如化忍；十，如空忍。这十种忍，三世诸佛过去已经宣说、现正在宣说、将来也当宣说。

"佛子啊！什么是菩萨摩诃萨的音声忍？就是在听闻诸佛所说的法时，不惊、不怖、不畏，深心信奉开悟了解。乐于趣向，专心忆念，修习安住。以上就是菩萨摩诃萨的第一音声忍。

"佛子啊！什么是菩萨摩诃萨的顺忍？就是能思惟观察诸法，并且平等看待，无有违背。随顺因缘了知一切，内心清净，正确地安住修习，趣入成就。以上就是菩萨摩诃萨的第二顺忍。

"佛子啊！什么是菩萨摩诃萨的无生法忍？佛子啊！这位菩萨摩诃萨不曾见到有任何法生起，亦不曾见到有任何法消灭。为什么呢？因为无生则无灭，无灭则无穷尽，无穷尽则离烦恼垢，若离烦恼垢则无差别，无差别则无处所，无处所则寂静，寂静则离欲，离欲则无造作，无造作则无愿想，无愿想则无住执，无住执则无去来。以上就是菩萨摩诃萨的第三无生法忍。

"佛子啊！什么是菩萨摩诃萨的如幻法忍？佛子啊！这位菩萨摩诃萨了知一切的法如幻不实，都是从因缘生起。因此，得以一法解悟多法，或以多法解悟一法。这位菩萨了知诸法如幻，因此能明了通达国土，明了通达众生，明了通达法界，明了通达世间的平等，明了通达诸佛出现的平等，明了通达三世的平等，而成就种种神通变化。

"譬如幻术，不是象，不是马；不是车，不是步骑；不是男，也不是女；不是童男，也不是童女；不是树，也不是叶；不是花，也不是果；不是地，也不是水；不是火、不是风；不是昼、不是夜；不是日、不是月；不是半月、不是一日；不是一年、也不是百年；不是一劫、也不是多劫；不是入定、也不是散乱；不是纯净、也不是杂染；既不相同、但也不相异；不是广大，也不是狭小；既不是多，也不是少；不是量，也不是无量；不是粗，也不是细：不是一切种种的各种事物。种种事物不是幻化，而幻化也不是种种事物。然而因为如幻不实，才能示现种种差别的事相。菩萨摩诃萨也是如此，观看一切世间如幻不实，就是业的世间、烦恼的世间、国土的世间、法的世间、时劫的世间、生趣的世间、生成的世间、毁坏的世间、运动的世间、造作的世间。

"菩萨摩诃萨观察一切的世间如幻时，不见有任何众生生起，不曾见到有什么众生灭失；不见有任何的国土生起，也不曾看见有哪一个国土灭失；不曾看见哪一个法生起，也不曾看见有哪一个法灭失；不见过去有何可分别的，也不见未来有何生起造作；不见现在安住一念；不观察菩提，不分别菩提；不曾看见有哪位佛陀出现，也不曾看见有哪位佛陀涅槃；不曾看见有谁安住大愿，也没看见有谁趣入正住，不出离平等本性。

"所以菩萨虽然成就佛土，却了知所有的国土其实没有任何差别；虽然成就众生界，却了知众生没有任何差别；虽然普遍观察法界，而仍能安住法性，寂然不动；虽然通达三世平等，而仍不违背分别三世法；虽然成就蕴处，而仍能永远断除依止；虽然度化解脱众生，而却了知法界平等，无二无别；虽然了知一切法远离文字不可言说，而却恒常说法，辩才无尽；虽然不取着度化众生的事业，而却不舍离大悲，为了度化众生不断转动法轮，无有稍歇；虽然为众生开示宿昔因缘，却了知因缘的体性没有任何动静。以上就是菩萨摩诃萨的第四如幻忍。

"佛子啊！什么是菩萨摩诃萨的如焰法忍？佛子啊！这位菩萨摩诃萨了知一切世间等同太阳的火焰，譬如太阳的光芒没有固定的方向，不在内，也不在外；不是有，也不是无；不是断，也不是常；不是一种颜色，但也没有很多颜色。但也不是没有颜色，只是随着世间的说法而显示。菩萨如此如实的观察，因此能够了知诸法，示现证得一切，得证圆满。以上就是菩萨摩诃萨的第五如焰忍。

"佛子啊！什么是菩萨摩诃萨的如梦法忍？佛子啊！这位菩萨摩诃萨了知世间如梦一般。譬如梦，不在世间，也没有离开世间；不在欲界，也不在色界，也不在无色界；没有受生，但也不是没有；不染着，但也不可说它清净。菩萨摩诃萨也是如此，了知一切世间宛如梦境，无有变异；如梦的自性无常❶；如梦执着；如梦离本性；如梦本性，现多种相❶；如梦所示现的；如梦无差别；如梦想而分别，如梦觉醒了知是虚幻❶。以上就是菩萨摩诃萨的第六如梦忍。

"佛子啊！什么是菩萨摩诃萨的如响法忍？佛子啊！这位菩萨摩诃萨听闻佛陀说法，然后观察种种法性，修学成就到达彼岸的净土时，所有一切的声音都跟回声一样，无来也无去。佛子啊！这位菩萨摩诃萨观察如来的音声，不是从里面发出，也不是从外面发出，也不从内外而发出。虽然他明了如来的音声不是在内，也不在外，亦不是从内外发出的。但却能示现善巧的名句，成就演说佛法。就譬如空谷回响，虽从因缘而发起，但却不与法性相违。因此菩萨能使各种众生随着根器的不同而各自解悟修学。如帝释的夫人阿修罗女，名为舍支❶，她能在一种音声发出千种音声。虽然她没想要出声，但却能发出一切音声。菩萨摩诃萨也是如此，他趣入无分别的境界，成就善巧随类的音声时，能在无边的世界恒常转动法轮。这位菩萨善于观察众生，因此能以广长舌相为他们演说佛法，音声毫无障碍，遍布十方国土。所以众生都能修行适合自己的法门，因此他们听闻的佛法就各不相同。

"菩萨虽然了知音声无所起，而却能普现音声；虽然了知诸法无所说，而却能广说各种法。菩萨的妙音平等，因此能随着众生的类别根器而使他们解悟，智慧明了通达。以上就是菩萨摩诃萨的第七如响忍。

"佛子啊！什么是菩萨摩诃萨的如影法忍？佛子啊！这位菩萨摩诃萨并非出生于世间，也非死于世间；不在世间内，也不是在世间外；不行于世间，也不是不行于世间；不等同世间，但也不是与世间相异；不往来世间，但也不是不往来世间；不安住世间，也不是不安住世间；不行世间法，但也不行出世间法；不修菩萨行，但也没有舍离愿行；没有实在，也不是不实在。

虽然他常行一切佛法，却能辨解一切世间事。但却不会随逐世间流转，也不安住法流。就譬如日月、男子、女人、舍宅、山林、河泉等事物，映照在油中、在水中、在身器、宝器、明镜等清净的反射物时，影像与油等的关系，既不是一体，也不是相异；不能说是分开，也不能说是和合；不会漂渡于川流里，也不会沉没在池井中。影像的本体虽然示现其中，但却从无染着。

"然而众生都了知这里有这个影像，也知道彼处其实并没有这个影像。所以说远物、近物虽然都有影像，但影像却不会随着物体而分远近。菩萨摩诃萨也是如此，能了知自身以及他身，一切都是智之境界，不会想成其他的事情。分别自他，因此不管是自己的国土，或是他人国土，其中的种种差别，菩萨都能同时普遍示现。就如同种子中没有根芽，但却能生起像茎节、枝叶等事。菩萨摩诃萨也是如此，能在无二法中分别二相，行善巧方便，通达无碍。以上就是菩萨摩诃萨的第八如影忍。

"菩萨摩诃萨成就这个法忍时，虽然没有前往参拜十方国土，却能普遍示现身形于一切佛国刹土。不离此处，也不到彼处。因此能如影像般普遍示现，没有任何障碍。让众生见到的差别身，等同世间的坚实之相。然而这种差别即不是差别，所以不管是分别与不分别，菩萨都无所障碍。因为这位菩萨是从如来的种性中出生，所以身、语、意都清净无碍，获证清净的无边色相身。

"佛子啊！什么是菩萨摩诃萨的如化法忍？佛子啊！这位菩萨摩诃萨了知世间都是幻化，就是一切的众生都是意业的化现，因为这些众生都是由觉了的思想所生起；一切的世间都是由各种心行化现，因为世间都是由心念的分别所生起；一切苦乐颠倒的化现，都是由虚妄贪取所生起；一切世间的不实法，都是因为假名与言说所示现；一切烦恼与分别心，都是由于人们生起想念；清净调伏，都是无分别心的示现；能够化现三世坚固不转，是因为他已证得一切法都是无生平等；菩萨因为修行广大，所以能示现愿力。因为如来能够方便示现，所以能化现大悲。转法轮的方便化现，因为诸法都是以智慧无畏的辩才宣说。菩萨如此了知世间与出世间的化现，所以能现证地了知、广大地了知、无边地了知、宛如真实事件地了知、自在地了知、真实地了知，这些真知是虚妄邪见所不能倾动的，即使随着世间运行也丝毫不会损失败坏。

"譬如一切的化现都不是从心中生起，不是从心法生起；不是从业生起，不受果报；不在世间生起，也不在世间毁灭；不随波逐流，不可揽触；虽不能久住，但也不能短暂地止住；不行于世间，也不是离于世间；不专系一方，也不普遍属于诸方；不能计量，也不是不能计量；不厌离、不止息，也不是不厌离、不止息，不可说是凡夫，也不可说是圣人；不染着，也不是清净；既不是生，也不是死；不能说是有智慧，但也不能说是愚痴；非见，非不见，不依于世间，也不可说是入于法界；既不可说是慧黠，也不可说是迟钝；非取，非不取；既不是生死，也不是涅槃；不是有，也不是没有。菩萨如此于世间普行善巧方便，修菩萨道。了知世间法，分身化现而前往教诲。却从不为世间所染着，不取于自身。所以，完全不会分别世间或自身。他不安住世间，但也不离开世间；既不安住于法，也不离于法。因为宿昔的本愿，使他从不舍弃一个众生界，也不会只调伏极少数的众生界。他不会分别法，但也不是不分别法。因为他了知诸法自性本无来去，虽然无所有而却能满足佛法。了知诸法如幻，不是有也不是无。

"佛子啊！菩萨摩诃萨如此安住于如此法忍时，能满足诸佛的菩提道法，利益众生。以上就是菩萨摩诃萨的第九如化忍。

"菩萨摩诃萨成就了这个法忍时，所有的造作都等同幻化。譬如幻化的大师，不住在一切的佛国刹土，也不取着一切的世间。不分别一切的佛法，只是精勤地趣向菩提无有懈怠。他修习菩萨行，远离各种颠倒。虽然没有身形而却又能示现种种身形，虽然无所止住而却又安住诸佛国土。他虽然没有色相，却又普遍示现众色。虽然不执着实际却又明照法性，平等圆满。

"佛子啊！这位菩萨摩诃萨对一切的法都无所依止，所以称为解脱者。他已舍离一切的过失，所以称为调伏者。他不动不转，却能普遍进入一切如来众会，所以称为神通者。他已能善巧治理无生法，所以称为无退者。他具足一切力量，连须弥、铁围山也不能障碍他，所以称为无碍者。

"佛子啊！什么是菩萨摩诃萨的如空法忍？佛子啊！这位菩萨摩诃萨

了知一切法界犹如虚空，因为无相；因为无生起，所以一切的世界犹如虚空；因为无二，所以一切的法犹如虚空；因为无所行，所以一切的众生行犹如虚空；因为无分别，所以诸佛犹如虚空；因为无差别，所以一切佛力犹如虚空；因为三际平等，所以一切的禅定犹如虚空；因为不可言说，所以所说的一切法犹如虚空；因为无执着、无障碍，所以一切的佛身犹如虚空。菩萨以如同虚空的方便了知一切法皆无所有。

"佛子啊！菩萨摩诃萨以如同虚空的忍智了知一切法时，因此证得如虚空的身、身业；证得如虚空的语、语业；证得如虚空的意、意业。譬如虚空，一切的法依止不生不灭，菩萨摩诃萨也是如此，一切的法身不生不殁。譬如虚空不可破坏，菩萨摩诃萨也是如此，智慧的各种力量皆不可破坏。譬如虚空，一切世间无不依止它，而实无所依，菩萨摩诃萨也是如此，一切诸法无不依止，而实无所依。譬如虚空无生无灭，却能总持一切世间的生灭，菩萨摩诃萨也是如此，无趣向、无证得，亦能示现趣向证得，普遍使世间清净。

"譬如虚空无方所，也无有角落，却能显现无边的方隅，菩萨摩诃萨也是如此，无业、无报，却能显示种种的业报。譬如虚空非行、非住，而能显示种种的威仪。菩萨摩诃萨也是如此，非行、非住，而能分别一切的诸行。譬如虚空没有色相，但也不是没有色相，却能示现诸色，菩萨摩诃萨也是如此，没有世间的色相，也没有出世间的色相，但却能示现一切色相。譬如虚空非久、非近，却能久住，示现一切物，菩萨摩诃萨也是如此，非久、非近，却能久住，显示菩萨所行的诸行。譬如虚空不是清净，也不污秽，却不离净秽，菩萨摩诃萨也是如此，不是有障碍，也不是没有障碍，却不离有障碍、无障碍。譬如虚空，一切世间皆示现眼前，但也没有示现在一切世间之前。菩萨摩诃萨也是如此，一切诸法皆示现于其前，但也没有示现于一切诸法之前。譬如虚空，普遍入于一切而无边际。菩萨摩诃萨也是如此，他虽普遍入于诸法，而菩萨心却无有边际。

"为什么呢？乃因菩萨的作为如同虚空，就是所有的修习、所有的庄严清净、所有的成就都完全平等。体性一同、一味、一种，却能分量成如此的虚空境，清净遍布一切处。菩萨如此证知一切法，而不分别一切法。

庄严清净一切的诸佛国土，圆满一切无所依之身。了知一切的方所，无有迷惑。具足一切力量，不可摧坏。满足一切的无边功德，已到达一切甚深法处。通达一切波罗蜜道，普遍安坐一切的金刚座。因此能发出各类生灵不同的声音，为世间转动佛法法轮，不曾错失恰当的时节因缘。

"以上就是菩萨摩诃萨的第十如空忍。菩萨摩诃萨成就这个法忍时，因为无去，所以得证无来之身；因为无灭，所以得证无生的身；因为无坏，所以得证无动的身；因为远离虚空，所以得证不实的身；因为无相，所以得证一相的身；因为佛力无量，所以得证无量的身；因为同如一相，所以得到平等的身；因为等观三世，所以得证无差别的身；因为清净眼目平等照耀无有障碍，所以得至一切处之身；因为了知一切法无和合离散，所以得证离欲际的身；因为福德藏无尽如同虚空，所以得证虚空的无边际身；因为以无体性为体性如同虚空，所以得证无断无尽法性平等辩才之身。了知一切法相是唯一相。

"因为无所障碍如同虚空，所以得证无量无碍的音声身；因为在一切处皆无障碍如同虚空，所以得证具足一切的善巧清净的菩萨行身；因为不可断绝如同虚空，所以得证一切的佛法大海次第相续身；因为如同虚空远离无边际的贪着，所以得证在一切佛国刹土示现无量的佛国刹土身；因为如同虚空大海无边无际，所以得证示现一切自在法无休息身；因为如同虚空任持一切世间，所以得证一切不可坏的坚固势力身；因为如同虚空，一切劫火不能燃烧，所以得证诸根明利如金刚坚固的不可坏身；因为智慧力宛如虚空，所以得证执持一切世间的力身。佛子啊！以上就是菩萨摩诃萨的十种法忍。"

这时，普贤菩萨想要重新宣说本来的意思，而说出下面的偈颂：

譬如世间有人，闻有大宝藏处，
以其可获得故，心生极大欢喜。
如是广大智慧，菩萨真佛之子，
听闻诸佛妙法，甚深寂灭之相。
大士勤求菩提，闻斯广大妙音，

心净能堪忍受，于此无有疑惑。

自念以闻此音，甚深微妙法义，

当成一切智者，人天伟大导师。

菩萨闻此妙音，其心生大欢喜，

发生大坚固意，愿求诸佛妙法。

以乐求菩提故，其心渐趣调伏，

令信心益增长，于法无有违谤。

是故闻此妙音，其心能得堪忍，

安住而不动摇，修行菩萨胜行。

为求大菩提故，专行而向彼道，

精进无有退转，不舍众善车轭。

以求大菩提故，其心无有恐畏，

闻法增益勇猛，供佛令得欢喜。

如有大福德人，获得真金宝藏，

随身所应服者，造作庄严之具。

菩萨亦复如是，闻此甚深法义，

思惟增益智海，以修随顺妙法。

法有亦顺了知，法无亦随顺知，

随彼法尔如是，如是了知诸法。

成就清净妙心，明澈生大欢喜，

知法从缘起生，勇猛精勤修习。

平等观察诸法，了知其自本性，

不违诸佛法藏，普觉一切妙法。

志乐常能坚固，严净诸佛菩提，

不动如须弥山，一心勤求正觉。

以发精进心意，亦复修三昧道，

无量时劫勤行，未曾有所退失。

菩萨所入妙法，是佛之所行处，

于此悉能了知，其心无有厌怠。
亦如无等所说，平等观察诸法，
具非不平等忍，能成平等智慧。
随顺诸佛所说，成就此忍法门，
如法而能了知，亦不分别诸法。
共同一器中食，所食各有不同，
三十三天之中，所有一切天子，
所食种种妙食，不从十方而来，
如其所有修业，自然咸在器中。
菩萨亦复如是，观察一切诸法，
悉从因缘中起，无生故亦无灭。
无灭故无有尽，无尽故无染着，
于世变异诸法，了知本无变异。
无异则无处所，无处则为寂灭，
其心无有染着，愿度一切群生。
专念于诸佛法，未尝有所散动，
而以悲愿大心，方便行于世间。
精勤求于十力，处世而不止住，
无去亦复无来，方便善巧说法。
此忍最为无上，了法无有穷尽，
入于其实法界，其实亦无所入。
菩萨安住此忍，普见诸佛如来，
同时与之授记，斯名受佛职位。
了达三世佛法，寂灭清净妙相，
而能化导众生，置于善道之中。
世间种种诸法，一切皆如幻化，
若能如是了知，其心无所动摇。
诸业从心出生，故说是心如幻，

若离此中分别，普灭一切有趣。

譬如工巧幻师，普现一切色像，
徒令大众贪乐，毕竟空无所得。

世间亦复如是，众生皆如幻化，
无性亦复无生，示现有种种相。

度脱一切众生，令知诸法如幻，
众生不异幻化，了幻亦无众生。

众生以及国土，三世所有诸法，
如是悉皆无余，一切皆如幻化。

幻作男女形相，以及象马牛羊，
屋宅池泉之类，园林华果等等。

幻物了无知觉，亦无有诸住处，
毕竟寂灭无相，但随分别显现。

菩萨亦能如是，普见所有世间，
有无一切诸法，了达悉皆如幻。

众生以及国土，种种业力所造，
入于如幻之际，于彼无依无着。

如是能得善巧，寂灭无诸戏论，
住于无碍境地，普现广大威力。

勇猛一切佛子，随顺入于妙法，
善观一切心想，缠网于诸世间。

众想宛如阳焰，令众生颠倒解，
菩萨善了知想，舍离一切颠倒。

众生各有别异，形类非仅一种，
了达皆是心想，一切无有真实。

十方一切众生，皆为心想所覆，
若舍颠倒见解，则灭世间心想。

世间宛如阳焰，以心想有差别，

知世住于心想，远离三种颠倒。

譬如热时阳焰，世间谓之为水，
然水实无所有，智者不应追求。

众生亦复皆然，世趣皆无所有，
如焰住于心想，无碍心之境界。

若离于诸心想，亦离一切戏论，
愚痴着心想者，悉令能得解脱。

远离骄慢之心，除灭世间心想，
住尽无尽之处，是为菩萨方便。

菩萨了达世法，一切皆如梦幻，
非处亦非无处，体性恒住寂灭。

诸法无有分别，如梦不异于心，
三世一切世间，一切悉皆如是。

梦体实无生灭，亦无有何方所，
三界悉亦如是，见者心得解脱。

梦不在于世间，亦不在非世间，
此二不可分别，得入于忍地中。

譬如梦中相见，种种一切异相，
世间亦复如是，与梦无有差别。

安住于梦定者，了世皆如梦幻，
非同非是异相，非一亦非种种。

众生诸刹土业，杂染以及清净，
如是悉皆了知，与梦皆为平等。

菩萨所行之行，及以一切大愿，
明了皆如梦幻，与世亦无分别。

了世悉皆空寂，不坏于世间法，
譬如梦幻所见，长短等诸色相。

是名如梦之忍，因此了达世法，

疾成无碍智慧，广度一切群生。

修行如是妙行，出生广大慧解，

善巧知诸法性，于法心无所着。

一切诸世间中，种种所有音声，

非内亦复非外，了之悉皆如响。

如闻种种声响，心不生于分别，

菩萨闻诸音声，其心亦复如是。

瞻仰诸佛如来，以及听说法音，

演说契经无量，虽闻亦无所着。

如响无有来处，所闻声亦复然，

而能分别诸法，与法无有乖谬。

善巧了诸音声，于声而不分别，

了知声悉空寂，普出清净妙音。

了法不在言语，善入无言之际，

而能示现言说，如响遍达世间。

了知言语妙道，具足音声之分，

了知声性空寂，以世言音演说。

如世所有音声，示同分别之法，

其音悉皆周遍，开悟一切群生。

菩萨获证此忍，净音化导世间，

善巧演说三世，于世无所贪着。

为欲利益世间，专意欣求菩提，

而当入于法性，于彼无所分别。

普观一切世间，寂灭空无体性，

而恒为诸饶益，修行心意不动。

不住于诸世间，亦不离于世间，

于世无所依止，依处亦不可得。

了知世间体性，于性无所染着，

虽不依止世间，化世令彼超度。
世间所有诸法，悉知其中自性，
了法无有二相，无二亦无染着。
心不离于世间，亦不住于世间，
非于世间之外，修行一切智慧。
譬如水中影像，非内亦复非外，
菩萨勤求菩提，了世亦非世间。
不于世间住出，以世间不可说，
亦不在于内外，如影现于世间。
入此甚深妙义，离垢悉皆明澈，
不舍本誓愿心，普照智慧明灯。
世间无有边际，智入悉皆齐等，
普化一切群生，令其舍众执着。
观察甚深妙法，利益诸群生众，
从此入于智慧，修行一切妙道。
菩萨观察诸法，谛了悉皆如化，
而行如幻化行，毕竟永不舍弃。
随顺化导自性，修习菩提大道，
一切法如幻化，菩萨行亦复然。
一切所有世间，及以无量众业，
平等悉如幻化，毕竟住于寂灭。
三世所有诸佛，一切亦如幻化，
本愿勤修诸行，变化成就如来。
佛以大慈大悲，度脱化导众生，
度脱亦如幻化，幻化力为说法。
了知世皆如化，不分别于世间，
化事种种殊异，皆由业力差别。
修习菩提胜行，庄严于幻化藏，

无量善巧庄严，如业造作世间。

化法远离分别，亦不分别诸法，
此二俱皆寂灭，菩萨行亦如是。

化海了于智慧，化性印诸世间，
幻化非生灭法，智慧亦复如是。

第十忍明观照，众生以及诸法，
体性悉皆寂灭，如空无有处所。

获此如空智慧，永远贪取执着，
如空无种种相，于世无所障碍。

成就空忍大力，如空无有穷尽，
境界宛如虚空，不作空之分别。

虚空无有体性，亦复非断灭相，
亦无种种分别，智力亦复如是。

虚空无有初际，亦复无中后际，
其量实不可得，菩萨智慧亦然。

如是观察法性，一切宛如虚空，
无生亦复无灭，乃菩萨之所得。

自住如空妙法，复为众生宣说，
降伏一切众魔，皆斯空忍方便。

世间相之差别，皆空无有众相，
入于无相之处，诸相悉皆平等。

唯以一方便力，普入于众世间，
谓知三世诸法，悉等虚空体性。

智慧与众音声，及以菩萨妙身，
其性宛如虚空，一切悉皆寂灭。

如是十种忍力，佛子所修妙行，
其心善巧安住，广为众生宣说。

于此善巧修学，成就广大威力，

法力以及智力，是为菩提方便。

通达此十忍门，成就无碍智慧，

超过一切大众，转于无上法轮。

所修广大胜行，其量实不可得，

佛调御师智海，乃能分别了知。

舍我而勤修行，入于甚深法性，

心常安住净法，以是布施群生。

众生以及刹尘，尚可了知其数，

菩萨一切功德，无能度其界限。

菩萨乃能成就，如是十种忍门，

智慧及其所行，众生莫能测度。

【注释】

❺ 这品在说明智慧深奥。忍，是忍解印可的意义，又称为智慧的观照。

❻ 梦的自性无恒常，所以前句显示恒常义，这句显示无常义。

❼ 第二句就体性与外相来说明，就是说本性一如，但现相多种。

❽ 此句在说明觉醒，觉醒时知道是梦，因为有梦才知道觉醒，因为觉醒才知道实
无有梦，这是就迷悟相对的止观门而言。

❾ 舍支：梵语 Śaci 的音译，又作"舍脂"，意译作"可爱"、"能缚"等。

阿僧祇品第三十

卷第四十五

《阿僧祇品》导读

本品是第七会的第四品，自此以下三品，总明等觉的深奥。本品在《六十华严》及梵本皆名为"心王菩萨问阿僧祇品"。本品的发问者是心王菩萨，请问佛陀阿僧祇的意义。"阿"是无之意，"僧祇"是数，所以阿僧祇是"无数"之意。经论中常用"僧祇"为十大数之首。

本品由心王菩萨启问诸佛所知的数量，而由佛陀回答。回答分两部分，先是数量的名称及大小，次以偈颂说明数量的意义。此义是唯佛乃知，所以难可了知、难以宣说。偈有一百二十，前六偈说明普贤德行广大，其余说明佛德深广难测。

普贤德行无尽，穷尽不可说的劫数也无法称扬赞叹得尽。而一一毛端又有不可说之普贤，所以法界普贤的德行无尽。其次佛德无尽中说明国土无尽，而佛陀亦不可数。佛陀依正二报能自在融摄入出，自在利益众生。对于这些，菩萨能完全分别说明，也能说一切的种种菩萨因行，如三业勤勇行、应器摄生行、游方供佛行、广修十度行、游刹自在行、调伏众生行、三业自在行、愿智自在行，所以赞一切德行无尽。

卷第四十五
阿僧祇品第三十

【原典】

尔时，心王菩萨白佛言："世尊！诸佛如来演说阿僧祇、无量、无边、无等、不可数、不可称、不可思、不可量、不可说、不可说不可说。世尊！云何阿僧祇乃至不可说不可说耶？"

佛告心王菩萨言："善哉！善哉！善男子！汝今为欲令诸世间入佛所知数量之义，而问如来应、正等觉。善男子！谛听！谛听！善思念之！当为汝说。"

时，心王菩萨唯然受教。佛言："善男子！一百洛叉为一俱胝，俱胝俱胝为一阿庾多，阿庾多阿庾多为一那由他，那由他那由他为一频波罗，频波罗频波罗为一矜羯罗，矜羯罗矜羯罗为一阿伽罗，阿伽罗阿伽罗为一最胜，最胜最胜为一摩婆（上声❶）罗，摩婆罗摩婆罗为一阿婆（上声❷）罗，阿婆罗阿婆罗为一多婆（上声＊）罗，多婆罗多婆罗为一界分，界分界分为一普摩，普摩普摩为一祢摩，祢摩祢摩为一阿婆（上声❸）铃，阿婆铃阿婆铃为一弥伽（上声＊）婆，弥伽婆弥伽婆为一毗攞伽，毗攞伽毗攞伽为一毗伽（上声＊）婆，毗伽婆毗伽婆为一僧羯逻摩，僧羯逻摩僧羯逻摩为一毗萨罗，毗萨罗毗萨罗为一毗赡婆，毗赡婆毗赡婆为一毗盛❹伽，毗盛伽毗盛伽为一毗素陀，毗素陀毗素陀为一毗婆诃，毗婆诃毗婆诃为一毗薄底，毗薄底毗薄底为一毗佉担，毗佉担毗佉担为一称量，称量称量为一一持，一持一持为一异路，异路异路为一颠倒，颠倒颠倒为一三末耶，三末耶三末耶为一毗睹罗，毗睹罗毗睹罗为一奚婆（上声*）罗，奚婆罗奚婆罗为一伺察，伺察伺察为一周广，周广周广为一高出，高出高出为一最妙，最妙最妙为一泥罗婆，泥罗婆泥罗婆为一诃理婆，诃理婆诃理婆为一一动，一动一动为一诃理蒲，诃理蒲诃理蒲为一诃理三，诃理三诃理三为一奚鲁伽，奚鲁伽奚鲁伽为一达㰖步陀，达㰖步陀达㰖步陀为一诃鲁那，诃鲁那诃鲁那为一摩鲁陀，摩鲁陀摩鲁陀为一忏慕陀，忏慕陀忏慕陀为一墼㰖陀，墼㰖陀墼㰖陀为一摩鲁摩，摩鲁摩摩鲁摩为一调伏，调伏调伏为一离骄慢，离骄慢离骄慢为一不动，不动不动为一极量，极量极量为一阿么怛罗，阿么怛罗阿么怛罗为一勃么怛罗，勃么怛罗勃么怛罗为一伽么怛罗，伽么怛罗伽么怛罗为一那么怛罗，那么怛罗那么怛罗为一奚么怛罗，奚么怛罗奚么怛罗为一鞞么怛罗，鞞么怛罗鞞么怛罗为一钵罗么怛罗，钵罗么怛罗钵罗么怛罗为一尸婆么怛罗，尸婆么怛罗尸婆么怛罗为一翳罗，翳罗翳罗为一薛罗，薛罗薛罗为一谛罗，谛罗谛罗为一偈罗，偈罗偈罗为一窣步罗，窣步罗窣步罗为一泥罗，泥罗泥罗为一计罗，计罗计罗为一细罗，细罗细罗为一睥罗，睥罗睥罗为一谜罗，谜罗谜罗为一娑㰖茶，娑㰖茶娑㰖茶为一谜鲁陀，谜鲁陀谜鲁陀为一契鲁陀，契鲁陀契鲁陀为一摩睹罗，摩睹罗摩睹罗为一娑母罗，娑母罗娑母罗为一阿野娑，阿野娑阿野娑为一迦么罗，迦么罗迦么罗为一摩伽婆，摩伽婆摩伽婆为一阿怛罗，阿怛罗阿怛罗为一醯鲁耶，醯鲁耶醯鲁耶为一薛鲁婆，薛鲁婆薛鲁婆为一羯罗波，羯罗波羯罗波为一诃婆婆，诃婆婆诃婆婆为一毗婆（上声*）罗，毗婆罗毗婆罗为一那婆（上声*）罗，那婆罗那婆罗为一摩㰖罗，摩㰖罗摩㰖罗为一娑婆（上声*）罗，娑婆罗娑婆罗为一迷㰖普，迷㰖普迷㰖普为一者么罗，者么罗者么罗为一驮么罗，驮么罗驮么罗为一钵㰖么陀，钵㰖么陀钵㰖么陀为一毗迦摩，毗迦摩毗迦摩为一乌波跋多，乌波跋多乌波跋多为一演说，演说演说为一无尽，无尽无尽为一出生，出生出生为一无我，无我无我为一阿畔多，阿畔多阿畔多为一青莲华，青莲华青莲华为一钵头摩，钵头摩钵头摩为一僧祇，僧祇僧祇为一趣，趣趣为一至，至至为一阿僧祇，阿僧祇阿僧祇为一阿僧祇转，阿僧祇转阿僧祇转为一无量，无量无量为一无量转，无量转无量转为一无边，无边无边为一无边转，无边转无边转为一无等，无等无等为一无等转，无等转无等转为一不可数，不可数不可数为一不可数转，不可数转不可数转为一不可称，不可称不可称为一不可称转，不可称转不可称转为一不可思，不可思不可思为一不可思转，不可思转不可思转为一不可量，不可量不可量为一不可量转，不可量转不可量转为一不可说，不可说不可说为一不可说转，不可说转不可说转为一不可说不可说，此又不可说不可说为一不可说不可说转。"

尔时，世尊为心王菩萨而说颂曰：

不可言说不可说，充满一切不可说，不可言说诸劫中，说不可说不可尽。

不可言说诸佛刹，皆悉碎末为微尘，一尘中刹不可说，如一一切皆如是。

此不可说诸佛刹，一念碎尘不可说，念念所碎悉亦然，尽不可说劫恒尔。

此尘有刹不可说，此刹为尘说更难，以不可说算数法，不可说劫如是数。

以此诸尘数诸劫，一尘十万不可说，尔劫称赞一普贤，无能尽其功德量。

于一微细毛端处，有不可说诸普贤，一切毛端悉亦尔，如是乃至遍法界。

一毛端处所有刹，其数无量不可说，尽虚空量诸毛端，一一处刹悉如是。

彼毛端处诸国土，无量种类差别住，有不可说异类刹，有不可说同类刹。

不可言说毛端处，皆有净刹不可说，种种庄严不可说，种种奇妙不可说。

　　于彼一一毛端处，演不可说诸佛名，一一名有诸如来，皆不可说
不可说。

　　一一诸佛于身上，现不可说诸毛孔，于彼一一毛孔中，现众色相
不可说。

　　不可言说诸毛孔，咸放光明不可说，于彼一一光明中，悉现莲华
不可说。

　　于彼一一莲华内，悉有众叶不可说，不可说华众叶中，各现色相
不可说。

　　彼不可说诸色内，复现众叶不可说，叶中光明不可说，光中色相
不可说。

　　此不可说色相中，一一现光不可说，光中现月不可说，月复现月
不可说。

　　于不可说诸月中，一一现光不可说，于彼一一光明内，复现于日
不可说。

　　于不可说诸日中，一一现色不可说，于彼一一诸色内，又现光明
不可说。

　　于彼一一光明内，现不可说师子座，一一严具不可说，一一光明
不可说。

　　光中妙色不可说，色中净光不可说，于彼一一净光内，复现种种
妙光明。

　　此光复现种种光，不可言说不可说，如是种种光明内，各现妙宝
如须弥。

　　一一光中所现宝，不可言说不可说，彼如须弥一妙宝，现众刹土
不可说。

　　尽须弥宝无有余，示现刹土皆如是，以一刹土末为尘，一尘色相
不可说。

　　众刹为尘尘有相，不可言说不可说，如是种种诸尘相，皆出光明

不可说。

光中现佛不可说，佛所说法不可说，法中妙偈不可说，闻偈得解不可说。

不可说解念念中，显了真谛不可说，示现未来一切佛，常演说法无穷尽。

一一佛法不可说，种种清净不可说，出妙音声不可说，转正法轮不可说。

于彼一一法轮中，演修多罗不可说；于彼一一修多罗，分别法门不可说；

于彼一一法门中，又说诸法不可说；于彼一一诸法中，调伏众生不可说。

或复于一毛端处，不可说劫常安住，如一毛端余悉然，所住劫数皆如是。

其心无碍不可说，变化诸佛不可说，一一变化诸如来，复现于化不可说。

彼佛法身不可说，彼佛分身不可说，庄严无量不可说，往诣十方不可说，

周行国土不可说，观察众生不可说，清净众生不可说，调伏众生不可说。

彼诸庄严不可说，彼诸神力不可说，彼诸自在不可说，彼诸神变不可说。

所有神通不可说，所有境界不可说，所有加持不可说，所住世间不可说。

清净实相不可说，说修多罗不可说，于彼一一修多罗，演说法门不可说；

于彼一一法门中，又说诸法不可说；于彼一一诸法中，所有决定不可说；

于彼一一决定中，调伏众生不可说。

不可言说同类法，不可言说同类心，不可言说异类法，不可言说异类心，

不可言说异类根，不可言说异类语，念念于诸所行处，调伏众生不可说。

所有神变不可说，所有示现不可说，于中时劫不可说，于中差别不可说，

菩萨悉能分别说，诸明算者莫能辨。

一毛端处大小刹，杂染清净粗细刹，如是一切不可说，一一明了可分别。

以一国土碎为尘，其尘无量不可说，如是尘数无边刹，俱来共集一毛端。

此诸国土不可说，共集毛端无迫隘，不使毛端有增大，而彼国土俱来集。

于中所有诸国土，形相如本无杂乱，如一国土不乱余，一切国土皆如是。

虚空境界无边际，悉布毛端使充满，如是毛端诸国土，菩萨一念皆能说。

于一微细毛孔中，不可说刹次第入，毛孔能受彼诸刹，诸刹不能遍毛孔。

入时劫数不可说，受时劫数不可说，于此行列安住时，一切诸劫无能说。

如是摄受安住已，所有境界不可说，入时方便不可说，入已所作不可说，

意根明了不可说，游历诸方不可说，勇猛精进不可说，自在神变不可说，

所有思惟不可说，所有大愿不可说，所有境界不可说，一切通达不可说，

身业清净不可说，语业清净不可说，意业清净不可说，信解清净

不可说，

妙智清净不可说，妙慧清净不可说，了诸实相不可说，断诸疑惑
不可说，

出离生死不可说，超升正位不可说，甚深三昧不可说，了达一切
不可说，

一切众生不可说，一切佛刹不可说，知众生身不可说，知其心乐
不可说，

知其业果不可说，知其意解不可说，知其品类不可说，知其种性
不可说，

知其受身不可说，知其生处不可说，知其正生不可说，知其生已
不可说，

知其解了不可说，知其趣向不可说，知其言语不可说，知其作业
不可说。

菩萨如是大慈悲，利益一切诸世间，普现其身不可说，入诸佛刹
不可说，

见诸菩萨不可说，发生智慧不可说，请问正法不可说，敷扬佛教
不可说，

现种种身不可说，诣诸国土不可说，示现神通不可说，普遍十方
不可说，

处处分身不可说，亲近诸佛不可说，作诸供具不可说，种种无量
不可说，

清净众宝不可说，上妙莲华不可说，最胜香鬘不可说，供养如来
不可说，

清净信心不可说，最胜悟解不可说，增上志乐不可说，恭敬诸佛
不可说，

修行于施不可说，其心过去不可说，有求皆施不可说，一切悉施
不可说，

持戒清净不可说，心意清净不可说，赞叹诸佛不可说，爱乐正法

不可说，

成就诸忍不可说，无生法忍不可说，具足寂静不可说，住寂静地不可说，

起大精进不可说，其心过去不可说，不退转心不可说，不倾动心不可说，

一切定藏不可说，观察诸法不可说，寂然在定不可说，了达诸禅不可说，

智慧通达不可说，三昧自在不可说，了达诸法不可说，明见诸佛不可说，

修无量行不可说，发广大愿不可说，甚深境界不可说，清净法门不可说，

菩萨法力不可说，菩萨法住不可说，彼诸正念不可说，彼诸法界不可说，

修方便智不可说，学甚深智不可说，无量智慧不可说，究竟智慧不可说，

彼诸法智不可说，彼净法轮不可说，彼大法云不可说，彼大法雨不可说，

彼诸神力不可说，彼诸方便不可说，入空寂智不可说，念念相续不可说，

无量行门不可说，念念恒住不可说，诸佛刹海不可说，悉能往诣不可说，

诸刹差别不可说，种种清净不可说，差别庄严不可说，无边色相不可说，

种种间错不可说，种种妙好不可说，清净佛土不可说，杂染世界不可说，

了知众生不可说，知其种性不可说，知其业报不可说，知其心行不可说，

知其根性不可说，知其解欲不可说，杂染清净不可说，观察调伏

不可说，

变化自在不可说，现种种身不可说，修行精进不可说，度脱众生不可说，

示现神变不可说，放大光明不可说，种种色相不可说，令众生净不可说，

一一毛孔不可说，放光明网不可说，光网现色不可说，普照佛刹不可说，

勇猛无畏不可说，方便善巧不可说，调伏众生不可说，令出生死不可说，

清净身业不可说，清净语业不可说，无边意业不可说，殊胜妙行不可说，

成就智宝不可说，深入法界不可说，菩萨总持不可说，善能修学不可说，

智者音声不可说，音声清净不可说，正念真实不可说，开悟众生不可说，

具足威仪不可说，清净修行不可说，成就无畏不可说，调伏世间不可说，

诸佛子众不可说，清净胜行不可说，称叹诸佛不可说，赞扬无尽不可说，

世间导师不可说，演说赞叹不可说，彼诸菩萨不可说，清净功德不可说，

彼诸边际不可说，能住其中不可说，住中智慧不可说，尽诸劫住无能说，

欣乐诸佛不可说，智慧平等不可说，善入诸法不可说，于法无碍不可说，

三世如空不可说，三世智慧不可说，了达三世不可说，住于智慧不可说，

殊胜妙行不可说，无量大愿不可说，清净大愿不可说，成就菩提

不可说，

诸佛菩提不可说，发生智慧不可说，分别义理不可说，知一切法不可说，

严净佛刹不可说，修行诸力不可说，长时修习不可说，一念悟解不可说，

诸佛自在不可说，广演正法不可说，种种神力不可说，示现世间不可说，

清净法轮不可说，勇猛能转不可说，种种开演不可说，哀愍世间不可说。

不可言说一切劫，赞不可说诸功德，不可说劫犹可尽，不可说德不可尽。

不可言说诸如来，不可言说诸舌根，叹佛不可言说德，不可说劫无能尽。

十方所有诸众生，一切同时成正觉，于中一佛普能现，不可言说一切身。

此不可说中一身，示现于头不可说；此不可说中一头，示现于舌不可说；

此不可说中一舌，示现于声不可说；此不可说中一声，经于劫住不可说。

如一如是一切佛，如一如是一切身，如一如是一切头，如一如是一切舌，

如一如是一切声，不可说劫恒赞佛，不可说劫犹可尽，叹佛功德无能尽。

一微尘中能悉有，不可言说莲华界，一一莲华世界中，贤首如来不可说。

乃至法界悉周遍，其中所有诸微尘，世界若成若住坏，其数无量不可说。

一微尘处无边际，无量诸刹普来入，十方差别不可说，刹海分布

不可说。

一一刹中有如来，寿命劫数不可说，诸佛所行不可说，甚深妙法不可说，

神通大力不可说，无障碍智不可说，入于毛孔不可说，毛孔因缘不可说，

成就十力不可说，觉悟菩提不可说，入净法界不可说，获深智藏不可说。

种种数量不可说，如其一切悉了知；种种形量不可说，于此靡不皆通达。

种种三昧不可说，悉能经劫于中住，于不可说诸佛所，所行清净不可说。

得不可说无碍心，往诣十方不可说，神力示现不可说，所行无际不可说，

往诣众刹不可说，了达诸佛不可说，精进勇猛不可说，智慧通达不可说。

于法非行非不行，入诸境界不可说，不可称说诸大劫，恒游十方不可说。

方便智慧不可说，真实智慧不可说，神通智慧不可说，念念示现不可说。

于不可说诸佛法，一一了知不可说，能于一时证菩提，或种种时而证入。

毛端佛刹不可说，尘中佛刹不可说，如是佛刹皆往诣，见诸如来不可说。

通达一实不可说，善入佛种不可说，诸佛国土不可说，悉能往诣成菩提。

国土众生及诸佛，体性差别不可说，如是三世无有边，菩萨一切皆明见。

注释

❶ 大正本"声"字之后原有"呼"字，今依明本删之。

❷ "声"（＊），大正本原无，今依明本增之。

❸ "声"，大正本原无，今依前后文意增之。

❹ 大正本"伽"字之前原有细注"上"字，今依明本删之。

【白话语译】

这时，心王菩萨对佛陀说："世尊啊！诸佛如来演说阿僧祇、无量、无边、无等、不可数、不可称、不可思、不可量、不可说、不可说不可说等数之法。世尊！到底什么是阿僧祇乃至于不可说不可说的数目呢？"

佛陀告诉心王菩萨说："善哉！善哉！善男子！你现在为了让世人进入佛陀所了知数量的意义，而请问诸佛关于这些数目的含意。善男子！现在你应仔细地谛听，善巧思惟忆念这些数字！我现在就要为你解说些数字的含意。"

这时，心王菩萨尊敬而专注地接受如来的教诲。

佛陀说："善男子啊！一百个洛叉等于一个俱胝，俱胝个俱胝为一个阿庾多。阿庾多个阿庾多为一个那由他，那由他个那由他为一个频波罗。频波罗个频波罗为一个矜羯罗，矜羯罗个矜羯罗为一个阿伽罗。阿伽罗个阿伽罗为一个最胜，最胜个最胜为一个摩婆罗。摩婆罗个摩婆罗为一个阿婆罗，阿婆罗个阿婆罗为一个多婆罗。多婆罗个多婆罗为一个界分，界分个界分为一个普摩。普摩个普摩为一个祢摩，祢摩个祢摩为一个阿婆钤。阿婆钤个阿婆钤为一个弥伽婆，弥伽婆个弥伽婆为一个毗攞伽。毗攞伽个毗攞伽为一个毗伽婆，毗伽婆个毗伽婆为一个僧羯逻摩。僧羯逻摩个僧羯逻摩为一个毗萨罗，毗萨罗个毗萨罗为一个毗赡婆。毗赡婆个毗赡婆为一个毗盛伽，毗盛伽个毗盛伽为一个毗素陀。毗素陀个毗素陀为一个毗婆诃，毗婆诃个毗婆诃为一个毗薄底。毗薄底个毗薄底为一个毗佉担，毗佉担个毗佉担为一个称量。称量个称量为一个一持，一持个一持为一个异路。异路个异路为一个颠倒，颠倒个颠倒为一个三末耶，三末耶个三末耶为一个毗睹罗，毗睹罗个毗睹罗为一个奚婆罗。奚婆罗个奚婆罗为一个伺察，伺察个伺察为一个周广。周广个周广为一个高出，高出个高出为一个最妙。最妙个最妙为一个泥罗婆，泥罗婆个泥罗婆为一个诃理婆。诃理婆个诃理婆为一个一动，一动个一动为一个诃理蒲。诃理蒲个诃理蒲为一个诃理三，诃理三个诃理三为一个奚鲁伽。奚鲁伽个奚鲁伽为一个达攞步陀，达攞步陀个达攞步陀为一个诃鲁那。诃鲁那个诃鲁那为一个摩鲁陀，摩鲁陀个摩鲁陀为一个忏慕陀。忏慕陀个忏慕陀为一个墼攞陀，墼攞陀个墼攞陀为一个摩鲁摩。摩鲁摩个摩鲁摩为一个调伏，调伏个调伏为一个离骄慢。离骄慢个离骄慢为一个不动，不动个不动为一个极量。极量个极量为一个阿么怛罗，阿么怛罗个阿么怛罗为一个勃么怛罗。勃么怛罗个勃么怛罗为一个伽么怛罗，伽么怛罗个伽么怛罗为一个那么怛罗。那么怛罗个那么怛罗为一个奚么怛罗，奚么怛罗个奚么怛罗为一个鞞么怛罗。鞞么怛罗个鞞么怛罗为一个钵罗么怛罗，钵罗么怛罗个钵罗么怛罗为一个尸婆么怛罗。尸婆么怛罗个尸婆么怛罗为一个翳罗。翳罗个翳罗为一个薜罗，薜罗个薜罗为一个谛罗。谛罗个谛罗为一个偈罗，偈罗个偈罗为一个窜步罗。窜步罗个窜步罗为一个泥罗，泥罗个泥罗为一个计罗。计罗个计罗为一个细罗，细罗个细罗为一个睥罗。睥罗个睥罗为一个谜罗，谜罗个谜罗为一个娑攞茶。娑攞茶个娑攞茶为一个谜鲁陀，谜鲁陀个谜鲁陀为一个契鲁陀。契鲁陀个契鲁陀为一个摩睇罗，摩睇罗个摩睇罗为一个婆母罗。婆母罗个婆母罗为一个阿野娑，阿野娑个阿野娑为一个迦么罗。迦么罗个迦么罗为一个摩伽婆，摩伽婆个摩伽婆为一个阿怛罗。阿怛罗个阿怛罗为一个醯鲁耶，醯鲁耶个醯鲁耶为一个薜鲁婆。薜鲁婆个薜鲁婆为一个羯罗波，羯罗波个羯罗波为一个诃婆婆。诃婆婆个诃婆婆为一个毗婆罗，毗婆罗个毗婆罗为一个那婆罗。那婆罗个那婆罗为一个摩攞罗，摩攞罗个摩攞罗为一个娑婆罗。娑婆罗个娑婆罗为一个迷攞普，迷攞普个迷攞普为一个者么罗。者么罗个者么罗为一个驮么罗，驮么罗个驮么罗为一个钵攞么陀。钵攞么陀个钵攞么陀为一个毗伽摩，毗伽摩个毗伽摩为一个乌波跋多。乌波跋多个乌波跋多为一个演说，演说个演说为一个无尽。无尽个无尽为一个出生，出生个出生为一个无我。无我个无我为一个阿畔多，阿畔多个阿畔多为一个青莲华。青莲华个青莲华为一个钵头摩。钵头摩个钵头摩为一个僧祇，僧祇个僧祇为一个趣。趣个趣为一个至，至个至为一个阿僧祇。阿僧祇个阿僧祇为一个阿僧祇转，阿僧祇转个阿僧祇转为一个无量。无量个无量为一个无量转，无量转个无量转为一个无边。无边个无边为一个无边转，无边转个无边转为一个无等。无等个无等为一个无等转，无等转个无等转为一个不可数。不可数个不可数为一个不可数转，不可数转个不可数转为一个不可称。不可称个不可称为一个不可称转，不可称转个不可称转为一个不可思。不可思个不可思为一个不可思转，不可思转个不可思转为一个不可量。不可量个不可量为一个不可量转，不可量转个不可量转为一个不可说。不可说个不可说为一个不可说转，不可说转个不可说转为一个不可说不可说。而不可说不可说个不可说不可说为一个不可说不可说转。"

这时，世尊为心王菩萨宣说如下的偈颂：

不可言说不可说中，充满一切不可说数，
不可言说诸时劫中，宣说不可说不可尽。
不可言说诸佛刹土，皆悉碎末化为微尘，
一微尘中刹不可说，如一尘一切皆如是。
此不可说诸佛刹土，一念碎尘亦不可说，
念念所碎尘悉亦然，尽不可说劫常恒尔。
此尘中有刹不可说，此刹为尘说复更难，
以不可说算数之法，不可说劫如是数量。
以此诸尘数诸时劫，一尘十万不可说数，
尔劫称赞一普贤尊，无能尽其功德数量。
于一微细毛端之处，有不可说数诸普贤，
一切毛端悉复亦尔，如是乃至遍诸法界。
一毛端处所有刹土❶，其数无量不可说数，
尽虚空量诸毛之端，一一处刹悉亦如是。
彼毛端处诸国土中，无量种类差别安住，
有不可说异类刹土，有不可说同类刹土。
不可言说毛端之处，皆有净刹不可说数，
种种庄严不可说数，种种奇妙不可说数。

于彼一一毛端之处❷，演不可说诸佛名称，

一一名称有诸如来，皆不可说不可说数。

一一诸佛于其身上，示现不可说诸毛孔，

于彼一一毛孔之中，现众色相不可说数。

不可言说诸毛孔中，咸放光明不可说数，

于彼一一光明之中，悉现莲华不可说数。

于彼一一莲华之内，悉有众叶不可说数，

不可说华众叶之中，各现色相不可说数。

彼不可说数诸色内，复现众叶不可说数，

叶中光明不可说数，光中色相不可说数。

此不可说色相之中，一一现光不可说数，

光中现月不可说数，月复现月不可说数。

于不可说数诸月中，一一现光不可说数，

于彼一一光明之内，复现于日不可说数。

于不可说数诸日中，一一现色不可说数，

于彼一一诸色之内，又现光明不可说数。

于彼一一光明之内，现不可说之师子座，

一一严具不可说数，一一光明不可说数。

光中妙色不可说数，色中净光不可说数，

于彼一一净光之内，复现种种微妙光明。

此光复现种种光明，不可言说不可说数，

如是种种光明之内，各现妙宝如须弥山。

一一光中所现妙宝，不可言说不可说数，

彼如须弥一妙宝中，现众刹土不可说数。

穷尽须弥宝无有余，示现刹土悉皆如是，

以一刹土末为微尘，一尘色相不可说数。

众刹为尘尘有色相，不可言说不可说数，

如是种种诸尘色相，皆出光明不可说数。

光中现佛不可说数，佛所说法不可说数，
法中妙偈不可说数，闻偈得解不可说数。
不可说解念念之中，显了真谛不可说数，
示现未来一切诸佛，常演说法无有穷尽。
一一佛法不可说数，种种清净不可说数，
出妙音声不可说数，转正法轮不可说数。
于彼一一法轮之中，演修多罗不可说数，
于彼一一修多罗中，分别法门不可说数。
于彼一一法门之中，又说诸法不可说数，
于彼一一诸法之中，调伏众生不可说数。
或复于一毛端之处，不可说劫恒常安住，
如一毛端余处悉然，所住劫数悉皆如是。
其心无碍不可说数，变化诸佛不可说数，
一一变化诸佛如来，复现于化不可说数。
彼佛法身不可说数，彼佛分身不可说数，
庄严无量不可说数，往诣十方不可说数，
周行国土不可说数，观察众生不可说数，
清净众生不可说数，调伏众生不可说数，
彼诸庄严不可说数，彼诸神力不可说数，
彼诸自在不可说数，彼诸神变不可说数，
所有神通不可说数，所有境界不可说数，
所有加持不可说数，所住世间不可说数，
清净实相不可说数，说修多罗不可说数。
于彼一一修多罗中，演说法门不可说数，
于彼一一法门之中，又说诸法不可说数。
于彼一一诸法之中，所有决定不可说数，
于彼一一决定之中，调伏众生不可说数。
不可言说同类诸法，不可言说同类之心，

不可言说异类诸法，不可言说异类之心，

不可言说异类根器，不可言说异类言语，

念念于一切所行处，调伏众生不可说数。

所有神变不可说数，所有示现不可说数，

于中时劫不可说数，于中差别不可说数，

菩萨悉能分别演说，诸明算者莫能分辨。

一毛端处大小刹土，杂染清净粗细刹土，

如是一切不可说数，一一明了皆可分别。

以一国土碎为微尘，其尘无量不可说数，

如是尘数无边刹土，俱来共集于一毛端。

此诸国土不可说数，共集毛端亦无迫隘，

不使毛端有所增大，而彼国土俱来集会。

于中所有诸国刹土，形相如本无有杂乱，

如一国土不乱余刹，一切国土皆亦如是。

虚空境界无有边际，悉布毛端皆使充满，

如是毛端诸国刹土，菩萨一念皆能演说。

于一微细毛孔之中，不可说刹次第趣入，

毛孔能受彼诸刹土，诸刹不能遍于毛孔。

趣入时劫数不可说，受时劫数亦不可说，

于此行列安住之时，一切诸劫无能宣说。

如是摄受亦安住已，所有境界不可说数，

入时方便不可说数，入已所作不可说数。

意根明了不可说数，游历诸方不可说数，

勇猛精进不可说数，自在神变不可说数。

所有思惟不可说数，所有大愿不可说数，

所有境界不可说数，一切通达不可说数。

身业清净不可说数，语业清净不可说数，

意业清净不可说数，信解清净不可说数。

妙智清净不可说数，妙慧清净不可说数，
了诸实相不可说数，断诸疑惑不可说数。
出离生死不可说数，超升正位不可说数，
甚深三昧不可说数，了达一切不可说数。
一切众生不可说数，一切佛刹不可说数，
知众生身不可说数，知其心乐不可说数。
知其业果不可说数，知其意解不可说数，
知其品类不可说数，知其种性不可说数。
知其受身不可说数，知其生处不可说数，
知其正生不可说数，知其生已不可说数。
知其解了不可说数，知其趣向不可说数，
知其言语不可说数，知其作业不可说数。
菩萨如是大慈大悲，利益一切所有世间，
普现其身不可说数，入诸佛刹不可说数。
见诸菩萨不可说数，发生智慧不可说数，
请问正法不可说数，敷扬佛教不可说数。
现种种身不可说数，诣诸国土不可说数，
示现神通不可说数，普遍十方不可说数。
处处分身不可说数，亲近诸佛不可说数，
作诸供具不可说数，种种无量不可说数。
清净众宝不可说数，上妙莲华不可说数，
最胜香鬘不可说数，供养如来不可说数。
清净信心不可说数，最胜悟解不可说数，
增上志乐不可说数，恭敬诸佛不可说数。
修行于施不可说数，其心过去不可说数，
有求皆施不可说数，一切悉施不可说数。
持戒清净不可说数，心意清净不可说数，
赞叹诸佛不可说数，爱乐正法不可说数。

成就诸忍不可说数，无生法忍不可说数，
具足寂静不可说数，住寂静地不可说数。
起大精进不可说数，其心过去不可说数，
不退转心不可说数，不倾动心不可说数。
一切定藏不可说数，观察诸法不可说数，
寂然在定不可说数，了达诸禅不可说数。
智慧通达不可说数，三昧自在不可说数，
了达诸法不可说数，明见诸佛不可说数。
修无量行不可说数，发广大愿不可说数，
甚深境界不可说数，清净法门不可说数。
菩萨法力不可说数，菩萨法住不可说数，
彼诸正念不可说数，彼诸法界不可说数。
修方便智不可说数，学甚深智不可说数，
无量智慧不可说数，究竟智慧不可说数。
彼诸法智不可说数，彼净法轮不可说数，
彼大法云不可说数，彼大法雨不可说数。
彼诸神力不可说数，彼诸方便不可说数，
入空寂智不可说数，念念相续不可说数。
无量行门不可说数，念念恒住不可说数，
诸佛刹海不可说数，悉能往诣不可说数，
诸刹差别不可说数，种种清净不可说数。
差别庄严不可说数，无边色相不可说数，
种种间错不可说数，种种妙好不可说数。
清净佛土不可说数，杂染世界不可说数，
了知众生不可说数，知其种性不可说数。
知其业报不可说数，知其心行不可说数，
知其根性不可说数，知其解欲不可说数。
杂染清净不可说数，观察调伏不可说数，

变化自在不可说数，现种种身不可说数。

修行精进不可说数，度脱众生不可说数，

示现神变不可说数，放大光明不可说数。

种种色相不可说数，令众生净不可说数，

一一毛孔不可说数，放光明网不可说数。

光网现色不可说数，普照佛刹不可说数，

勇猛无畏不可说数，方便善巧不可说数。

调伏众生不可说数，令出生死不可说数，

清净身业不可说数，清净语业不可说数。

无边意业不可说数，殊胜妙行不可说数，

成就智宝不可说数，深入法界不可说数。

菩萨总持不可说数，善能修学不可说数，

智者音声不可说数，音声清净不可说数。

正念真实不可说数，开悟众生不可说数，

具足威仪不可说数，清净修行不可说数。

成就无畏不可说数，调伏世间不可说数，

诸佛子众不可说数，清净胜行不可说数。

称叹诸佛不可说数，赞扬无尽不可说数，

世间导师不可说数，演说赞叹不可说数。

彼诸菩萨不可说数，清净功德不可说数，

彼诸边际不可说数，能住其中不可说数。

住中智慧不可说数，尽诸劫住无能宣说，

欣乐诸佛不可说数，智慧平等不可说数。

善入诸法不可说数，于法无碍不可说数，

三世如空不可说数，三世智慧不可说数。

了达三世不可说数，住于智慧不可说数，

殊胜妙行不可说数，无量大愿不可说数。

清净大愿不可说数，成就菩提不可说数，

诸佛菩提不可说数，发生智慧不可说数。

分别义理不可说数，知一切法不可说数，

严净佛刹不可说数，修行诸力不可说数。

长时修习不可说数，一念悟解不可说数，

诸佛自在不可说数，广演正法不可说数。

种种神力不可说数，示现世间不可说数，

清净法轮不可说数，勇猛能转不可说数。

种种开演不可说数，哀悯世间不可说数。

不可言说一切诸法，赞不可说数诸功德，

不可说劫犹可穷尽，不可说功德不可尽。

不可言说诸佛如来，不可言说一切舌根，

叹佛不可言说功德，不可说劫无能穷尽。

十方所有一切众生，一切同时现成正觉，

于中一佛普能示现，不可言说一切妙身。

此不可说数中一身，示现于头不可说数；

此不可说数中一头，示现于舌不可说数。

此不可说数中一舌，示现于声不可说数；

此不可说数中一声，经于劫住不可说数。

如一如是一切诸佛，如一如是一切妙身，

如一如是一切头首，如一如是一切舌根。

如一如是一切音声，不可说劫恒赞佛陀，

不可说势犹可穷尽，叹佛功德无能穷尽。

一微尘中能悉皆有，不可言说莲华世界，

一一莲华世界之中，贤首如来不可说数。

乃至法界悉皆周遍，其中所有一切微尘，

世界若成若住坏空，其数无量不可说数。

一微尘处无有边际，无量诸刹普来趣入，

十方差别不可说数，刹海分布不可说数。

一一刹中有佛如来，寿命劫数不可说数，
诸佛所行不可说数，甚深妙法不可说数。
神通大力不可说数，无障碍智不可说数，
入于毛孔不可说数，毛孔因缘不可说数。
成就十力不可说数，觉悟菩提不可说数，
入净法界不可说数，获深智藏不可说数。
种种数量不可说数，如其一切悉皆了知，
种种形量不可说数，于此靡不皆能通达。
种种三昧不可说数，悉能经劫于中安住，
于不可说数诸佛所，所行清净不可说数。
得不可说数无碍心，往诣十方不可说数，
神力示现不可说数，所行无际不可说数。
往诣众刹不可说数，了达诸佛不可说数，
精进勇猛不可说数，智慧通达不可说数。
于法非行亦非不行，入诸境界不可说数，
不可称说诸大劫中，恒游十方不可说数。
方便智慧不可说数，其实智慧不可说数，
神通智慧不可说数，念念示现不可说数。
于不可说数诸佛法，一一了知不可说数，
能于一时现证菩提，或种种时而能证入。
毛端佛刹不可说数，尘中佛刹不可说数，
如是佛刹悉皆往诣，见诸如来不可说数。
通达一实不可说数，善入佛种不可说数，
诸佛国土不可说数，悉能往诣现成菩提。
国土众生以及诸佛，体性差别不可说数，
如是三世无有边际，菩萨一切皆能明见。

【注释】

❶ 以上说明普贤之德广大不可尽，以下一百十四偈说明普贤穷究佛陀功德的深广。

❷ 前三偈说明依报自在，依偈说明依、正二报之融摄，即入自在。

寿量品第三十一

卷第四十五（续）
《寿量品》导读

　　本品说明佛国刹土住世的长短，别行的经典名为《无边佛土经》，即是以佛土的久暂说明佛陀住世的长短。而或长或短，法性等同，本无长短可言；或生或灭，而实无生灭。因此《金光明经》的《如来寿量品》说如来寿量无尽，《法华经》的《如来寿量品》说如来久远以前已成佛终不入涅槃，都是寿量无尽之意。

　　本品由心王菩萨宣说诸佛世界久暂之次第，首为娑婆世界释迦牟尼佛刹土，其一劫为极乐世界之一日夜；终为胜莲华世界贤胜佛刹土，普贤等菩萨住于其中。

卷第四十五（续）
寿量品第三十一

【原典】

尔时，心王菩萨摩诃萨于众会中告诸菩萨言："佛子！此娑婆世界释迦牟尼佛刹一劫，于极乐世界阿弥陀佛刹为一日一夜；极乐世界一劫，于袈裟幢世界金刚坚佛刹为一日一夜；袈裟幢世界一劫，于不退转音声轮世界善胜光明莲华开敷佛刹为一日一夜；不退转音声轮世界一劫，于离垢世界法幢佛刹为一日一夜；离垢世界一劫，于善灯世界师子佛刹为一日一夜；善灯世界一劫，于妙光明世界光明藏佛刹为一日一夜；妙光明世界一劫，于难超过世界法光明莲华开敷佛刹为一日一夜；难超过世界一劫，于庄严慧世界一切神通光明佛刹为一日一夜；庄严慧世界一劫，于镜光明世界月智佛刹为一日一夜。佛子！如是次第，乃至过百万阿僧祇世界，最后世界一劫，于胜莲华世界贤胜佛刹为一日一夜，普贤菩萨及诸同行大菩萨等充满其中。"

【白话语译】

这时，心王菩萨摩诃萨于大众聚会中，告诉诸位菩萨："佛子啊！在娑婆世界释迦牟尼佛刹的一劫，等于极乐世界阿弥陀佛佛刹的一日一夜；极乐世界的一劫，等于袈裟幢世界金刚坚佛佛刹的一日一夜；袈裟幢世界的一劫，等于不退转音声轮世界善光明莲华开敷佛佛刹的一日一夜；不退转音声轮世界的一劫，等于离垢世界法幢佛佛刹的一日一夜；离垢世界的一劫，等于善灯世界师子佛佛刹的一日一夜；善灯世界的一劫，等于妙光明世界光明藏佛佛刹的一日一夜；妙光明世界的一劫，等于难超过世界法光明莲华开敷佛佛刹的一日一夜；难超过世界的一劫，等于庄严慧世界一切神通光明佛佛刹的一日一夜；庄严慧世界的一劫，等于镜光明世界月智佛佛刹的一日一夜。

"佛子啊！以这种次第推演，乃至过百万阿僧祇世界，最后世界的一劫，等于胜莲华世界贤胜佛佛刹的一日一夜。普贤菩萨及同行的诸大菩萨，无不充满其中。"

诸菩萨住处品第三十二

卷第四十五（续）

《诸菩萨住处品》导读

　　本品仍是由心王菩萨宣说。本品承上二品而宣说与娑婆世界有缘的菩萨住处，虽然《阿僧祇品》说法界毛端有无量不可说的普贤，但此品中则举有缘的来说明。

　　其中东北方有清凉山，文殊菩萨住于其中。在中国认为清凉山就是五台山，因为五台山冬积坚冰而夏仍飞雪，所以又称为清凉山，是文殊菩萨的住地。另外，有震旦国的那罗延窟，有说是五台山南台的那罗延窟，有说是东台的那罗延窟，也有说是河南省安阳灵泉寺的大住圣石窟。大住圣石窟是隋代高僧灵裕开凿的，石窟门右侧是那罗延神王，左侧是迦毗罗神王。那罗延王即是金刚力士，此窟是灵裕担忧法灭而造的。

卷第四十五（续）

诸菩萨住处品第三十二

【原典】

尔时，心王菩萨摩诃萨于众会中告诸菩萨言："佛子！东方有处，名仙人山，从昔已来，诸菩萨众于中止住，现有菩萨，名金刚胜，与其眷属、诸菩萨众三百人俱，常在其中而演说法。南方有处，名胜峰山，从昔已来，诸菩萨众于中止住，现有菩萨，名曰法慧，与其眷属、诸菩萨众五百人俱，常在其中而演说法。西方有处，名金刚焰山，从昔已来，诸菩萨众于中止住，现有菩萨，名精进无畏行，与其眷属、诸菩萨众三百人俱，常在其中而演说法。北方有处，名香积山，从昔已来，诸菩萨众于中止住，现有菩萨，名曰香象，与其眷属、诸菩萨众三千人俱，常在其中而演说法。东北方有处，名清凉山，从昔已来，诸菩萨众于中止住，现有菩萨，名文殊师利，与其眷属、诸菩萨众一万人俱，常在其中而演说法。海中有处，名金刚山，从昔已来，诸菩萨众于中止住，现有菩萨，名曰法起，与其眷属、诸菩萨众千二百人俱，常在其中而演说法。东南方有处，名支提山，从昔已来，诸菩萨众于中止住，现有菩萨，名曰天冠，与其眷属、诸菩萨众一千人俱，常在其中而演说法。西南方有处，名光明山，从昔已来，诸菩萨众于中止住，现有菩萨，名曰贤胜，与其眷属、诸菩萨众三千人俱，常在其中而演说法。西北方有处，名香风山，从昔已来，诸菩萨众于中止住，现有菩萨，名曰香光，与其眷属、诸菩萨众五千人俱，常在其中而演说法。

"大海之中复有住处，名庄严窟，从昔已来，诸菩萨众于中止住。毗舍离南有一住处，名善住根，从昔已来，诸菩萨众于中止住。摩度罗城有一住处，名满足窟，从昔已来，诸菩萨众于中止住。俱珍那城有一住处，名曰法座，从昔已来，诸菩萨众于中止住。清净彼岸城有一住处，名目真邻陀窟，从昔已来，诸菩萨众于中止住。摩兰陀国有一住处，名无碍龙王建立，从昔已来，诸菩萨众于中止住。甘菩遮国有一住处，名出生慈，从昔已来，诸菩萨众于中止住。震旦国有一住处，名那罗延窟，从昔已来，诸菩萨众于中止住。疏勒国有一住处，名牛头山，从昔已来，诸菩萨众于中止住。迦叶弥罗国有一住处，名曰次第，从昔已来，诸菩萨众于中止住。增长欢喜城有一住处，名尊者窟，从昔已来，诸菩萨众于中止住。庵浮梨摩国有一住处，名见亿藏光明，从昔已来，诸菩萨众于中止住。乾陀罗国有一住处，名苫婆罗窟，从昔已来，诸菩萨众于中止住。"

【白话语译】

这时，心王菩萨摩诃萨在大众聚会中告诉诸菩萨："佛子啊！东方有一个地方叫作仙人山。从往昔以来，有许多菩萨安止居住此山。现在居住此处的菩萨是金刚胜菩萨，还有他的诸菩萨眷属，共三百人，常在其中演说正法。

"南方有一个地方叫作胜峰山。往昔以来，就有许多菩萨在山中安止居住。现在居住在此处的菩萨是法慧菩萨，和他的诸菩萨眷属，共五百人，常在其中演说正法。

"西方有一个地方叫作金刚焰山。从往昔以来，就有诸菩萨安止居住此山。现在居住在此处的菩萨名为精进无畏行菩萨，与其眷属菩萨大众，共三百人，时常在其中演说正法。

"北方有一个地方叫作香积山。从往昔以来，就有许多菩萨安止居住此山。现在住在此处的菩萨是香象菩萨，和他的诸菩萨眷属，共三千人，常在其中演说正法。

"东北方有一个地方叫作清凉山。从往昔以来，就有许多菩萨安止居住此山。现在居住在此处的菩萨是文殊师利菩萨，和他的诸菩萨眷属、共一万人，常在其中演说正法。

"海中有一个地方叫作金刚山。从往昔以来，便有许多菩萨安止居住此山。现在居住在此处的菩萨是法起菩萨，和他的诸菩萨眷属，共千二百人，常在其中演说正法。

"东南方有一个地方叫作支提山❸。从往昔以来，便有许多菩萨安止居住此山。现在居住在此处的菩萨是天冠菩萨，和他的诸菩萨眷属，共一千人，常在其中演说正法。

"西南方有一个地方叫作光明山。从往昔以来，便有许多菩萨安止居住此山。现在居住在此处的菩萨叫作贤胜菩萨，还有他的诸菩萨眷属，共三千人，常住在其中演说正法。

"西北方有一个地方叫作香风山。从往昔以来，便有许多菩萨安止居住此山，现在居住在此处的菩萨是香光菩萨，和他的诸菩萨眷属，共五千人，常在其中演说正法。

"大海之中又有一个地方叫作庄严窟。从往昔以来，便有许多菩萨安住于此。

"毗舍离❹南有一个地方叫作善住根。从往昔以来，便有许多菩萨安住于此。

"摩度罗城有一个地方叫作满足窟。从往昔以来，便有许多菩萨安住于此。

"俱珍那城有一个地方叫作法座。从往昔以来，便有许多菩萨安住于此。

"清净彼岸城有一个地方叫作目真邻陀窟。从往昔以来，就有许多菩萨安住于此。

"摩兰陀❺国有一个地方叫作无碍龙王建立。从往昔以来，就有许多的菩萨安住于此。

"甘菩遮❻国有一个地方叫作出生慈。从往昔以来，便有许多菩萨安住于此。

"震旦❼国有一个地方叫作那罗延窟。从往昔以来，就有许多菩萨安住于此。

"疏勒❽国有一个地方叫作牛头山。从往昔以来，就有许多菩萨安住于此。

"迦叶弥罗❾国有一个地方叫作次第。从往昔以来，就有许多菩萨安住于此。

"增长欢喜城有一个地方叫作尊者窟。从往昔以来，就有许多菩萨安住于此。

"庵浮梨摩❿国有一个地方叫作见亿藏光明。从往昔以来，就有许多菩萨安住于此。

"乾陀罗⓫国有一个地方叫作苫婆罗窟。从往昔以来，就有许多菩萨安住于此。"

【注释】

❸ 支提山：没有舍利的塔叫作"支提"，或许是因为有支提之山，或是依照山形而命名。

❹ 毗舍离：梵语 Vaiśālī 之音译，意译作"广严城"，中印度北境之都邑。

❺ 摩兰陀：梵语 Magadha 之音译，依大疏当作"摩诃陀国"。

❻ 甘菩遮：梵语 kamboja 之音译，为北印度地名。

❼ 震旦：中土。

❽ 疏勒：梵语 khāsa 之音译，详译作"怯路数怛勒"，中亚细亚一地名。

❾ 迦叶弥罗：梵语 kaśmīra 之音译，又名罽宾。

❿ 庵浮梨摩：即是庵罗，梵语 Āmra 之音译，意译作"无垢"，中印度国名。

⓫ 乾陀罗：梵语 Gandhāra 之音译，北印度北境地名。

佛不思议法品第三十三

卷第四十六

《佛不思议法品》导读

　　本品是第七会重普光明殿会的第七品，前六品宣明菩萨十地后的胜进行用，此品之后的三品明佛果德相之差别。如来之果法不可思议，所以称为佛不思议法。本品所提出的如来果法不可思议有十种，即诸佛国土不可思议，诸佛本愿、种性、出现、身、音声、智慧、自在、无碍、解脱不可思议。

　　佛果是如何不可思议呢？青莲华藏菩萨以三十二门回答，每一门都回答这十问。

　　其中，一、二门答国土问，念念出生以下二门答本愿问，不思议境下二门答种性问，普入以下二门答出现问，离过清净以下五门答身问，演说以下二门答音声问，最胜以下二门答智慧问，自在以下八门答自在问，决定以下三门答无碍问，一切智住以下三门答解脱问。

　　诸佛国土不可思议是说诸佛有十种住及有十种法普遍于无量法界。

　　本愿不可思议是诸佛有十种念念出生智及十种不失时。

　　种性不可思议是诸佛有十种不可思议境及能出生十种智。

　　出现不可思议是说诸佛有十种普入法及十种广大法。

　　身不可思议是说诸佛有十种大功德离过清净、十种究竟清净、十种佛事、十种无尽智海法、十种常法。

　　音声不可思议是说诸佛有十种演说无量法门及十种为众生作佛事。

　　智慧不可思议是说诸佛有十种最胜法、十种无障碍住、十种最胜无上庄严。

　　自在不可思议是说诸佛有十自在法、十圆满法、十善巧方便、十广大佛事、十无二行、十住一切法、十尽知一切法、十广大力。

无碍不可思议是说诸佛有十决定法、十速疾法、十常忆念清净法。

解脱不可思议是说诸佛有十种一切智住、十种佛三昧、十种无碍解脱。

卷第四十六
佛不思议法品第三十三之一

【原典】

尔时，大会中有诸菩萨作是念："诸佛国土云何不思议？诸佛本愿云何不思议？诸佛种性云何不思议？诸佛出现云何不思议？诸佛身云何不思议？诸佛音声云何不思议？诸佛智慧云何不思议？诸佛自在云何不思议？诸佛无碍云何不思议？诸佛解脱云何不思议？"

尔时，世尊知诸菩萨心之所念，则以神力加持，智慧摄受，光明照曜，威势充满，令青莲华藏菩萨住佛无畏，入佛法界，获佛威德，神通自在，得佛无碍广大观察，知一切佛种性次第，住不可说佛法方便。

尔时，青莲华藏菩萨则能通达无碍法界，则能安住离障深行，则能成满普贤大愿，则能知见一切佛法，以大悲心观察众生，欲令清净，精勤修习，无有厌怠，受行一切诸菩萨法，于一念中出生佛智，解了一切无尽智门，总持、辩才皆悉具足，承佛神力，告莲华藏菩萨言："佛子！诸佛世尊有无量住，所谓常住、大悲住、种种身作诸佛事住、平等意转净法轮住、四辩才说无量法住、不思议一切佛法住、清净音遍无量土住、不可说甚深法界住、现一切最胜神通住，能开示无有障碍究竟之法。"

"佛子！诸佛世尊有十种法，普遍无量无边法界。何等为十？所谓一切诸佛有无边际身，色相清净，普入诸趣而无染著；一切诸佛有无边际无障碍眼，于一切法悉能明见；一切诸佛有无边际无障碍耳，悉能解了一切

音声；一切诸佛有无边际鼻，能到诸佛自在彼岸；一切诸佛有广长舌，出
妙音声，周遍法界；一切诸佛有无边际身，应众生心，咸令得见；一切诸
佛有无边际意，住于无碍平等法身；一切诸佛有无边际无碍解脱，示现无
尽大神通力；一切诸佛有无边际清净世界，随众生乐，现众佛土，具足无
量种种庄严，而于其中不生染著；一切诸佛有无边际菩萨行愿，得圆满智，
游戏自在，悉能通达一切佛法。佛子！是为如来、应、正等觉普遍法界无
边际十种佛法。

　　"佛子！诸佛世尊有十种念念出生智。何等为十？所谓一切诸佛于一
念中，悉能示现无量世界从天来下；一切诸佛于一念中，悉能示现无量世
界菩萨受生；一切诸佛于一念中，悉能示现无量世界出家学道；一切诸佛
于一念中，悉能示现无量世界菩提树下成等正觉；一切诸佛于一念中，悉
能示现无量世界转妙法轮；一切诸佛于一念中，悉能示现无量世界教化众
生，供养诸佛；一切诸佛于一念中，悉能示现无量世界不可言说种种佛身；
一切诸佛于一念中，悉能示现无量世界种种庄严、无数庄严、如来自在一
切智藏；一切诸佛于一念中，悉能示现无量世界无量无数清净众生；一切
诸佛于一念中，悉能示现无量世界三世诸佛种种根性、种种精进、种种行
解，于三世中成等正觉。是为十。

　　"佛子！诸佛世尊有十种不失时。何等为十？所谓一切诸佛成等正觉
不失时；一切诸佛成熟有缘不失时；一切诸佛授菩萨记不失时；一切诸佛随
众生心示现神力不失时；一切诸佛随众生解示现佛身不失时；一切诸佛住
于大舍不失时；一切诸佛入诸聚落不失时；一切诸佛摄诸净信不失时；一切
诸佛调恶众生不失时；一切诸佛现不思议诸佛神通不失时。是为十。

　　"佛子！诸佛世尊有十种无比不思议境界。何等为十？所谓一切诸佛
一跏趺坐，遍满十方无量世界；一切诸佛说一义句，悉能开示一切佛法；
一切诸佛放一光明，悉能遍照一切世界；一切诸佛于一身中，悉能示现一
切诸身；一切诸佛于一处中，悉能示现一切世界；一切诸佛于一智中，悉
能决了一切诸法，无所罣碍；一切诸佛于一念中，悉能遍往十方世界；一
切诸佛于一念中，悉现如来无量威德；一切诸佛于一念中，普缘三世佛及

众生，心无杂乱；一切诸佛于一念中，与去、来、今一切诸佛体同无二。是为十。

"佛子！诸佛世尊能出生十种智。何者为十？所谓一切诸佛知一切法无所趣向，而能出生回向愿智；一切诸佛知一切法皆无有身，而能出生清净身智；一切诸佛知一切法本来无二，而能出生能觉悟智；一切诸佛知一切法无我无众生，而能出生调众生智；一切诸佛知一切法本来无相，而能出生了诸相智；一切诸佛知一切世界无有成坏，而能出生了成坏智；一切诸佛知一切法无有造作，而能出生知业果智；一切诸佛知一切法无有言说，而能出生了言说智；一切诸佛知一切法无有染净，而能出生知染净智；一切诸佛知一切法无有生灭，而能出生了生灭智。是为十。

"佛子！诸佛世尊有十种普入法。何等为十？所谓一切诸佛有净妙身，普入三世；一切诸佛皆悉具足三种自在，普化众生；一切诸佛皆悉具足诸陀罗尼，普能受持一切佛法；一切诸佛皆悉具足四种辩才，普转一切清净法轮；一切诸佛皆悉具足平等大悲，恒不舍离一切众生；一切诸佛皆悉具足甚深禅定，恒普观察一切众生；一切诸佛皆悉具足利他善根，调伏众生无有休息；一切诸佛皆悉具足无所碍心，普能安住一切法界；一切诸佛皆悉具足无碍神力，一念普现三世诸佛；一切诸佛皆悉具足无碍智慧，一念普立三世劫数。是为十。

"佛子！诸佛世尊有十种难信受广大法。何等为十？所谓一切诸佛悉能摧灭一切诸魔；一切诸佛悉能降伏一切外道；一切诸佛悉能调伏一切众生，咸令欢悦；一切诸佛悉能往诣一切世界，化导群品；一切诸佛悉能智证甚深法界；一切诸佛悉皆能以无二之身，现种种身，充满世界；一切诸佛悉皆能以清净音声，起四辩才，说法无断，凡有信受，功不唐捐；一切诸佛皆悉能于一毛孔中出现诸佛，与一切世界微尘数等，无有断绝；一切诸佛皆悉能于一微尘中示现众刹，与一切世界微尘数等，具足种种上妙庄严，恒于其中转妙法轮，教化众生，而微尘不大、世界不小，常以证智安住法界；一切诸佛皆悉了达清净法界，以智光明，破世痴暗，令于佛法悉得开晓，随逐如来，住十力中。是为十。

"佛子！诸佛世尊有十种大功德，离过清净。何等为十？所谓一切诸佛具大威德，离过清净；一切诸佛悉于三世如来家生，种族调善，离过清净；一切诸佛尽未来际，心无所住，离过清净；一切诸佛于三世法皆无所著，离过清净；一切诸佛知种种性皆是一性，无所从来，离过清净；一切诸佛前际、后际，福德无尽，等于法界，离过清净；一切诸佛无边身相遍十方刹，随时调伏一切众生，离过清净；一切诸佛获四无畏，离诸恐怖，于众会中大师子吼，明了分别一切诸法，离过清净；一切诸佛于不可说不可说劫，入般涅槃，众生闻名，获无量福，如佛现在功德无异，离过清净；一切诸佛远在不可说不可说世界中，若有众生一心正念则皆得见，离过清净。是为十。

"佛子！诸佛世尊有十种究竟清净。何等为十？所谓一切诸佛往昔大愿究竟清净；一切诸佛所持梵行究竟清净；一切诸佛离世众惑究竟清净；一切诸佛庄严国土究竟清净；一切诸佛所有眷属究竟清净；一切诸佛所有种族究竟清净；一切诸佛色身相好究竟清净；一切诸佛法身无染究竟清净；一切诸佛一切智智无有障碍，究竟清净；一切诸佛解脱自在，所作已办❶，到于彼岸，究竟清净。是为十。

"佛子！诸佛世尊于一切世界、一切时，有十种佛事。何等为十？一者，若有众生专心忆念，则现其前；二者，若有众生心不调顺，则为说法；三者，若有众生能生净信，必令获得无量善根；四者，若有众生能入法位，悉皆现证，无不了知；五者，教化众生，无有疲厌；六者，游诸佛刹，往来无碍；七者，大悲不舍一切众生；八者，现变化身，恒不断绝；九者，神通自在，未尝休息；十者，安住法界，能遍观察。是为十。

"佛子！诸佛世尊有十种无尽智海法。何等为十？所谓一切诸佛无边法身无尽智海法，一切诸佛无量佛事无尽智海法，一切诸佛佛眼境界无尽智海法，一切诸佛无量无数难思善根无尽智海法，一切诸佛普雨一切甘露妙法无尽智海法，一切诸佛赞佛功德无尽智海法，一切诸佛往昔所修种种愿行无尽智海法，一切诸佛尽未来际恒作佛事无尽智海法，一切诸佛了知一切众生心行无尽智海法，一切诸佛福智庄严无能过者无尽智海法。是为十。

"佛子！诸佛世尊有十种常法。何等为十？所谓一切诸佛常行一切诸波罗蜜；一切诸佛于一切法常离迷惑；一切诸佛常具大悲；一切诸佛常有十力；一切诸佛常转法轮；一切诸佛常为众生示成正觉；一切诸佛常乐调伏一切众生；一切诸佛心常正念不二之法；一切诸佛化众生已，常示入于无余涅槃，诸佛境界无边际故。是为十❷。

"佛子！诸佛世尊有十种演说无量诸佛法门。何等为十？所谓一切诸佛演说无量众生界门，一切诸佛演说无量众生行门，一切诸佛演说无量众生业果门，一切诸佛演说无量化众生门，一切诸佛演说无量净众生门，一切诸佛演说无量菩萨行门，一切诸佛演说无量菩萨愿门，一切诸佛演说无量一切世界成坏劫门，一切诸佛演说无量菩萨深心净佛刹门，一切诸佛演说无量一切世界三世诸佛于彼彼劫次第出现门，一切诸佛演说一切诸佛智门。是为十❸。

"佛子！诸佛世尊有十种为众生作佛事。何等为十？所谓一切诸佛示现色身，为众生作佛事；一切诸佛出妙音声，为众生作佛事；一切诸佛有所受，为众生作佛事；一切诸佛无所受，为众生作佛事；一切诸佛以地、水、火、风，为众生作佛事；一切诸佛神力自，在示现一切所缘境界，为众生作佛事；一切诸佛种种名号，为众生作佛事；一切诸佛以佛刹境界，为众生作佛事；一切诸佛严净佛刹，为众生作佛事；一切诸佛寂寞无言，为众生作佛事。是为十。

"佛子！诸佛世尊有十种最胜法。何等为十？所谓一切诸佛大愿坚固，不可沮坏，所言必作，言无有二；一切诸佛为欲圆满一切功德，尽未来劫，修菩萨行，不生懈倦；一切诸佛为欲调伏一众生故，往不可说不可说世界，如是而为一切众生，而无断绝；一切诸佛于信、于毁二种众生，大悲普观，平等无异；一切诸佛从初发心乃至成佛，终不退失菩提之心；一切诸佛积集无量诸善功德，皆以回向一切智性，于诸世间终无染著；一切诸佛于诸佛所修学三业，唯行佛行，非二乘行，皆为回向一切智性，成于无上正等菩提；一切诸佛放大光明，其光平等照一切处，及照一切诸佛之法，令诸菩萨心得清净，满一切智；一切诸佛舍离世乐，不贪不染，而普愿世间离苦得乐，无诸戏论；一切诸佛愍诸众生受种种苦，守护佛种，行佛境界，出离生死，逮十力地。是为十。

"佛子！诸佛世尊有十种无障碍住。何等为十？所谓一切诸佛皆能往一切世界无障碍住；一切诸佛皆能住一切世界无障碍住；一切诸佛皆能于一切世界行、住、坐、卧无障碍住；一切诸佛皆能于一切世界演说正法无障碍住；一切诸佛皆能于一切世界住兜率天宫无障碍住；一切诸佛皆能入法界一切三世无障碍住；一切诸佛皆能坐法界一切道场无障碍住；一切诸佛皆能念念观一切众生心行，以三种自在教化调伏，无障碍住；一切诸佛皆能以一身住无量不思议佛所，及一切处，利益众生，无障碍住；一切诸佛皆能开示无量诸佛所说正法无障碍住。是为十。

"佛子！诸佛世尊有十种最胜无上庄严。何等为十？所谓一切诸佛皆悉具足诸相随好，是为诸佛第一最胜无上身庄严。一切诸佛皆悉具足六十种音，一一音有五百分，一一分无量百千清净之音以为严好，能于法界一切众中无诸恐怖，大师子吼演说如来甚深法义，众生闻者，靡不欢喜，随其根欲，悉得调伏，是为诸佛第二最胜无上语庄严。一切诸佛皆具十力、诸大三昧、十八不共庄严意业，所行境界通达无碍，一切佛法咸得无余，法界庄严而为庄严，法界众生心之所行，去、来、现在各各差别，于一念中悉能明见，是为诸佛第三最胜无上意庄严。一切诸佛皆悉能放无数光明，一一光明有不可说光明网以为眷属，普照一切诸佛国土，灭除一切世间黑暗，示现无量诸佛出兴，其身平等，悉皆清净，所作佛事，咸不唐捐，能令众生至不退转，是为诸佛第四最胜无上光明庄严。一切诸佛现微笑时，皆于口中放百千亿那由他阿僧祇光明，一一光明各有无量不思议种种色，遍照十方一切世界，于大众中发诚实语，授无量无数不思议众生阿耨多罗三藐三菩提记，是为诸佛第五离世痴惑最胜无上现微笑庄严。一切诸佛皆有法身，清净无碍，于一切法究竟通达，住于法界，无有边际，虽在世间，不与世杂，了世实性，行出世法，言语道断，超蕴、界、处，是为诸佛第六最胜无上法身庄严。一切诸佛皆有无量常妙光明，不可说不可说种种色相，以为严好，为光明藏，出生无量圆满光明，普照十方，无有障碍，是为诸佛第七最胜无上常妙光明庄严。一切诸佛皆有无边妙色、可爱妙色、清净妙色、随心所现妙色、映蔽一切三界妙色、到于彼岸无上妙色，是为诸佛第八最胜无上妙色庄严。一切诸佛皆于三世佛种中生，积众善宝，究竟清净，无诸过失，离世讥谤，一切法中最为殊胜清净妙行之所庄严，具足成就一切智智，种族清净，无能讥毁，是为诸佛第九最胜无上种族庄严。一切诸佛以大慈力庄严其身，究竟清净无诸渴爱，身行永息，心善解脱，见者无厌，大悲救护一切世间；第一福田、无上受者，哀愍利益一切众生，悉令增长无量福德、智慧之聚，是为诸佛第十最胜无上大慈大悲功德庄严。是为十。

"佛子！诸佛世尊有十种自在法。何等为十？所谓一切诸佛于一切法悉得自在，明达种种句身、味身，演说诸法，辩才无碍，是为诸佛第一自在法。一切诸佛教化众生，未曾失时，随其愿乐为说正法，咸令调伏，无有断绝，是为诸佛第二自在法。一切诸佛能令尽虚空界无量无数种种庄严，一切世界六种震动，令彼世界或举或下，或大或小，或合或散，未曾恼害于一众生，其中众生，不觉不知，无疑无怪，是为诸佛第三自在法。一切诸佛以神通力，悉能严净一切世界，于一念顷普现一切世界庄严，此诸庄严经无数劫说不能尽，悉皆离染，清净无比，一切佛刹严净之事，皆令平等，入一刹中，是为诸佛第四自在法。一切诸佛见一众生应受化者，为其住寿，经不可说不可说劫，乃至尽未来际，结跏趺坐，身心无倦，专心忆念，未曾废忘，方便调伏而不失时，如为一众生，为一切众生悉亦如是，是为诸佛第五自在法。一切诸佛悉能遍往一切世界一切如来所行之处，而不暂舍一切法界，十方各别，一一方有无量世界海，一一世界海有无量世界种，佛以神力一念咸到，转于无碍清净法轮，是为诸佛第六自在法。一切诸佛为欲调伏一切众生，念念中成阿耨多罗三藐三菩提，而于一切佛法非已现觉，亦非当觉，亦不住于有学之地，而悉知见，通达无碍，无量智慧，无量自在，教化调伏一切众生，是为诸佛第七自在法。一切诸佛能以眼处作耳处佛事，能以耳处作鼻处佛事，能以鼻处作舌处佛事，能以舌处作身处佛事，能以身处作意处佛事，能以意处于一切世界中住世、出世间种种境界，一一境界中能作无量广大佛事，是为诸佛第八自在法。一切诸佛，其身毛孔一一能容一切众生，一一众生其身悉与不可说诸佛刹等，而无迫隘，一一众生步步能过无数世界，如是展转尽无数劫，悉见诸佛出现于世，教化众生，转净法轮，开示过去、未来、现在不可说法，尽虚空界一切众生诸趣受身，威仪、往来及其所受种种乐具皆悉具足，而于其中无所障碍，是为诸佛第九自在法。一切诸佛于一念顷现一切世界微尘数佛，一一佛皆于一切法界众妙莲华广大庄严世界莲华藏师子座上成等正觉，示现诸佛自在神力，如于众妙莲华广大庄严世界，如是于一切法界中不可说不可说种种庄严、种种境界、种种形相、种种示现、种种劫数清净世界，如于一念，如是于无量无边阿僧祇劫一切念中，一念一切现，一念无量住，而未曾用少方便力，是为诸佛第十自在法。

"佛子！诸佛世尊有十种无量不思议圆满佛法。何等为十？所谓一切诸佛一一净相皆具百福；一切诸佛皆悉成就一切佛法；一切诸佛皆悉成就一切善根；一切诸佛皆悉成就一切功德；一切诸佛皆能教化一切众生；一切诸佛皆悉能为众生作主；一切诸佛皆悉成就清净佛刹；一切诸佛皆悉成就一切智智；一切诸佛皆悉成就色身相好，见者获益，功不唐捐；一切诸佛皆具诸佛平等正法；一切诸佛作佛事已，莫不示现入于涅槃。是为十❹。

"佛子！诸佛世尊有十种善巧方便。何等为十？一切诸佛了知诸法皆离戏论，而能开示诸佛善根，是为第一善巧方便。一切诸佛知一切法悉无所见、各不相知、无缚无解、无受无集、无成就，自在究竟到于彼岸，然于诸法真实而知，不异不别，而得自在、无我无受、不坏实际，已得至于大自在地，常能观察一切法界，是为第二善巧方便。一切诸佛永离诸相，心无所住，而能悉知不乱不错，虽知一切相皆无自性，而如其体性悉能善入，而亦示现无量色身，及以一切清净佛土种种庄严无尽之相，集智慧灯，灭众生惑，是为第三善巧方便。一切诸佛住于法界，不住过去、未来、现在，如如性中无去、来、今三世相故，而能演说去、来、今世无量诸佛出现世间，令其闻者普见一切诸佛境界，是为第四善巧方便。一切诸佛身、语、意业，无所造作，无来无去，亦无有住，离诸数法，到于一切诸法彼岸，而为众法藏，具无量智，了达种种世、出世法，智慧无碍，示现无量自在神力，调伏一切法界众生，是为第五善巧方便。一切诸佛知一切法不可见，非一、非异，非量、非无量，非来、非去，皆无自性，亦不违于世间诸法，一切智者无自性中见一切法，于法自在广说诸法，而常安住真如实性，是为第六善巧方便。一切诸佛于一时中知一切时，具净善根，入于正位而无所著，于其日月、年劫、成坏，如是等时不住不舍，而能示现若昼若夜、初中后时、一日、七日、半月、一月、一年、百年、一劫、多劫、不可思劫、不可说劫，乃至尽于未来际劫，恒为众生转妙法轮，不断不退，无有休息，是为第七善巧方便。一切诸佛恒住法界，成就诸佛无量无畏，及不可数辩、不可量辩、无尽辩、无断辩、无边辩、不共辩、无穷辩、真实辩、方便开示一切句辩、一切法辩，随其根性及以欲解，以种种法门说不可说不可说百千亿那由他修多罗，初、中、后善，皆悉究竟，是为第八善巧方便。一切诸佛住净法界，知一切法本无名字，无过去名，无现在名，无未来名；无众生名，无非众生名；无国土名，无非国土名；无法名，无非法名；无功德名，无非功德名；无菩萨名，无佛名；无数名，无非数名；无生名，无灭名；无有名，无无名；无一名，无种种名。何以故？诸法体性不可说故。一切诸法无方无处，不可集说，不可散说，不可一说，不可多说，音声莫逮，言语悉断，虽随世俗种种言说，无所攀缘，无所造作，远离一切虚妄想著，如是究竟到于彼岸。是为第九善巧方便。一切诸佛知一切法本性寂静，无生故非色，无戏论故非受，无名数故非想，无造作故非行，无执取故非识，无入处故非处，无所得故非界，然亦不坏一切诸法，本性无起如虚空故。一切诸法皆悉空寂，无业果，无修习，无成就，无出生，非数、非不数，非有、非无，非生、非灭，非垢、非净，非入、非出，非住、非不住，非调伏、非不调伏，非众生、非无众生，非寿命、非无寿命，非因缘、非无因缘，而能了知正定、邪定及不定聚一切众生，为说妙法，令到彼岸，成就十力、四无所畏，能师子吼，具一切智，住佛境界，是为第十善巧方便。佛子！是为诸佛成就十种善巧方便。”

注释

❶ "办"，大正本原作"辨"，今依宋、明、宫本改之。

❷ 本段只举出九种常法。

❸ 本段共举出十一种法门。

❹ 本段共举出十一种佛法。

【白话语译】

❶这时，大会中有许多菩萨，心中都这样想着："诸佛的国土为何不可思议？诸佛的本愿为何不可思议？诸佛的种性为何不可思议？诸佛的出现为何不可思议？诸佛的佛身为何不可思议？诸佛的音声为何不可思议？诸佛的智慧为何不可思议？诸佛的自在为何不可思议？诸佛的无碍为何不可思议？诸佛的解脱为何不可思议？"

这时，世尊知道这些菩萨的心念，便立刻用神通力加持他们，用智慧摄受他们。并以光明照耀，以威势充满，使青莲华藏菩萨安住诸佛的大无畏境地，证入诸佛的法界，证得诸佛的广大威德。证得大神通、大自在，得到与佛一般无碍的广大观察智慧。了知诸佛的种性与次第，安住在不可说、难以思议的佛法方便。

这时，青莲华藏菩萨立刻通达法界无碍，立刻安住在远离障碍的甚深妙行。立刻成就圆满普贤的大愿力，立刻了知证见一切佛法。并以大悲心观察众生，使众生清净。而更精勤努力地修习佛法，毫不厌倦懈怠。他信受奉行一切菩萨的大法，念念都能出生诸佛的智慧。了解无尽的智慧法门，并且具足总持不忘的辩才。这时，青莲华藏菩萨承受佛陀神力的加持，告诉莲华藏菩萨说："佛子啊！❷诸佛世尊有无量的安住境界，这些安住的境界就是常住的境界、安住大悲的境界、安住种种化身作诸佛事业的境界、安住用平等心转动清净法轮的境界、安住用四种辩才解说无量法的境界、安住不可思议的一切佛法境界、安住清净音声遍满无量刹土的境界、安住不可说甚深法界的境界、安住示现一切最殊胜神通的境界。菩萨安住这些境界，所以能够开示演说没有障碍的究竟佛法。

"佛子啊！诸佛世尊有十种法，能够遍满无量无边的法界。这十种遍满无量无边法界的法到底是什么呢？一，诸佛的微妙身无边无际，这些微妙身的形色相貌十分清净，因此能普遍进入六道众生的诸趣生处，没有任何染着；二，诸佛的眼目无边无碍，所以能明白彻见一切法；三，诸佛的耳根无边无碍，所以能了解一切音声；四，诸佛的鼻根无边，所以能到达自在的彼岸；五，诸佛的舌根广大长远，所以能发出微妙音声，周遍法界；六，诸佛的化身无有边际，所以能顺应众生的心念，心中所想的无不得见，甚至得见佛陀；七，诸佛的心意清净无有边际，因此能安住无碍的平等法身；八，诸佛的解脱境界无边无碍，因此能示现无穷尽的大神通力；九，诸佛的清净世界无边无际，所以能随顺众生的欣乐，示现各种佛土。具足无量庄严，而于其中毫不染着；十，诸佛的菩萨行愿无边无际，所以智慧圆满，并且能够安住于游戏自在的境界，通达一切佛法。佛子啊！以上就是诸佛普遍示现法界无边际境界的十种佛法。

"佛子啊！❸诸佛世尊有十种清净的心念，能够从这些心念生出智慧。是哪十种心念呢？一，诸佛在一念之间，就能示现在无量的世界，从兜率天处下生到人间；二，诸佛在一念之间，就能示现无量世界的菩萨受生母胎；三，诸佛在一念之间，就能示现在无量世界出家学道；四，诸佛在一念之间，就能示现自己在无量世界的菩提树下，成就无上正等正觉；五，诸佛在一念之间，就能示现自己在无量世界转胜妙法轮；六，诸佛在一念之间，就能示现自己在无量世界，教化众生，供养诸佛；七，诸佛在一念之间，就能示现自己在无量世界不可言说的种种佛身；八，诸佛在一念之间，就能示现无量世界的种种庄严、无数庄严，以及如来一切自在的智慧宝藏；九，诸佛在一念之间，就能示现无量世界，无数的清净众生；十，诸佛在一念之间，就能示现无量世界，过去、现在、未来三世诸佛种种的根器体性、种种的精进、种种的修行知解。于过去、现在、未来三世成就无上正等正觉。以上就是十种清净的心念所出生的智慧。

"佛子啊！诸佛世尊有十种一切顺适恰当，不会错失时节因缘的境界。是哪十种呢？一，诸佛不会错失成就正等正觉的时节因缘；二，诸佛不会错失成熟有缘众生的时节因缘；三，诸佛不会错失为菩萨授记的时节因缘；四，诸佛不会错失随顺教化众生、示现神通的时节因缘；五，诸佛不会错失随顺众生知解、示现佛身的时节因缘；六，诸佛不会错失安住大舍境界的时节因缘；七，诸佛不会错失进入各种居住聚落的时节因缘；八，诸佛不会错失摄受各类清净善信的时节因缘；九，诸佛不会错失调伏一切恶性众生的时节因缘；十，诸佛不会错失示现不可思议神通的时节因缘。就是这十种不会错失合适时节因缘的境界。

"佛子啊！❹诸佛世尊有十种无比不可思议的境界。是哪十种呢？一，诸佛一跏趺盘坐，就能遍满十方的无量世界；二，诸佛只要演说一句义理语句，就能开示一切的佛法；三，诸佛放出一道光明，就能遍照一切世界；四，诸佛以一身，就能示现一切佛身；五，诸佛在一处所，就能示现一切世界；六，诸佛以一种智慧，就能决定了知诸法，无所挂碍；七，诸佛在一念之间，就能遍往十方世界；八，诸佛在一念之间，就能现出如来的无量威德；九，诸佛在一念之间，就能够普遍摄缘三世诸佛及众生，而心中毫无杂乱；十，诸佛的一念与三世诸佛的体性同等无二。就是这十种不可思议的境界。

"佛子啊！诸佛能生出十种智慧。是哪十种呢？一，诸佛了知一切的法都是性空如幻，没有任何的自性，所以也没有任何的真实趣向，但还是能够出生回向的愿力智慧；二，诸佛了知一切法都是空幻、毫不实在，但还是能生出清净的法身智慧；三，诸佛了知一切法门，本来无二相，但还是能够生出觉悟的智慧；四，诸佛了知一切法无我，亦无众生，但还是能够生出调伏众生的智慧；五，诸佛了知一切法本来无相，但还是能够生出了知通达诸相的智慧；六，诸佛了知世界根本如幻，无有真实的生成毁坏之相，但还是能够了知一切世间成坏的智慧；七，诸佛了知一切法都是性空而没有任何的造作，但还是能够生出了知业力、果报的智慧；八，诸佛了知一切法都无有言语说辞，但还是能够生出了知一切言说的智慧；九，诸佛了知一切法无有染污清净之分，但还是能够生出了知诸法染污清净的智慧；十，诸佛了知一切法无有生起与灭失，但还是能够生出了知诸法生灭的智慧。就是这十种智慧。

"佛子啊！❺诸佛世尊有十种能普遍进入一切的法门。是哪十种呢？一，诸佛身相清净微妙，能够普遍趣入过去、未来、现在三世；二，诸佛身体、语言、意念都自在无碍，因此能普遍教化所有的众生；三，诸佛对所有陀罗尼都总持不忘，所以能普遍受持一切佛法；四，诸佛具足四种无碍的辩才，所以能普遍转动一切清净的法轮；五，诸佛的大悲平等，因此恒常不舍离众生；六，诸佛的禅定甚深，所以能普遍观察众生，从不休息；七，诸佛具足利益他人的善根，所以能调伏教化众生，从不歇息；八，诸佛心无障碍，所以能安住一切法界；九，诸佛的神通无碍，所以能在一念之间普遍示现三世诸佛；十，诸佛的智慧无碍，所以能在一念之间，普遍安立三世的时劫。就是这十种普入一切的法门。

"佛子啊！诸佛世尊有十种一般人难以信奉受持的广大法门。是哪十种呢？一，诸佛能完全摧除毁灭诸魔；二，诸佛能降伏一切外道；三，诸佛能调伏众生，并使他们信受奉行欢喜愉悦；四，诸佛能前往所有世界，化导各类众生；五，诸佛能以智慧证入甚深法界；六，诸佛能以无二的微妙身示现种种身相，充满所有的世界；七，诸佛能以清净的音声，生起四种无碍的辩才，演说佛法而无断绝。凡是信奉受持的人，都能够获益，功不唐捐；八，诸佛能在一个毛孔中示现的诸佛等同一切世界微尘数，而且能相续不断地示现；九，诸佛能在一微尘中示现等同一切世界微尘数的各种刹土，这些世界又具足种种无上微妙的庄严。诸佛并且能够恒常于其中转动微妙的法轮，教化所有的众生。虽然如此，但是微尘却不变大，而世界也不缩小。诸佛仍以证得的智慧，安住法界；十，诸佛了知通达清净的法界，所以能以智慧的光明，照破世间的愚痴昏暗。使众生都知晓佛法，随顺追寻如来，安住佛陀的十力。就是这十种一般人难以信奉受持的广大法门。

"佛子啊！❻诸佛世尊有十种广大的功德，离于一切的过患而且清净圆满。是哪十种广大的功德呢？❼一，诸佛具足广大的威德，离于一切过患，具足清净；二，诸佛出生三世诸佛如来家中，他的种性十分调柔良善，所以能远离一切过患，具足清净；三，诸佛即使穷尽时劫，都安住空性，而心无所住，所以能远离一切过患，具足清净；四，诸佛从不执着过去、现在、未来三世，所以远离一切过患，具足清净；五，诸佛了知种种体性皆是一体，境界如实无所从来。所以能远离一切过患，具足清净；六，诸佛前际与后际的福德无尽，等同法界。所以能远离一切过患，具足清净；七，诸佛的身相无边，遍满十方佛国刹土。所以能随时地调伏教化一切众生，远离一切过患，具足清净；八，诸佛有四种无畏，所以能远离所有的恐怖。在大众法会作大师子吼，广宣佛法。又他能明了分别演说一切诸法，所以远离一切过患，具足清净；九，诸佛在不可说不可说的时劫进入涅槃，众生即使只听闻他的名号，就都能获得无量福报，宛如佛陀亲现其前。所以能远离于一切过患，具足清净；十，诸佛如果身处极遥远、不可说不可说的世界时，若有众生一心忆念佛陀，无不立刻得见诸佛。所以能远离一切过患，具足清净。就是这十种广大的功德。

"佛子啊！❽诸佛世尊有十种究竟清净。是哪十种呢？一，诸佛往昔所发的大愿，究竟清净；二，诸佛所修持的梵行，究竟清净；三，诸佛远离世间的众多诱惑，究竟清净；四，诸佛的国土庄严，究竟清净；五，诸佛的所有眷属，究竟清净；六，诸佛所投生的种族，究竟清净；七，诸佛的色身相貌，殊胜妙好，究竟清净；八，诸佛的法身毫无染着，究竟清净；九，诸佛的一切佛智，没有障碍，究竟清净；十，诸佛解脱自在，一切所作都已成办圆满，到达涅槃的彼岸，究竟清净。就是这十种究竟清净。

"佛子啊！❾诸佛世尊在一切世界、一切时劫中，有十种事业。是哪十种呢？一，如果有众生能衷心忆念诸佛，诸佛无不现前；二，如果有众生，心性不调和柔顺，诸佛就为他说法；三，如果有众生能生起清净的信解，诸佛必定使他获得无量善根；四，如果有众生能够趣入正法体性的法位，马上能现证一切佛法，了知通达所有的法；五，教化众生，从不疲怠厌倦；六，往来诸佛刹土自在无碍；七，因大悲故不舍离众生；八，示现变化的化身，恒常没有断绝；九，神通变化自在，未曾休息；十，安住法界普遍观察众生。就是这十种诸佛的事业。

"佛子啊！❿诸佛世尊有十种无穷尽的智慧海法门。是哪十种呢？一，诸佛有无边法身无穷尽的智慧海法门；二，诸佛有无量诸佛事业无穷尽的智慧海法门；三，诸佛有佛眼境界无穷尽的智慧海法门；四，诸佛有无量无数，难以思议善根的无穷尽智慧海法门；五，诸佛有普降一切解脱甘露妙法的无穷尽智慧海法门；六，诸佛有赞叹佛陀功德无穷尽的智慧海法门；七，诸佛有往昔修持种种愿行的无穷尽智慧海法门；八，诸佛有穷尽未来际，恒常不断兴作佛事的无穷尽智慧海法门；九，诸佛有了知一切众生心行的无穷尽智慧海法门；十，诸佛有具足福德智慧庄严，没有人能超越的无穷尽智慧海法门。就是这十种无穷尽的智慧海法门。

"佛子啊！⓫诸佛世尊有十种恒常实行的法门。是哪十种呢？一，常行所有波罗蜜的法门；二，对于一切法永远断离迷惑；三，恒常具足大悲；四，恒常具足十力；五，恒常转法轮；六，恒常为众生示现成就正等正觉；七，恒常乐于调伏教化一切众生；八，心中恒常正念不二之法；九，度化众生，恒常示现进入无余涅槃，因为诸佛的境界无有边际。就是这十种恒常实行的法门。

"佛子啊！⓬诸佛世尊经常演说十种无量法门。是哪十种呢？一，演说无量众生界的法门；二，演说无量众生心行的法门；三，演说无量众生的业行与果报的法门；四，演说无量度化众生的法门；五，演说无量清净众生的法门；六，演说无量菩萨心行的法门；七，演说无量世界生成、毁坏的法门；八，演说无量菩萨甚深的心行，清净诸佛国刹土的法门；九，演说无量世界三世诸佛，及他的刹土及时劫中次第出现的法门；十，演说诸佛智慧的法门。就是这十种法门。

"佛子啊！诸佛世尊有十种法，能为众生兴作佛事。是哪十种呢？一，示现色身为众生兴作佛事；二，发出美妙的音声为众生兴作佛事；三，以觉受为众生兴作佛事；四，以无觉受为众生兴作佛事；五，以地、水、火、风为众生兴作佛事；六，以自在神通力，示现一切所缘的境界，为众生兴作佛事；七，以种种名号为众生兴作佛事；八，以佛国刹土的境界为众生兴作佛事；九，以庄严清净的佛国刹土为众生兴作佛事；十，以寂静默然无言为众生兴作佛事。就是这十种。

"佛子啊！⓭诸佛世尊有十种最殊胜的法。是哪十种呢？一，愿众生成佛之心坚固，宛如金刚不可破坏。凡所说的必定实践，绝不会言行不一；二，为了圆满一切功德，穷尽未来的时劫，修习菩萨行，不会懈怠厌倦；三，即使只为了调伏一个众生，也能前往不可说不可说的世界教化，并且也能够如此调伏教化一切众生而实行不断；四，不管众生是信解佛法或是诋毁佛法，诸佛都能平等地以大悲心普遍观察因缘；五，诸佛从初发心，乃至成佛，菩提心始终不曾退失；六，诸佛积集的无量功德，都用以回向一切智，即使身处世间也从不染着；七，在诸佛处所修学的身、语、意三业，完全用以实践佛陀的行持，而非实行声闻、缘觉，乘的行持。并且回向一切智慧的体性，成就无上正等正觉；八，放出广大平等的光明，普照一切处所，照耀一切佛法。一切菩萨无不证得清净，圆满一切智慧；九，舍离所有世间的欲乐，不贪恋、不染着。普愿世间离苦得乐，没有任何戏论，所以能实际地度化众生；十，哀悯众生受种种痛苦逼迫，又为了守护诸佛种性，实行佛的境界，出离生死轮回，终于得证十力。就是这十种最殊胜之法。

"佛子啊！❶诸佛世尊有十种无障碍的安住。是哪十种呢？一，能前往一切世界，无障碍地安住；二，能无障碍地安住一切世界；三，能无障碍地安住一切世界行、住、坐、卧；四，能无障碍地安住一切世界演说正法；五，能无障碍地安住一切世界的兜率天宫；六，能趣入法界过去、现在、未来三世，无障碍地安住；七，能无障碍地安住端坐法界的一切道场；八，念念都能无障碍地安住观察众生的心行，以身、语、意三种净业，并自在教化调伏众生；九，能以一身无障碍地安住无量不可思议的佛处所，以及一切处所，利益众生；十，能无障碍地安住开示无量诸佛所演说的正法。就是这十种无障碍的安住。

"佛子啊！❶诸佛世尊有十种最殊胜的无上庄严。是哪十种呢？一，具足三十二相、八十种随形等相好庄严，这是诸佛最殊胜无上的身相庄严。二，具足六十种妙音，每一妙音又有五百分支的妙音。每一支分的妙音又有无量百千种清净妙音伴随，庄严妙好。诸佛并能用大师子吼的妙音演说如来的甚深法义，所以法界众生听闻之后，都不会心生恐怖，只会更加欢喜。并且能随着各自的根器与欲求受诸佛教化调伏，这是诸佛最殊胜无上的语言庄严。三，具足十力一切的大三昧与十八种不共同的庄严意业，所行的境界无不通达无碍。能无余证得所有的佛法，因此能用法界的庄美威严庄严自身。所有法界众生的心念所行，不管是过去、未来与现在各种差别，都能在一念之间完全明见，这就是诸佛最殊胜无上的意业庄严。四，诸佛放出的无数光明中，每一道光明都伴随不可说的光明网，普照诸佛的国土，灭除世间的黑暗，示现无量诸佛的出生与兴起。他们的法身平等清净，所兴作的佛法事业都功不唐捐。因此，能让众生达到不退转境，这就是诸佛最殊胜无上的光明庄严。五，诸佛微笑时，口中都会放出百千亿那由他阿僧祇数的光明。每一光明中又有无量不可思议的种种色彩，遍照十方世界。在大众中发出诚实的言语，授记无量不可思议的众生，这就是诸佛离于世间愚痴迷惑最殊胜无上的微笑庄严。六，诸佛法身清净无碍，因此能究竟通达一切法，安住在无有边际的法界。虽然身在世间，却不染着世间。因为他早已了知世间的真实体性，实行出世间的佛法。超越断除一切言语道法，也超越了五蕴、十八界、十二处等内在的身心、外在的世界与身心的觉受等，这就是诸佛最殊胜无上的法身庄严。七，诸佛无量恒常妙好的光明，都是以不可说不可说的种种色相庄严，才成为大光明的宝藏。因此能生出无量的圆满光明，普照十方，没有障碍。这就是诸佛最殊胜无上的常妙光明庄严。八，诸佛具足无边的微妙色相、可爱的微妙色相、清净的微妙色相、随心所显现的微妙色相，映蔽一切欲界、色界、无色界三界的微妙色相，到达解脱彼岸的无上微妙色相，这就是诸佛最殊胜无上的微妙色相庄严。九，诸佛受生于过去、现在、未来三世的佛种，累积各种善业宝藏，究竟清净，没有任何过失。远离世间的讥笑毁谤，所以能用最殊胜清净的妙行自我庄严，具足成就一切佛智。他的种族清净，没有人能诋毁他，这就是诸佛最殊胜无上的种族庄严。十，诸佛以大慈的力量庄严自身，究竟清净。没有任何渴爱，永远止息所有的造作。心中早已善巧解脱，凡见到的人无不欢喜，毫无厌倦。因此他能用大悲救护世间，成为世间第一的福田，普受最尊贵的供养。他哀悯利益众生，希望众生都能增长无量福德，聚集智慧，这就是诸佛最殊胜无上的大慈大悲功德庄严。以上就是诸佛十种最殊胜的无上庄严。

"佛子啊！⑯诸佛世尊有十种自在之法。是哪十种呢？一，诸佛对一切法都得自在，明了通达所有文句的法义意味。因此能够演说诸法，辩才无碍。二，诸佛未曾错失教化众生的时节因缘，因此能随顺众生的心愿意乐，为他们宣说诸佛正法，使他们调伏柔顺，相续不断。三，诸佛能庄严无量无边的虚空界，使一切世界产生六种震动。让这些世界不管是被举起、放下，或变大，或缩小，或聚合，或离散时，都不会烦恼伤害任何众生。众生甚至察觉不到，也不会怀疑或感到奇怪。四，诸佛能以神通力庄严清净所有世界，一念之间就能普遍示现所有世界的庄严。这些庄严，完全远离杂染，清净无比。所以，即使经过无数劫的演说也不能穷尽，所以诸佛能使一切佛国刹土的庄严清净之事，都平等地摄入一个刹土。五，诸佛即使只有见到一个应受教化的众生，也会为这个人住寿，继续示现人间。经过不可说不可说的时劫，乃至穷尽未来，都还是端正地结跏趺坐，身心无有疲倦，专心忆念，不曾荒废忘失。因为他始终善巧方便地调伏治理众生，从不错失时机。就像他对这个众生一般，他对一切众生也是如此。六，诸佛虽能遍往一切世界，一切如来所行的处所，但也不会舍弃一切法界。十方法界虽然各各有别，每一个方向又有无量的世界海，每一个世界海又有无量的世界，但佛陀都能以神力在一念之间立刻到达，并且转动无碍的清净法轮。七，诸佛为了调伏教化众生，念念都能证得无上正等正觉，而对于一切佛法并非已经现前觉知，也不是应当在未来觉知，也不是止住尚在修学的有学阶段。而是能完全知见一切佛法，通达无碍，具足无量智慧、无量自在，教化调伏众生。八，诸佛能用眼处成作耳处的佛事，能用耳处成作鼻处的佛事，能用鼻处成作舌处的佛事，能用舌处成作身处的佛事，能用身处成作意处的佛事，能用意处安住一切世界，生出世界的种种境界。并能在每一个境界都成作广大的佛事。九，诸佛身上的每一个毛孔，都能容纳一切众生。而其中每一个众生的身体即使等同不可说的各个佛国刹土，也不会感觉逼迫、狭隘。即使真有这样身相的众生，他一步就能越过无数的世界，如是前行，辗转穷尽无数的时劫。他在这段时间中，能完全彻见诸佛出现世间，教化众生。转动清净的法轮，开示过去、未来、现在的不可说之法门。如此穷尽虚空的一切的众生，在六道各趣出生受身。他们示现各种威仪的外表，行动往来，具足受用的各种玩乐器具。即使在毛孔中，都毫无障碍。十，诸佛能在一念之间示现一切世界微尘数的佛陀，每一位佛陀都在法界众妙莲华广大庄严世界的莲华藏师子座成就正等正觉，示现自在的神通力。就如同在众妙莲华广大庄严世界一般，一切法界不可说不可说的种种庄严、种种境界、种种形相、种种示现、种种劫数清净世界也是一样。就如同在一念之间，在无量无边阿僧祇劫的一切心念，一念之中一切示现，一念之中无量安住，诸佛都未曾动用少许的方便力量。

"佛子啊！ ❶ 诸佛世尊有十种无量不可思议的圆满佛法。是哪十种呢？一，诸佛所有的清净相貌都具足百福庄严；二，诸佛能完全圆满成就一切佛法；三，诸佛都能完全圆满成就一切的善根；四，诸佛能完全圆满成就一切的功德；五，诸佛能教化一切的众生；六，诸佛能做一切众生的主导；七，诸佛能圆满成就清净的佛国刹土；八，诸佛能圆满成就一切佛智；九，诸佛能完全圆满成就妙好的色身相貌，使见到的人无不获利、功不唐捐；十，诸佛具足诸佛的平等正法；十一，诸佛成作佛事之后，没有不示现进入涅槃的。就是这十种无量不可思议的圆满佛法。

"佛子啊！ ❶ 诸佛世尊有十种善巧方便。是哪十种呢？一，诸佛了知诸法都远离戏论，而能开示诸佛的善根。二，诸佛了知一切法都是性空而无所见，诸法之间各不相知。无有缚着，也无解脱。无有摄受，也无聚集。体性空寂如幻，无修无证也毫无成就的自在究竟。到达涅槃彼岸，但是却完全了知诸法本然无差异，也无分别的真实体性，而证得自在，证得无我，也无感受差别，不败坏实际的法相，已经达到大自在的境地，常能观察一切法界。三，一切诸佛永离诸相，心无所住。所以能完全了知，不混乱也不错失。虽然了知一切众相都无自性，还是能随顺体性，完全地善巧趣入。同时示现无量的色身，以及一切清净佛土种种庄严的无尽相貌，聚集智慧的明灯，灭除众生的迷惑。四，诸佛安住法界，不安住过去、未来、现在。因为不变不异，真如之理的体性并没有所谓的过去、未来与现在。因此，能演说三世无量诸佛出现世间。因此，听闻的人无不见到诸佛的境界。五，诸佛的身、语、意业都没有任何的造作，无来也无去，亦没有安住。已远离所有的诸多法相，到达诸法的彼岸。因此能成为大众的法藏，具足无量的智慧，了知通达种种世间、出世间的佛法。他智慧无碍，且能示现无量的自在神力，调伏法界一切众生。六，诸佛了知一切法都是性空不可见的，非一也非异，非计量也非不计量，非来也非去，都是空无自性的，但却也不违背世间的诸法。因此，一切智者在无自性中能彻见诸法，得到法自在。虽广说诸法，却常安住真如体性。七，诸佛能于一个时劫中了知一切的时劫，因为他具足清净的善根，能趣入佛法的正位无所染者。不止住也不舍弃法界日、月、年、劫的成坏，因此能够示现所谓的白昼、黑夜等的初时、中时与往后的时间。乃至于一日、七日、半个月、一个月、一年、百年、一劫、多劫、不可思议的时劫、不可说的时劫、乃至于穷尽未来际的时劫，都能恒常为众生转动微妙的法轮，从不间断退失或歇息。八，诸佛恒常安住法界，成就诸佛无量、无畏及不可数的辩才，不可量的辩才，无尽的辩才，无间断的辩才，无边的辩才，不共的辩才，无穷的辩才，真实的辩才，善巧方便开示一切语句的辩才。善巧方便开示一切法义的辩才，因此他能随着众生的根性及志欲理解，用种种法门宣说不可说不可说百千亿那由他数种类的修多罗经典。这些演说不管是初际、中际与后际都十分圆满究竟。九，诸佛安住清净的法界时，宛如诸法本来就没有名字称谓。过去没有名字，现在没有名字，未来也没有名字。没有众生之名，也不是没有众生之名；没有国土之名，也不是没有国土的名字；没有法名，也不是没有法名；没有功德之名，也不是没有功德之名；没有菩萨名也没有佛名；没有数量的名称，也不是没有数量的名称；没有所谓的生，也没有所谓的灭；但不是有名，也不是无名；不是只有一名，也不是有很多种名称。为什么呢？因为诸法本来就没有方向，没有处所；不可以说聚集，也不可说分散；不可以说是一，也不可以说是多。这自性的所在是音声所无法表达的，也不是以言语可以了知的。所以，诸佛菩萨虽然随顺世俗种种而言说，但是却从不攀缘、造作。并且远离一切妄想执着，如是究竟到达涅槃彼岸。十，诸佛了知一切法的本性寂静，因为本然无生，所以说非色；因为无任何戏论，所以说非受；因为无名词计数，所以说非想；因为无有为造作，所以说非行；因为无有执取，所以说非识；因为无有趣入处，所以说非处；因为无所得，所以说非界。然而也不会毁坏一切的诸法，这是因为本性无生起造作，宛如虚空。因为一切诸法完全空寂，没有业果，也没有任何的修习，没有成就；也没有出生。非数，也非不数；非有，也非无；非生，也非灭；非垢，也非净；非入，也非出；非住，也非不住；非调伏，也非不调伏；非众生，也非无众生；非寿命，也非无寿命；非因缘，也非无因缘。但却能了知一切的正定、邪定以及不定境界的积聚，为众生宣说妙法，使他们都能到达彼岸，成就诸佛的十力、四无所畏。能作师子吼广大演说佛法，具足一切智慧，安住诸佛的境界。佛子啊！这就是诸佛圆满成就的十种善巧方便。"

【注释】

❶ 这一品以下的五品是在回答第二会中初如来地等十句的问题。

❷ 以下在显示佛的功德，开三十二门，都是在回答前面十问。分作十段，前二门是回答国土之问。

❸ 次二门是回答本愿之问，于其中说明乘愿现八相，后段显示本愿不会错失时机。

❹ 再来二门是回答种性之问，于其中说明报身、应身的种性，后段说明法身的种性。

❺ 次二门回答出现的问题，于其中常示现无有出没。后段说明出现之相，说明它的功用广大无涯。

❻ 以下五门是在回答身之问，分作五门。初一门说明佛的三业随智慧而行，所以无有过失，因为三业毕竟不离身。

❼ 这个十相与威势身、化身等十身相应。

❽ 下一门说明因位之清净，因为过失不生，所以说是究竟清净。

❾ 次一门说明身的业用。

❿ 次一门解释智身，说明佛的六根三业都与深广的智慧相应。

⓫ 次一门说明身中意业恒常不断。

⓬ 次二门回答音声的问题，其中说明以音声辨说，后段显示种种说法。

⓭ 次三门回答智慧的问题，其中初门概总地说明权便与其实的因果智慧。

⓮ 说明以智慧无碍而远离障碍。

⓯ 说明智慧的成就利益。

⓰ 次八门回答自在的问题，分八段。初一门总括说明自在，兼摄加持。

⓱ 说明圆满自在。

⓲ 说明权便、其实无碍，在法上自在的善巧方便。

卷第四十七
佛不思议法品第三十三之二

【原典】

"佛子！诸佛世尊有十种广大佛事，无量无边，不可思议，一切世间诸天及人皆不能知，去、来、现在所有一切声闻、独觉亦不能知，唯除如来威神之力。何等为十？所谓一切诸佛于尽虚空遍法界一切世界兜率陀天，皆现受生，修菩萨行，作大佛事，无量色相，无量威德，无量光明，无量音声，无量言辞，无量三昧，无量智慧，所行境界摄取一切人、天、魔、梵、沙门、婆罗门、阿修罗等，大慈无碍，大悲究竟，平等饶益一切众生，或令生天，或令生人，或净其根，或调其心，或时为说差别三乘，或时为说圆满一乘，普皆济度，令出生死，是为第一广大佛事。

"佛子！一切诸佛从兜率天降神母胎，以究竟三昧观受生法如幻、如化、如影、如空、如热时焰，随乐而受，无量无碍，入无诤法，起无著智，离欲清净，成就广大妙庄严藏，受最后身，住大宝庄严楼阁而作佛事，或以神力而作佛事，或以正念而作佛事，或现神通而作佛事，或现智日而作佛事，或现诸佛广大境界而作佛事，或现诸佛无量光明而作佛事，或入无数广大三昧而作佛事，或现从彼诸三昧起而作佛事。佛子！如来尔时在母胎中，为欲利益一切世间，种种示现而作佛事。所谓或现初生，或现童子，或现在宫，或现出家，或复示现成等正觉，或复示现转妙法轮，或示现于入般涅槃，如是皆以种种方便，于一切方、一切网、一切族❶、一切种、一切世界中而作佛事。是为第二广大佛事。

"佛子！一切诸佛一切善业皆已清净，一切生智皆已明洁，而以生法诱导群迷，令其开悟，具行众善。为众生故，示诞王宫，一切诸佛于诸色欲宫殿妓乐皆已舍离，无所贪染，常观诸有空无体性，一切乐具悉不真实，持佛净戒究竟圆满。观诸内宫妻妾、侍从生大悲愍，观诸众生，虚妄不实，起大慈心，观诸世间无一可乐而生大喜，于一切法心得自在而起大舍。具佛功德，现生法界，身相圆满，眷属清净，而于一切皆无所著。以随类音为众演说，令于世法深生厌离，如其所行示所得果，复以方便随应教化，未成熟者令其成熟，已成熟者令得解脱，为作佛事令不退转。复以广大慈悲之心，恒为众生说种种法，又为示现三种自在，令其开悟，心得清净。虽处内宫，众所咸睹，而于一切诸世界中施作佛事，以大智慧，以大精进，示现种种诸佛神通，无碍无尽。恒住三种巧方便业，所谓身业究竟清净、语业常随智慧而行、意业甚深无有障碍，以是方便利益众生。是为第三广大佛事。

"佛子！一切诸佛示处种种庄严宫殿，观察厌离，舍而出家，欲使众生了知世法皆是妄想、无常、败坏，深起厌离，不生染著，永断世间贪爱烦恼，修清净行，利益众生。当出家时，舍俗威仪，住无诤法，满足本愿无量功德，以大智光灭世痴暗，为诸世间无上福田，常为众生赞佛功德，令于佛所植诸善本，以智慧眼见真实义。复为众生赞说出家，清净无过，永得出离，长为世间智慧高幢。是为第四广大佛事。

"佛子！一切诸佛具一切智，于无量法悉已知见，菩提树下成最正觉，降伏众魔，威德特尊。其身充满一切世界，神力所作，无边无尽，于一切智所行之义皆得自在，修诸功德悉已圆满。其菩提座具足庄严，周遍十方一切世界，佛处其上转妙法轮，说诸菩萨所有行愿，开示无量诸佛境界，令诸菩萨皆得悟入，修行种种清净妙行。复能示导一切众生令种善根，生于如来平等地中，住诸菩萨无边妙行，成就一切功德胜法，一切世界、一切众生、一切佛刹、一切诸法、一切菩萨、一切教化、一切三世、一切调伏、一切神变、一切众生心之乐欲，悉善了知而作佛事。是为第五广大佛事。

"佛子！一切诸佛转不退法轮，令诸菩萨不退转故；转无量法轮，令一切世间咸了知故；转开悟一切法轮，能大无畏师子吼故；转一切法智藏法轮，开法藏门，除暗障故；转无碍法轮，等虚空故；转无著法轮，观一切法非有无故；转照世法轮，令一切众生净法眼故；转开示一切智法轮，悉遍一切三世法故；转一切佛同一法轮，一切佛法不相违故。一切诸佛以如是等无量无数百千亿那由他法轮，随诸众生心行差别而作佛事不可思议。是为第六广大佛事。

"佛子！一切诸佛入于一切王都城邑，为诸众生而作佛事，所谓人王都邑、天王都邑，龙王、夜叉王、乾闼婆王、阿修罗王、迦楼罗王、紧那罗王、摩睺罗伽王、罗刹王、毗舍阇王，如是等王一切都邑。入城门时，大地震动，光明普照，盲者得眼，聋者得耳，狂者得心，裸者得衣，诸忧苦者悉得安乐。一切乐器不鼓自鸣，诸庄严具若著、不著咸出妙音，众生闻者无不欣乐。一切诸佛色身清净，相好具足，见者无厌，能为众生作于佛事。所谓若顾视，若观察，若动转，若屈伸，若行，若住，若坐，若卧，若默，若语，若现神通，若为说法，若有教敕，如是一切皆为众生而作佛事。一切诸佛普❷于一切无数世界种种众生心乐海中，劝令念佛，常勤观察，种诸善根，修菩萨行，叹佛色相微妙第一，一切众生难可值遇，若有得见而兴信心，则生一切无量善法，集佛功德普皆清净。如是称赞佛功德已，分身普往十方世界，令诸众生，悉得瞻奉，思惟观察，承事供养，种诸善根，得佛欢喜，增长佛种，悉当成佛。以如是行而作佛事，或为众生示现色身，或出妙音，或但微笑，令其信乐，头顶礼敬，曲躬合掌，称扬赞叹，问讯起居，而作佛事。一切诸佛以如是等无量无数不可言说不可思议种种佛事，于一切世界中，随诸众生心之所乐，以本愿力、大慈悲力、一切智力，方便教化，悉令调伏。是为第七广大佛事。

"佛子！一切诸佛或住阿兰若处而作佛事；或住寂静处而作佛事；或住空闲处而作佛事；或住佛住处而作佛事；或住三昧而作佛事；或独处园林而作佛事；或隐身不现而作佛事；或住甚深智而作佛事；或住诸佛无比境界而作佛事；或住不可见种种身行，随诸众生心乐欲解，方便教化无有休息，而作佛事；或以天身，求一切智而作佛事；或以龙身、夜叉身、乾闼婆身、阿修罗身、迦楼罗身、紧那罗身、摩睺罗伽、人、非人等身，求一切智而作佛事；或以声闻身、独觉身、菩萨身，求一切智而作佛事；或时说法，或时寂默，而作佛事；或说一佛，或说多佛，而作佛事；或说诸菩萨一切行、一切愿，为一行愿而作佛事；或说诸菩萨一行、一愿，为无量行愿而作佛事；或说佛境界即世间境界，而作佛事；或说世间境界即佛境界，而作佛事；或说佛境界即非境界，而作佛事；或住一日，或住一夜，或住半月，或住一月，或住一年，乃至住不可说劫，为诸众生而作佛事。是为第八广大佛事。

"佛子！一切诸佛是生清净善根之藏，令诸众生于佛法中生净信解，诸根调伏，永离世间，令诸菩萨于菩提道，具智慧明，不由他悟。或现涅槃而作佛事；或现世间皆悉无常而作佛事；或说佛身而作佛事；或说所作皆悉已办❸而作佛事；或说功德圆满无缺而作佛事；或说永断诸有根本而作佛事；或令众生厌离世间，随顺佛心，而作佛事；或说寿命终归于尽而作佛事；或说世间无一可乐而作佛事；或为宣说尽未来际供养诸佛而作佛事；或说诸佛转净法轮，令其得闻生大欢喜，而作佛事；或为宣说诸佛境界，令其发心而修诸行，而作佛事；或为宣说念佛三昧，令其发心常乐见佛，而作佛事；或为宣说诸根清净，勤求佛道，心无懈退，而作佛事；或诣一切诸佛国土，观诸境界种种因缘而作佛事；或摄一切诸众生身皆为佛身，令诸懈怠放逸众生悉住如来清净禁戒，而作佛事。是为第九广大佛事。

"佛子！一切诸佛入涅槃时，无量众生悲号涕泣，生大忧恼，递相瞻顾，而作是言：'如来世尊有大慈悲，哀愍饶益一切世间，与诸众生为救为归。如来出现难可值遇，无上福田于今永灭。'即以如是，令诸众生悲号恋慕，而作佛事。复为化度一切天人、龙神、夜叉、乾闼婆、阿修罗、迦楼罗、紧那罗、摩睺罗伽、人、非人等故，随其乐欲，自碎其身以为舍利，无量无数不可思议，令诸众生起净信心，恭敬尊重，欢喜供养，修诸功德，具足圆满。复起于塔，种种严饰，于诸天宫、龙宫、夜叉宫，乾闼婆、阿修罗、迦楼罗、紧那罗、摩睺罗伽、人、非人等诸宫殿中，以为供养。牙齿、爪发咸以起塔，令其见者皆悉念佛、念法、念僧，信乐不回，诚敬尊重，在在处处布施供养、修诸功德，以是福故，或生天上，或处人间，种族尊荣，财产备足，所有眷属悉皆清净，不入恶趣，常生善道，恒得见佛，具众白法，于三有中速得出离，各随所愿获自乘果，于如来所知恩报恩，永与世间作所归依。佛子！诸佛世尊虽般涅槃，仍与众生作不思议清净福田、无尽功德最上福田，令诸众生善根具足、福德圆满。是为第十广大佛事。

"佛子！此诸佛事无量广大、不可思议，一切世间诸天及人，及去来今声闻、独觉，皆不能知，唯除如来威神所加。

"佛子！诸佛世尊有十种无二行自在法。何等为十？所谓一切诸佛悉能善说，授记言辞，决定无二；一切诸佛悉能随顺众生心念，令其意满，决定无二；一切诸佛悉能现觉一切诸法，演说其义，决定无二；一切诸佛悉能具足去、来、今世诸佛智慧，决定无二；一切诸佛悉知三世一切刹那即一刹那，决定无二；一切诸佛悉知三世一切佛刹入一佛刹，决定无二❹；一切诸佛悉知三世一切佛语即一佛语，决定无二；一切诸佛悉知三世一切诸佛，与其所化一切众生，体性平等，决定无二；一切诸佛悉知世法及诸佛法性无差别，决定无二；一切诸佛悉知三世一切诸佛所有善根同一善根，决定无二。是为十。

"佛子！诸佛世尊有十种住，住一切法。何等为十？所谓一切诸佛住觉悟一切法界；一切诸佛住大悲语；一切诸佛住本大愿；一切诸佛住不舍调伏众生；一切诸佛住无自性法；一切诸佛住平等利益；一切诸佛住无忘失法；一切诸佛住无障碍心；一切诸佛住恒正定心；一切诸佛住等入一切法，不违实际相。是为十。

"佛子！诸佛世尊有十种知一切法尽无有余。何等为十？所谓知过去一切法，尽无有余；知未来一切法，尽无有余；知现在一切法，尽无有余；知一切言语法，尽无有余；知一切世间道，尽无有余；知一切众生心，尽无有余；知一切菩萨善根上、中、下种种分位，尽无有余；知一切佛圆满智及诸善根不增不减，尽无有余；知一切法皆从缘起，尽无有余；知一切世界种，尽无有余；知一切法界中如因陀罗网诸差别事，尽无有余。是为十❺。

"佛子！诸佛世尊有十种力。何等为十？所谓❻广大力、最上力、无量力、大威德力、难获力、不退力、坚固力、不可坏力、一切世间不思议力、一切众生无能动力。是为十。

"佛子！诸佛世尊有十种❼大那罗延幢勇健法。何者为十？所谓一切诸佛身不可坏，命不可断，世间毒药所不能中，一切世界水、火、风灾皆于佛身不能为害。一切诸魔、天、龙、夜叉、乾闼婆、阿修罗、迦楼罗、紧那罗、摩睺罗伽、人、非人、毗舍阇、罗刹等，尽其势力，雨大金刚，如须弥山及铁围山，遍于三千大千世界，一时俱下，不能令佛心有惊怖，乃至一毛亦不摇动，行、住、坐、卧，初无变易。佛所住处四方远近，不令其下，则不能雨，假使不制而从雨之，终不为损。若有众生为佛所持及佛所使，尚不可害，况如来身！是为诸佛第一大那罗延幢勇健法。

"佛子！一切诸佛以一切法界诸世界中须弥山王，及铁围山、大铁围山、大海、山林、宫殿、屋宅，置一毛孔，尽未来劫，而诸众生不觉不知，唯除如来神力所被。佛子！尔时，诸佛于一毛孔持于尔所一切世界，尽未来劫，或行、或住、或坐、或卧，不生一念劳倦之心。佛子！譬如虚空普持一切遍法界中所有世界而无劳倦，一切诸佛于一毛孔持诸世界，亦复如是。是为诸佛第二大那罗延幢勇健法。

"佛子！一切诸佛能于一念起不可说不可说世界微尘数步，一一步过不可说不可说佛刹微尘数国土，如是而行，经一切世界微尘数劫。佛子！假使有一大金刚山，与上所经一切佛刹其量正等。如是量等大金刚山，有不可说不可说佛刹微尘数诸佛，能以如是诸山置一毛孔。佛身毛孔与法界中一切众生毛孔数等，一一毛孔悉置尔许大金刚山，持尔许山游行十方，入尽虚空一切世界，从于前际尽未来际，一切诸劫无有休息，佛身无损，亦不劳倦，心常在定，无有散乱。是为诸佛第三大那罗延幢勇健法。

"佛子！一切诸佛一座食已，结跏趺坐，经前后际不可说劫，入佛所受不思议乐，其身安住，寂然不动，亦不废舍化众生事。佛子！假使有人于遍虚空一一世界悉以毛端次第度量，诸佛能于一毛端处结跏趺坐，尽未来劫，如一毛端处，一切毛端处悉亦如是。佛子！假使十方一切世界所有众生，一一众生其身大小悉与不可说佛刹微尘数世界量等，轻重亦尔，诸佛能以尔所众生置一指端，尽于后际所有诸劫，一切指端皆亦如是，尽持尔许一切众生入遍虚空一一世界，尽于法界悉使无余，而佛身心曾无劳倦。是为诸佛第四大那罗延幢勇健法。

"佛子！一切诸佛能于一身化现不可说不可说佛刹微尘数头，一一头化现不可说不可说佛刹微尘数舌，一一舌化出不可说不可说佛刹微尘数差别音声，法界众生靡不皆闻，一一音声演不可说不可说佛刹微尘数修多罗藏，一一修多罗藏演不可说不可说佛刹微尘数法，一一法有不可说不可说佛刹微尘数文字句义。如是演说，尽不可说不可说佛刹微尘数劫，尽是劫已，复更演说，尽不可说不可说佛刹微尘数劫。如是次第，乃至尽于一切世界微尘数，尽一切众生心念数。未来际劫犹可穷尽，如来化身所转法轮无有穷尽。所谓智慧演说法轮、断诸疑惑法轮、照一切法法轮、开无碍藏法轮、令无量众生欢喜调伏法轮、开示一切诸菩萨行法轮、高升圆满大智慧日法轮、普然照世智慧明灯法轮、辩才无畏种种庄严法轮。如一佛身以神通力转如是等差别法轮，一切世法无能为喻。如是，尽虚空界一一毛端分量之处，有不可说不可说佛刹微尘数世界，一一世界中念念现不可说不可说佛刹微尘数化身，一一化身皆亦如是，所说音声文字句义，一一充满一切法界，其中众生皆得解了，而佛言音无变无断，无有穷尽。是为诸佛第五大那罗延幢勇健法。

"佛子！一切诸佛皆以德相庄严胸臆，犹若金刚不可损坏，菩提树下结跏趺坐。魔王军众，其数无边，种种异形，甚可怖畏，众生见者靡不惊慑，悉发狂乱，或时致死。如是魔众遍满虚空，如来见之，心无恐怖，容色不变，一毛不竖，不动不乱，无所分别，离诸喜怒，寂然清净，住佛所住，具慈悲力，诸根调伏，心无所畏，非诸魔众所能倾动而能摧伏；一切魔军皆使回心，稽首归依，然后复以三轮教化，令其悉发阿耨多罗三藐三菩提意，永不退转。是为诸佛第六大那罗延幢勇健法。

"佛子！一切诸佛有无碍音，其音普遍十方世界，众生闻者自然调伏。

彼诸如来所出音声，须弥卢等一切诸山不能为障，天宫、龙宫、夜叉宫，乾闼婆、阿修罗、迦楼罗、紧那罗、摩睺罗伽、人、非人等一切诸宫所不能障，一切世界高大音声亦不能障。随所应化，一切众生靡不皆闻，文字句义悉得解了。是为诸佛第七大那罗延幢勇健法。

"佛子！一切诸佛心无障碍，于百千亿那由他不可说不可说劫，恒善清净。去、来、现在一切诸佛同一体性，无浊、无翳，无我、无我所，非内、非外，了境空寂，不生妄想，无所依，无所作，不住诸相，永断分别，本性清净，舍离一切攀缘忆念，于一切法常无违诤，住于实际，离欲清净，入真法界，演说无尽。离量、非量所有妄想，绝为、无为一切言说，于不可说无边境界悉已通达，无碍无尽智慧方便，成就十力一切功德庄严清净，演说种种无量诸法，皆与实相不相违背。于诸法界三世诸法，悉等无异，究竟自在，入一切法最胜之藏，一切法门正念不惑，安住十方一切佛刹而无动转。得不断智，知一切法究竟无余，尽诸有漏，心善解脱，慧善解脱，住于实际，通达无碍，心常正定。于三世法及以一切众生心行，一念了达，皆无障碍。是为诸佛第八大那罗延幢勇健法。

"佛子！一切诸佛同一法身、境界无量身、功德无边身、世间无尽身、三界不染身、随念示现身、非实非虚平等清净身、无来无去无为不坏身、一相无相法自性身、无处无方遍一切身、神变自在无边色相身、种种示现普入一切身、妙法方便身、智藏普照身、示法平等身、普遍法界身、无动无分别非有非无常清净身、非方便非不方便非灭非不灭随所应化一切众生种种信解而示现身、从一切功德宝所生身、具一切诸佛法真如身、本性寂静无障碍身、成就一切无碍法身、遍住一切清净法界身、分形普遍一切世间身、无攀缘无退转永解脱具一切智普了达身。是为诸佛第九大那罗延幢勇健法。

"佛子！一切诸佛等悟一切诸如来法，等修一切诸菩萨行，若愿若智，清净平等，犹如大海，悉得满足，行力尊胜，未曾退怯，住诸三昧无量境界，示一切道，劝善诫恶。智力第一演法无畏，随有所问悉能善答，智慧说法平等清净，身、语、意行悉皆无杂，住佛所住诸佛种性，以佛智慧而作佛事。

住一切智，演无量法，无有根本，无有边际，神通智慧不可思议，一切世间无能解了。智慧深入，见一切法微妙广大，无量无边，三世法门咸善通达，一切世界悉能开晓。以出世智，于诸世间作不可说种种佛事，成不退智，入诸佛数。虽已证得不可言说离文字法，而能开示种种言辞，以普贤智集诸善行，成就一念相应妙慧，于一切法悉能觉了，如先所念一切众生，皆依自乘而施其法。一切诸法、一切世界、一切众生、一切三世，于法界内，如是境界其量无边，以无碍智悉能知见。佛子！一切诸佛于一念顷，随所应化出兴于世，住清净土，成等正觉，现神通力，开悟三世一切众生心、意及识，不失于时。佛子！众生无边，世界无边，法界无边，三世无边，诸佛最胜亦无有边，悉现于中，成等正觉，以佛智慧方便开悟，无有休息。佛子！一切诸佛以神通力，现最妙身，住无边处，大悲方便，心无障碍，于一切时常为众生演说妙法。是为诸佛第十大那罗延幢勇健法。佛子！此一切诸佛大那罗延幢勇健法无量无边、不可思议，去、来、现在一切众生及以二乘不能解了，唯除如来神力所加。

"佛子！诸佛世尊有十种决定法。何等为十？所谓一切诸佛定从兜率寿尽下生；一切诸佛定示受生，处胎十月；一切诸佛定厌世俗，乐求出家；一切诸佛决定坐于菩提树下成等正觉，悟诸佛法；一切诸佛定于一念悟一切法，一切世界示现神力；一切诸佛定能应时转妙法轮；一切诸佛定能随彼所种善根，应时说法而为授记；一切诸佛定能应时为作佛事；一切诸佛定能为诸成就菩萨而授记别；一切诸佛定能一念普答一切众生所问。是为十。

"佛子！诸佛世尊有十种速疾法。何等为十？所谓一切诸佛若有见者，速得远离一切恶趣；一切诸佛若有见者，速得圆满殊胜功德；一切诸佛若有见者，速能成就广大善根；一切诸佛若有见者，速得往生净妙天上；一切诸佛若有见者，速能除断一切疑惑；一切诸佛若已发菩提心而得见者，速得成就广大信解，永不退转，能随所应教化众生，若未发心即能速发阿耨多罗三藐三菩提心；一切诸佛若未入正位而得见者，速入正位；一切诸佛若有见者，速能清净世、出世间一切诸根；一切诸佛若有见者，速得除灭一切障碍；一切诸佛若有见者，速能获得无畏辩才。是为十。

“佛子！诸佛世尊有十种应常忆念清净法。何等为十？所谓一切诸佛过去因缘，一切菩萨应常忆念；一切诸佛清净胜行，一切菩萨应常忆念；一切诸佛满足诸度，一切菩萨应常忆念；一切诸佛成就大愿，一切菩萨应常忆念；一切诸佛积集善根，一切菩萨应常忆念；一切诸佛已具梵行，一切菩萨应常忆念；一切诸佛现成正觉，一切菩萨应常忆念；一切诸佛色身无量，一切菩萨应常忆念；一切诸佛神通无量，一切菩萨应常忆念；一切诸佛十力无畏，一切菩萨应常忆念。是为十。

“佛子！诸佛世尊有十种一切智住。何等为十？所谓一切诸佛于一念中，悉知三世一切众生心、心所行；一切诸佛于一念中，悉知三世一切众生所集诸业及业果报；一切诸佛于一念中，悉知一切众生所宜，以三种轮教化调伏；一切诸佛于一念中，尽知法界一切众生所有心相，于一切处普现佛兴，令其得见，方便摄受；一切诸佛于一念中，普随法界一切众生心乐欲解，示现说法，令其调伏；一切诸佛于一念中，悉知法界一切众生心之所乐，为现神力；一切诸佛于一念中，遍一切处，随所应化一切众生示现出兴，为说佛身不可取著；一切诸佛于一念中，普至法界一切处一切众生彼彼诸道；一切诸佛于一念中，随诸众生有忆念者，在在处处无不往应；一切诸佛于一念中，悉知一切众生解欲，为其示现无量色相。是为十。

“佛子！诸佛世尊有十种无量不可思议佛三昧。何等为十？所谓一切诸佛恒在正定，于一念中遍一切处，普为众生广说妙法；一切诸佛恒在正定，于一念中遍一切处，普为众生说无我际；一切诸佛恒住正定，于一念中遍一切处，普入三世；一切诸佛恒在正定，于一念中遍一切处，普入十方广大佛刹；一切诸佛恒在正定，于一念中遍一切处，普现无量种种佛身；一切诸佛恒在正定，于一念中遍一切处，随诸众生种种心解现身、语、意；一切诸佛恒在正定，于一念中遍一切处，说一切法离欲真际；一切诸佛恒住正定，于一念中遍一切处，演说一切缘起自性；一切诸佛恒住正定，于一念中遍一切处，示现无量世、出世间广大庄严，令诸众生常得见佛；一切诸佛恒住正定，于一念中遍一切处，令诸众生悉得通达一切佛法、无量解脱，究竟到于无上彼岸。是为十。

"佛子！诸佛世尊有十种无碍解脱。何等为十？所谓一切诸佛能于一尘现不可说不可说诸佛出兴于世，一切诸佛能于一尘现不可说不可说诸佛转净法轮，一切诸佛能于一尘现不可说不可说众生受化调伏，一切诸佛能于一尘现不可说不可说诸佛国土，一切诸佛能于一尘现不可说不可说菩萨授记，一切诸佛能于一尘现去、来、今一切诸佛，一切诸佛能于一尘现去、来、今诸世界种，一切诸佛能于一尘现去、来、今一切神通，一切诸佛能于一尘现去、来、今一切众生，一切诸佛能于一尘现去、来、今一切佛事。是为十。"

注释

❶ "族"，大正本原作"旋"，今依宫本改之。

❷ "普"，大正本原作"昔"，今依明、宫本改之。

❸ "办"，大正本原作"辨"，今依三本及宫本改之。

❹ "二"，大正本原作"一"，今依三本、宫本及圣本改之。

❺ 本段共举出十一种。

❻ 大正本原无"力……谓"七字，今依明、宫本增之。

❼ 大正本原无"是为十……种"十二字，今依明、宫本增之。

【白话语译】

"佛子啊！❶诸佛世尊有十种广大的佛事，无量无边，不可思议。一切世间诸天、人皆不能完全了知，过去、未来、现在所有一切的声闻、独觉亦不能了知，只有如来的威神之力才能了知。是哪十种呢？

"诸佛于尽虚空遍法界一切世界的兜率陀天示现受生，修菩萨行，普作佛事，色相无量、威德无量、光明无量、音声无量、言辞无量、三昧无量、智慧无量。他所行的境界能够摄取所有的人、天、魔、梵以及沙门、婆罗门、阿修罗等，他的大慈之心无有障碍，大悲之心圆满究竟。所以能平等地饶益一切众生，或使他们生于天上，或使他们生于人中，或清净他们的根性，或调伏他们的心念，或时常为他们宣说声闻、缘觉、菩萨三乘的差别，或时常为他们说圆满的一乘，普遍救度众生，使他们出离生死大海。以上就是第一广大佛事。

"佛子啊！诸佛从兜率天宫下生投入母胎，以究竟的禅定三昧观察入胎受生法如幻象、如化现、如影、如虚空、如火焰。因此能随顺自己的喜乐而受生，境界无量无碍。进入无净法，生起无执着的智慧。远离一切的众欲而得清净，成就广大微妙庄严的宝藏。接受最后一生的生身，安住大宝庄严的楼阁而成作佛陀的事业。或是以神力兴作佛陀的事业，或是以正念兴作佛陀的事业，或是示现神通力兴作佛陀的事业，或是示现宛如日光普照的智慧兴作佛陀的事业，或是示现诸佛广大的境界兴作佛陀的事业，或是示现诸佛无量光明兴作佛陀的事业，或证入无数广大三昧兴作佛陀的事业，或示现从无数广大的三昧中起定兴作佛陀的事业。

"佛子！如来这时在母胎中，为了利益世间，便以种种示现兴作佛陀的事业。像所谓的或是示现初出生的样子，或是示现童子，或是示现身处皇宫，或是示现出家，或再示现成等正觉，或又示现转妙法轮，或是示现入般涅槃等，无不以种种方便，在一切方所、一切的世界网、一切世界的旋转、一切的世界种、在一切世界中兴作佛陀的事业。以上就是诸佛第二广大的佛陀事业。

"佛子啊！诸佛已清净一切的善业，生命的智慧光明洁净。所以能示现生命循循善诱迷惑的众生，使他们开悟，实行各种善业。诸佛为了救度众生，虽然示现诞生宫中，其实诸佛早已舍离各种色欲、宫殿、妓乐，无所贪染。他常观察一切存有都是空无体性的，一切的玩乐器具都虚妄不真实。所以能受持清净戒律，并且成就圆满的境界。他观察宫中所有的妻妾、侍从，而心生悲悯；他又观察众生的虚妄不实，而心生大慈；又观察世间实无有一事可乐，而心生大喜。他在一切法中，心意自在而完全舍离，因此具足诸佛功德，现生法界。

"虽然他的身相圆满，眷属清净，但他对于这一切早无所执着。他只是以随顺众生根器的圆满一音为大众演说，让他们对世间法心生厌离，就如同他的作为及示现胜果。他更以方便善巧的力量随着因缘相应教化众生。对因缘未成熟的众生，则使他们圆满成熟。而对已成熟的众生，则使他们得到解脱。为了兴作佛陀的事业，使他们不退转，他又以广大慈悲之心，常为众生说种种法，示现三种自在，好让众生都得以开悟，心得清净。虽然大家都看见菩萨身处宫中，但实际上他却在十方世界施作佛陀的事业。以大智慧、大精进，无碍无尽地示现种种诸佛神通。并且恒常安住在身、口、意善巧方便的净业，这就是身业究竟清净，语业常能随顺智慧而行，意业甚深圆满，没有任何障碍。以这些方便利益众生，这就是第三广大佛事。

"佛子啊！诸佛虽然示现身处种种庄严的宫殿，但他观察这些庄严的宫殿之后却心生厌离，舍弃这一切而出家。因为他为了使众生了知世间法皆是妄想，无常且容易败坏，所以心生厌离，不生起任何染着，永远断除世间种种贪爱烦恼，修清净行，利益众生。他出家时已经完全舍弃俗家的威仪形相，安住无诤法中。一心满足本愿的无量功德，因此能以大智光明灭除世间的痴暗，作世间的无上福田。恒常为众生称赞佛陀的功德，使他们在佛陀的处所，能深植善根，并以慧眼彻见真实义。他又为众生赞说出家功德，清净无过，使众生永远得以出离世间，长为世间擎起智慧的高幢。

以上就是第四广大的佛陀事业。

"佛子啊！诸佛具足一切智，因此能明白了知无量的法门，并在菩提树下成就正等正觉，降伏众魔。他的威德尊胜无比，身形充满于一切世界，这都是由于他示现神通，使身相变得广大无边。他对一切智所行的义理也都自在无碍。他所修的种种功德都已圆满。菩提座庄严具足，周遍十方世界，并且还不断勤修种种清净妙行。另外，他也开示导引众生，让他们种下善根，出生如来的平等境地，安住诸菩萨无边妙行。所以，他能成就一切的功德胜法、一切的世界、一切的众生、一切的佛国刹土、一切的诸法、一切的菩萨、一切的教化、一切的三世、一切的调伏、一切的神通变化、一切众生心所乐欲等，都明白了知而兴作佛陀的事业。以上就是第五广大佛事。

"佛子啊！诸佛转动不退失的法轮，是为了使菩萨众修习无上道永不退转；转动无量的法轮，是为了使世人了知自性；转动一切开悟的法轮，是因为他能够大无畏地作狮子吼，演说佛法；转动一切法的智慧宝藏法轮，是为了开启法藏之门，灭除黑暗障碍；转动无碍法轮，是因为他等同虚空；转动无着法轮，因为他观察一切法非有亦非无；转动照明世间的法轮，是为了使众生获得清净的法眼；转动开示一切智慧的法轮，是因为他能遍满一切三世法；转动与佛相同的所有法轮，是因为一切佛法都不相违背。诸佛都以如此等无量无数百千亿那由他的法轮，随顺众生的种种心行差别，而兴作佛陀不可思议的事业。以上就是第六广大佛事。

"佛子啊！诸佛之所以进入所有的王都城邑，都是为了众生成作佛陀的事业。也就是人王的都邑、天王的都邑。龙王、夜叉王、乾闼婆王、阿修罗王、迦楼罗王、紧那罗王、摩睺罗伽王、罗刹王、毗舍阇王，如是等一切王的都邑。当佛陀进入城门时，大地震动，光明普照。目盲的人得以明见，耳聋的人得以恢复听觉，癫狂的人得以心安，赤裸的人得到衣裳，所有忧苦的人都得到安乐。一切乐器不必加以鼓动就会自动鸣奏，而所有的庄严宝具不管是披着或是不披着的，都发出美妙的音乐，听闻的人无不欣喜莫名。

"诸佛色身清净，相好具足，见到的人都无有厌烦。因此能为众生兴作佛陀的事业。所谓的：诸佛不管是盼顾目视，或是观察、动转、屈伸、行走、安住，或是坐着、卧着、沉默、言语、示现神通，或说法，或教导敕令，如是一切都是为了众生兴作佛事。

"诸佛从往昔一切无数世界种种众生心生喜乐的大海中，劝请他们念佛。常常精勤观察，种下各种善根，修菩萨行。赞叹佛陀的色相最为微妙第一，众生难可得遇。所以，凡是看见的人，必定会兴起信心，出生无量的善法。积集佛陀的功德，使这些功德善法普皆清净。他如此地称赞诸佛的功德之后，更变化分身前往十方世界，让众生瞻仰侍奉。思惟观察，承事供养，种植各种善根，得到佛陀的欢喜。增长诸佛的种性，决定将来成就佛果。他以如是种种行持而成作佛事，譬如说，为众生示现色身，或发出妙音，或只是微笑，让人心生信心喜乐，头顶礼敬、曲躬合掌、称扬赞叹、问讯起居而成作佛事。所以，诸佛能以如此等无量无数不可言说、不可思议的种种佛事，在一切世界，随诸众生心之所乐，以本愿的力量、大慈悲的力量、一切智慧的力量，方便教化众生，使他们调伏。以上就是第七广大佛事。

"佛子啊！诸佛或安住阿兰若处而作佛事；或安住寂静处而作佛事；或安住空闲处而作佛事；或安住佛陀住处而作佛事；或安住三昧而作佛事；或独处园林而作佛事；或隐身不现而作佛事；或安住甚深智慧而作佛事；或安住诸佛无比境界而作佛事；或安住不可见种种身行，随诸众生心中的欲乐，方便教化不曾稍歇而作佛事；或为了勤求一切的智慧，示现天人身形而作佛事；或为了求取一切智慧而示现龙王的身形、夜叉的身形、乾闼婆的身形、阿修罗的身形、迦楼罗的身形、紧那罗的身形、摩睺罗伽的身形、人非人等的身形而作佛事；或为了求取一切智而示现声闻的身形、独觉的身形，菩萨的身形勤作佛事。或有时说法，或有时寂静默然而作佛事；或演说一佛的事迹，或说多佛的事迹而作佛事；或演说诸菩萨的一切行、一切愿，为一行愿而作佛事；或演说诸菩萨一行、一愿，为无量的行愿而作佛事；或演说诸佛的境界即是世间的境界而作佛事；或演说世间的境界即诸佛的境界而作佛事；或演说诸佛的境界即非境界而作佛事；或安住一日、或安住一夜、或安住半月、或安住一月、或安住一年、乃至安住不可说劫，为诸众生而作佛事。以上就是第八广大佛事。

"佛子啊！诸佛是出生清净善根的宝藏，因此能使各类众生对佛法心生清净的信解，诸根调伏，永远出离世间。并且能使诸位菩萨具足菩提道的智慧光明，不必经由他人教导就能自行开悟。或示现涅槃而作佛事；或示现世间完全无常而作佛事；或宣说佛身而作佛事；或宣说所作皆已完全成办而作佛事；或宣说功德圆满无缺而作佛事；或宣说永远断绝一切存有轮回的根本而作佛事；或使众生厌离世间，随顺佛心而作佛事；或宣说寿命终究归于穷尽而作佛事；或宣说世间实无一事可喜而作佛事；或为大众宣说穷尽未来际供养诸佛而作佛事；或宣说诸佛转动净法轮，使得闻的人都心生欢喜而作佛事；或为宣说诸佛境界，让众生发心修习诸行而作佛事；或为了宣说念佛三昧，使众生发起乐于见佛的心而作佛事；或为了宣说诸根清净，精勤求取佛道，心无懈怠退转而作佛事；或为了拜见诸佛国土，观察种种境界因缘而作佛事；或为了摄受众生身为佛身，令懈怠放逸的众生安住如来清净禁戒而作佛事。以上就是第九广大佛事。

"佛子啊！诸佛进入涅槃圆寂的境界时，众生无不悲号涕泣，忧伤苦恼不已。他们都相互顾视而说：'如来世尊慈悲广大，能哀悯饶益一切世间，救度所有的众生，让众生有所依止。如来世尊的出现实在是太难得了，现在这位无上的福田就要永远离开我们了。'如来就用使所有众生如此悲哀号叫、哀恋敬慕的方法而作佛事；又为了度化一切天人、龙神、夜叉、乾闼婆、阿修罗、迦楼罗、紧那罗、摩睺罗伽、人、非人等故，随其所乐，便粉碎自己的身体化为多得不可计数的舍利，然后用这些舍利使众生心生净信、恭敬尊重、欢喜供养，修习种种功德，具足圆满。又起建种种庄严的舍利塔，妙饰于诸天宫、龙宫、夜叉宫、乾闼婆宫、阿修罗宫、迦楼罗宫、紧那罗宫、摩睺罗伽宫，人与非人等种种宫殿中，以为供养。如来世尊的牙齿、爪发也都供奉塔中，这都是为了使看见的人都能念佛、念法、念僧，信心欣乐，永不退转动摇。虔敬尊重，随时随地都布施供养，修行各种功德。因为这种福德，不管他们来世受生天上，或是处于人间，种族都尊荣显耀，财库丰足。所有眷属都完全清净，不入恶趣，常生善道。时常得见诸佛，具足许多清净洁白的善法。得以迅速出离欲界、色界、无色界的三有轮回，并且能随着自己所发愿乘果报。在如来的处所了知如来的恩德，并加以回报，永远作为世间的归依。

"佛子啊！诸佛世尊虽然已经进入涅槃，仍然让众生作不思议清净福田、无尽功德最上福田，令诸众生具足善根，福德圆满。以上就是第十广大佛事。

"佛子啊！这各种佛事广大无量，不可思议。一切世间诸天及人，及三世声闻、独觉皆不能了知，除了如来威神力所加被者。

"佛子啊！诸佛世尊有十种具足无畏❷决定无二行、无碍自在❸的法。是哪十种呢？一，诸佛都能善巧宣说授记菩萨的言辞，决定无二；二，诸佛都能随顺众生的心念，使他们心意圆满，决定无二；三，诸佛都能示现觉知一切诸法，演说意义，决定无二；四，诸佛都能具足过去、未来、现在诸佛智慧，决定无二；五，诸佛完全了知三世一切刹那即一刹那，决定无二；六，诸佛完全了知三世一切佛国刹土进入一佛国刹土，决定无二；七，诸佛完全了知三世一切的佛语即一句佛语，决定无二；八，诸佛完全了知三世一切诸佛与他所教化的一切众生体性平等，决定无二；九，诸佛完全了知世间法以及诸佛的法性无差别，决定无二；十，诸佛完全了知三世诸佛的所有善根都等同一善根，决定无二。

"佛子啊！❹诸佛世尊因为安住十种境界，所以能安住一切法。是哪十种呢？一，诸佛安住在觉悟一切法界的境界；二，诸佛安住在大悲语的境界；三，诸佛安住根本大愿；四，诸佛安住在不舍离调伏众生；五，诸佛安住在无自性法中；六，诸佛安住在平等利益；七，诸佛安住在总持无忘失的法；八，诸佛安住在无障碍的心意；九，诸佛安住在永恒正定的三昧心；十，诸佛安住在平等趣入一切法，且不违背真如实相。

"佛子啊！❺诸佛世尊有十种了知一切法尽无有余的境界。是哪十种呢？一，了知过去一切法，尽无有余；二，了知未来一切法，尽无有余；三，了知现在一切法，尽无有余；四，了知一切言语法，尽无有余；五，了知一切世间道，尽无有余；六，了知一切众生心，尽无有余；七，了知一切菩萨善根上、中、下的种种分位，尽无有余；八，了知一切佛的圆满智及种种善根不增不减，尽无有余；九，了知一切法皆从缘起，尽无有余；十，了知一切世界的种类，尽无有余；十一，了知一切法界犹如因陀罗网的种种差别事，尽无有余。

"佛子啊！❻诸佛有十种广大威力、最上威力、无量威力、大威德力、难获得威力、不退转威力、坚固威力、不可坏威力、一切世间不思议威力、一切众生无能动威力。

"佛子啊！诸佛有十种大那罗延幢❼力士勇猛强健不坏的威力大法。是哪十种呢？就是：诸佛的佛身不可破坏，性命不可断绝，世间所有的毒药都不能伤害。一切世界的水、火、风灾等都不能加害佛身，一切诸魔、天、龙、夜叉、乾闼婆、阿修罗、迦楼罗、紧那罗、摩睺罗伽、人、非人、毗舍阇、罗刹等，即使穷尽所有的势力，雨下大如须弥山及铁围山的金刚铁石，遍布三千大千世界，一时俱下，也不会令佛陀惊慌恐怖，乃至于连一根汗毛亦无法倾动。佛陀仍然行、住、坐、卧，就像什么事都没发生一般，毫无改变。佛所安住的处所及四方远近，都不会降下金刚铁石，假使不制止而让它降下，佛陀还是毫发无伤。如果为佛陀所护持，及被佛陀所使唤的众生，都无法加害了，何况是如来自身？以上就是诸佛第一大那罗延幢勇健法。

"佛子啊！❽诸佛能以一切法界诸世界中须弥山王及铁围山、大铁围山、大海、山林、宫殿、屋宅置于一毛孔中，穷尽未来劫，而众生却从不知觉，除了如来神力所加被者外。

"佛子啊！这时，诸佛在一毛孔中持于尔所一切世界，穷尽未来劫，或行，或住，或坐，或卧，不会心生一念疲劳倦怠。

"佛子啊！譬如虚空能总持遍法界的所有世界，而毫无疲劳倦怠；诸佛在一毛孔中总持所有世界时也是这样。以上就是诸佛第二大那罗延幢勇健法。

"佛子啊！❾诸佛一念之间就能起动不可说不可说世界微尘数的步伐，每一步都可跨过不可说不可说的佛国刹土微尘数国土，如此行走经历一切世界微尘数的时劫。佛子啊！假使有一座大金刚山，与以上佛陀所经过的一切佛国刹土数目相等。如是数量的大金刚山，有不可说不可说佛国刹土微尘数的诸佛，都能以如是诸山置于一毛孔中。佛身的毛孔与法界中一切众生的毛孔数量相等，每一个毛孔都有着前数那么多的大金刚山，持着这些山游行十方，进入穷尽虚空的一切世界。从前际一直到穷尽未来际一切诸劫，无有休息。而佛的身体还是毫无任何的损伤，亦不疲劳厌倦，心念常住在定境，毫不散乱。以上就是诸佛第三大那罗延幢勇健法。

"佛子啊！⑩诸佛端坐受食之后，结跏趺坐，经前后际不可说的时劫，证入佛所受的不思议大乐。他的身心虽然寂静安住，但却也不废舍度化众生的事业。

"佛子啊！假使有人遍布虚空一切世界，都以一根汗毛的尖端，一根一根次第相续度量。诸佛也能结跏趺坐于一毛端处，穷尽未来劫。如同在一毛端处，在一切毛端处也都如此。

"佛子啊！假使十方一切世界，每个众生的身形大小，都与不可说佛国刹土微尘数世界相等，轻重也相等。诸佛也能将这些众生安置于一个指端，穷尽后际的所有诸劫，一切指端也都是如此。护持一切众生进入遍虚空一一世界，穷尽法界，都无剩余，而佛身心仍丝毫不曾疲劳倦息。以上就是诸佛第四大那罗延幢勇健法。

"佛子啊！⑪诸佛能以一身化现不可说不可说佛国刹土微尘数的头，每一头又能化现不可说不可说佛国刹土微尘数的舌头。每一片舌头又能化现不可说不可说佛国刹土微尘数差别的音声，法界众生没有不听闻的。而且每一音声又都演说不可说不可说佛国刹土微尘数的修多罗法藏，每一修多罗藏又演不可说不可说佛国刹土微尘数的法。每一法又有不可说不可说佛国刹土微尘数的文句义理。如是演说，穷尽不可说不可说佛国刹土微尘数劫。穷尽这些劫之后，又再演说，穷尽不可说不可说佛国刹土微尘数劫。如是次第相续，乃至穷尽于一切世界微尘数，穷尽一切众生心念数。未来际劫等虽可穷尽，但如来化身所转动的法轮却无有穷尽。就是演说智慧的法轮，断除种种疑惑的法轮，照耀一切法的法轮，开启无碍宝藏的法轮，令无量众生欢喜调伏的法轮，开示诸菩萨行的法轮，圆满大智慧日的法轮，辩才无畏的种种庄严法轮，如一佛身以神通力转动如是等差别无二的法轮，一切世间法无能譬喻。就像这样，穷尽虚空界一一毛端分量之处，也有不可说不可说佛国刹土微尘数的世界。每一个世界又念念示现不可说不可说佛国刹土微尘数化身。每一化身也都是如此。所说音声、文字句义，无不充满一切法界，身处其中的众生无不解脱了悟，而佛言语音声仍然无变无断，无有穷尽。以上就是诸佛第五大那罗延幢勇健法。

"佛子啊！❷诸佛皆以万德之相庄严他的胸臆，犹若金刚不可损坏。他在菩提树下结跏趺坐时，魔王以无边的军队，种种怪异、使人恐怖畏惧的外形，来到佛陀身边。如果有人看见他们的话，一定会惊骇震慑、狂乱叫喊不已，有的人甚至会因此吓死。像这样的魔众虽然遍满虚空，但如来却丝毫不觉恐怖，依然神色自若。不会觉得毛骨悚然，不会心旌动摇，混乱紧张，都没什么分别。因为他已远离各种喜怒的情绪，寂然清净。安住佛所在的住所，具足慈悲大力，调伏诸根，心中毫无畏惧。所以魔众根本无法倾动或摧毁降伏他。所以他能使一切魔军都回归本心，稽首归依。然后再以身、语、意三轮教化他们，使他们都发起无上正等正觉，永远不退转。以上就是诸佛第六大那罗延幢勇健法。

"佛子啊！❸诸佛有无碍音，他的音声普遍十方世界。凡是听闻的人，无不自然调伏。那些如来所发出的音声，是须弥卢等一切诸山不能障碍的，天宫、龙宫、夜叉宫，以及乾闼婆、阿修罗、迦楼罗、紧那罗、摩睺罗伽、人、非人等一切的王宫，也都不能障碍，一切世界的高大音声也不能障碍。所以，他能随着处所因应教化，一切众生没有一个不是听闻到文字句义就全部获得了解的。以上就是诸佛第七大那罗延幢勇健法。

"佛子啊！❹诸佛心无障碍，所以在过去百千亿那由他不可说不可说的时劫中，恒常善调清净，与过去、未来、现在一切诸佛同一体性。没有污浊、没有障翳、无我、无我所、非内、非外，了达一切外境都是性空寂灭。不生妄想，无所依止，无所造作，不住各种外相，永远断除分别。他的本性清净，舍离一切攀缘忆念。于一切法常无违诤，所以能安住在真如实际，离欲清净，进入真实的法界，演说无尽。远离计量、非计量等所有妄想，断绝有为、无为等一切言说，通达不可说的无边境界。他的智慧方便无碍无尽，所以能成就一切十力功德，庄严清净，演说种种无量诸法，都不违背实相。等同法界三世诸法，究竟自在。他能进入一切法最殊胜的宝藏，正念一切法门。所以从不迷惑，并且能恒常安住在十方佛国刹土无有动转。他又得证不间断的智慧，知一切法究竟无余。因此已除尽各种有漏烦恼，所有的心念无不善巧解脱。具足智慧而得解脱，安住于真如实际，通达无碍，心常正定。对于三世法以及一切众生心行，都能在一念间了知通达，没有障碍。以上就是诸佛第八大那罗延幢勇健法。

"佛子啊！❶诸佛如来具足种种身，就是同一的法身；境界无量的妙身；功德无边的妙身；世间无尽的妙身；不染三界的妙身；随念示现的妙身；非实非虚的平等清净身；无来无去无为的不坏身；一相无相的法自性身；无处所无方位的遍一切身；神变自在的无边色相身；种种示现的普入一切身；妙法方便身；智慧宝藏普照身；示法平等身；普遍法界身；无动作无分别、非有非无的常清净身；非方便非不方便，非灭非不灭，随着所应度化一切众生种种信解而示现身；从一切功德宝所生身；具一切诸佛法的真如身；本性寂静无障碍身；成就一切无碍法身；遍住一切清净法界身；分形普遍一切世间身；无攀缘、无退转，永远解脱，具足一切智普遍了知通达身。以上就是诸佛第九大那罗延幢勇健法。

"佛子啊！❶诸佛已了悟一切如来的大法，平等修习一切菩萨行。不管是愿力或是智慧，都清净平等，犹如大海，圆满具足。所以诸佛的行为实践力量非常尊崇殊胜，没有丝毫退怯。因此能够安住在各种禅定三昧的无量境界，示现一切佛道，劝发众善，诫除众恶。他的大智慧力第一，世间无比。所以能演说众法心无畏惧，众生不管问什么问题，他都能善巧回答。他以智慧说法，平等清净，身、语、意行都无杂染。因此安住诸佛所安住的诸佛种性，以佛智慧而作佛事。他安住在一切智慧，演说无量的佛法，没有所谓的根本重心，也没有所谓边际状况。他的神通智慧不可思议，世间的一切无不明了。他的智慧深入，因此能彻见一切法的微妙广大，无量无边。通达三世法门，并能开晓一切世界。所以他能以出世的智慧在世间兴作种种不可说的佛事，成就不退转的智慧，进入诸佛之列。他虽已证得不可言说离文字法，而还仍能开示种种言辞。以普贤智慧集聚诸善行，成就一念相应妙慧，觉悟了达一切法。如先前所说，一切众生都依照自乘施法、一切诸法、一切世界、一切众生、一切三世，在法界内的如是境界，无量无边。而他都能以无碍的智慧，明了知见。

"佛子啊！诸佛能在一念之间，随所应化而出兴世间，安住在清净国土。成就正等正觉，示现神通力。开悟三世一切众生的心、意、识，不曾错失恰当的时节因缘。

"佛子啊！众生无边、世界无边、法界无边、三世无边，诸佛最胜亦没有边际，所以他能在任何时空示现成就正等正觉，以佛智慧方便开悟而不休息。

"佛子啊！诸佛以神通力示现最妙身，安住无边处。大悲方便，心无障碍，于一切时常为众生演说妙法。以上就是诸佛第十大那罗延幢勇健法。

"佛子啊！这些诸佛大那罗延幢勇健法，无量无边不可思议。过去、未来、现在一切众生以及三乘都无法了解，除了如来神力所加持的人才能了知。

"佛子啊！❶诸佛有十种决定法。是哪十种呢？一，诸佛一定会在兜率天寿命尽时，下生人间；二，诸佛一定会示现入胎受生，处在母胎中十个月；三，诸佛一定会厌离世俗欲乐，出家求道；四，诸佛一定会坐在菩提树下成就正等正觉，了悟一切的佛法；五，诸佛一定会在一念中了悟一切法，在一切世界示现神力；六，诸佛一定会相应时节因缘转动妙法轮；七，诸佛一定会随顺众生植下的善根，顺应时机而为他们授记印可；八，诸佛一定会顺应时节因缘兴作佛事；九，诸佛一定会为成就的菩萨授予成佛的记别；十，诸佛一定会在一念之间普遍回答一切众生所请益的问题。

"佛子啊！诸佛有十种速疾法❶。是哪十种？一，如果有人能亲见诸佛，就能迅速远离一切六道恶趣；二，如果有人能亲见诸佛，就能迅速得到圆满殊胜的功德；三，如果有人能亲见诸佛，就能迅速成就广大的善根；四，如果有人能亲见诸佛，就能立刻往生清净微妙的天上；五，如果有人能亲见诸佛，就能立刻除断一切的疑惑；六，如果已发菩提心，而且得见佛陀的人，都能立刻成就广大的信解，永远不退转，能相应教化众生。即使未发心的人，也能立刻发起菩提心；七，如果未入法的正位，而得以亲见诸佛的人，都能立刻进入法的正位；八，如果有人能亲见诸佛，就能立刻得到清净世、出世间的一切善根；九，凡是亲见诸佛的人，都能立刻除灭一切的障碍；十，凡是亲见诸佛的人，都能立刻获得无畏辩才。

"佛子啊！⑲诸佛有十种应当恒常忆念的清净法。是哪十种？一，一切菩萨应当恒常忆念诸佛过去的因缘；二，一切菩萨应当恒常忆念诸佛的清净胜行；三，一切菩萨应当恒常忆念诸佛的圆满波罗蜜；四，一切菩萨应当恒常忆念诸佛的成就大愿；五，一切菩萨应当恒常忆念诸佛所积集的善根；六，一切菩萨应当恒常忆念诸佛具足的梵行；七，一切菩萨应当恒常忆念诸佛示现成就的正等正觉；八，一切菩萨应当恒常忆念诸佛的色身无量；九，一切菩萨应当恒常忆念诸佛的神通无量；十，一切菩萨应当恒常忆念诸佛的十力、四无所畏。

"佛子啊！⑳诸佛世尊安住十种智慧。是哪十种？一，诸佛能在一念之间，了知三世众生的心与心念所行思惟；二，诸佛能在一念之间，了知三世一切众生积集的各种业力及业力的果报；三，诸佛能在一念之间，了知众生心之所向，而以身、语、意三轮教化调伏；四，诸佛能在一念之间，了知法界众生的所有心相，并能在一切处普遍示现佛陀出兴，使众生无不得见而方便摄受；五，诸佛能在一念之间，随顺法界一切众生心之所乐，示现说法，调伏他们；六，诸佛能在一念之间，了知法界众生心之所乐，而为他们示现神力；七，诸佛能在一念之间，遍满一切处，随所应化的众生示现出兴，为他们宣说佛身不可贪取执着的道理；八，诸佛能在一念之间，普遍到达法界的任何处所，或到达众生所趣的六道；九，凡是众生一忆念诸佛，不管是在任何地方，诸佛无不在一念之间前往应现；十，诸佛能在一念之间，完全了知众生的心解意欲，因此能为他们示现无量色相。

"佛子啊！㉑诸佛有十种无量不可思议三昧。是哪十种？一，诸佛恒常安住正定，一念之间就能到达一切处所，为所有的众生广说微妙的佛法；二，诸佛恒常安住正定，一念之间就能到达一切处所，为所有众生宣说无我的分际；三，诸佛恒常安住正定，一念之间就能到达一切处所，普遍证入过去、现在、未来三世；四，诸佛恒常安住正定，一念之间就能到达一切处所，普遍进入十方广大佛国刹土；五，诸佛恒常安住正定，一念之间就能到达一切处所，普遍示现无量种种佛身；六，诸佛恒常安住正定，一念之间就能到达一切处所，随着众生种种的心之所解，而示现身、语、意行；七，诸佛恒常安住正定，一念之间就能到达一切处所，说一切远离欲念的真实境界；八，诸佛恒常安住正定，一念之间就能到达一切处所，演说一切缘起自性；九，诸佛恒常安住正定，一念之间就能到达一切处所，示现无量世间、出世间的广大庄严，使众生常得见佛；十，诸佛恒常安住正定，一念之间就能到达一切处所，使所有众生完全通达一切佛法，无量解脱，究竟到达无上彼岸。

"佛子啊！[2]诸佛有十种无碍解脱。是哪十种呢？一，诸佛能在一尘中，示现不可说不可说数的诸佛出兴世间；二，诸佛能在一尘中，示现不可说不可说数的诸佛转动清净法轮；三，诸佛能在一尘中，示现不可说不可说数的众生受教化调伏；四，诸佛能在一尘中，示现不可说不可说数的诸佛国土；五，诸佛能在一尘中，示现不可说不可说数的菩萨接受授记；六，诸佛能在一尘中，示现过去、未来、现在一切诸佛；七，诸佛能在一尘中，示现过去、未来、现在所有世界种种；八，诸佛能在一尘中，示现过去、未来、现在一切神通；九，诸佛能在一尘中，示现过去、未来、现在一切众生；十，诸佛能在一尘中，示现过去、未来、现在一切佛事。"

【注释】

❶ 说明神通自在。

❷ 说明无畏自在。

❸ 无碍自在：指对事说能明白审查，决定无碍，不畏艰难，所以叫作自在。

❹ 说明三昧自在。

❺ 说明十力自在（应为十一力自在）。

❻ 说明神力自在。

❼ 大那罗延幢：帝释身边的力士之名。这里是指佛的十力总称，首先为身命不可坏力。

❽ 第二，毛孔容持之力。

❾ 第三，汗毛能持大山力。

❿ 第四，禅定功用自在力。

⓫ 第五，恒常普遍演说诸法力。

⓬ 第六，德相降魔力。

⓭ 第七，圆满遍彻力。

⓮ 第八，心无障碍力。

⓯ 第九，法身微密力。

⓰ 第十，具足行智力。

⓱ 次三门回答无碍的问题，说明所作决定，无有能为其障碍者。

⓲ 说明使其他众生无碍。

⓳ 列举佛的功德，使众生忆念受持。

⓴ 以下三门在回答解脱的问题，说明智慧障的解脱。

㉑ 次说明禅定障的解脱。

㉒ 次说明业用的解脱。

如来十身相海品第三十四

卷第四十八

《如来十身相海品》导读

　　《如来十身相海品第三十四》承前品，也是说佛果德，而以佛身相之海无边为主题。十身在十地品第八地中说两种十身：一是众生身、国土身等，二是菩提身、愿身等。如来以此十身而现无量庄严相海，以果德无尽故，相海亦无尽。《观佛三昧海经》辨相有三类：略者三十二大丈夫相，中者八万四千相，广则无量相，即《杂华经》中普贤、贤首等说。这里的《杂华经》即《华严经》。

　　本品由普贤菩萨宣说如来相海，略举了九十七相以作代表，结语则说毗卢遮那如来有十华藏世界海微尘数的大人相，以明如来相海无尽。九十七相中，顶相占三十二，等于其他经所传佛陀共三十二相的数目，所以微妙庄严当远超过之。另外，第五十三相提到佛胸前有卍字，这是其他经典比较少提到的。

卷第四十八
如来十身相海品第三十四

【原典】

　　尔时，普贤菩萨摩诃萨告诸菩萨言："佛子！今当为汝演说如来所有相海。佛子！如来顶上有三十二宝庄严大人相。其中有大人相，名光照一切方普放无量大光明网，一切妙宝以为庄严，宝发周遍，柔软密致，一一咸放摩尼宝光，充满一切无边世界，悉现佛身色相圆满，是为一。次有大人相，名佛眼光明云，以摩尼王种种庄严出金色光，如眉间毫相所放光明，其光普照一切世界，是为二。次有大人相，名充满法界云，上妙宝轮以为庄严，放于如来福智灯明，普照十方一切法界诸世界海，于中普现一切诸佛及诸菩萨，是为三。次有大人相，名示现普照云，真金摩尼种种庄严，其诸妙宝咸放光明，照不思议诸佛国土，一切诸佛于中出现，是为四。次有大人相，名放宝光明云，摩尼宝王清净庄严，毗琉璃宝以为华蕊，光照十方一切法界，于中普现种种神变，赞叹如来往昔所行智慧功德，是为五。次有大人相，名示现如来遍法界大自在云，菩萨神变宝焰摩尼以为其冠，具如来力，觉悟一切，宝焰光轮以为其鬘，其光普照十方世界，于中示现一切如来坐于道场，一切智云充满虚空无量法界，是为六。次有大人相，名如来普灯云，以能震动法界国土大自在宝海而为庄严，放净光明，充满法界，于中普现十方诸菩萨功德海、过现未来佛智慧幢海，是为七。次有大人相，名普照诸佛广大云，因陀罗宝、如意王宝、摩尼王宝以为庄严，常放菩萨焰灯光明，普照十方一切世界，于中显现一切诸佛众色相海、大音声海、清净力海，是为八。次有大人相，名圆满光明云，上妙琉璃摩尼王种种宝华以为庄严，一切众宝舒大焰网充满十方，一切世界一切众生悉见如来现坐其前，赞叹诸佛及诸菩萨法身功德，令入如来清净境界，是为九。次有大人相，名普照一切菩萨行藏光明云，众宝妙华以为庄严，宝光普照无量世界，宝焰普覆一切国土，十方法界通达无碍，震动佛音，宣畅法海，是为十。次有大人相，名普光照耀云，毗琉璃、因陀罗、金刚摩尼宝以为庄严，琉璃宝光色相明彻，普照一切诸世界海，出妙音声，充满法界，如是皆从诸佛智慧大功德海之所化现，是为十一。次有大人相，名正觉云，以杂宝华而为庄严，其诸宝华悉放光明，皆有如来坐于道场，充满一切无边世界，令诸世界普得清净，永断一切妄想分别，是为十二。次有大人相，名光明照耀云，以宝焰藏海心王摩尼而为庄严，放大光明，光中显现无量菩萨及诸菩萨所行之行，一切如来智身、法身、诸色相海充满法界，是为十三。次有大人相，名庄严普照云，以金刚华、毗琉璃宝而为庄严，放大光明，光中有大宝莲华座，具足庄严，弥覆法界，自然演说四菩萨行，其音普遍诸法界海，是为十四。次有大人相，名现佛三昧海行云，于一念中示现如来无量庄严，普遍庄严一切法界不思议世界海，是为十五。次有大人相，名变化海普照云，妙宝莲华如须弥山以为庄严，众宝光明从佛愿生，现诸变化，无有穷尽，是为十六。次有大人相，名一切如来解脱云，清净妙宝以为庄严，放大光明庄严一切佛师子座，示现一切诸佛色像及无量佛法诸佛刹海，是为十七。次有大人相，名自在方便普照云，毗琉璃华、真金莲华、摩尼王灯、妙法焰云以为庄严，放一切诸佛宝焰密云，清净光明充满法界，于中普现一切妙好庄严之具，是为十八。次有大人相，名觉佛种性云，无量宝光以为庄严，具足千轮，内外清净，从于往昔善根所生，其光遍照十方世界，发明智日，宣布法海，是为十九。次有大人相，名现一切如来相自在云，众宝璎珞、琉璃宝华以为庄严，舒大宝焰，充满法界，于中普现等一切佛刹微尘数去、来、现在无量诸佛，如师子王勇猛无畏，色相、智慧皆悉具足，是为二十。次有大人相，名遍照一切法界云，如来宝相清净庄严，放大光明普照法界，显现一切无量无边诸佛菩萨智慧妙藏，是为二十一。次有大人相，名毗卢遮那如来相云，上妙宝华及毗琉璃清净妙月以为庄严，悉放无量百千万亿摩尼宝光，充满一切虚空法界，于中示现无量佛刹，皆有如来结跏趺坐，是为二十二。次有大人相，名普照一切佛光明云，众宝妙灯以为庄严，放净光明，遍照十方一切世界，悉现诸佛转于法轮，是为二十三。次有大人相，名普现一切庄严云，种种宝焰以为庄严，放净光明充满法界，念念常现不可说不可说一切诸佛与诸菩萨坐于道场，是为二十四。次有大人相，名出一切法界音声云，摩尼宝海、上妙栴檀以为庄严，舒大焰网，充满法界，其中普演微妙音声，示诸众生一切业海，是为二十五。次有大人相，名普照诸佛变化轮云，如来净眼以为庄严，光照十方一切世界，于中普现去、来、今佛所有一切庄严之具，复出妙音，演不思议广大法海，是为二十六。次有大人相，名光照佛海云，其光普照一切世界，尽于法界，无所障碍，悉有如来结跏趺坐，是为二十七。次有大人相，名宝灯云，放于如来广大光明，普照十方一切法界，于中普现一切诸佛及诸菩萨不可思议诸众生海，是为二十八。次有大人相，名法界无差别云，放于如来大智光明，普照十方诸佛国土、一切菩萨道场众会无量法海，于中普现种种神通，复出妙音，随诸众生心之所乐演说普贤菩萨行愿，令其回向，是为二十九。次有大人相，名安住一切世界海普照云，放宝光明，充满一切虚空法界，于中普现净妙道场及佛菩萨庄严身相，令其见者得无所见，是为三十。次有大人相，名一切宝清净光焰云，放于无量诸佛菩萨摩尼妙宝清净光明，普照十方一切法界，于中普现诸菩萨海，莫不具足如来神力，常游十方尽虚空界一切刹网，是为三十一。次有大人相，名普照一切法界庄严云，最处于中，渐次隆起，阎浮檀金、因陀罗网以为庄严，放净光云，充满法界，念念常现一切世界诸佛菩萨道场众会，是为三十二。佛子！如来顶上有如是三十二种大人相以为严好。

"佛子！如来眉间有大人相，名遍法界光明云，摩尼宝华以为庄严，放大光明，具众宝色，犹如日月，洞彻清净，其光普照十方国土，于中显现一切佛身，复出妙音宣畅法海，是为三十三。如来眼有大人相，名自在普见云，以众妙宝而为庄严，摩尼宝光清净映彻，普见一切皆无障碍，是为三十四。如来鼻有大人相，名一切神通智慧云，清净妙宝以为庄严，众宝色光弥覆其上，于中出现无量化佛坐宝莲华，往诸世界为一切菩萨、一切众生演不思议诸佛法海，是为三十五。如来舌有大人相，名示现音声影像云，众色妙宝以为庄严，宿世善根之所成就，其舌广长，遍覆一切诸世界海，如来若或熙怡微笑，必放一切摩尼宝光，其光普照十方法界，能令一切心得清凉，去、来、现在所有诸佛皆于光中炳然显现，悉演广大微妙之音，遍一切刹，住无量劫，是为三十六。如来舌复有大人相，名法界云，其掌安平，众宝为严，放妙宝光，色相圆满，犹如眉间所放光明，其光普照一切佛刹，唯尘所成，无有自性，光中复现无量诸佛，咸发妙音，说一切法，是为三十七。如来舌端有大人相，名照法界光明云，如意宝王以为庄严，自然恒出金色宝焰，于中影现一切佛海，复震妙音，充满一切无边世界，一一音中具一切音，悉演妙法，听者心悦，经无量劫玩味不忘，是为三十八。如来舌端复有大人相，名照耀法界云，摩尼宝王以为严饰，演众色相微妙光明，充满十方无量国土，尽于法界靡不清净，于中悉有无量诸佛及诸菩萨各吐妙音种种开示，一切菩萨现前听受，是为三十九。如来口上腭有大人相，名示现不思议法界云，因陀罗宝、毗琉璃宝以为庄严，放香灯焰清净光云，充满十方一切法界，示现种种神通方便，普于一切诸世界海开演甚深不思议法，是为四十。如来口右辅下牙有大人相，名佛牙云，众宝摩尼卍字相轮以为庄严，放大光明普照法界，于中普现一切佛身，周流十方开悟群生，是为四十一。如来口右辅上牙有大人相，名宝焰弥卢藏云，摩尼宝藏以为庄严，放金刚香焰清净光明，一一光明充满法界，示现一切诸佛神力，复现一切十方世界净妙道场，是为四十二。如来口左辅下牙有大人相，名宝灯普照云，一切妙宝舒华发香以为庄严，放灯焰云清净光明，充满一切诸世界海，于中显现一切诸佛，坐莲华藏师子之座，诸菩萨众所共围绕，是为四十三。如来口左辅上牙有大人相，名照现如来云，清净光明、阎浮檀金、宝网、宝华以为庄严，放大焰轮，充满法界，于中普现一切诸佛，以神通力于虚空中流布法乳、法灯、法宝，教化一切诸菩萨众，是为四十四。如来齿有大人相，名普现光明云，一一齿间相海庄严，若微笑时悉放光明，具众宝色摩尼宝焰右旋宛转，流布法界，靡不充满，演佛言音，说普贤行，是为四十五。如来唇有大人相，名影现一切宝光云，放阎浮檀真金色、莲华色、一切宝色广大光明，照于法界，悉令清净，是为四十六。

"如来颈有大人相，名普照一切世界云，摩尼宝王以为庄严，绀蒲成就柔软细滑，放毗卢遮那清净光明，充满十方一切世界，于中普现一切诸佛，是为四十七。如来右肩有大人相，名佛广大一切宝云，放一切宝色、真金色、莲华色光明，成宝焰网，普照法界，于中普现一切菩萨，是为四十八。如来右肩复有大人相，名最胜宝普照云，其色清净如阎浮金，放摩尼光，充满法界，于中普现一切菩萨，是为四十九。如来左肩有大人相，名最胜光照法界云，犹如顶上及以眉间种种庄严，放阎浮檀金及莲华色众宝光明，成大焰网，充满法界，于中示现一切神力，是为五十。如来左肩复有大人相，名光明遍照云，其相右旋，阎浮檀金色摩尼宝王以为庄严，放众宝华，香焰光明充遍法界，于中普现一切诸佛及以一切严净国土，是为五十一。如来左肩复有大人相，名普照耀云，其相右旋，微密庄严，放佛灯焰云，清净光明充遍法界，于中显现一切菩萨种种庄严，悉皆妙好，是为五十二。如来胸臆有大人相，形如卍字，名吉祥海云，摩尼宝华以为庄严，放一切宝色种种光焰轮，充满法界，普令清净，复出妙音，宣畅法海，是为五十三。吉祥相右边有大人相，名示现光照云，因陀罗网以为庄严，放大光轮，充满法界，于中普现无量诸佛，是为五十四。吉祥相右边复有大人相，名普现如来云，以诸菩萨摩尼宝冠而为庄严，放大光明普照十方一切世界，悉令清净，于中示现去、来、今佛坐于道场，普现神力，广宣法海，是为五十五。吉祥相右边复有大人相，名开敷华云，摩尼宝华以为庄严，放宝香焰灯清净光明，状如莲华，充满世界，是为五十六。吉祥相右边复有大人相，名可悦乐金色云，以一切宝心王藏摩尼王而为庄严，放净光明，照于法界，于中普现犹如佛眼广大光明摩尼宝藏，是为五十七。吉祥相右边复有大人相，名佛海云，毗琉璃宝、香灯、华鬘以为庄严，放满虚空摩尼宝王香灯大焰清净光明，充遍十方一切国土，于中普现道场众会，是为五十八。吉祥相左边有大人相，名示现光明云，无数菩萨坐宝莲华以为庄严，放摩尼王种种间错宝焰光明，普净一切诸法界海，于中示现无量诸佛，及佛妙音演说诸法，是为五十九。吉祥相左边复有大人相，名示现遍法界光明云，摩尼宝海以为庄严，放大光明，遍一切刹，于中普现诸菩萨众，是为六十。吉祥相左边复有大人相，名普胜云，日光明摩尼王宝轮鬘而为庄严，放大光焰充满法界诸世界海，于中示现一切世界、一切如来、一切众生，是为六十一。吉祥相左边复有大人相，名转法轮妙音云，一切法灯清净香蕊以为庄严，放大光明，充满法界，于中普现一切诸佛所有相海及以心海，是为六十二。吉祥相左边复有大人相，名庄严云，以去、来、今一切佛海而为庄严，放净光明，严净一切诸佛国土，于中普现十方一切诸佛菩萨及佛菩萨所行之行，是为六十三。

"如来右手有大人相，名海照云，众宝庄严，恒放月焰清净光明，充满虚空一切世界，发大音声，叹美一切诸菩萨行，是为六十四。如来右手复有大人相，名影现照耀云，以毗琉璃、帝青、摩尼宝华而为庄严，放大光明，普照十方菩萨所住莲华藏、摩尼藏等一切世界，于中悉现无量诸佛，以净法身坐菩提树，震动一切十方国土，是为六十五。如来右手复有大人相，名灯焰鬘普严净云，毗卢遮那宝以为庄严，放大光明，成变化网，于中普现诸菩萨众，咸戴宝冠，演诸行海，是为六十六。如来右手复有大人相，名普现一切摩尼云，莲华焰灯而为庄严，放海藏光充遍法界，于中普现无量诸佛坐莲华座，是为六十七。如来右手复有大人相，名光明云，摩尼焰海以为庄严，放众宝焰、香焰、华焰清净光明，充满一切诸世界网，于中普现诸佛道场，是为六十八。如来左手有大人相，名毗琉璃清净灯云，宝地妙色以为庄严，放于如来金色光明，念念常现一切上妙庄严之具，是为六十九。如来左手复有大人相，名一切刹智慧灯音声云，以因陀罗网、金刚华而为庄严，放阎浮檀金清净光明，普照十方一切世界，是为七十。如来左手复有大人相，名安住宝莲华光明云，众宝妙华以为庄严，放大光明如须弥灯，普照十方一切世界，是为七十一。如来左手复有大人相，名遍照法界云，以妙宝鬘、宝轮、宝瓶、因陀罗网及众妙相以为庄严，放大光明普照十方一切国土，于中示现一切法界、一切世界海、一切如来坐莲华座，是为七十二。如来右手指有大人相，名现诸劫刹海旋云，水月焰藏摩尼王一切宝华以为庄严，放大光明，充满法界，其中恒出微妙音声满十方刹，是为七十三。如来左手指有大人相，名安住一切宝云，以帝青、金刚宝而为庄严，放摩尼王众宝光明，充满法界，其中普现一切诸佛及诸菩萨，是为七十四。如来右手掌有大人相，名照耀云，以摩尼王千辐宝轮而为庄严，放宝光明，其光右旋，充满法界，于中普现一切诸佛，一一佛身光焰炽然，说法度人，净诸世界，是为七十五。如来左手掌有大人相，名焰轮普增长化现法界道场云，以日光摩尼王千辐轮而为庄严，放大光明，充满一切诸世界海，于中示现一切菩萨，演说普贤所有行海，普入一切诸佛国土，各各开悟无量众生，是为七十六。

"如来阴藏有大人相，名普流出佛音声云，一切妙宝以为庄严，放摩尼灯华焰光明，其光炽盛，具众宝色，普照一切虚空法界，其中普现一切诸佛游行往来处处周遍，是为七十七。如来右臀有大人相，名宝灯鬘普照云，诸摩尼宝以为庄严，放不思议宝焰光明，弥布十方一切法界，与虚空法界同为一相，而能出生一切诸相，一一相中悉现诸佛自在神变，是为七十八。如来左臀有大人相，名示现一切法界海光明弥覆虚空云，犹如莲华，清净妙宝以为严饰，放光明网，遍照十方一切法界，于中普现种种相云，是为七十九。如来右髀有大人相，名普现云，以众色摩尼而为庄严，其髀与腨上下相称，放摩尼焰妙法光明，于一念中能普示现一切宝王游步相海，是为八十。如来左髀有大人相，名现一切佛无量相海云，一切宝海随顺安住以为庄严，广大游行，放净光明，普照众生，悉使希求无上佛法，是为八十一。如来右边伊尼延鹿王腨有大人相，名一切虚空法界云，光明妙宝以为庄严，其相圆直，善能游步，放阎浮金色清净光明，遍照一切诸佛世界，发大音声，普皆震动，复现一切诸佛国土，住于虚空宝焰庄严，无量菩萨从中化现，是为八十二。如来左边伊尼延鹿王腨有大人相，名庄严海云，色如真金，能遍游行一切佛刹，放一切宝清净光明，充满法界，施作佛事，是为八十三。如来宝腨上毛有大人相，名普现法界影像云，其毛右旋，一一毛端放宝光明，充满十方一切法界，示现一切诸佛神力，其诸毛孔悉放光明，一切佛刹于中显现，是为八十四。

"如来足下有大人相，名一切菩萨海安住云，色如金刚、阎浮檀金，清净莲华放宝光明，普照十方诸世界海，宝香焰云处处周遍，举足将步，香气周流，具众宝色，充满法界，是为八十五。如来右足上有大人相，名普照一切光明云，一切众宝以为庄严，放大光明，充满法界，示现一切诸佛菩萨，是为八十六。如来左足上有大人相，名普现一切诸佛云，宝藏摩尼以为庄严，放宝光明，于念念中现一切佛神通变化，及其法海所坐道场，尽未来际劫无有间断，是为八十七。如来右足指间有大人相，名光照一切法界海云，须弥灯摩尼王千辐焰轮种种庄严，放大光明，充满十方一切法界诸世界海，于中普现一切诸佛所有种种宝庄严相，是为八十八。如来左足指间有大人相，名现一切佛海云，摩尼宝华、香焰、灯鬘、一切宝轮以为庄严，恒放宝海清净光明，充满虚空，普及十方一切世界，于中示现一切诸佛及诸菩萨圆满音声、卍字等相，利益无量一切众生，是为八十九。如来右足跟有大人相，名自在照耀云，帝青、宝末以为庄严，常放如来妙宝光明，其光妙好，充满法界，皆同一相，无有差别，于中示现一切诸佛坐于道场，演说妙法，是为九十。如来左足跟有大人相，名示现妙音演说诸法海云，以变化海摩尼宝、香焰海须弥华摩尼宝及毗琉璃而为庄严，放大光明充满法界，于中普现诸佛神力，是为九十一。如来右足趺有大人相，名示现一切庄严光明云，众宝所成，极妙庄严，放阎浮檀金色清净光明，普照十方一切法界，其光明相犹如大云，普覆一切诸佛道场，是为九十二。如来左足趺有大人相，名现众色相云，以一切月焰藏毗卢遮那宝、因陀罗尼罗宝而为庄严，念念游行诸法界海，放摩尼灯香焰光明，其光遍满一切法界，是为九十三。如来右足四周有大人相，名普藏云，因陀罗尼罗金刚宝以为庄严，放宝光明，充满虚空，于中示现一切诸佛坐于道场摩尼宝王师子之座，是为九十四。如来左足四周有大人相，名光明遍照法界云，摩尼宝华以为庄严，放大光明，充满法界，平等一相，于中示现一切诸佛及诸菩萨自在神力，以大妙音演说法界无尽法门，是为九十五。如来右足指端有大人相，名示现庄严云，甚可爱乐，阎浮檀清净真金以为庄严，放大光明，充满十方一切法界，于中示现一切诸佛及诸菩萨无尽法海种种功德、神通变化，是为九十六。如来左足指端有大人相，名现一切佛神变云，不思议佛光明、月焰普香、摩尼宝焰轮以为庄严，放众宝色清净光明，充满一切诸世界海，于中示现一切诸佛及诸菩萨演说一切诸佛法海，是为九十七。

"佛子！毗卢遮那如来有如是等十华藏世界海微尘数大人相，一一身分，众宝妙相以为庄严。"

【白话语译】

❶这时，普贤菩萨摩诃萨告诉诸位菩萨说："佛子啊！今天我要为你们演说如来所有如大海般广大的庄严妙相。

"佛子啊！如来的顶上有三十二种妙宝庄严的大丈夫相貌。第一种大人相，叫作光照十方普放无量大光明网。这个大人相是以一切妙宝庄严妙饰，珍宝般的头发周遍覆满，十分柔软密致。每一根头发都放出摩尼宝珠的光明，充满无边世界，无不示现色相圆满的佛身。第二种大人相，叫作佛眼光明云。这种大人相是用摩尼宝珠王的种种庄严，放出金色的光明，宛如佛陀眉间的白毫光明，这些光明普照一切世界。第三种大人相，叫作充满法界云。它是以上妙宝轮庄严，放出如来福德智慧灯的光明，普遍照耀十方一切法界诸世界海，并在其中普遍显现一切诸佛及诸菩萨。第四种大人相，叫作示现普照云。这是用种种真金摩尼等妙宝庄严，种种妙宝都大放光明，照耀不可思议的诸佛国土，一切诸佛无不示现。第五种大人相，叫作放宝光明云。这种大人相是用摩尼宝王的清净庄严，用毗琉璃宝作华蕊，光明照耀十方一切法界，其中又有种种神通变化，赞叹如来往昔所行的智慧功德。第六种大人相，叫作示现如来遍布法界的大自在云。这种大人相乃是用菩萨神通变化的宝焰摩尼珠作宝冠，及具足如来力量能够觉悟一切的宝焰光轮作华鬘，这相的光明普遍照耀十方世界，示现一切如来安坐道场，一切智云充满虚空无量法界。第七种大人相，叫作如来普灯云。这种大人相是以能震动法界国土大自在的宝海庄严，放出清净的光明充满法界。其中更示现十方诸菩萨的功德海，过去、现在、未来诸佛的智慧幢海。第八种大人相，叫作普照诸佛广大云。这种大人相是用因陀罗宝、如意王宝、摩尼王宝庄严，常放出菩萨的焰灯光明，普遍照耀十方世界。其中又显现一切诸佛种种色相海、大音声海、清净力海。第九种大人相，叫作圆满光明云。这种大人相是用上妙琉璃摩尼王种种宝华庄严，一切众宝舒展的大焰网充满十方，一切世界的众生都能见到如来出现其前，因此无不赞叹诸佛及诸菩萨的法身功德，而趣入如来的清净境界。第十种大人相，叫作普遍照耀一切菩萨行藏光明云。这种大人相是用众宝妙华庄严，宝光普遍照耀无量世界，宝焰普遍覆盖一切国土，通达十方法界了无障碍，震动佛音宣扬畅演法海。第十一种大人相，叫作普光照耀云。这种大人相是用毗琉璃、因陀罗、金刚摩尼宝庄严，琉璃宝光的色相明净清澈，普遍照耀一切世界海，美妙的音声充满法界，这些都是诸佛智慧大功德海所变化示现的。第十二种大人相，叫作正觉云。这种大人相是用杂宝华庄严，种种宝华放出的光明，都有如来安坐其中，充满一切无边的世界。令各个世界普遍得到清净，永远断除一切妄想分别。第十三种大人相，叫作光明照耀云。这种大人相是用宝焰藏海心王摩尼庄严，此宝放出的光明中，有无量的菩萨及诸菩萨所行之行。一切如来的智身、法身及种种色相海更充满法界。第十四种大人相，叫作庄严普照云。这种大人相是用金刚华、毗琉璃宝庄严，此宝放出的光明中有大宝莲华座，具足庄严，周弥覆盖法界，自然演说波罗蜜、菩提分法、神通及成熟有情等四种菩萨行❷，音声遍及所有的法界海。第十五种大人相，叫作示现诸佛三昧海行云。这种大人相能在一念之间示现如来的无量庄严，普遍庄严一切法界不可思议的世界海。第十六种大人相，叫作变化海普照云。这种大人相是用如须弥山的妙宝莲华庄严，从佛愿出生众宝光明，示现种种变化无有穷尽。第十七种大人相，叫作一切如来的解脱云。这种大人相以清净妙宝庄严，此宝放出的光明能庄严诸佛的师子座，示现诸佛色相及诸佛刹海的无量佛法。第十八种大人相，叫作自在方便普照云。这种大人相是用毗琉璃华、真金莲华、摩尼王灯、妙法焰云庄严，并放出清净光明的诸佛宝焰密云充满法界，普遍示现一切妙好庄严的器具。第十九种大人相，叫作觉佛种性云。这种大人相是以无量宝光庄严，具足千轮，内外清净。因为这种相好是由诸佛往昔善根所生，所以光明遍照十方世界，发出如太阳光明的智慧宣布法海。第二十种大人相，叫作示现一切如来相自在云。这种大人相是以众多的珍宝璎珞、琉璃宝华庄严，舒展大宝焰充满法界。其中又示现等同一切佛国刹土微尘数三世如师王勇猛无畏的无量诸佛的色相、智慧。第二十一种大人相，叫作普遍照耀一切法界云。这种大人相是用如来宝相清净庄严，所以能放出大光明普遍照耀法界，显现一切无量无边的诸佛菩萨智慧妙藏。第二十二种大人相，叫作毗卢遮那如来相云。这种大人相是用上妙宝华及毗琉璃清净妙月庄严，所以能放出无量百千万亿的摩尼宝光，充满虚空法界，并且在其中示现无量佛国刹土，每一佛国刹土都有如来结跏趺坐。第二十三种大人相，叫作普遍照耀一切佛光明云。这种大人相是以众多的珍宝妙灯庄严，所以能放出清净的光明，遍照十方世界，示现诸佛转动法轮。第二十四种大人相，叫作普遍示现一切庄严云。这种大人相是以种种宝焰庄严，所以能放出清净的光明充满法界，念念恒常示现不可说不可说的诸佛与诸菩萨安坐道场。第二十五种大人相，叫作出一切法界音声云。这种大人相是用摩尼宝海，上妙的栴檀庄严，这些妙宝舒展的大焰网充满法界，普遍演说微妙的音声，并且能示现众生的一切业海。第二十六种大人相，叫作普遍照耀诸佛变化轮云。这种大人相是用如来的清净佛眼庄严，所以光明照耀十方世界，能够普遍示现过去、未来、现在诸佛一切庄严的器具，并且以妙音演说不思议广大法海。第二十七种大人相，叫作光照佛海云。它的光明普遍照耀一切世界，穷尽法界无所障碍，所有如来都结跏趺坐其中。第二十八种大人相，叫作宝灯云。它能放出如来的广大光明，普遍照耀十方世界，普遍示现诸佛及诸菩萨不可思议的种种众生海。第二十九种大人相，叫作法界无差别云。它的大智光明等同如来，普遍照耀十方诸佛国土。一切菩萨众会的无量法海，都在其中普遍示现种种神通，又演出妙音，随顺众生的心所喜乐，演说普贤菩萨的行愿，使众生回向。第三十种大人相，叫作安住一切世界海普照云。它放出宝光明的充满虚空法界，更普遍示现清净微妙的道场以及佛菩萨的庄严身相，使众生无不看见。第三十一种大人相，叫作一切宝清净光焰云。它能放出无量诸佛菩萨摩尼妙宝的清净光明，普遍照耀十方一切法界，并在其中普遍示现诸菩萨海。这些菩萨海没有不具足如来威神力，恒常游化十方尽虚空界的一切刹网。第三十二种大人相，叫作普遍照耀一切法界庄严云。这大人相位在所有大人相的最中间，然后慢慢升起，以阎浮檀金、因陀罗网庄严，它放出的清净光云充满法界，念念恒常示现十方世界诸佛菩萨法会道场。佛子啊！这就是如来头上三十二种大人相的庄严妙好。

"佛子啊！如来双眉之间也有大人相，这是第三十三种大人相，叫作遍法界光明云。这大人相是以摩尼宝华庄严，它放射具足聚多宝色的光明，犹如日月一般明彻清净，所以能普遍照耀十方国土，显现一切的佛身，并发出微妙音宣扬法海。如来的双眼有大人相，这是第三十四种大人相，叫作自在普见云。这种大人相是用聚多的妙宝庄严，摩尼宝光清净映彻，因此能毫无障碍地见到一切。如来的鼻子有大人相，叫作一切神通智慧云。这大人相是以清净妙宝庄严，上面覆盖许多众宝色光。每道光明都示现无量化佛安坐宝莲华上，前往各个世界为一切菩萨、一切众生演说不可思议的诸佛法海，以上就是第三十五种大人相。如来的舌有大人相，叫作示现音声影像云。这大人相是用众色妙宝庄严，由宿世善根所成就，因此他的舌广长遍覆一切诸世界海。如来熙怡微笑的时候，都会放射摩尼宝光。这光普照十方法界，能清凉众生心。而且过去、未来、现在所有诸佛无不于光中清楚显现，演说遍布一切刹土的广大微妙法音，并且安住无量时劫，以上就是第三十六种大人相。如来的舌面上也有大人相，名为法界云。他的舌面有众宝庄严，所以舌面非常安实平坦，并且放出具足圆满的微妙宝光色相，就如眉间所放的光明一样。这光普遍照耀一切佛国刹土，观察所有的佛国刹土都是由外尘所成就的，没有任何自性。光中又示现无量诸佛，发出妙音宣说一切法。以上就是第三十七种大人相。如来的舌端有大人相，叫作照法界光明云。这种大人相是用如意宝王庄严，恒常自然地化现金色宝焰，一切佛海无不影现其中。又发出微妙的声音充满无边世界，而且每一个声音又具足一切演说妙法的声音。凡是听见的人无不喜悦，经过无量时劫的玩味学习也都总持不忘。以上就是第三十八种大人相。如来的舌端也有大人相，叫作照耀法界云。这种大人相是用摩尼宝王庄严装饰，所以能演出众多色相微妙的光明，充满十方无量的国土。即使穷尽法界，也没有不清净的。而每一道光明又有无量诸佛及诸菩萨各自吐出奇妙音声，开示种种法要，一切菩萨大众无不现前听受。以上就是第三十九种大人相。

如来的上腭也有大人相，叫作示现不思议法界云。这种大人相是用因陀罗宝、毗琉璃宝庄严，放出香灯焰的清净光云，充满十方法界。示现种种的神通方便，普遍一切世界海，开示演说甚深不思议法。以上就是第四十种大人相。如来口中右侧辅助的下牙也有大人相，叫作佛牙云。这种大人相是用众多宝摩尼卍字相轮庄严，所以能放大光明照耀法界，普遍示现一切佛身。周遍流行十方，开悟群生。以上就是第四十一种大人相。如来口中右侧辅助的上牙也有大人相，叫作宝焰弥卢藏云。这种大人相是用摩尼宝藏庄严，放出的金刚香焰清净光明，每一道光明都充满法界，示现诸佛神力，又示现十方世界清净胜妙的道场。以上就是第四十二种大人相。如来口中左侧辅助的下牙有大人相，叫作宝灯普照云。这种大人相是用一切妙宝舒华发香庄严，它放出的灯焰云清净光明，充满一切世界海。每一道光明更示现诸佛安坐莲华师子座上，菩萨众都共同围绕。以上就是第四十三种大人相。如来口中左侧辅助的上牙有大人相，叫作照现如来云。这种大人相非常清净光明，是以阎浮檀金和宝网、宝华庄严，它放出的大焰轮充满法界，普遍示现诸佛以神通力在虚空中流布法乳、法灯、法宝，教化菩萨众。以上就是第四十四种大人相。如来的牙齿有大人相，叫作普现光明云。每一齿间都有相海庄严，所以一微笑就会放出光明。具足众多宝色的摩尼宝焰，婉转地右旋，充满流布法界，畅演诸佛的言语音声，宣说普贤行。以上就是第四十五种大人相。如来的唇有大人相，叫作影视一切宝光云。它放出的阎浮檀真金色、莲华色、一切宝色等广大光明，照耀法界时，法界无不清净。以上就是第四十六种大人相。如来的颈有大人相，叫作普照一切世界云。这种大人相是用摩尼宝王庄严，绀蒲成就颈上三道柔软细滑的横纹。放出毗卢遮那的清净光明，充满十方一切世界，普遍示现一切诸佛。以上就是第四十七种大人相。如来的右肩有大人相，叫作佛广大一切宝云。它放出一切宝色、真金色、莲华色等众多宝光明，交织而成宝焰网，普遍照耀法界，并且普遍示现一切菩萨。以上就是第四十八种大人相。如来右肩又有大人相，叫作最胜宝普照云。它的颜色清净如阎浮檀金，放出的摩尼光明充满法界，普遍示现一切菩萨。以上就是第四十九种大人相。

如来左肩有大人相，叫作最胜光照耀法界云。这种大人相就像顶上及眉间的种种庄严，放出阎浮檀金及莲华色等众多宝光明交织而成的大焰网，充满法界，并且在其中示现一切神力。以上就是第五十种大人相。如来左肩又有大人相，叫作光明遍照云。这种大人相是右旋的，以阎浮檀金色摩尼宝王庄严，并放出众多宝华、香焰光明充满遍布法界，更在其中普遍示现诸佛及一切庄严清净国土。以上就是第五十一种大人相。如来左肩又有大人相，叫作普照耀云。这种大人相是右旋的，微密庄严，并放出佛灯焰云，清净光明充满法界。其中显现所有菩萨的种种庄严，无不微妙美好。以上就是第五十二种大人相。如来的胸臆有大人相，形状如卍字，叫作吉祥海云。这种大人相是用摩尼宝华庄严，放出具足一切宝色的种种光焰轮，充满法界。因此能清净法界，并发出妙音畅演宣说法海。以上就是第五十三种大人相。吉祥相的右边也有大人相，名为示现光照云。这种大人相是用因陀罗网庄严，所以能放出大光轮，充满法界，普遍示现无量诸佛以上就是第五十四种大人相。

"吉祥相的右边又有大人相，叫作普现如来云。这种大人相是用诸菩萨的摩尼宝冠庄严，所以能放出大光明，遍照清净十方世界，示现过去、未来、现在诸佛安坐道场，并示现神力，广大宣说法海。以上就是第五十五种大人相。吉祥相的右边又有大人相，叫作开敷华云。这种大人相是用摩尼宝华庄严，因此能放出宝香焰灯的清净光明。这光明状如莲华，充满世界。以上就是第五十六种大人相。吉祥相的右边还有大人相，叫作可悦乐金色云。这种大人相是用一切宝心王藏摩尼王庄严，所以能放出照耀法界的清净光明，并普遍示现犹如佛眼的广大光明摩尼宝藏。以上就是第五十七种大人相。吉祥相的右边又有大人相，叫作佛海云。这种大人相是用毗琉璃宝、香灯、华鬘庄严，所以能放出遍满虚空的摩尼宝王香灯大焰清净光明，充满十方国土，并且普遍示现道场众会。以上就是第五十八种大人相。吉祥相的左边有大人相，叫作示现光明云。无数菩萨安坐在宝莲华上，非常庄严，这种相又放出摩尼王种种间错宝焰光明，普遍清净一切诸法界海，并示现无量诸佛，用妙音演说诸法。以上就是第五十九种大人相。吉祥相的左边再有大人相，叫作示现遍满法界光明云。这种大人相是用摩尼宝海庄严，放出的大光明遍布一切佛国刹土，并且普遍示现诸菩萨众。以上就是第六十种大人相。吉祥相的左边又有大人相，叫作普胜云。这种大人相是用日光明摩尼王宝轮鬘庄严，放出的大光焰不仅充满法界诸世界海，更示现一切世界、一切如来、一切众生。以上就是第六十一种大人相。吉祥相的左边又有大人相，叫作转法轮妙音云。这种大人相是用一切法灯清净的香蕊庄严，所以能放出广大光明充满法界，并且能普遍示现诸佛的相海及心海。以上就是第六十二种大人相。吉祥相的左边又有大人相，叫作庄严云。这种大人相是用过去、未来、现在诸佛海庄严，所以放出的光明能庄严清净一切诸佛国土，并在其中普遍示现十方一切诸佛菩萨及佛菩萨的所有作为。以上就是第六十三种大人相。

"如来右手有大人相，名为海照云，这相是以众宝庄严，因此恒常放出月焰的清净光明，充满虚空一切世界。发出大音声，赞美一切诸菩萨行。以上就是第六十四种大人相。如来右手又有大人相，叫作影视照耀云。这种大人相是用毗琉璃、帝青摩尼宝华庄严，所以放出的光明能普遍照耀十方菩萨安住的莲华藏、摩尼藏等一切世界。并在其中示现无量诸佛的清净法身，安坐菩提树下，震动一切十方国土。以上就是第六十五种大人相。如来右手还有大人相，叫作灯焰鬘普严净云。这种大人相是用毗卢遮那宝庄严，所放出的光明能成为变化网，并在其中普遍示现戴着宝冠、演说各种行海的菩萨众。以上就是第六十六种大人相。如来右手又有大人相，叫作普现一切摩尼云。这种大人相是用莲华焰灯庄严，这相所放出的海藏光充满法界，并且普遍示现无量诸佛安坐莲华座上。以上就是第六十七种大人相。如来右手又有大人相，叫作光明云。这种大人相是用摩尼焰海庄严，并以众多宝焰、香焰、华焰的清净光明充满一切世界网，并在其中普遍示现诸佛道场。以上就是第六十八种大人相。如来左手有大人相，叫作毗琉璃清净灯云。这种大人相是用宝地妙色庄严，放出等同如来的金色光明，念念恒常示现一切上妙庄严的器具。以上就是第六十九种大人相。如来左手又有大人相，叫作一切刹智慧灯音声云。这种大人相是用因陀罗网、金刚华庄严，它所放射出的阎浮檀金清净光明，普遍照耀十方一切世界。以上就是第七十种大人相。如来左手又有大人相，叫作安住宝莲华光明云。这种大人相是用众多珍宝妙华庄严，放出的大光明如同须弥灯，普遍照耀十方一切世界。以上就是第七十一种大人相。如来左手又有大人相，名为遍照法界云。这种大人相是用妙宝鬘、宝轮、宝瓶、因陀罗网及众多妙相庄严，光明炽然，普遍照耀十方一切的国土。并在其中示现一切法界、一切世界海、一切如来安坐莲华座上。以上就是第七十二种大人相。如来右手指有大人相，叫作现出劫刹海旋云。有水月焰藏摩尼王一切宝华庄严，放出的大光明充满法界，其中恒常发出微妙音声遍满十方佛国刹土。以上就是第七十三种大人相。如来左手指有大人相，叫作安住一切宝云。这种大人相是用以帝青金刚宝庄严，又放出摩尼王众宝光明充满法界。并在其中普遍示现诸佛及诸菩萨。以上就是第七十四种大人相。如来右手掌有大人相，叫作照耀云。这种大人相是用摩尼王千辐宝轮庄严，又放出宝光明右旋，充满法界。并在其中普遍示现诸佛，每一佛身光焰炽然，说法度人，清净所有的世界。以上就是第七十五种大人相。如来左手掌有大人相，叫作焰轮普增长化现法界道场云。这种大人相是用日光摩尼王千辐轮庄严，又放出大光明，充满诸世界海。并在其中示现一切菩萨，演说普贤菩萨的所有行海。普遍趣入诸佛国土，各各开悟无量众生。以上就是第七十六种大人相。

"如来阴藏有大人相，叫作普流出佛音声云。这种大人相是用一切妙宝庄严，又放出摩尼灯华焰炽盛的光明，具有众多宝色。能普遍照耀一切虚空法界，并在其中普遍示现一切诸佛游行往来，处处周遍。以上就是第七十七种大人相。如来右臀有大人相，叫作宝灯鬘普照云。这种大人相是用各种摩尼宝庄严，又放出不可思议的宝焰光明，遍布十方一切法界。与虚空一相，而且能出生一切诸相，每一相都示现诸佛自在神通变化。以上就是第七十八种大人相。如来左臀有大人相，叫作示现一切法界海光明弥覆虚空云。犹如莲华一般，这种大人相是用清净妙宝庄严，又放出光明网，遍照十方法界，并在其中普遍示现种种相云。以上就是第七十九种大人相。

如来右髀有大人相，叫作普现云。这种大人相是用众多颜色的摩尼宝庄严，他的髀与腨上下相称，能放出摩尼焰妙法光明，并且一念之间就能普遍示现一切宝王游步相海。以上就是第八十种大人相。如来左髀有大人相，叫作示现一切佛无量相海云。这种大人相是用一切宝海随顺安住庄严，能广大游行，放出清净的光明普照众生，使众生都希求无上佛法。以上就是第八十一种大人相。如来右边如伊尼延鹿王般的小腿有大人相，叫作一切虚空法界云。这种大人相是用光明妙宝庄严，所以外相浑圆端直，善能游步。所以能放出阎浮金色的清净光明，遍照诸佛世界。并发出大音声震动十方世界，又示现诸佛国土，安住虚空宝焰庄严，无量菩萨化现其中。以上就是第八十二种大人相。如来左边如伊尼延鹿王般的小腿有大人相，叫作庄严海云。它的色泽如同真金，能普遍游行一切佛国刹土，放出一切宝清净光明，充满法界，施作佛事。以上就是第八十三种大人相。如来的小腿汗毛上有大人相，叫作普现法界影像云。这汗毛是右旋的，每一尖端都放出宝光明，充满十方及一切法界，示现诸佛神力。每个毛孔也大放光明，一切佛国刹土无不显现。以上就是第八十四种大人相。

"如来足下有大人相，叫作一切菩萨海安住云。这种大人相的颜色如同金刚阎浮檀金清净莲华，能放出宝光明，普遍照耀十方诸世界海。处处周遍宝香焰云，每当如来举足将步时，都有香气周遍流布，众多宝色更是充满法界。以上就是第八十五种大人相。如来右足上有大人相，叫作普遍照耀一切光明云。这种大人相是用一切众宝庄严，放出的大光明充满法界，诸佛菩萨无不示现其中。以上就是第八十六种大人相。如来左脚上有大人相，叫作普遍示现一切诸佛云。这种大人相是用宝藏摩尼庄严，因此能放出宝光明，念念无不示现诸佛的神通变化，及法海中端坐的道场。穷尽未来际，没有间断以上就是第八十七种大人相。如来右脚指间有大人相，叫作光照一切法界海云。上面有须弥灯摩尼王千辐焰轮种种庄严，放出大光明充满十方一切法界各个世界海，并在其中普遍示现诸佛所有种种庄严相。以上就是第八十八种大人相。如来左脚指间有大人相，叫作示现一切佛海云。这种大人相是用摩尼宝华、香焰灯鬘、一切宝轮庄严，因此恒常放出宝海清净光明，充满虚空，普及十方一切世界。并在其中示现诸佛及诸菩萨的圆满音声、卍字等相，利益无量的一切众生等圆满功德。以上就是第八十九种大人相。如来右脚跟有大人相，叫作自在照耀云。这种大人相是用帝青宝庄严，因此能恒常放出如来妙宝光明，这种光明非常美好，充满法界，都是同一相貌，没有差别。每一道光明又示现诸佛安坐道场，演说妙法。以上就是第九十种大人相。如来左脚跟有大人相，叫作示现妙音演说诸法海云。这种大人相是用变化海摩尼宝、香焰海须弥华摩尼宝，以及毗琉璃庄严，它放出的光明充满法界，每一道光明又普遍示现诸佛神力。以上就是第九十一种大人相。如来右脚背上有大人相，叫作示现一切庄严光明云。这相是众宝所成，极其美妙庄严，能放阎浮檀金色的出清净光明，普遍照耀十方法界。这种光明相犹如大云，普遍覆盖诸佛道场。以上就是第九十二种大人相。如来左脚背上有大人相：叫作现众色相云。这种大人相是用一切月焰藏毗卢遮那宝、因陀罗尼罗宝庄严，因此能念念游行诸法界海，放出遍满一切法界的摩尼灯香焰光明。以上就是第九十三种大人相。如来右脚四周有大人相，叫作普藏云。这种大人相是用陀罗尼金刚宝庄严，所以能放出宝藏般的光明，充满虚空，并在其中示现诸佛安坐道场的摩尼宝王师子座上。以上就是第九十四种大人相。如来左脚四周有大人相，叫作光明遍照法界云。这种大人相是用摩尼宝华庄严，因此能放出充满法界、平等一相的大光明。并且示现诸佛及诸菩萨神力自在，以大妙音演说法界的无尽法门。以上就是第九十五种大人相。如来右脚趾端有大人相，叫作示现庄严云。这种大人相是用非常可爱、使人乐见的阎浮檀清净真金庄严，因此能放出充满十方法界的光明，并示现诸佛及无尽法海的种种功德及神通变化。以上就是第九十六种大人相。如来左脚趾端有大人相，叫作现一切佛神变云。这种大人相是用不可思议的佛光明、月焰普香、摩尼宝焰轮庄严，因此能放出清净光明、充满一切世界海的众多宝色，并示现诸佛及诸菩萨演说诸佛法海。以上就是第九十七种大人相。

"佛子啊！毗卢遮那如来有如此等十华藏世界海微尘数量般的大人相，每一身份，都有众多珍宝妙相庄严。"

【注释】

❶ 这品分别显示如来德相。

❷ 四菩萨行：一，波罗蜜行；二，菩提分法行；三，神通行；四，成熟有情行。

如来随好光明功德品第三十五

卷第四十八（续）

《如来随好光明功德品》导读

　　《如来随好光明功德品第三十五》，承前品说如来十身相海后，继续阐明如来随形微妙相好之光明功德，以增益相海之庄严殊胜。此随好以光明为主，与其他经论所说八十随形好不同。主要是因为此如来是毗卢遮那如来，以光明大日照耀为根本特征之故。

　　本品由佛自说，闻法者是宝手菩萨。文分二段，前略说随好果德，后广说菩萨因行。前先说佛有随形好名为圆满王，出炽然光明而有光明眷属。后说菩萨于兜率天时，有光幢王光明，足下有光明普照王千辐轮，而且具足圆满王随好光明，常放四十种光明，地狱众生触者即生兜率天中。

　　兜率天中自然化现天鼓而为诸天子说法，并且教导天子悔除过恶的方法，观一切业如幻如影，虽有果报而无去来。如此是真实忏悔，诸天子因此得无生法忍，发菩提心，并且以华云供养毗卢遮那佛。

卷第四十八（续）
如来随好光明功德品第三十五

【原典】

尔时，世尊告宝手菩萨言："佛子！如来、应、正等觉有随好，名圆满王。此随好中出大光明，名为炽盛，七百万阿僧祇光明而为眷属。佛子！我为菩萨时，于兜率天宫放大光明，名光幢王，照十佛刹微尘数世界。彼世界中地狱众生，遇斯光者，众苦休息，得十种清净眼，耳、鼻、舌、身、意亦复如是，咸生欢喜，踊跃称庆，从彼命终，生兜率天。天中有鼓，名甚可爱乐。彼天生已，此鼓发音而告之言：'诸天子！汝以心不放逸，于如来所种诸善根，往昔亲近众善知识。毗卢遮那大威神力，于彼命终，来生此天。'

"佛子！菩萨足下千辐轮，名光明普照王。此有随好，名圆满王，常放四十种光明。中有一光，名清净功德，能照亿那由他佛刹微尘数世界，随诸众生种种业行、种种欲乐，皆令成熟。阿鼻地狱极苦众生，遇斯光者，皆悉命终，生兜率天。既生天已，闻天鼓音而告之言：'善哉！善哉！诸天子！毗卢遮那菩萨入离垢三昧，汝当敬礼。'尔时，诸天子闻天鼓音如是劝诲，咸生是念：'奇哉希有！何因发此微妙之音？'是时，天鼓告诸天子言：'我所发声，诸善根力之所成就。诸天子！如我说我，而不著我，不著我所，一切诸佛亦复如是，自说是佛，不著于我，不著我所。诸天子！如我音声，不从东方来，不从南西北方、四维上下来。业报成佛，亦复如是，非十方来。诸天子！譬如汝等昔在地狱，地狱及身非十方来，但由于汝颠倒恶业愚痴缠缚，生地狱身，此无根本，无有来处。诸天子！毗卢遮那菩萨威德力故，放大光明，而此光明非十方来。诸天子！我天鼓音亦复如是，非十方来，但以三昧善根力故，般若波罗蜜威德力故，出生如是清净音声，示现如是种种自在。诸天子！譬如须弥山王有三十三天上妙宫殿种种乐具，而此乐具非十方来。我天鼓音，亦复如是，非十方来。诸天子！譬如亿那由他佛刹微尘数世界尽末为尘，我为如是尘数众生，随其所乐而演说法，令大欢喜，然我于彼不生疲厌，不生退怯，不生骄慢，不生放逸。诸天子！毗卢遮那菩萨住离垢三昧，亦复如是，于右手掌一随好中放一光明，出现无量自在神力，一切声闻、辟支佛尚不能知，况诸众生！诸天子！汝当往诣彼菩萨所，亲近供养，勿复贪著五欲乐具，著五欲乐障诸善根。诸天子！譬如劫火烧须弥山，悉令除尽，无余可得，贪欲缠心，亦复如是，终不能生念佛之意。诸天子！汝等应当知恩报恩。诸天子！其有众生不知报恩，多遭横死，生于地狱。诸天子！汝等昔在地狱之中，蒙光照身，舍彼生此，汝等今者宜疾回向，增长善根。诸天子！如我天鼓，非男非女，而能出生无量无边不思议事，汝天子、天女亦复如是，非男非女，而能受用种种上妙宫殿园林。如我天鼓，不生不灭，色、受、想、行、识亦复如是，不生不灭。汝等若能于此悟解，应知则入无依印三昧。'

"时，诸天子闻是音已，得未曾有，即皆化作一万华云、一万香云、一万音乐云、一万幢云、一万盖云、一万歌赞云。作是化已，即共往诣毗卢遮那菩萨所住宫殿，合掌恭敬，于一面立，欲申瞻觐而不得见。时，有天子作如是言：'毗卢遮那菩萨已从此没，生于人间净饭王家，乘栴檀楼阁，处摩耶夫人胎。'时，诸天子以天眼观见菩萨身，处在人间净饭王家，梵天、欲天承事供养。诸天子众咸作是念：'我等若不往菩萨所问讯起居，乃至一念于此天宫而生爱著，则为不可。'时，一一天子与十那由他眷属欲下阎浮提。时，天鼓中出声告言：'诸天子！菩萨摩诃萨非此命终而生彼间，但以神通，随诸众生心之所宜，令其得见。诸天子！如我今者，非眼所见而能出声，菩萨摩诃萨入离垢三昧，亦复如是，非眼所见而能处处示现受生，离分别，除骄慢，无染著。诸天子！汝等应发阿耨多罗三藐三菩提心，净治其意，住善威仪，悔除一切业障、烦恼障、报障、见障，以尽法界众生数等身，以尽法界众生数等头，以尽法界众生数等舌，以尽法界众生数等善身业、善语业、善意业，悔除所有诸障过恶。'

"时，诸天子闻是语已，得未曾有，心大欢喜，而问之言：'菩萨摩诃萨云何悔除一切过恶？'尔时，天鼓以菩萨三昧善根力故，发声告言：'诸天子！菩萨知诸业不从东方来，不从南西北方、四维上下来，而共积集，止住于心，但从颠倒生，无有住处。菩萨如是决定明见，无有疑惑。诸天子！如我天鼓，说业、说报、说行、说戒、说喜、说安、说诸三昧，诸佛菩萨亦复如是，说我、说我所、说众生、说贪恚痴种种诸业，而实无我、无有我所。诸所作业、六趣果报，十方推求悉不可得。诸天子！譬如我声，不生不灭，造恶诸天，不闻余声，唯闻以地狱觉悟之声，一切诸业亦复如是，非生非灭，随有修集，则受其报。诸天子！如我天鼓所出音声，于无量劫不可穷尽，无有间断，若来若去，皆不可得。诸天子！若有去来，则有断常，一切诸佛终不演说有断常法，除为方便成熟众生。诸天子！譬如我声，于无量世界，随众生心皆使得闻，一切诸佛亦复如是，随众生心，悉令得见。诸天子！如有玻璃镜，名为能照，清净鉴彻，与十世界其量正等，无量无边诸国土中，一切山川、一切众生，乃至地狱、畜生、饿鬼，所有影像皆于中现。诸天子！于汝意云何？彼诸影像可得说言来入镜中、从镜去不？'答言：'不也。''诸天子！一切诸业亦复如是，虽能出生诸业果报，无来去处。诸天子！譬如幻师幻惑人眼，当知诸业亦复如是。若如是知，是真实忏悔，一切罪恶悉得清净。'

"说此法时，百千亿那由他佛刹微尘数世界中兜率陀诸天子，得无生法忍，无量不思议阿僧祇六欲诸天子，发阿耨多罗三藐三菩提心，六欲天中一切天女，皆舍女身，发于无上菩提之意。尔时，诸天子闻说普贤广大回向，得十地故，获诸力庄严三昧故，以众生数等清净三业，悔除一切诸重障故，即见百千亿那由他佛刹微尘数七宝莲华，一一华上皆有菩萨结跏趺坐，放大光明。彼诸菩萨一一随好，放众生数等光明。彼光明中，有众生数等诸佛结跏趺坐，随众生心而为说法，而犹未现离垢三昧少分之力。

"尔时，彼诸天子以上众华，复于身上一一毛孔化作众生数等众妙华云，供养毗卢遮那如来，持以散佛，一切皆于佛身上住。其诸香云，普雨无量佛刹微尘数世界。若有众生身蒙香者，其身安乐，譬如比丘入第四禅，一切业障皆得消❶灭。若有闻者，彼诸众生于色、声、香、味、触，其内具有五百烦恼，其外亦有五百烦恼，贪行多者二万一千，嗔行多者二万一千，痴行多者二万一千，等分行者二万一千，了知如是悉是虚妄。如是知已，成就香幢云自在光明清净善根。若有众生见其盖者，种一清净金网转轮王一恒河沙善根。

"佛子！菩萨住此转轮王位，于百千亿那由他佛刹微尘数世界中教化众生。佛子！譬如明镜世界月智如来，常有无量诸世界中比丘、比丘尼、优婆塞、优婆夷等化现其身而来听法，广为演说本生之事，未曾一念而有间断。若有众生闻其佛名，必得往生彼佛国土。菩萨安住清净金网转轮王位亦复如是，若有暂得遇其光明，必获菩萨第十地位，以先修行善根力故。佛子！如得初禅，虽未命终，见梵天处所有宫殿而得受于梵世安乐，得诸禅者悉亦如是。菩萨摩诃萨住清净金网转轮王位，放摩尼髻清净光明，若有众生遇斯光者，皆得菩萨第十地位，成就无量智慧光明，得十种清净眼，乃至十种清净意，具足无量甚深三昧，成就如是清净肉眼。

"佛子！假使有人以亿那由他佛刹碎为微尘，一尘一刹复以尔许微尘数佛刹碎为微尘，如是微尘悉置左手持以东行，过尔许❷微尘数世界乃下一尘，如是东行，尽此微尘，南西北方、四维上下，亦复如是。如是十方所有世界，若著微尘及不著者，悉以集成一佛国土。宝手！于汝意云何？如是佛土广大无量可思议不？"

答曰："不也！如是佛土广大无量，希有奇特，不可思议。若有众生闻此譬喻能生信解，当知更为希有奇特。"

佛言："宝手！如是！如是！如汝所说！若有善男子、善女人闻此譬喻而生信者，我授彼记，决定当成阿耨多罗三藐三菩提，当获如来无上智慧。宝手！设复有人以千亿佛刹微尘数如上所说广大佛土末为微尘，以此微尘依前譬喻一一下尽，乃至集成一佛国土，复末为尘，如是次第展转乃至经八十返，如是一切广大佛土所有微尘，菩萨业报清净肉眼于一念中悉能明见，亦见百亿广大佛刹微尘数佛，如玻璃镜，清净光明，照十佛刹微尘数世界。宝手！如是皆是清净金网转轮王甚深三昧福德善根之所成就。"

注释

❶ "消"，大正本原作"销"，今依三本改之。

❷ "许"，大正本原作"诸"，今依三本及宫本改之。

【白话语译】

❸这时，世尊告诉宝手菩萨说："佛子啊！如来、应、正等觉的身上有随形的好相，叫作圆满王随形好。这个随形好又会放出广大的光明，叫作炽盛光明。这个炽盛光明又有七百万阿僧祇数的光明眷属随从。

"佛子啊！当我还是菩萨时，在兜率天宫放大光明，这光明叫作光幢王光明，能普照十个佛国刹土微尘数的世界。这些世界的地狱众生，一遇到这道光明，身心的各种苦痛都得以休息，并得到十种清净眼。耳朵、鼻子、舌头、身体、意念也各获得十种清净，他们都生起极深的欢喜心，心中踊跃称贺庆悦。于是他们地狱命终之后就都往生兜率天上。兜率天有一座天鼓，叫作甚可爱乐的天鼓。这些天人往生兜率天后，这座天鼓自然发出声音告诉他们：'诸天子啊！因为你们心不放逸，所以才能在诸如来处种下各种善根，亲近善知识。现在由于毗卢遮那佛的伟大威神力，你们地狱命终之后才能往生兜率天。'

"佛子啊！菩萨摩诃萨双脚的脚掌有千轮的相好庄严，叫作光明普照王。这相好庄严有随形好，叫作圆满王，常常放出四十种光明。其中有一种光明，叫作清净功德，能照遍亿那由他佛国刹土微尘数的世界。随着诸众生种种业行、种种欲乐，使他们成熟。在阿鼻地狱受着极大痛苦的众生，一遇到这种光，地狱命终时，就能往生兜率天。他们往生兜率天后，听到天鼓的音声告诉他们：'善哉！善哉！诸位天子啊！现在毗卢遮那菩萨证入了离垢三昧，你们都应当向他五体投地致最敬礼。'

"这时，诸位天子听闻天鼓发出音声如此地劝诲，莫不思惟：'这真是奇妙稀有啊！是什么因缘使天鼓发出如此微妙的音声呢？'这时，天鼓告诉诸位天子说：'我所发出的声音，是因为各种善根力而成就的。诸位天子啊！就如同我如果说我的话，却不会执着于我，也不会执着于我所有的一切，诸佛也是如此。他们虽然宣称自己是佛，但却不会执着我，也不会执着于我所有。诸位天子啊！就如同我的音声不是从东方发出来，也不是从南方、西方、北方等四方上下发出来的。种种净业果报乃至成佛也是如此，不是从十方而来的。诸位天子啊！譬如说你们过去住在地狱时，当地狱的境界加害你们时，那种痛苦也不是从十方而来。那实在是由于你们的颠倒恶业和愚痴缠缚，而出生地狱的身体。这个地狱身其实是没有根本，也没有来处的啊。诸位天子啊！所以毗卢遮那菩萨大威德力放出的光明，也不是从十方照来。诸位天子啊！我这座天鼓的声音也是如此，不是从十方而来，实在是因为禅定三昧的善根力，又因为般若波罗蜜的威德力，才出生如此的清净音声，示现如此的种种自在。诸位天子啊？譬如须弥山王有三十三天上妙宫殿的种种娱乐器具，这些娱乐器具并非来自十方。我这天鼓音声也是如此，并非来自十方。诸位天子啊！譬如亿那由他佛国刹土微尘数世界都一一化为尘末，我即使为以上这么多微尘数的众生，随顺他们心中快乐而演说诸法，使他们欢喜，但是却不会感到疲劳厌倦，也不会退怯、骄慢与放逸。诸位天子啊！毗卢遮那菩萨安住离垢三昧也是如此。他右手掌有一种随形好能放出光明，而这个光明又能出现无量的自在神力等，一切声闻与辟支佛二乘都无法了知，更何况是其余的众生呢？诸位天子啊！你们应当前往菩萨的处所，亲近供养，不要再贪着五欲乐具。执着五欲之乐只会障蔽你们的善根。诸位天子啊！譬如世界崩坏时焚烧须弥山的劫火，能把整座须弥山烧得精光，片甲不留。贪欲缠缚我们心念的情形也像这样，使我们始终无法生起念佛的心意。诸位天子啊！你们应当知恩报恩。诸位天子啊！如果众生不知报恩，恐怕会横死，或生于地狱。诸位天子啊！你们以前在地狱时，都是因为蒙受光明的照耀，才能舍离地狱往生兜率天中，所以你们现在应该快快回向，以增长你们的善根。诸位天子啊！就如同我天鼓非男非女，而能出生无量无边不可思议事。你们天子、天女也是如此，非男非女而能受用种种上妙的宫殿园林。如同我天鼓不生不灭，色、受、想、行、识也是如此不生不灭。你们如果能证悟知解这些法，就能证入无依印的三昧境界。'

"这时，诸位天子听了这从来没有听过的声音，都立刻化作一万朵华云、一万朵香云、一万朵音乐云、一万朵幢云、一万朵盖云、一万朵歌赞云。他们这样的变化后，就共同前往诣见毗卢遮那菩萨。到达他的宫殿后，他们都合掌恭敬，站立在一旁，想要瞻仰觐见菩萨，却不得见。这时，有天子这样说：'毗卢遮那菩萨已从此处没失，而出生于人间的净饭王家，以栴檀楼阁受生摩耶夫人胎中。'这时，诸位天子以天眼观见菩萨身居人间净饭王家，梵天、欲天无不承事供养。诸天子心里都这样想：'我等如果不去向菩萨问讯起居，还贪爱执爱这天宫，那是不可以的。'这时，每一天子与十那由他眷属正想前往阎浮提时，天鼓刚好出声音告诉他们说：'诸位天子啊！菩萨摩诃萨并非在此命终了才投生人间，他是用神通随顺众生的心念，使众生得以见到不同的化身。诸位天子啊！如同我现在这样，你们用眼睛看不见我，但我却能发出声音。菩萨摩诃萨证入离垢三昧时也是如此，一般人的眼睛看不到他，但他却能处处示现受生，舍离分别，除却骄慢，清净不执着。诸位天子啊！你们应当发无上正等正觉，清净治理自己的意念。安住威仪，悔除一切业障、烦恼障、报障、见障，以穷尽法界衰生无数量的身，以穷尽法界众生无数的头首，穷尽法界众生无数量的舌头，穷尽法界众生无数量的善身业、善语业、善意业，悔除所有业障罪恶。'

"这时，诸位天子听到天鼓说这些以前从未听闻的话时，心中欢喜不已，而问说：'菩萨摩诃萨啊！如何才能悔除一切过失罪恶呢？'

"这时，天鼓以菩萨三昧善根力，发出声音说：'诸位天子啊！菩萨摩诃萨知道诸业既不是从东方来，也不是从南、西、北方四维上下来。也不是因为共同积集，依止安住于心。而是从颠倒生，没有住处的。菩萨摩诃萨如此决定明见，没有疑惑。诸位天子啊！就如同我天鼓宣说业力、宣说果报、宣说行持、宣说戒律、宣说喜乐、宣说安住、宣说种种的三昧，诸佛菩萨也是如此。虽然宣说我、宣说我所有、宣说众生、宣说贪、嗔、痴种种的诸业，但实际上是没有我，也没有我所有的或种种造作。所以六趣果报，向十方去推求都是不可得。诸位天子啊？譬如我的声音不生不灭，但造种种恶业的天人却听不见其他声音，只听得见因为在地狱受苦而得以觉悟的声音。一切诸业也是如此，非生非灭，随着众生修行聚集而受报。诸位天子啊！如同我天鼓所发出的声音，在无量劫中不可穷尽，没有间断。

如果要推究这声音究竟从何处来、将往何处去等，都是不可能的。诸位天子啊！如果有过去心、未来心，就会有断见、常见。而诸佛始终不曾演说断见、常见的法门，除非是为了成熟众生才方便说法。诸位天子啊！譬如我的声音能在无量世界随顺众生心，使他们都能听闻。一切诸佛也是如此，能随顺众生心而使他们都得以见到诸佛。诸位天子啊！就像有座玻璃镜子，叫作能照。这面镜子等同十方世界，能清净鉴澈无量无边诸佛国土的一切山川、一切众生，乃至地狱、畜生、饿鬼，所有影像无不影现其中。诸位天子啊！你认为如何？你能说那些影像是从外面进入镜中，或是从镜中出去吗？'

"诸位天子都回答：'不能这样说。'

"'诸位天子啊！一切诸业也是如此，虽能出生种种业力果报，却没有来处及去处。诸位天子啊！譬如幻师能用幻术迷惑人的眼睛，你们应当知道诸业亦是如此。如果你们能这样了知，才能称得上是其实的忏悔，才可清净一切的罪恶。'

"天鼓正在演说此法时，百千亿那由他佛国刹土微尘数世界的兜率天的诸天子，都得到无生法忍，无量不可思议阿僧祇数六欲诸天的天子，也都发起无上正等正觉。六欲天中一切天女无不舍弃女身，发起无上的菩提意。

"这时，诸天子因为听闻宣说普贤的广大回向而证得十地，获得诸力庄严三昧。以众生数量等清净三业悔除一切重大障碍，立即得见百千亿那由他佛国刹土微尘数的七宝莲华，每一华上都有菩萨结跏趺坐，放出大光明，使诸位菩萨每一种随形好，都放出同等众生数量的光明。在光明中又有同等众生数量的诸佛结跏趺坐，随着众生心而为他们说法，一点儿也不曾示现离垢三昧少许之力。

"这时，那些天子以上述众华覆盖身上，每一毛孔化作同等众生数量的众妙华云，供养毗卢遮那如来。手中持华散向佛陀，一切都安住佛身。这种种香云普遍雨下无量佛国刹土微尘数的世界，如果有众生身上蒙香者，他就会身心安乐。就像比丘进入第四禅，得以消灭一切业障。如果有人闻到这种香，那些身处色、声、香、味、触等五尘的众生，内心即使有五百种烦恼，身外也有五百种烦恼。而其中贪的烦恼行居多者数量高达二万一千，嗔烦恼行居多者其数量也有二万一千那么多，痴烦恼行居多者数量也有二万一千之多。而贪、嗔、痴三种烦恼等分行❹者其数量也有二万一千之多，他们一听闻此法之后，就了知如此种种都是虚妄不实的。如此了知之后，就能成就香幢云、自在光明、清净善根。凡是众生一见到宝盖，就能种下等同一位清净金网转轮王一恒河沙的善根。

"佛子啊！菩萨摩诃萨安住转轮王位时，能教化百千亿那由他佛国刹土微尘数世界的众生。

"佛子啊！譬如明镜世界中的月智如来，常有无量世界的比丘、比丘尼、优婆塞、优婆夷等，变化示现其身前来听法。如来广大地演说本生之事，未曾有一念间断。如果有众生听闻他的佛名，必得往生他的佛国净土。菩萨安住清净的转轮王位也是如此。即使有人只是暂时得遇他的光明，都会证得菩萨第十地位，这其实都是因为他先前修行善根的力量啊！

"佛子啊！如果有人证到初禅，虽然还未命终，但却得以见到梵天的所有宫殿，享受梵世的安乐，因为凡是得到初禅的人都是如此。

"菩萨摩诃萨安住清净金网转轮王位时，能放出摩尼髻清净的光明。如果有众生遇到这种光明，都能得到菩萨第十地位。成就无量的智慧光明，得到十种清净眼，乃至十种清净意，具足无量甚深三昧，成就如此的清净肉眼。

"佛子啊！假使有人以亿那由他佛国刹土所粉碎的微尘，一尘一刹又以些许微尘数佛国刹土碎为微尘。如此微尘都完全放在左手，这样拿着向东行，经过这些微尘数世界才落下一尘。如此地继续向东行，直到手上的微尘落尽，南、西、北、方四维上下也是如此。如此十方所有世界中不管是着微尘的，或是不着微尘的，都可聚集而成为一个佛国刹土。宝手啊！你认为如何？这样的佛土，它的广大无量可以思议吗？

"宝手菩萨答说：'不能的！这个佛土广大无量，稀有奇特，不可思议。但是，如果有众生听闻这个譬喻，而能心生信解，那么就更为稀有奇特了。'

"佛陀说：'宝手啊！如是！如是！就像你所说的！凡是听闻这个譬喻

而能心生信解的善男子、善女人，我都将为他授记，决定他当成就无上正等正觉，当获得如来的无上智慧。宝手啊！假设又有人以千亿佛国刹土微尘数，如上所说的广大佛土碎为微尘末，以此微尘依前喻一一落下穷尽。乃至集成一佛国土，再碎为尘末。如是依次第辗转乃至经过八十次。如此是一切广大佛土所有微尘，菩萨业报清净的肉眼，都能在一念之间明白看见。也能见到百亿广大佛国刹土微尘数的佛陀，如明镜般清净光明，照耀十方佛国刹土微尘数量世界。宝手啊！这实在都是清净金网转轮王的甚深三昧福德善根所成就的啊！'"

【注释】

❸ 这品续前品说明如来的随形好。

❹ 等分行：贪、嗔、痴三毒及等分，各有二万一千烦恼，总有八万四千烦恼。

卷第四十九
《普贤行品》导读

　　《普贤行品第三十六》是第七会重普光明殿会的第十品，由普贤菩萨宣说普贤行所构成。本品品名，《六十华严》作"普贤菩萨行品"，梵本作"说普贤行品"。本品据法藏《探玄记》所判，在"修因契果生解分"中，是与《性起品》同来阐明"修显因果"的，与从《如来名号品》以来的"修生因果"相对。修生因果是明差别因果，而修显因果却是彰显平等因果，也是所谓的自体因果。普贤行的自体平等因果，是法界缘起的因果实德，由海印三昧力所显，与修生因果不同，而是本有的，是性起的。

　　普是"遍"的意思，贤是"善"、"道"、"因"之意。澄观解释普贤行的意义是"德周法界为普，至顺调善曰贤，依性造修曰行"。所以普贤行是由至善之德起修之菩萨行。因此普贤行为圆因之行，所成之果即"性起品"所明之性起果海。而法藏《探玄记》说普贤行有十种：一，通达时劫；二，了知世界；三，识解根器；四，了彻因果；五，洞明理性；六，鉴察事相；七，常在定中；八，恒起大悲；九，妙现神通；十，常入寂灭。而此十种行又各具十门，因此成百门普贤。事实上法藏所说普贤行只是略说，普贤行是无量无尽的，举十种、百门只是略举以成无尽之意而已。

　　普贤行，澄观也举十种普遍之义以彰显行德无尽：一，所求普；二，所化普；三，所断普；四，所行事行普；五，所行理行普；六，无碍行普；七，融通行普；八，所起用普；九，所行处普；十，所行时普。这十种普贤行是重重涉入而无杂的。因此善财童子才入普贤一毛，所得法门即远远超过由其他善知识所得无数倍，这实在是由于普贤行无穷无尽之故。

本品的内容以长行及偈颂两大部分来说普贤行。普贤菩萨说修菩萨行的菩萨，不应对其他菩萨起任何嗔心，因为嗔心一起便成就了百万障碍之门；而应该勤修十种法：一，不舍众生；二，视菩萨如佛；三，不谤佛法；四，知国土无尽；五，信乐菩萨行；六，不舍菩提心；七，入如来力；八，勤修无碍辩；九，化众无厌；十，住世无着。菩萨安住这十法，便能具足十种清净，接着具足十种广大智，而入于十种普入。由此十种普入而住十种胜妙心，得十种佛法善巧智。由如此的修行，便只需稍作功力，便能立刻成佛具足佛法。当普贤菩萨如此宣说后，十方普贤各从普胜世界普幢自在佛处前来集会，为普贤菩萨作证。

　　接着，普贤菩萨以偈颂来演说菩萨行、如来菩提界、大愿界等。此偈颂共一百二十一偈。依澄观所说，可分作两部分。前二十四颂是普贤菩萨说明其宣演偈颂的动机，后面九十七颂则正式辨明普贤行之内容。正说普贤行中又分两部分，前六十七颂是明即悲的大智之行，末后三十颂是说即智的大悲行。悲智交彻，所以成无量无尽之普贤因行。

卷第四十九
普贤行品第三十六

【原典】

尔时，普贤菩萨摩诃萨复告诸菩萨大众言："佛子！如向所演，此但随众生根器所宜，略说如来少分境界。何以故？诸佛世尊，为诸众生，无智作恶，计我、我所，执著于身，颠倒疑惑，邪见分别，与诸结缚恒共相应，随生死流，远如来道，故出兴于世。佛子！我不见一法为大过失，如诸菩萨于他菩萨起嗔心者。何以故？佛子！若诸菩萨于余菩萨起嗔恚心，即成就百万障门故。何等为百万障？所谓不见菩提障；不闻正法障；生不净世界障；生诸恶趣障；生诸难处障；多诸疾病障；多被谤毁障；生顽钝诸趣障；坏失正念障；阙少智慧障；眼障；耳障；鼻障；舌障；身障；意障；恶知识障；恶伴党障；乐习小乘障；乐近凡庸障；不信乐大威德人障；乐与离正见人同住障；生外道家障；住魔境界障；离佛正教障；不见善友障；善根留难障；增不善法障；得下劣处障；生边地障；生恶人家障；生恶神中障；生恶龙、恶夜叉、恶乾闼婆、恶阿修罗、恶迦楼罗、恶紧那罗、恶摩睺罗伽、恶罗刹中障；不乐佛法障；习童蒙法障；乐著小乘障；不乐大乘障；性多惊怖障；心常忧恼障；爱著生死障；不专佛法障；不喜见闻佛自在神通障；不得菩萨诸根障；不行菩萨净行障；退怯菩萨深心障；不生菩萨大愿障；不发一切智心障；于菩萨行懈怠障；不能净治诸业障；不能摄取大福障；智力不能明利障；断于广大智慧障；不护持菩萨诸行障；乐诽谤一切智语障；远离诸佛菩提障；乐住众魔境界障；不专修佛境界障；不决定发菩萨弘誓障；不乐与菩萨同住障；不求菩萨善根障；性多见疑障；心常愚暗障；不能行菩萨平等施故，起不舍障；不能持如来戒故，起破戒障；不能入堪忍门故，起愚痴、恼害、嗔恚障；不能行菩萨大精进故，起懈怠垢障；不能得诸三昧故，起散乱障；不修治般若波罗蜜故，起恶慧障；于处、非处中无善巧障；于度众生中无方便障；于菩萨智慧中不能观察障；于菩萨出离法中不能了知障；不成就菩萨十种广大眼故，眼如生盲障；耳不闻无碍法故，口如哑羊障；不具相好故，鼻根破坏障；不能辨了众生语言故，成就舌根障；轻贱众生故，成就身根障；心多狂乱故，成就意根障；不持三种律仪故，成就身业障；恒起四种过失故，成就语业障；多生贪、嗔、邪见故，成就意业障；贼心求法障；断绝菩萨境界障；于菩萨勇猛法中心生退怯障；于菩萨出离道中生懒惰障；于菩萨智慧光明门中心生止息障；于菩萨念力中心生劣弱障；于如来教法中不能住持障；于菩萨离生道不能亲近障；于菩萨无失坏道不能修习障；随顺二乘正位障；远离三世诸佛菩萨种性障。

"佛子！若菩萨于诸菩萨起一嗔心，则成就如是等百万障门。何以故？佛子！我不见有一法为大过恶如诸菩萨于余菩萨起嗔心者。是故，诸菩萨摩诃萨欲疾满足诸菩萨行，应勤修十种法。何等为十？所谓心不弃舍一切众生，于诸菩萨生如来想，永不诽谤一切佛法，知诸国土无有穷尽，于菩萨行深生信乐，不舍平等虚空法界菩提之心，观察菩提入如来力，精勤修习无碍辩才，教化众生无有疲厌，住一切世界心无所著。是为十。

"佛子！菩萨摩诃萨安住此十法已，则能具足十种清净。何等为十？所谓通达甚深法清净，亲近善知识清净，护持诸佛法清净，了达虚空界清净，深入法界清净，观察无边心清净，与一切菩萨同善根清净，不著诸劫清净，观察三世清净，修行一切诸佛法清净。是为十。

"佛子！菩萨摩诃萨住此十法已，则具足十种广大智。何等为十？所谓知一切众生心行智，知一切众生业报智，知一切佛法智，知一切佛法深密理趣智，知一切陀罗尼门智，知一切文字辩才智，知一切众生语言、音声、辞辩善巧智，于一切世界中普现其身智，于一切众会中普现影像智，于一切受生处中具一切智智。是为十。

"佛子！菩萨摩诃萨住此十智已，则得入十种普入。何等为十？所谓一切世界入一毛道，一毛道入一切世界；一切众生身入一身，一身入一切众生身；不可说劫入一念，一念入不可说劫；一切佛法入一法，一法入一切佛法；不可说处入一处，一处入不可说处；不可说根入一根，一根入不可说根；一切根入非根，非根入一切根；一切想入一想，一想入一切想；一切言音入一言音，一言音入一切言音；一切三世入一世，一世入一切三世。是为十。

"佛子！菩萨摩诃萨如是观察已，则住十种胜妙心。何等为十？所谓住一切世界语言、非语言胜妙心，住一切众生想念无所依止胜妙心，住究竟虚空界胜妙心，住无边法界胜妙心，住一切深密佛法胜妙心，住甚深无差别法胜妙心，住除灭一切疑惑胜妙心，住一切世平等无差别胜妙心，住三世诸佛平等胜妙心，住一切诸佛力无量胜妙心。是为十。

"佛子！菩萨摩诃萨住此十种胜妙心已，则得十种佛法善巧智。何等为十？所谓了达甚深佛法善巧智，出生广大佛法善巧智，宣说种种佛法善巧智，证入平等佛法善巧智，明了差别佛法善巧智，悟解无差别佛法善巧智，深入庄严佛法善巧智，一方便入佛法善巧智，无量方便入佛法善巧智，知无边佛法无差别善巧智，以自心自力于一切佛法不退转善巧智。是为十❶。

"佛子！菩萨摩诃萨闻此法已，咸应发心，恭敬受持。何以故？菩萨摩诃萨持此法者，少作功力，疾得阿耨多罗三藐三菩提，皆得具足一切佛法，悉与三世诸佛法等。"

尔时，佛神力故，法如是故，十方各有十不可说百千亿那由他佛刹微尘数世界六种震动，雨出过诸天一切华云、香云、末香云、衣盖、幢幡、摩尼宝等，及以一切庄严具云，雨众妓乐云，雨诸菩萨云，雨不可说如来色相云，雨不可说赞叹如来善哉云，雨如来音声充满一切法界云，雨不可说庄严世界云，雨不可说增长菩提云，雨不可说光明照耀云，雨不可说神力说法云。如此世界四天下菩提树下菩提场菩萨宫殿中，见于如来成等正觉，演说此法，十方一切诸世界中悉亦如是。

尔时，佛神力故，法如是故，十方各过十不可说佛刹微尘数世界外，有十佛刹微尘数菩萨摩诃萨来诣此土，充满十方，作如是言："善哉！善哉！佛子！乃能说此诸佛如来最大誓愿授记深法。佛子！我等一切同名普贤，各从普胜世界普幢自在如来所来诣此土，悉以佛神力故，于一切处演说此法，如此众会，如是所说，一切平等，无有增减。我等皆承佛威神力，来此道场为汝作证。如此道场，我等十佛刹微尘数菩萨而来作证，十方一切诸世界中悉亦如是。"

尔时，普贤菩萨摩诃萨以佛神力、自善根力，观察十方洎于❷法界，欲开示菩萨行，欲宣说如来菩提界，欲说大愿界，欲说一切世界劫数，欲明诸佛随时出现，欲说如来随根熟众生出现令其供养，欲明如来出世功不唐捐，欲明所种善根必获果报，欲明大威德菩萨为一切众生现形说法令其开悟，而说颂言：

> 汝等应欢喜，舍离于诸盖，一心恭敬听，菩萨诸愿行。
> 往昔诸菩萨，最胜人师子，如彼所修行，我当次第说。
> 亦说诸劫数，世界并诸业，及以无等尊，于彼而出兴。
> 如是过去佛，大愿出于世，云何为众生，灭除诸苦恼？
> 一切论师子，所行相续满，得佛平等法，一切智境界。
> 见于过去世，一切人师子，放大光明网，普照十方界。
> 思惟发是愿："我当作世灯，具足佛功德，十力一切智。
> 一切诸众生，贪恚痴炽然；我当悉救脱，令灭恶道苦。"
> 发如是誓愿，坚固不退转，具修菩萨行，获十无碍力。
> 如是誓愿已，修行无退怯，所作皆不虚，说名论师子。
> 于一贤劫中，千佛出于世，彼所有普眼，我当次第说。
> 如一贤劫中，无量劫亦然，彼未来佛行，我当分别说。
> 如一佛刹种，无量刹亦然，未来十力尊，诸行我今说。
> 诸佛次兴世，随愿随名号，随彼所得记，随其所寿命，
> 随所修正法，专求无碍道；随所化众生，正法住于世；

随所净佛刹，众生及法轮，演说时非时，次第净群生；

随诸众生业，所行及信解，上中下不同，化彼令修习。

入于如是智，修其最胜行，常作普贤业，广度诸众生。

身业无障碍，语业悉清净，意行亦如是，三世靡不然。

菩萨如是行，究竟普贤道，出生净智日，普照于法界。

未来世诸劫，国土不可说，一念悉了知，于彼无分别。

行者能趣入，如是最胜地，此诸菩萨法，我当说少分。

智慧无边际，通达佛境界，一切皆善入，所行不退转。

具足普贤慧，成满普贤愿，入于无等智，我当说彼行。

于一微尘中，悉见诸世界，众生若闻者，迷乱心发狂。

如于一微尘，一切尘亦然，世界悉入中，如是不思议。

一一尘中有，十方三世法，趣刹皆无量，悉能分别知。

一一尘中有，无量种佛刹，种种皆无量，于一靡不知。

法界中所有，种种诸异相，趣类各差别，悉能分别知。

深入微细智，分别诸世界，一切劫成坏，悉能明了说。

知诸劫修短，三世即一念，众行同不同，悉能分别知。

深入诸世界，广大非广大，一身无量刹，一刹无量身。

十方中所有，异类诸世界，广大无量相，一切悉能知。

一切三世中，无量诸国土，具足甚深智，悉了彼成败。

十方诸世界，有成或有坏，如是不可说，贤德悉深了。

或有诸国土，种种地严饰；诸趣亦复然，斯由业清净。

或有诸世界，无量种杂染；斯由众生感，一切如其行。

无量无边刹，了知即一刹，如是入诸刹，其数不可知。

一切诸世界，悉入一刹中，世界不为一，亦复无杂乱。

世界有仰覆，或高或复下，皆是众生想，悉能分别知。

广博诸世界，无量无有边，知种种是一，知一是种种。

普贤诸佛子，能以普贤智，了知诸刹数，其数无边际。

知诸世界化，刹化众生化，法化诸佛化，一切皆究竟。

一切诸世界，微细广大刹，种种异庄严，皆由业所起。

无量诸佛子，善学入法界，神通力自在，普遍于十方。

众生数等劫，说彼世界名，亦不能令尽，唯除佛开示。

世界及如来，种种诸名号，经于无量劫，说之不可尽。

何况最胜智，三世诸佛法，从于法界生，充满如来地！

清净无碍念，无边无碍慧，分别说法界，得至于彼岸。

过去诸世界，广大及微细，修习所庄严，一念悉能知。

其中人师子，修佛种种行，成于等正觉，示现诸自在。

如是未来世，次第无量劫，所有人中尊，菩萨悉能知。

所有诸行愿，所有诸境界，如是勤修行，于中成正觉。

亦知彼众会，寿命化众生，以此诸法门，为众转法轮。

菩萨如是知，住普贤行地，智慧悉明了，出生一切佛。

现在世所摄，一切诸佛土，深入此诸刹，通达于法界。

彼诸世界中，现在一切佛，于法得自在，言论无所碍。

亦知彼众会，净土应化力，尽无量亿劫，常思惟是事。

调御世间尊，所有威神力，无尽智慧藏，一切悉能知。

出生无碍眼，无碍耳鼻身，无碍广长舌，能令众欢喜。

最胜无碍心，广大普清净，智慧遍充满，悉知三世法。

善学一切化，刹化众生化，世化调伏化，究竟化彼岸。

世间种种别，皆由于想住，入佛方便智，于此悉明了。

众会不可说，一一为现身，悉使见如来，度脱无边众。

诸佛甚深智，如日出世间，一切国土中，普现无休息。

了达诸世间，假名无有实，众生及世界，如梦如光影。

于诸世间法，不生分别见，善离分别者，亦不见分别。

无量无数劫，解之即一念，知念亦无念，如是见世间。

无量诸国土，一念悉超越，经于无量劫，不动于本处。

不可说诸劫，即是须臾顷，莫见修与短，究竟刹那法。

心住于世间，世间住于心，于此不妄起，二非二分别。

众生世界劫，诸佛及佛法，一切如幻化，法界悉平等。
普于十方刹，示现无量身，知身从缘起，究竟无所著。
依于无二智，出现人师子，不著无二法，知无二非二。
了知诸世间，如焰如光影，如响亦如梦，如幻如变化。
如是随顺入，诸佛所行处，成就普贤智，普照深法界。
众生刹染著，一切皆舍离，而兴大悲心，普净诸世间。
菩萨常正念，论师子妙法，清净如虚空，而兴大方便。
见世常迷倒，发心咸救度，所行皆清净，普遍诸法界。
诸佛及菩萨，佛法世间法，若见其真实，一切无差别。
如来法身藏，普入世间中，虽在于世间，于世无所著。
譬如清净水，影像无来去；法身遍世间，当知亦如是。
如是离染著，身世皆清净，湛然如虚空，一切无有生。
知身无有尽，无生亦无灭，非常非无常，示现诸世间。
除灭诸邪见，开示于正见，法性无来去，不著我我所。
譬如工幻师，示现种种事，其来无所从，去亦无所至。
幻性非有量，亦复非无量，于彼大众中，示现量无量。
以此寂定心，修习诸善根，出生一切佛，非量非无量。
有量及无量，皆悉是妄想，了达一切趣，不著量无量。
诸佛甚深法，广大深寂灭，甚深无量智，知甚深诸趣。
菩萨离迷倒，心净常相续，巧以神通力，度无量众生。
未安者令安，安者示道场，如是遍法界，其心无所著。
不住于实际，不入于涅槃，如是遍世间，开悟诸群生。
法数众生数，了知而不著，普雨于法雨，充洽诸世间。
普于诸世界，念念成正觉，而修菩萨行，未曾有退转。
世间种种身，一切悉了知；如是知身法，则得诸佛身。
普知诸众生，诸劫及诸刹，十方无涯际，智海无不入。
众生身无量，一一为现身；佛身无有边，智者悉观见。
一念之所知，出现诸如来，经于无量劫，称扬不可尽。

诸佛能现身，处处般涅槃，一念中无量，舍利各差别。

如是未来世，有求于佛果，无量菩提心，决定智悉知。

如是三世中，所有诸如来，一切悉能知，名住普贤行。

如是分别知，无量诸行地，入于智慧处，其轮不退转。

微妙广大智，深入如来境，入已不退转，说名普贤慧。

一切最胜尊，普入佛境界，修行不退转，得无上菩提。

无量无边心，各各差别业，皆由想积集，平等悉了知。

染污非染污，学心无学心，不可说诸心，念念中悉知。

了知非一二，非染亦非净，亦复无杂乱，皆从自想起。

如是悉明见，一切诸众生，心想各不同，起种种世间。

以如是方便，修诸最胜行，从佛法化生，得名为普贤。

众生皆妄起，善恶诸趣想，由是或生天，或复堕地狱。

菩萨观世间，妄想业所起，妄想无边故，世间亦无量。

一切诸国土，想网之所现，幻网方便故，一念悉能入。

眼耳鼻舌身，意根亦如是，世间想别异，平等皆能入。

一一眼境界，无量眼皆入，种种性差别，无量不可说。

所见无差别，亦复无杂乱，各随于自业，受用其果报。

普贤力无量，悉知彼一切，一切眼境界，大智悉能入。

如是诸世间，悉能分别知，而修一切行，亦复无退转。

佛说众生说，及以国土说，三世如是说，种种悉了知。

过去中未来，未来中现在，三世互相见，一一皆明了。

如是无量种，开悟诸世间，一切智方便，边际不可得。

注释

❶ 以上共举出十一种佛法善巧智。

❷ "于"，大正本原作"乎"，今依明本改之。

【白话语译】

❶这时，普贤菩萨又告诉在场的所有菩萨："如同我一向演说的，这些只是随顺着众生的根器，简略地说明诸佛一点点儿的境界而已。怎么说呢？诸佛世尊因为众生没有智慧，造作种种恶事；心中计量着我、我所有，并且执着自身；心中满是颠倒妄想与疑惑；还不时用邪见分别一切，并与各种的烦恼、结使束缚相应。随逐生死之流，而远离了如来的无上正道，所以才会在世间轮回不已。

"佛子啊！❷我从没有见过有那一种大过失，像众菩萨对其他菩萨生起嗔心那么严重。怎么说呢？

"佛子啊！这是因为，如果这些菩萨非常嗔恨其余的菩萨，就马上会造成百万种的障碍门。是哪些百万种障碍呢？❸就是不能见到菩提大道的障碍；不能听闻正法的障碍；出生在不清净世界的障碍；出生在六道中恶劣生趣的障碍；出生在生存困难地方的障碍；身体多疾病的障碍；常受人毁谤的障碍；出生在各种顽劣驽钝生处的障碍；坏失正念的障碍；缺少智慧的障碍；眼根的障碍；耳根的障碍；鼻根的障碍；舌根的障碍；身根的障碍；意念的障碍；得邪恶老师引导的障碍；周遭都是邪恶的伴侣朋友的障碍；乐于学习小乘的障碍；乐于亲近平凡庸俗者的障碍；不乐信服有威势福德者的障碍；喜欢和远离正见的人同住一起的障碍；生在外道家庭的障碍；住在诸魔境界的障碍；远离佛法正确教义的障碍；无法得遇善知识的障碍；不能成就善根，受到留难的障碍；增上不善之法的障碍；常身处卑下恶劣的障碍；出生在不闻佛法偏远边地的障碍；出生在恶人家中的障碍；出生在恶神中的障碍；出生在恶龙、恶夜叉、恶乾闼婆、恶阿修罗、恶迦楼罗、恶紧那罗、恶摩睺罗伽、恶罗刹中的障碍；不乐听闻佛法的障碍；喜欢学习像幼童般蒙昧低层之法的障碍；乐于执着小乘法的障碍；不喜欢听闻、学习大乘法的障碍；心性多惊恐怖惧的障碍；心中常忧愁苦恼的障碍；贪爱执着生死的障碍；无法专心听闻修习佛法的障碍；不喜欢看见、听闻诸佛各种自在神通的障碍；无法得到像菩萨一样各种根器的障碍；不修行菩萨各种清净行的障碍；对菩萨的深心退却怯弱的障碍；无法生起像菩萨一样大愿的障碍；无法发起一切智慧心念的障碍；对菩萨行懈怠、不精进修持的障碍；无法清净治理各种业障的障碍；无法摄受取用广大福德的障碍；不能明白智慧力量是多么犀利的障碍；无法产生广大智慧的障碍；不护持菩萨所行各种事业的障碍；喜欢毁谤一切有智慧之语的障碍；远离诸佛菩提的障碍；喜好住在众多魔境界的障碍；不愿专心修持佛境界的障碍；不肯决定无碍地发起菩萨弘大誓愿的障碍；不喜欢和菩萨住在一起的障碍；不希求菩萨种种善根的障碍；本性在见地上多怀疑的障碍；心中常愚昧昏暗的障碍；因为不能修行菩萨的平等布施，所以心中不舍的障碍；因为不能修持如来的戒律而破戒的障碍；因为不能进入安忍不动的法门，而生起愚痴、烦恼、毒害、嗔恚种种的障碍；因为不能像菩萨那样精进，而生起了懈怠的烦恼障碍；因为不能证得各种三昧，而生起了散乱的障碍；因为不修治般若波罗蜜，而生起了邪恶的智慧障碍；在适当之处或是不适当之处，无法善巧处理的障碍；度化众生时，没法运用善巧方便的障碍；无法观察菩萨智慧的障碍；无法了知菩萨出离法的障碍；因为无法成就菩萨十种广大的眼目，而产生眼睛宛如天生目盲的障碍；因为耳根不听闻自在无碍的佛法，而无法讲说的障碍；因为相貌不圆满美好，而产生了鼻根破败丑坏的障碍；因为无法分辨明了众生的言语，而产生的舌根障碍；因为轻视鄙贱众生，而生身根的障碍；因为心念常常狂乱不息，而生意根的障碍；因为不受持身、口、意三种律仪，所以身就有业障；因为常生起四种过失，而有言语的业障；因为常生起贪心、嗔恚的邪见，而有意念的业障；用如窃贼的心求法，而不得正法的障碍；断绝菩萨境界的障碍；对菩萨勇猛精进的法，心生退却畏怯的障碍；对于菩萨的出离道，心中懒惰的障碍；对于菩萨的智慧光明，心中生出止息的障碍；对于菩萨的念力，心中卑劣懦弱的障碍；无法安住受持如来教法的障碍；对于菩萨脱离生死流转之道，不能亲近听闻的障碍；不能修习菩萨无失坏大道的障碍；随顺证入声闻、缘觉二乘，不能发起菩提心的障碍；远离过去、现在、未来诸佛菩萨种种的障碍。

"佛子啊！如果菩萨非常嗔恨其他的菩萨，就会造成这百万种障碍。为什么呢？佛子啊！我不曾见过有哪一种大过失，像菩萨非常嗔恨其他菩萨这么严重。所以说，各位菩萨摩诃萨，如果你们想要立刻圆满诸菩萨行的话，应该勤加修习十种法。是哪十种法呢？一，心中不舍弃众生；二，视一切菩萨如同诸佛如来；三，永远不诽谤任何佛法；四，了知一切的国土绝无穷尽之时；五，对于菩萨行信心悦乐不已；六，不舍弃平等虚空法界菩提心；七，观察菩提证入如来的力量；八，精进勤修无碍辩才；九，教化众生，无有疲惫厌倦；十，安住一切世界，心无所执着。就是这十种法。

　　"佛子啊！菩萨摩诃萨安住在这十种法后，就能具足十种清净。是哪十种呢？一，通达甚深法门的清净；二，亲近善知识的清净；三，护持一切佛法的清净；四，了知通达虚空法界的清净；五，深入法界的清净；六，观察无边心念的清净；七，善根等同一切菩萨的清净；八，不执着诸时劫的清净；九，观察过去、现在、未来三世的清净；十，修行一切佛法的清净。就是这十种清净。

　　"佛子啊！菩萨摩诃萨安住在这十法之后，就具足十种广大的智慧。是哪十种呢？一，了知一切众生心行的智慧；二，了知一切众生业报的智慧；三，了知一切佛法的智慧；四，了知一切佛法甚深秘密义理趣向的智慧；五，了知一切总持陀罗尼门的智慧；六，了知一切文字辩才的智慧；七，了知一切众生语言、音声、言辞、辩才、善巧方便的智慧；八，在一切世界普遍化现身形的智慧；九，在一切聚会普遍示现影像的智慧；十，在一切投胎受生的处所，具足诸佛一切智智的智慧。就是这十种智慧。

　　"佛子啊！菩萨摩诃萨安住在这十种智慧时，能普遍趣入十种境界。是哪十种呢？一，以一切世界摄入一个毛孔，或从一个毛孔进入一切世界；二，以一切众生的身体进入一身，或从一身进入一切众生身；三，以不可说的时劫摄入一念，或以一念进入不可说的时劫；四，以一切佛法摄入一法，或以一法进入一切佛法；五，以不可说的处所摄入一个处所，或以一个处所进入不可说的处所；六，以不可说的身根摄入一个身根，或以一个身根进入不可说个身根；七，以一切的身根摄入非身根，或以一个身根进入一切身根；八，以一切的想念摄入一种想念，或以一种想念进入一切想念；九，以一切语言音声摄入一个语言音声，或以一个语言音声进入一切语言音声；十，以一切的过去、现在、未来三世摄入一世，或以一世进入一切过去、现在、未来三世。就是这十种普遍趣入的境界。

"佛子啊！菩萨摩诃萨如是观察之后，则能安住在十种殊胜微妙的心。是哪十种呢？一，安住在一切世界语言与非语言的殊胜微妙心；二，安住在一切众生想念无所依止的殊胜微妙心；三，安住在究竟虚空界的殊胜微妙心；四，安住在无边法界的殊胜微妙心；五，安住在甚深秘密佛法的殊胜微妙心；六，安住在甚深无差别法的殊胜微妙心；七，安住在除去消灭一切疑惑的殊胜微妙心；八，安住在一切世界平等无差别的殊胜微妙心；九，安住在过去、现在、未来三世诸佛平等的殊胜微妙心；十，安住在诸佛威力无量的殊胜微妙心。就是这十种殊胜微妙心。

"佛子啊！菩萨摩诃萨安住在这十种胜妙心之后，则能证得十种佛法的善巧智慧。是哪十种呢？一，了知通达甚深佛法的善巧智慧；二，出生广大佛法的善巧智慧；三，宣说种种佛法的善巧智慧；四，证入平等佛法的善巧智慧；五，明了佛法差别的善巧智慧；六，了悟无差别佛法的善巧智慧；七，深入庄严佛法的善巧智慧；八，以一种方便进入佛法的善巧智慧；九，无量方便趣入佛法的善巧智慧；十，了知无边佛法无有差别的善巧智慧，以及以自心和自力，对一切佛法从不退转的善巧智慧。就是这十种善巧智慧。

"佛子啊！菩萨摩诃萨听闻此法之后，都应该发心，恭敬受持。为什么呢？因为受持这个法门的菩萨摩诃萨，只要微少的造作，就能立刻证得无上正等正觉，具足一切佛法，完全等同过去、现在、未来的三世诸佛教法。"

这时，因为佛陀的威神力，本然一法如是，十方各有十个不可说百千亿那由他佛国刹土微尘数的世界，忽然都产生六种震动，并且雨下了超过诸天的一切华云、香云、末香云、衣盖、幢幡、摩尼宝珠等，以及一切庄严具足的妙云。又雨下许多歌妓舞乐云，雨下不可说如来妙胜色身云，雨下不可说的赞叹如来善哉云，雨下如来音声充满一切法界云，雨下不可说庄严世界云，雨下不可说使菩提增长云，雨下不可说的光明照耀云，雨下不可说的神力说法云。

这时，因为佛陀的威神力，本然一法如是，十方各超过十个不可说佛国刹土微尘数的世界，有十个佛国刹土微尘数的菩萨摩诃萨前来拜访这个国土。他们充满了十方，说了这些话："善哉！善哉！佛子啊！你能演说诸佛如来的最大誓愿、授记的深法，真是太好了！佛子啊！我们这些人共同的名号，都叫作"普贤"。都各从普胜世界的普幢自在如来佛土来到这里。都是以佛陀的神力，在一切处所演说这个法门。就如同在这个大众聚会你所演说的，一切都平等无二，没有增减。我们都是承蒙佛陀威神力的加持而来到这个道场，为你作证。就像这个道场所发生的情形，有十个佛国刹土微尘数的菩萨前来作证，十方一切世界中也是如此。"

这时，普贤菩萨摩诃萨以佛陀威神力，以及自己善根的力量，观察十方及一切法界，想要开示菩萨行；想要宣说如来的菩提境界；想要宣说大愿的境界；想要宣说一切世界的时劫数量；想要说明诸佛随着因缘时节出现；想要宣说如来为根器成熟的众生示现，让众生供养；想要说明如来出现世间，恩德无量而功不唐捐；想要说明所种的善根必定会获得善果；想要说明大威德的菩萨，如何为众生现形说法，让众生开悟。所以普贤菩萨就宣说如下的偈颂：

汝等应生欢喜，舍离于诸盖缠，
一心恭敬谛听，菩萨诸大愿行。
往昔诸菩萨众，最胜人中师子，
如彼所有修行，我当次第宣说。
亦说诸劫数量，世界并与诸业，
及以无等至尊，于彼处而出兴。
如是过去诸佛，大愿出于世间，
云何而为众生，灭除诸般苦恼？

一切论中师子，所行相续圆满，
得佛平等妙法，一切智慧境界。
见于过去世时，一切人中师子，
广放大光明网，普照十方世界。
思惟发此大愿：我当作世间灯，
具足诸佛功德，十方一切智慧。
一切诸般众生，贪恚痴心炽然，
我当悉为救脱，令除灭恶道苦。
发起如是誓愿，坚固而不退转，
具修菩萨大行，获证十无碍力。
如是发誓愿已，修行而无退怯，
所作悉皆不虚，说名论中师子。
于一贤劫之中，千佛出兴于世，
彼等所有普眼，我当次第宣说。
于一贤劫之中，无量时劫亦然，
彼等未来佛行，我当分别宣说。
如同一佛刹种，无量佛刹亦然，
未来十力至尊，诸行我今宣说。
诸佛次第兴世，随愿随于名号，
随彼所得授记，随其所得寿命。
随所修习正法，专求无碍大道，
随所化导众生，正法住于世间。
随所清净佛刹，众生以及法轮，
演说时与非时，次第清净群生。
随诸众生业力，所行以及信解，
上中下各不同，教化彼令修习。
入于如是智慧，修其最殊胜行，
常作普贤事业，广度一切众生。

身业无有障碍，语业悉皆清净，
意行亦复如是，三世靡不皆然。
菩萨如是行持，究竟达普贤道，
出生清净智日，普遍照于法界。
未来世中诸劫，国土不可说数，
一念悉皆了知，于彼无所分别。
行者乃能趣入，如是最殊胜地，
此诸菩萨教法，我当宣说少分。
智慧无有边际，通达诸佛境界，
一切悉皆善入，所行决不退转。
具足普贤智慧，成满普贤大愿，
入于无等大智，我当宣说彼行。
于一微尘之中，悉见一切世界，
众生若有闻者，迷乱心生发狂。
如于一微尘中，一切尘中亦然，
世界悉入其中，如是不可思议。
一一尘中皆有：十方三世诸法，
趣刹皆无限量，悉能分别了知。
一一尘中皆有：无量种种佛刹，
种种悉皆无量，于一靡不了知。
法界之中所有：种种诸般异相，
趣类各各差别，悉能分别了知。
深入微细智慧，分别诸般世界，
一切时劫成坏，悉能明了宣说。
了知诸劫修短，三世即为一念，
众行同与不同，悉能分别了知。
深入诸般世界，广大与非广大，
一身无量刹土，一刹无量妙身。

十方之中所有，异类诸般世界，
广大无量众相，一切悉能了知。

一切三世之中，无量诸国刹土，
具足甚深智慧，悉了彼成败坏。

十方诸般世界，有成或有败坏，
如是不可说数，贤德悉能深了。

或有诸国刹土，种种妙地严饰，
诸趣亦复皆然，斯由业力清净。

或有诸般世界，无量种种杂染，
斯由众生所感，一切如其所行。

无量无边刹土，了知即为一刹，
如是入于诸刹，其数不可了知。

一切所有世界，悉入一刹之中，
世界亦不为一，亦复无有杂乱。

世界有仰有覆，或高或复低下，
皆是众生心想，悉能分别了知。

广博诸世界中，无量无有边际，
了知种种是一，知一即是种种。

普贤诸佛真子，能以普贤智慧，
了知诸刹数量，其数无有边际。

了知诸世界化，刹土化众生化，
法化诸佛幻化，一切悉皆究竟。

一切诸世界中，微细广大刹土，
种种殊异庄严，皆由净业所起。

无量诸佛真子，善学入于法界，
神通力得自在，普遍于十方界。

众生数等时劫，说彼世界名字，
亦不能令穷尽，唯除佛陀开示。

世界及佛如来，种种一切名号，
经于无量时劫，说之不可穷尽。
何况最胜智慧，三世诸佛妙法，
从于法界出生，充满如来境地。
清净无碍心念，无边无碍智慧，
分别演说法界，得至达于彼岸。
过去诸世界中，广大以及微细，
修习所有庄严，一念悉能了知。
其间人中师子，修佛种种妙行，
圆成于等正觉，示现一切自在。
如是未来世中，次第无量时劫，
所有人中至尊，菩萨悉能了知。
所有一切行愿，所有诸种境界，
如是精勤修行，于中圆成正觉。
亦了知彼众会，寿命化导众生，
以此诸般法门，为众转正法轮。
菩萨如是了知，安住普贤行地，
智慧悉皆明了，出生一切诸佛。
现在世间所摄，一切诸佛国土，
深入此诸刹土，通达于法界中。
彼诸世界之中，现在一切诸佛，
于法成得自在，言语无所障碍。
亦了知彼众会，净土应化之力，
穷尽无量亿劫，恒常思惟是事。
调御世间至尊，所有大威神力，
无尽智慧宝藏，一切悉了能知。
出生无碍妙眼，无碍耳鼻身等，
无碍广长舌相，能令大众欢喜。

最胜无碍心生，广大普皆清净，
智慧遍达充满，悉知三世妙法。
善学一切教化，刹土化众生化，
世间化调伏化，究竟化至彼岸。
世间种种差别，皆由于心想住，
入佛方便智慧，于此能悉明了。
众会不可说数，一一皆为现身，
悉使见于如来，度脱无边众生。
诸佛甚深智慧，如日出于世间，
一切国土之中，普现无有休息。
了达诸世间中，假名无有真实，
众生以及世界，如梦亦如光影。
于诸世间法中，不生分别见解，
善离诸分别者，亦不见于分别。
无量无数时劫，解之即为一念，
知念亦为无念，如是见于世间。
无量诸佛刹土，一念悉皆超越，
经于无量时劫，不动于其本处。
不可说数诸劫，即是须臾顷间，
莫见修长与短，究竟刹那法际。
心住于世间中，世间住于心中，
于此既不妄起，二与非二分别。
众生世界时劫，诸佛以及佛法，
一切宛如幻化，法界悉皆平等。
依于无二智慧，出现人中师子，
不着无二妙法，了知无二非二。
了知诸世间中，如焰亦如光影，
如响亦如梦幻，如幻如同变化。

如是随顺趣入，诸佛所行之处，
成就普贤智慧，普照甚深法界。
众生刹土染着，一切皆悉舍离，
而兴于大悲心，普清净诸世间。
菩萨恒常正念，议论师子妙法，
清净宛如虚空，而兴广大方便。
见世恒常迷倒，发心咸皆救度，
所行悉皆清净，普遍于诸法界。
诸佛以及菩萨，佛法及世间法，
若见其中真实，一切皆无差别。
佛如来法身藏，普入于世间中，
虽在于世间中，于世无所染着。
譬如清净之水，影像无有来去，
法身遍于世间，当知亦复如是。
如是远离染着，身世皆得清净，
湛然宛如虚空，一切亦无有生。
知身无有穷尽，无生亦无有灭，
非常亦非无常，示现于诸世间。
除灭诸般邪见，开示于正知见，
法性无有来去，不着我与我所。
譬如工巧幻师，示现种种事相，
其来无所从来，去亦无所去至。
幻性非有计量，亦复非无计量，
于彼大众之中，示现量与无量。
以此寂定之心，修习诸般善根，
出生一切诸佛，非量与非无量。
有量以及无量，皆悉同是妄想，
了达一切众趣，不着量与无量。

诸佛甚深妙法，广大甚深寂灭，
甚深无量智慧，了知甚深诸趣。
菩萨远离迷倒，心净恒常相续，
善巧以神通力，广度无量众生。
未安者令安稳，安者示现道场，
如是遍于法界，其心无所染着。
不住于实际中，亦不入于涅槃，
如是遍于世间，开悟一切群生。
法数多众生数，了知而不染着，
普雨于诸法雨，充洽诸般世间。
普于诸世界中，念念圆成正觉，
而修菩萨妙行，未曾有所退转。
世间种种妙身，一切悉皆了知，
如是了知身法，则得诸佛之身。
普知诸般众生，诸劫以及诸刹，
十方无有涯际，智海无不趣入。
众生身无有量，一一为之现身，
佛身亦无有边，智者悉皆观见。
一念之所了知，出现诸佛如来，
经于无量时劫，称扬不可穷尽。
诸佛能示现身，处处示般涅槃，
一念中经无量，舍利各有差别。
如是未来世中，若有求于佛果，
无量大菩提心，决定智慧悉知。
如是三世之中，所有诸佛如来，
一切悉能了知，名住普贤胜行。
如是分别了知，无量诸行胜地，
入于智慧之处，其轮永不退转。

微妙广大智慧，深入如来境地，
入已证不退转，说名普贤智慧。
一切最胜至尊，普入佛陀境界。
修行不退转地，证得无上菩提。
无量无边之心，各各差别业力，
皆是心想积集，平等悉皆了知。
染污与非染污，学心与无学心，
不可说数诸心，念念中悉了知。
了知非一非二，非染亦非清净，
亦复无有杂乱，皆从自心想起。
如是悉皆明见，一切诸众生等，
心想各有不同，生起种种世间。
能以如是方便，修诸最胜妙行，
从诸佛法化生，得名号为普贤。
众生悉皆妄起，善恶诸趣心想，
由是或生天上，或复堕地狱中。
菩萨观察世间，妄想业力所起，
妄想无有边故，世间亦无有量。
一切诸国刹土，想网之所现起，
幻网方便之故，一念悉皆能入。
眼耳鼻舌身等，意根亦复如是，
世间心想别异，平等皆能趣入。
一一眼根境界，无量眼皆趣入，
种种体性差别，其无量不可说。
所见无有差别，亦复无有杂乱，
各各随于自业，受用其中果报。
普贤威力无量，悉能知彼一切，
一切眼之境界，大智悉能趣入。

如是一切世间，悉能分别了知，

而修习一切行，亦复无有退转。

佛说与众生说，及以国土言说，

三世如是言说，种种悉皆了知。

过去中之未来，未来中之现在，

三世互相得见，一一皆能明了。

如是无量种种，开悟所有世间，

一切智慧方便，边际了不可得。

【注释】

❶ 这品与下品在说明如来出现的因果。

❷ 上述说因，以下正说普贤行。

❸ 次为百万障的大略，仅列一百障。

如来出现品第三十七

卷第五十

《如来出现品》导读

　　《如来出现品第三十七》是第七会重普光明殿会的最后一品，是由普贤菩萨说明如来出世的因缘构成。本品品名，《六十华严》作"宝王如来性起品"，慈恩寺梵本作"说如来性起品"，竺法护翻译的单行经作"佛说如来兴显经"。旧译的"性起"，据慧苑《刊定记》所说，梵本中并无"性"字，"起"应是"生"之译。所以"性起"已加入了本品内文所显的意义了，而不论"兴显"、"起"、"出现"，都同是"生"的翻译。

　　本品在整部《华严经》中，地位相当重要，尤其旧译为"性起"，使得"性起"思想成为华严宗思想的一个特色。法藏《探玄记》卷十六即用相当的篇幅来说明性起的意义。智俨在《孔目章》卷四"性起品明性起章"中，解释"性起"道："性起者，明一乘法界缘起之际，本来究竟，离于修造。何以故？以离相故，起在大解大行，离分别菩提心中，名为起也。由是缘起性故，说为起。起即不起，不起者是性起。"智俨的"起即不起，不起者是性起"，是"性起"的名论。法藏《探玄记》则以十门论性起：一，分相门；二，依持门；三，融摄门；四，性德门；五，定义门；六，染净门；七，因果门；八，通局门；九，分齐门；十，建立门。在"分相门"中，法藏分性起为理性起、行性起和果性起，本品主要是在说果性起法。而"定义门"中则以四种道理解释佛乃待缘成道何以称性起之缘由，主要是由果海、性体、缘成无性、净用顺真等四个角度来说明称性而起之理。

　　本品与《普贤行品》相成，一是说修显之如来果德，一是明修显之普贤圆因，虽是平等因果，而不坏因果相，所以先因后果。性起的自体因相，即普贤无尽大行；而自体果海，则是绝于言说的佛海。所以上品明普贤行，而本品则明如来出现、如来性起。

本品可分成七个部分：一，佛放光加持；二，本昔因缘；三，请说；四，正说如来出现；五，出名受持；六，现瑞证成；七，以偈颂总摄。首先佛由白毫相中放光，名为“如来出现”，即光中有佛成道之相等，而入于妙德菩萨头顶。妙德启请后，佛再由口中放光，名“无碍无畏”，入普贤菩萨口中。妙德菩萨启问普贤放光瑞相之因缘，普贤菩萨说本昔因缘，即往昔如来如此放光，普贤便宣说如来出现法门。经由妙德请说之后，普贤便正说如来出现因缘。妙德请说有十，即如来出现总说、身、语、意三业、境界、所行之行、成道、转法轮、入涅槃、见闻得益等十法。

总说如来出现，将无量因缘略摄为十相，并举十喻说明：一，大千兴造喻，即大千世界乃无性众缘合成，佛出世亦顺法性无生无作而成就；二，洪霪大千喻，即成就如来出现之大法雨唯大菩萨能持，如唯大丁界能持洪霪大雨一般；三，云雨无从喻，即云雨来无所从、去无所至，如来出世也是如此；四，大雨难知喻，此大雨唯摩醯首罗知，如来出世大雨唯菩萨能知；五，大雨成败喻，即佛能灭烦恼成德行；六，一雨随别喻，即一音说法随类各得其解；七，胜处先成喻，即所化善根不同；八，事别由因喻，众生善根不同，所以如来出生种种不同功德；九，四轮相依喻，如来慈悲益生，慈悲依善巧方便，巧便如来出现，如来出现依慧光，慧光无依；十，大千饶益喻，如来出现饶益无量众生。总说十喻后结颂重说。

普贤菩萨接下来说如来出现的身相有十相，也举十喻说明：一，虚空周遍；二，空无分别；三，日光饶益；四，日光等照；五，日益生盲；六，日光奇特；七，梵王普现；八，医王延寿；九，摩尼利物；十，宝王满愿。其中日光等照喻的日光先照高山，后照平地，为中国华严、天台等判教时相当重要的经证。而日益生盲喻，则是如来利益众生无量的表现。

如来出现之音声也有十相十喻：一，劫尽唱声；二，响声随缘；三，天鼓开觉；四，天女妙声；五，梵声及常；六，众水一味；七，降雨滋荣；八，渐降成熟；九，降霪难思；十，遍降种种。如来心意也有十相十喻。一，虚空无依为依；二，法界湛然；三，大海潜益；四，大宝出生；五，珠消海水；六，虚空含受；七，药王生长；八，劫火烧尽；九，劫风持坏；十，尘含经卷。

其次，如来正觉的境界无量无边，心境界无量即是如来境界无量。此有三喻：一，降而无从；二，海水从心；三，海水宏深。如来正觉所行有二，即无碍行及真如行。如来之出现成正觉乃由行因而致之果，此成正觉共以十门说明。一，总明体相；二，印现万机；三，性相甚深；四，三轮平等；五，因果交彻；六，体离亏盈；七，相无增减；八，用该动寂；九，周于法界；十，普遍诸心。如来之出现转法轮是成正觉之后理必当转的，但如来以心之自在力能无起、无转而转法轮，转法轮有二喻之义：文字无尽及遍入无住。如来入涅槃，实如来无出世，也不入涅槃，为众生而示现涅槃，以由此因缘得度。于如来见闻所种善根，必定不虚，功德深远直到佛地。

此如来功德深远之法门为如来秘密之藏，所以也有一别行经经名作《如来秘密藏经》。普贤菩萨说完如来出现十法后，佛现瑞应，十方普贤前来证成，而后普贤菩萨说偈赞佛，总结如来出现之义。

卷第五十
如来出现品第三十七之一

【原典】

尔时，世尊从眉间白毫相中放大光明，名如来出现，无量百千亿那由他阿僧祇光明以为眷属。其光普照十方尽虚空法界一切世界，右绕十匝，显现如来无量自在，觉悟无数诸菩萨众，震动一切十方世界，除灭一切诸恶道苦，映蔽一切诸魔宫殿，显示一切诸佛如来坐菩提座成等正觉，及以一切道场众会。作是事已，而来右绕菩萨众会，入如来性起妙德菩萨顶。时，此道场一切大众身心踊跃，生大欢喜，作如是念："甚奇希有！今者如来放大光明，必当演说甚深大法。"

尔时，如来性起妙德菩萨于莲华座上，偏袒右肩，右膝合掌，一心向佛，而说颂言：

> 正觉功德大智出，普达境界到彼岸，等于三世诸如来，是故我今恭敬礼。

> 已升无相境界岸，而现妙相庄严身，放于离垢千光明，破魔军众咸令尽。

> 十方所有诸世界，悉能震动无有余，未曾恐怖一众生，善逝威神力如是。

> 虚空法界性平等，已能如是而安住，一切含生无数量，咸令灭恶

除众垢。

苦行勤劳无数劫，成就最上菩提道，于诸境界智无碍，与一切佛同其性。

导师放此大光明，震动十方诸世界，已现无量神通力，而复还来入我身。

决定法中能善学，无量菩萨皆来集，令我发起问法心，是故我今请法王。

今此众会皆清净，善能度脱诸世间，智慧无边无染著，如是贤胜咸来集。

利益世间尊导师，智慧精进皆无量，今以光明照大众，令我问于无上法。

谁于大仙深境界，而能真实具开演？谁是如来法长子？世间尊导愿显示！

尔时，如来即于口中放大光明，名无碍无畏，百千亿阿僧祇光明以为眷属。普照十方尽虚空等法界一切世界，右绕十匝，显现如来种种自在，开悟无量诸菩萨众，震动一切十方世界，除灭一切诸恶道苦，映蔽一切诸魔宫殿，显示一切诸佛如来坐菩提座成等正觉，及以一切道场众会。作是事已，而来右绕菩萨众会，入普贤菩萨摩诃萨口。其光入已，普贤菩萨身及师子座，过于本时及诸菩萨身座百倍，唯除如来师子之座。

尔时，如来性起妙德菩萨问普贤菩萨摩诃萨言："佛子！佛所示现广大神变，令诸菩萨皆生欢喜，不可思议，世莫能知，是何瑞相？"普贤菩萨摩诃萨言："佛子！我于往昔见诸如来、应、正等觉示现如是广大神变，即说如来出现法门。如我惟忖，今现此相，当说其法。"说是语时，一切大地悉皆震动，出生无量问法光明。

时，性起妙德菩萨问普贤菩萨言："佛子！菩萨摩诃萨应云何知诸佛如来、应、正等觉出现之法？愿为我说！佛子！此诸无量百千亿那由他菩萨众会，皆久修净业，念慧成就，到于究竟大庄严岸，具一切佛威仪之行，正念诸佛未曾忘失，大悲观察一切众生，决定了知诸大菩萨神通境界，已得诸佛神力所加，能受一切如来妙法，具如是等无量功德，皆已来集。佛子！汝已曾于无量百千亿那由他佛所承事供养，成就菩萨最上妙行，于三昧门皆得自在，入一切佛秘密之处，知诸佛法，断众疑惑，为诸如来神力所加，知众生根，随其所乐，为说真实解脱之法，随顺佛智演说佛法到于彼岸，有如是等无量功德。善哉！佛子！愿说如来、应、正等觉出现之法，身相、言音、心意境界，所行之行，成道转法，乃至示现入般涅槃，见闻亲近所生善根。如是等事，愿皆为说！"

时，如来性起妙德菩萨欲重明此义，向普贤菩萨而说颂曰：

善哉无碍大智慧，善觉无边平等境，愿说无量佛所行，佛子闻已皆欣庆！

菩萨云何随顺入，诸佛如来出兴世？云何身语心境界？及所行处愿皆说！

云何诸佛成正觉？云何如来转法轮？云何善逝般涅槃？大众闻已心欢喜。

若有见佛大法王，亲近增长诸善根，愿说彼诸功德藏，众生见已何所获？

若有得闻如来名，若现在世若涅槃，于彼福藏生深信，有何等利愿宣说！

此诸菩萨皆合掌，瞻仰如来仁及我，大功德海之境界，净众生者愿为说！

愿以因缘及譬喻，演说妙法相应义，众生闻已发大心，疑尽智净如虚空。

如遍一切国土中，诸佛所现庄严身，愿以妙音及因喻，示佛菩提亦如彼。

十方千万诸佛土，亿那由他无量劫，如今所集菩萨众，于彼一切悉难见。

此诸菩萨咸恭敬，于微妙义生渴仰，愿以净心具开演，如来出现广大法！

　　尔时，普贤菩萨摩诃萨告如来性起妙德等诸菩萨大众言："佛子！此处不可思议，所谓如来、应、正等觉以无量法而得出现。何以故？非以一缘、非以一事如来出现而得成就，以十无量百千阿僧祇事而得成就。何等为十？所谓过去无量摄受一切众生菩提心所成故，过去无量清净殊胜志乐所成故，过去无量救护一切众生大慈大悲所成故，过去无量相续行愿所成故，过去无量修诸福智心无厌足所成故，过去无量供养诸佛教化众生所成故，过去无量智慧方便清净道所成故，过去无量清净功德藏所成故，过去无量庄严道智所成故，过去无量通达法义所成故。佛子！如是无量阿僧祇法门圆满，成于如来。佛子！譬如三千大千世界，非以一缘、非以一事而得成就，以无量缘、无量事，方乃得成。所谓兴布大云，降霔大雨，四种风轮相续为依。其四者何？一名能持，能持大水故；二名能消，能消大水故；三名建立，建立一切诸处所故；四名庄严，庄严分布咸善巧故。如是皆由众生共业及诸菩萨善根所起，令于其中一切众生各随所宜而得受用。佛子！如是等无量因缘乃成三千大千世界，法性如是，无有生者，无有作者，无有知者，无有成者，然彼世界而得成就。如来出现，亦复如是，非以一缘、非以一事而得成就，以无量因缘、无量事相乃得成就。所谓曾于过去佛所听闻受持大法云雨，因此能起如来四种大智风轮。何等为四？一者念持不忘陀罗尼大智风轮，能持一切如来大法云雨故；二者出生止观大智风轮，能消竭一切烦恼故；三者善巧回向大智风轮，能成就一切善根故；四者出生离垢差别庄严大智风轮，令过去所化一切众生善根清净，成就如来无漏善根力故。如来如是成等正觉，法性如是，无生无作而得成就。佛子！是为如来、应、正等觉出现第一相，菩萨摩诃萨应如是知。

　　"复次，佛子！譬如三千大千世界将欲成时，大云降雨，名曰洪霔，一切方处所不能受、所不能持，唯除大千界将欲成时。佛子！如来、应、正等觉亦复如是，兴大法云，雨大法雨，名成就如来出现，一切二乘心志狭劣所不能受、所不能持，唯除诸大菩萨心相续力。佛子！是为如来、应、正等觉出现第二相，菩萨摩诃萨应如是知。

"复次，佛子！譬如众生以业力故，大云降雨，来无所从，去无所至。如来、应、正等觉亦复如是，以诸菩萨善根力故，兴大法云，雨大法雨，亦无所从来，无所至去。佛子！是为如来、应、正等觉出现第三相，菩萨摩诃萨应如是知。

"复次，佛子！譬如大云降霆大雨，大千世界一切众生，无能知数，若欲算计，徒令发狂。唯大千世界主摩醯首罗，以过去所修善根力故，乃至一滴，无不明了。佛子！如来、应、正等觉亦复如是，兴大法云，雨大法雨，一切众生、声闻、独觉所不能知，若欲思量，心必狂乱。唯除一切世间主菩萨摩诃萨，以过去所修觉慧力故，乃至一文一句，入众生心，无不明了。佛子！是为如来、应、正等觉出现第四相，菩萨摩诃萨应如是知。

"复次，佛子！譬如大云降雨之时，有大云雨，名为能灭，能灭火灾；有大云雨，名为能起，能起大水；有大云雨，名为能止，能止大水；有大云雨，名为能成，能成一切摩尼诸宝；有大云雨，名为分别，分别三千大千世界。佛子！如来出现亦复如是，兴大法云，雨大法雨，有大法雨，名为能灭，能灭一切众生烦恼；有大法雨，名为能起，能起一切众生善根；有大法雨，名为能止，能止一切众生见惑；有大法雨，名为能成，能成一切智慧法宝；有大法雨，名为分别，分别一切众生心乐。佛子！是为如来、应、正等觉出现第五相，菩萨摩诃萨应如是知。

"复次，佛子！譬如大云，雨一味水，随其所雨，无量差别。如来出现亦复如是，雨于大悲一味法水，随宜说法，无量差别。佛子！是为如来、应、正等觉出现第六相，菩萨摩诃萨应如是知。

"复次，佛子！譬如三千大千世界初始成时，先成色界诸天宫殿，次成欲界诸天宫殿，次成于人及余众生诸所住处。佛子！如来出现亦复如是，先起菩萨诸行智慧，次起缘觉诸行智慧，次起声闻善根诸行智慧，次起其余众生有为善根诸行智慧。佛子！譬如大云，雨一味水，随诸众生善根异故，所起宫殿种种不同。如来大悲一味法雨，随众生器而有差别。佛子！

是为如来、应、正等觉出现第七相，菩萨摩诃萨应如是知。

"复次，佛子！譬如世界初欲成时，有大水生，遍满三千大千世界，生大莲华，名如来出现功德宝庄严，遍覆水上，光照十方一切世界。时，摩醯首罗、净居天等见是华已，即决定知于此劫中有尔所佛出兴于世。佛子！尔时，其中有风轮起，名善净光明，能成色界诸天宫殿。有风轮起，名净光庄严，能成欲界诸天宫殿。有风轮起，名坚密无能坏，能成大小诸轮围山及金刚山。有风轮起，名胜高，能成须弥山王。有风轮起，名不动，能成十大山王。何等为十？所谓佉陀罗山、仙人山、伏魔山、大伏魔山、持双山、尼民陀罗山、目真邻陀山、摩诃目真邻陀山、香山、雪山。有风轮起，名为安住，能成大地。有风轮起，名为庄严，能成地天宫殿、龙宫殿、乾闼婆宫殿。有风轮起，名无尽藏，能成三千大千世界一切大海。有风轮起，名普光明藏，能成三千大千世界诸摩尼宝。有风轮起，名坚固根，能成一切诸如意树。佛子！大云所雨一味之水，无有分别。以众生善根不同故，风轮不同。风轮差别故，世界差别。佛子！如来出现亦复如是，具足一切善根功德，放于无上大智光明，名不断如来种不思议智，普照十方一切世界，与诸菩萨一切如来灌顶之记，当成正觉，出兴于世。佛子！如来出现复有无上大智光明，名清净离垢，能成如来无漏无尽智。复有无上大智光明，名普照，能成如来普入法界不思议智。复有无上大智光明，名持佛种性，能成如来不倾动力。复有无上大智光明，名迥出无能坏，能成如来无畏无坏智。复有无上大智光明，名一切神通，能成如来诸不共法、一切智智。复有无上大智光明，名出生变化，能成如来令见闻亲近所生善根不失坏智。复有无上大智光明，名普随顺，能成如来无尽福德智慧之身，为一切众生而作饶益。复有无上大智光明，名不可究竟，能成如来甚深妙智，随所开悟，令三宝种永不断绝。复有无上大智光明，名种种庄严，能成如来相好严身，令一切众生皆生欢喜。复有无上大智光明，名不可坏，能成如来法界、虚空界等殊胜寿命无有穷尽。佛子！如来大悲一味之水无有分别，以诸众生欲乐不同、根性各别，而起种种大智风轮，令诸菩萨成就如来出现之法。佛子！一切如来同一体性，大智轮中出生种种智慧光明。

佛子！汝等应知，如来于一解脱味出生无量不可思议种种功德，众生念言："此是如来神力所造。"佛子！此非如来神力所造。佛子！乃至一菩萨，不于佛所曾种善根，能得如来少分智慧，无有是处。但以诸佛威德力故，令诸众生具佛功德，而佛如来无有分别，无成无坏，无有作者，亦无作法。佛子！是为如来、应、正等觉出现第八相，菩萨摩诃萨应如是知。

"复次，佛子！如依虚空起四风轮，能持水轮。何等为四？一名安住，二名常住，三名究竟，四名坚固。此四风轮能持水轮，水轮能持大地，令不散坏。是故说地轮依水轮，水轮依风轮，风轮依虚空，虚空无所依。虽无所依，能令三千大千世界而得安住。佛子！如来出现，亦复如是，依无碍慧光明起佛四种大智风轮，能持一切众生善根。何等为四？所谓普摄众生皆令欢喜大智风轮，建立正法令诸众生皆生爱乐大智风轮，守护一切众生善根大智风轮，具一切方便通达无漏界大智风轮。是为四。佛子！诸佛世尊大慈救护一切众生，大悲度脱一切众生，大慈大悲普遍饶益。然大慈大悲依大方便善巧，大方便善巧依如来出现，如来出现依无碍慧光明，无碍慧光明无有所依。佛子！是为如来、应、正等觉出现第九相，菩萨摩诃萨应如是知。

"复次，佛子！譬如三千大千世界既成就已，饶益无量种种众生。所谓水族众生得水饶益，陆地众生得地饶益，宫殿众生得宫殿饶益，虚空众生得虚空饶益。如来出现，亦复如是，种种饶益无量众生。所谓见佛生欢喜者，得欢喜益；住净戒者，得净戒益；住诸禅定及无量者，得圣出世大神通益；住法门光明者，得因果不坏益；住无所有光明者，得一切法不坏益。是故说言：'如来出现，饶益一切无量众生。'佛子！是为如来、应、正等觉出现第十相，菩萨摩诃萨应如是知。

"佛子！菩萨摩诃萨知如来出现，则知无量；知成就无量行故，则知广大；知周遍十方故，则知无来去；知离生住灭故，则知无行、无所行；知离心、意、识故，则知无身；知如虚空故，则知平等；知一切众生皆无我故，则知无尽；知遍一切刹无有尽故，则知无退；知尽后际无断绝故，则知无坏；知如来智无有对故，则知无二；知平等观察为无为故，则知一切众生皆得饶益，本愿回向自在满足故。"

尔时，普贤菩萨摩诃萨欲重明此义，而说颂言：

十力大雄最无上，譬如虚空无等等，境界广大不可量，功德第一
超世间。

十力功德无边量，心意思量所不及，人中师子一法门，众生亿劫
莫能知。

十方国土碎为尘，或有算计知其数；如来一毛功德量，千万亿劫
无能说。

如人持尺量虚空，复有随行计其数，虚空边际不可得，如来境界
亦如是。

或有能于刹那顷，悉知三世众生心，设经众生数等劫，不能知佛
一念性。

譬如法界遍一切，不可见取为一切；十力境界亦复然，遍于一切
非一切。

真如离妄恒寂静，无生无灭普周遍；诸佛境界亦复然，体性平等
不增减。

譬如实际而非际，普在三世亦非普；导师境界亦如是，遍于三世
皆无碍。

法性无作无变易，犹如虚空本清净；诸佛性净亦如是，本性非性
离有无。

法性不在于言论，无说离说恒寂灭；十力境界性亦然，一切文辞
莫能辩。

了知诸法性寂灭，如鸟飞空无有迹，以本愿力现色身，令见如来
大神变。

若有欲知佛境界，当净其意如虚空，远离妄想及诸取，令心所向
皆无碍。

是故佛子应善听，我以少譬明佛境，十力功德不可量，为悟众生

今略说。

　　导师所现于身业，语业心业诸境界，转妙法轮般涅槃，一切善根我今说。

　　譬如世界初安立，非一因缘而可成，无量方便诸因缘，成此三千大千界。

　　如来出现亦如是，无量功德乃得成，刹尘心念尚可知，十力生因莫能测。

　　譬如劫初云澍雨，而起四种大风轮，众生善根菩萨力，成此三千各安住。

　　十力法云亦如是，起智风轮清净意，昔所回向诸众生，普导令成无上果。

　　如有大雨名洪澍，无有处所能容受，唯除世界将成时，清净虚空大风力。

　　如来出现亦如是，普雨法雨充法界，一切劣意无能持，唯除清净广大心。

　　譬如空中澍大雨，无所从来无所去，作者受者悉亦无，自然如是普充洽。

　　十力法雨亦如是，无去无来无造作，本行为因菩萨力，一切大心咸听受。

　　譬如空云澍大雨，一切无能数其滴，唯除三千自在王，具功德力悉明了。

　　善逝法雨亦如是，一切众生莫能测，唯除于世自在人，明见如观掌中宝。

　　譬如空云澍大雨，能灭能起亦能断，一切珍宝悉能成，三千所有皆分别。

　　十力法雨亦如是，灭惑起善断诸见，一切智宝皆使成，众生心乐悉分别。

　　譬如空中雨一味，随其所雨各不同，岂彼雨性有分别，然随物异法如是。

如来法雨非一异，平等寂静离分别，然随所化种种殊，自然如是
无边相。

譬如世界初成时，先成色界天宫殿，次及欲天次人处，乾闼婆宫
最后成。

如来出现亦如是，先起无边菩萨行，次化乐寂诸缘觉，次声闻众
后众生。

诸天初见莲华瑞，知佛当出生欢喜；水缘风力起世间，宫殿山川
悉成立。

如来宿善大光明，巧别菩萨与其记；所有智轮体皆净，各能开示
诸佛法。

譬如树林依地有，地依于水得不坏，水轮依风风依空，而其虚空
无所依。

一切佛法依慈悲，慈悲复依方便立，方便依智智依慧，无碍慧身
无所依。

譬如世界既成立，一切众生获其利，地水所住及空居，二足四足
皆蒙益。

法王出现亦如是，一切众生获其利，若有见闻及亲近，悉使灭除
诸惑恼。

如来出现法无边，世间迷惑莫能知，为欲开悟诸含识，无譬喻中
说其譬。

"佛子！诸菩萨摩诃萨应云何见如来、应、正等觉身？佛子！诸菩萨
摩诃萨应于无量处见如来身。何以故？诸菩萨摩诃萨不应于一法、一事、
一身、一国土、一众生见于如来，应遍一切处见于如来。佛子！譬如虚空，
遍至一切色、非色处，非至、非不至。何以故？虚空无身故。如来身亦如是，
遍一切处，遍一切众生，遍一切法，遍一切国土，非至、非不至。何以故？
如来身无身故，为众生故示现其身。佛子！是为如来身第一相，诸菩萨摩

诃萨应如是见。

"复次，佛子！譬如虚空，宽广非色，而能显现一切诸色，而彼虚空无有分别，亦无戏论。如来身亦复如是，以智光明普照明故，令一切众生世、出世间诸善根业皆得成就，而如来身无有分别，亦无戏论。何以故？从本已来，一切执著、一切戏论皆永断故。佛子！是为如来身第二相，诸菩萨摩诃萨应如是见。

"复次，佛子！譬如日出于阎浮提，无量众生皆得饶益。所谓破暗作明，变湿令燥，生长草木，成熟谷稼，廓彻虚空，开敷莲华，行者见道，居者办❶业。何以故？日轮普放无量光故。佛子！如来智日亦复如是，以无量事普益众生。所谓灭恶生善，破愚为智，大慈救护，大悲度脱，令其增长根、力、觉分；令生深信，舍离浊心；令得见闻，不坏因果；令得天眼，见殁生处；令心无碍，不坏善根；令智修明，开敷觉华；令其发心，成就本行。何以故？如来广大智慧日身，放无量光普照耀故。佛子！是为如来身第三相，诸菩萨摩诃萨应如是见。

"复次，佛子！譬如日出于阎浮提，先照一切须弥山等诸大山王，次照黑山，次照高原，然后普照一切大地。日不作念：'我先照此，后照于彼。'但以山地有高下故，照有先后。如来、应、正等觉亦复如是，成就无边法界智轮，常放无碍智慧光明，先照菩萨摩诃萨等诸大山王，次照缘觉，次照声闻，次照决定善根众生，随其心器，示广大智，然后普照一切众生，乃至邪定亦皆普及，为作未来利益因缘令成熟故。而彼如来大智日光不作是念：'我当先照菩萨大行，乃至后照邪定众生。'但放光明平等普照，无碍无障，无所分别。佛子！譬如日月随时出现，大山、幽谷普照无私。如来智慧复亦如是，普照一切，无有分别，随诸众生根欲不同，智慧光明种种有异。佛子！是为如来身第四相，诸菩萨摩诃萨应如是见。

"复次，佛子！譬如日出，生盲众生无眼根故，未曾得见，虽未曾见，然为日光之所饶益。何以故？因此得知昼夜时节，受用种种衣服、饮食，令身调适离众患故。如来智日亦复如是，无信、无解、毁戒、毁见、邪命自活生盲之类，无信眼故，不见诸佛智慧日轮。虽不见佛智慧日轮，亦为智日之所饶益。何以故？以佛威力，令彼众生所有身苦及诸烦恼、未来苦因皆消灭故。佛子！如来有光明，名积集一切功德；有光明，名普照一切；有光明，名清净自在照；有光明，名出大妙音；有光明，名普解一切语言法令他欢喜；有光明，名示现永断一切疑自在境界；有光明，名无住智自在普照；有光明，名永断一切戏论自在智；有光明，名随所应出妙音声；有光明，名出清净自在音庄严国土成熟众生。佛子！如来一一毛孔放如是等千种光明，五百光明普照下方，五百光明普照上方。种种刹中种种佛所诸菩萨众，其菩萨等见此光明，一时皆得如来境界，十头、十眼、十耳、十鼻、十舌、十身、十手、十足、十地、十智，皆悉清净。彼诸菩萨先所成就诸处诸地，见彼光明，转更清净，一切善根皆悉成熟，趣一切智，住二乘者，灭一切垢。其余一分生盲众生，身既快乐，心亦清净，柔软调伏，堪修念智。地狱、饿鬼、畜生诸趣所有众生，皆得快乐，解脱众苦，命终皆生天上、人间。佛子！彼诸众生不觉不知，以何因缘、以何神力而来生此？彼生盲者，作如是念：‘我是梵天！我是梵化！’是时，如来住普自在三昧，出六十种妙音而告之言：‘汝等非是梵天，亦非梵化，亦非帝释护世所作，皆是如来威神之力。’彼诸众生闻是语已，以佛神力，皆知宿命，生大欢喜。心欢喜故，自然而出优昙华云、香云、音乐云、衣云、盖云、幢云、幡云、末香云、宝云、师子幢半月楼阁云、歌咏赞叹云、种种庄严云，皆以尊重心供养如来。何以故？此诸众生得净眼故，如来与彼授阿耨多罗三藐三菩提记。佛子！如来智日如是利益生盲众生，令得善根，具足成熟。佛子！是为如来身第五相，诸菩萨摩诃萨应如是见。

"复次，佛子！譬如月轮，有四奇特未曾有法。何等为四？一者，映蔽一切星宿光明；二者，随逐于时示现亏盈；三者，于阎浮提澄净水中影无不现；四者，一切见者皆对目前，而此月轮无有分别，无有戏论。佛子！如来身月亦复如是，有四奇特未曾有法。何等为四？所谓映蔽一切声闻、独觉、学、无学众；随其所宜，示现寿命修短不同，而如来身无有增减；一切世界净心众生菩提器中，影无不现；一切众生有瞻对者皆谓如来唯现我前，随其心乐而为说法，随其地位令得解脱，随所应化令见佛身，而如来身无有分别，无有戏论，所作利益，皆得究竟。佛子！是为如来身第六相，诸菩萨摩诃萨应如是见。

"复次，佛子！譬如三千大千世界大梵天王，以少方便于大千世界普现其身，一切众生皆见梵王现在己❷前，而此梵王亦不分身，无种种身。佛子！诸佛如来亦复如是，无有分别，无有戏论，亦不分身，无种种身，而随一切众生心乐示现其身，亦不作念现若干身。佛子！是为如来身第七相，诸菩萨摩诃萨应如是见。

"复次，佛子！譬如医王善知众药及诸咒论，阎浮提中诸所有药用无不尽，复以宿世诸善根力、大明咒力，为方便故，众生见者，病无不愈。彼大医王知命将终，作是念言：'我命终后，一切众生无所依怙，我今宜应为现方便。'是时，医王合药涂身，明咒力持，令其终后身不分散、不萎不枯，威仪视听与本无别，凡所疗治悉得除差。佛子！如来、应、正等觉无上医王亦复如是，于无量百千亿那由他劫，炼治法药，已得成就，修学一切方便善巧大明咒力皆到彼岸，善能除灭一切众生诸烦恼病及住寿命。经无量劫，其身清净，无有思虑，无有动用，一切佛事未尝休息，众生见者，诸烦恼病悉得消灭。佛子！是为如来身第八相，诸菩萨摩诃萨应如是见。

"复次，佛子！譬如大海，有大摩尼宝，名集一切光明毗卢遮那藏。若有众生触其光者，悉同其色；若有见者，眼得清净。随彼光明所照之处，雨摩尼宝，名为安乐，令诸众生离苦调适。佛子！诸如来身亦复如是，为大宝聚一切功德大智慧藏。若有众生触佛身宝智慧光者，同佛身色；若有见者，法眼清净。随彼光明所照之处，令诸众生离贫穷苦，乃至具足佛菩提乐。佛子！如来法身无所分别，亦无戏论，而能普为一切众生作大佛事。佛子！是为如来身第九相，诸菩萨摩诃萨应如是见。

"复次，佛子！譬如大海有大如意摩尼宝王，名一切世间庄严藏，具足成就百万功德，随所住处，令诸众生灾患消除、所愿满足。然此如意摩尼宝王非少福众生所能得见。如来身如意宝王亦复如是，名为能令一切众生皆悉欢喜，若有见身、闻名、赞德，悉令永离生死苦患。假使一切世界一切众生，一时专心欲见如来，悉令得见，所愿皆满。佛子！佛身非是少福众生所能得见，唯除如来自在神力所应调伏。若有众生因见佛身便种善根乃至成熟，为成熟故，乃令得见如来身耳。佛子！是为如来身第十相，诸菩萨摩诃萨应如是见。以其心无量遍十方故，所行无碍如虚空故，普入法界故，住真实际故，无生无灭故，等住三世故，永离一切分别故，住尽后际誓愿故，严净一切世界故，庄严一一佛身故。"

尔时，普贤菩萨摩诃萨欲重明此义，而说颂言：

譬如虚空遍十方，若色非色有非有，三世众生身国土，如是普在无边际。

诸佛真身亦如是，一切法界无不遍，不可得见不可取，为化众生而现形。

譬如虚空不可取，普使众生造众业，不念我今何所作，云何我作为谁作？

诸佛身业亦如是，普使群生修善法，如来未曾有分别：我今于彼种种作。

譬如日出阎浮提，光明破暗悉无余，山树池莲地众物，种种品类皆蒙益。

诸佛日出亦如是，生长人天众善行，永除痴暗得智明，恒受尊荣一切乐。

譬如日光出现时，先照山王次余山，后照高原及大地，而日未始有分别。

善逝光明亦如是，先照菩萨次缘觉，后照声闻及众生，而佛本来无动念。

譬如生盲不见日，日光亦为作饶益，令知时节受饮食，永离众患身安隐。

无信众生不见佛，而佛亦为兴义利，闻名及以触光明，因此乃至得菩提。

譬如净月在虚空，能蔽众星示盈缺，一切水中皆现影，诸有观瞻悉对前。

如来净月亦复然，能蔽余乘示修短，普现天人净心水，一切皆谓对其前。

譬如梵王住自宫，普现三千诸梵处，一切人天咸得见，实不分身向于彼。

诸佛现身亦如是，一切十方无不遍，其身无数不可称，亦不分身不分别。

如有医王善方术，若有见者病皆愈，命虽已尽药涂身，令其作务悉如初。

最胜医王亦如是，具足方便一切智，以昔妙行现佛身，众生见者烦恼灭。

譬如海中有宝王，普出无量诸光明，众生触者同其色，若有见者眼清净。

最胜宝王亦如是，触其光者悉同色，若有得见五眼开，破诸尘暗住佛地。

譬如如意摩尼宝，随有所求皆满足，少福众生不能见，非是宝王有分别。

善逝宝王亦如是，悉满所求诸欲乐，无信众生不见佛，非是善逝心弃舍。

注释

❶ "办"，大正本原作"辨"，今依三本及宫本改之。

❷ "已"，大正本原作"巳"，今依前后文意改之。

【白话语译】

❶这时，世尊从两眉之间的白毫放出大光明，名为如来出现光明，并有无量百千亿那由他阿僧祇光明为随从眷属。这光明普照十方尽虚空法界一切世界，右绕十匝。示现了如来的无量自在时，觉悟无数的菩萨大众，震动十方世界，除灭一切恶道的痛苦。这光明遮蔽了一切诸魔的宫殿，示现诸佛如来端坐菩提座上圆满成就正觉，以及一切道场的大众集会。如来出现的光明做了这些事之后，又回来右绕菩萨众，照入如来性起妙德菩萨的头顶。

这时，众人无不身心踊跃，心生欢喜，心里面都这样想着："真是奇特稀有啊！今天如来放出广大光明，一定是要演说甚深大法。"

这时，如来性起妙德菩萨在莲华座上，偏袒右肩，右跪合掌，一心向佛，说了如下的偈颂：

> 正觉功德大智慧出，普达境界到于彼岸，
> 等于三世诸佛如来，是故我今恭敬顶礼。
> 已升至无相境界岸，而现妙相庄严妙身，
> 放于离垢千种光明，破魔军众咸令穷尽。
> 十方所有一切世界，悉能震动无复有余，
> 未曾恐怖任一众生，善逝大威神力如是。
> 虚空法界体性平等，已能如是而得安住，
> 一切含生具无数量，咸令灭恶除众垢秽。
> 苦行勤劳无数时劫，成就最上菩提大道，
> 于诸境界智慧无碍，与一切佛同其体性。
> 导师放此广大光明，震动十方一切世界，
> 已现无量神通威力，而复还来入于我身。
> 决定法中能善巧学，无量菩萨皆来集会，

令我发起问法之心，是故我今请问法王。

今此众会悉皆清净，善能度脱一切世间，

智慧无边无有染着，如是贤胜咸皆来集。

利益世间为尊导师，智慧精进悉皆无量，

今以光明普照大众，令我问于无上大法。

谁于大仙甚深境界，而能真实具足开演？

谁是如来法之长子？世间尊导祈愿显示！

这时，如来立刻从口中放出大光明，这光明叫作无碍无畏光明。有百千亿阿僧祇的光明作为眷属，伴随而来。普照十方穷尽虚空法界一切世界，右绕十匝，示现如来种种自在，开悟无量的菩萨，震动十方世界，除灭一切恶道的痛苦。光明显赫，一切诸魔宫殿都隐藏不现。这光明又示现诸佛如来端坐菩提座成等正觉，以及一切道场的集会，然后便来右绕菩萨众的集会，进入普贤菩萨摩诃萨的口中。光明进入菩萨的口中之后，普贤菩萨的身体及他的师子座突然变天，超过了他原来的以及诸位菩萨的身相与宝座百倍，大会上除了如来的师子宝座外，没有其他菩萨的宝座大过普贤菩萨。

这时，如来性起妙德菩萨问普贤菩萨摩诃萨说："佛子啊！佛所示现的广大神通变化，能使诸位菩萨都心生欢喜，不可思议，世人都不知晓，这到底是哪一种瑞相？"

普贤菩萨摩诃萨说："佛子啊！我过去曾看见诸位如来、应、正等觉示现像这样广大的神通变化，每次看见这种端相时，就是诸佛宣说出现的法门。依我看来，今天这端相，应当是要宣说这个法门。"

普贤菩萨说着说着，一切大地忽然震动，出生无量的问法光明。

这时，性起妙德菩萨问普贤菩萨说："佛子啊！菩萨摩诃萨怎样才能知道诸佛如来出现的法门呢？希望您能为我宣说。

"佛子啊！这一切的无量百千亿那由他菩萨的大众聚会，实在是因为大家已经经过长久修持各种净业，已经成就各种心念智慧。而且已经到达究竟的菩萨彼岸，具足诸佛的威仪行为，端正忆念诸佛，未曾忘失。因此能用大悲心观察众生，决定了知诸大菩萨的神通境界。受诸佛神力加持，又受持一切如来妙法，具足如此等无量功德，都已来集会。

"佛子啊！你曾在无量百千亿那由他佛陀处所承事供养诸佛，成就菩萨最上的微妙行持。又获得了各种禅定三昧门的自在，证入诸佛的秘密境界。又了知一切佛法，断除大众的疑惑。并已受诸佛如来神力加持，了知众生的根器。因此能随着众生的心之所乐，为他们宣说其实解脱的大法。又能随顺诸佛的智慧演说达到究竟彼岸的佛法，你的功德如此无量。

"善哉！佛子啊！希望你能为我们宣说如来、应、正等觉出现之法，还有他身体的妙相以及言语音声，心意的境界，一切作为，证成佛道转动法轮，乃至于示现证入般若涅槃，见闻亲近佛陀所生的善根以及以上等等事相，希望你都能为我们宣说。"

这时，如来性起妙德菩萨想重新说明这个意义，就向普贤菩萨宣说如下的偈颂：

> 善哉无碍广大智慧，善觉无边平等境界，
> 愿说无量诸佛所行，佛子闻已悉皆欣庆。
> 菩萨云何随顺趣入，诸佛如来出兴于世？
> 云何为身语心境界，及所行处愿皆宣说？
> 云何诸佛圆成正觉？云何如来转正法轮？
> 云何善逝入般涅槃？大众闻已心生欢喜。
> 若有能见佛大法王，亲近增长一切善根，
> 愿说彼诸功德宝藏，众生见已有何所获。
> 若有得闻如来名称，若现在世若涅槃时，
> 于彼福藏心生深信，有何等利愿皆宣说。
> 此诸菩萨悉皆合掌，瞻仰如来仁者及我，
> 大功德海之妙境界，净众生者愿皆为说。
> 愿以因缘以及譬喻，演说妙法相应妙义，

众生闻已发广大心，疑尽智净宛如虚空。

如遍一切国土之中，诸佛所现庄严妙身，

愿以妙音以及因喻，示佛菩提亦如彼等。

十方千万诸佛刹土，亿那由他无量时劫，

如今所集菩萨大众，于彼一切悉皆难见。

此诸菩萨咸皆恭敬，于微妙义心生渴仰，

愿以净心具足开演，如来出现广大妙法。

这时，普贤菩萨摩诃萨告诉如来性起妙德等诸菩萨大众说："佛子啊！这个境界实在是不可思议！我们都知道，如来应、正、等觉是因为无量的妙法而得以出现的！为什么呢？我们要知道以一种因缘，或是以一事，并不能成就如来出现世间的因缘。如来要以十种无量百千阿僧祇的事，才得以示现世间。是哪十种无量百千阿僧祇事？一，以过去无量摄受一切众生菩提心所成就的事；二，以过去无量清净殊胜心志乐意所成就的事；三，以过去无量救护众生大慈大悲所成就的事；四，以过去无量相续行愿所成就的事；五，以过去无量修集各种福德智慧心无满足所成就的事；六，以过去无量供养诸佛，教化一切众生所成就的事；七，以过去无量智慧方便清净道所成就的事；八，以过去无量清净功德藏所成就的事；九，以过去无量庄严道智慧所成就的事；十，以过去无量通达法义所成就的事。佛子啊！如此无量阿僧祇法门的圆满，才能成就如来出现世间。

"佛子啊！❷就譬如三千大千世界，不是以一种因缘，也不是一事就可以成就的！而是必须以无量的因缘、无量清净的事情才能成就。就是当宇宙兴布大云，降注大雨时，必须相续依止四种风轮。是哪四种？一，能持的风轮，因为它能持大水；二，能消的风轮，因为它能消大水；三，建立的风轮，因为它能建立一切降雨处所；四，庄严的风轮，因为它能庄严地分布大雨，使其完全善巧。这些都是由于众生的共业❸以及诸菩萨善根所发起的，因此才能使其中的众生，各自随着合适他们的境界而受用。

"佛子啊！就是因为有这些无量的因缘，才能成就我们这个三千大千世界啊！

　　"法的体性本然如是，没有创生者，没有了知者，也没有成立者，但是这些世界还是得依止因缘才能成就。这就是曾于过去诸佛的处所听闻受持如大云雨的大法，才能生起如来四种大智慧风轮。是哪四种呢？一，忆念总持不忘的陀罗尼大智慧风轮，因为它能总持诸佛如大云雨的大法；二，出生止观禅定的大智慧风轮，因为它能消除一切的烦恼；三，善巧回向大智慧的风轮，因为它能够成就一切善根；四，出生远离尘垢与差别的庄严大智慧风轮，因为它能使过去所度化的众生善根清净，成就如来无漏善根业力。如来如是成就正等正觉，这是法性如此，无生、无作而得到成就。佛子啊！这是如来、应、正等觉出现的第一相，菩萨摩诃萨应如此了知。

　　"再者❹，佛子啊！譬如三千大千世界将要形成时，有宇宙的大云降雨，这个宇宙雨叫作洪霪。原本所有的地方都不能承受、执持，只有大千世界将要成就的时候，才能承受执持。佛子啊！如来、应、正等觉也是如此地兴起大法云，雨下大法雨名为成就如来出现的。原本一切二乘的狭劣心志都不能承受，不能执持，除了诸大菩萨心相续的心力。佛子啊！这是如来、应、正等觉出现的第二相，菩萨摩诃萨应如此了知。

　　"再者❺，佛子啊！譬如众生因为业力的大雨降雨，这云不知从何处来，也不知要往何处去，完全是依因缘而起。如来、应、正等觉也是如此，他以诸位菩萨的善根、愿力兴起大法云，雨大法雨。无所从来，也无所往，完全是依因缘而起。佛子啊！这是如来、应、正等觉出现的第三相，菩萨摩诃萨应如此了知。

　　"再者❻，佛子啊！譬如大云降霪大雨，大千世界的所有众生没有人能了知其数，如果要仔细计算，只会令人发狂而已。但是这个大千世界的主人—大自在天的摩醯首罗天王，因为过去所修的善根愿力，却能清楚了知所有的大雨。佛子啊！如来、应、正等觉也是如此，他兴起的大法云，雨下的大法雨，是一切众生、声闻、独觉所不能了知。如果他们要仔细思量，必定会狂乱发疯。除了一切世间主人——菩萨摩诃萨，因为他过去修习的觉悟智慧力量，才能连大法中的一个文字、一个句子，都非常清楚明了。

佛子啊！这是如来、应、正、等觉出现的第四相，菩萨摩诃萨应如此了知。

"再者❼，佛子啊！譬如大云降雨时，有能除灭火灾的能灭云雨，有能兴起大水的能起云雨，有能止息大水的能止云雨，有能成就一切摩尼宝的能成云雨，有能分别三千大千世界的分别云雨。佛子啊！如来的出现也是如此，能兴起大法云，雨下大法雨，有能消灭众生烦恼的能灭法雨，有能生起众生善根的能起法雨，有能停止众生知见疑惑的能止法雨，有能成就智慧法宝的能成法雨，有能够分别众生心中悦乐的分别法雨。佛子啊！这就是如来、应、正等觉出现的第五相，菩萨摩诃萨应如此了知。

"再者❽，佛子啊！譬如大法雨的水虽等同一味，但随着雨下的因缘，却有着无量的差别。如来的出现也是如此，他虽雨下大悲一味的法水，但随顺不同的因缘说法时，就有无量的差别。佛子啊！这是如来、应、正等觉出现的第六相，菩萨摩诃萨应如此了知。

"再者❾，佛子啊！譬如三千大千世界刚开始成就时，最早成就的是色界天的诸天宫殿，然后是欲界天的欲天宫殿，人以及其他众生的住处则是最后成就。佛子啊！如来的示现也是如此。他先生起菩萨一切行持的智慧，再生起缘觉诸行的智慧，再生起声闻善根诸行智慧。然后再生起其他众生有为善根的诸行智慧。佛子啊！譬如大雨云的水虽同一味，但是随诸众生善根的差异，生起的宫殿就有种种不同。如来大悲的法雨虽然只有一味，但是却因为随顺众生根器而有所差别。佛子啊！这是如来、应、正等觉出现的第七相，菩萨摩诃萨应如是了知。

"再者❿，佛子啊！譬如世界刚要成就的时候，宇宙有大水生起，遍满三千大千世界，出生名为如来出现功德宝庄严的大莲华，这些莲华普遍覆盖水上，光明遍照十方一切世界。这时，色界四禅的摩醯首罗大自在天，以及净居天的大众见到这些莲华后，当下马上了知这个时劫有这些佛陀即将出兴世间。佛子啊！这时，其中有叫作善净光明的风轮生起，成就了色界诸天宫殿；有叫作净光庄严的风轮生起，成就了欲界诸天宫殿；有叫作坚密无能坏的风轮生起，成就了大小诸轮围山以及金刚山；有叫作胜高的风轮生起，成就了须弥山王；有叫作不动的风轮生起，成就了十大山王。

是哪十大山呢？一，佉陀罗山；二，仙人山；三，伏魔山；四，大伏魔山；五，持双山；六，尼民陀罗山；七，目真邻陀山；八，摩诃目真邻陀山；九，香山；十，雪山。有叫作安住的风轮生起，成就了大地；有叫作庄严的风轮生起，成就了地上、天上的宫殿、龙的宫殿、乾闼婆的宫殿；有叫作无尽藏的风轮生起，成就了三千大千世界一切大海；有叫作普光明藏的风轮生起，成就了三千大千世界诸摩尼宝；有叫作坚固根的风轮生起，成就了一切的如意树。

"佛子啊！大云所雨下的水都是同一味，没有分别。但是因为善根彼此不同，风轮也不尽相同；因为风轮有种种差别，所成就的世界就有差别。

"佛子啊！如来出现世间也是如此，他虽具足一切善根功德，能放出名为不断如来种不思议的无上智慧光明，普照十方世界。这个大智光明能为诸菩萨灌顶授记，授记诸菩萨必当成就正觉，出兴世间。

"佛子啊！如来出现时又有名为清净离垢的无上智慧光明，能够成就如来无漏无尽的智慧。又有名为普照的无上智慧光明，能成就如来普入法界不可思议的智慧。又有名为持佛种性的无上智慧光明，能成就如来不倾动力。又有名为迥出无能坏的无上智慧光明，能成就如来无畏无坏的智慧。又有名为一切神通的无上智慧光明，能成就如来各种不同的法门，及一切智的智慧。又有名为出生变化的无上智慧光明，能成就如来，使见闻亲近的众生，所生的善根智慧都不坏失。又有名为普随顺的无上智慧光明，能成就如来无尽的福德智慧身，饶益一切的众生。又有名为不可究竟的无上智慧光明，能成就如来甚深的妙智慧，随顺世人心之所乐而令他们都能开悟，永远不会断绝三宝种性。又有名为种种庄严的无上智慧光明，能成就如来妙相与庄严身，能使一切众生心生欢喜。又有名为不可坏的无上智慧光明，能成就如来法界虚空界等殊胜寿命，没有穷尽。

"佛子啊！如来的大悲水等同一味，没有分别。但是因为众生的欲乐不同，根性各有差别，所以诸佛生起种种的大智慧风轮，使诸菩萨成就如来出现的法门。佛子啊！一切如来的体性一同，无二无别，但是却能从大智轮中出生种种智慧光明。

"佛子啊！你们应该了知如来能从一如的解脱味中，出生无量不可思议的种种功德。众生心中或许会想：'这都是诸佛的神通力造就的。'佛子啊！这并非诸佛如来神通力所造就的。

"佛子啊！有哪一个菩萨，完全不曾在佛陀处所种下善根，而能得到诸佛如来少分智慧的？这是不可能的。因为诸佛的威德力，能使所有的众生具足佛陀的功德。而诸佛如来却无有分别，没有成就，没有毁坏，没有造作者，也没有造作的方法等种种分别。佛子啊！这是如来、应、正等觉出现的第八相，菩萨摩诃萨应如此了知。

"再者❶，佛子啊！就像依着虚空能生起四种能够摄持水轮的风轮。是哪四种风轮？一，安住；二，常住；三，究竟；四，坚固。这四种风轮能摄持水轮，水轮能摄持整个大地，使大地不致散坏。所以说：地轮依止水轮，水轮依止风轮，风轮依止虚空，虚空无所依止。虽然虚空无所依止，但却能使三千大千世界得以安住。

"佛子啊！如来示现世间的情形也是如此，他依止无碍智慧光明生起的佛陀四种大智慧风轮，能摄持一切众生的善根。是哪四种？一，善于摄受众生，使他们都得到欢喜的大智慧风轮；二，建立正法使众生都生爱乐的大智慧风轮；三，守护一切众生善根的大智慧风轮；四，具足一切方便通达无漏界的大智慧风轮。就是以上这四种风轮。

"佛子啊！诸佛世尊能以大慈救护所有的众生，以大悲度脱所有的众生，以大慈大悲普遍饶益一切的众生。然而大慈大悲得依止大方便善巧，大方便善巧得依止如来出现世间，如来出现世间得依止无碍智慧光明，但无碍智慧光明却没有依止的人事。佛子啊！以上就是如来、应、正等觉出现的第九相，菩萨摩诃萨应如是了知。

"再者❷，佛子啊！譬如三千大千世界成就之后，能饶益无量种种的众生。水族众生因水而得饶益，陆地众生因地而得饶益，宫殿众生因宫殿而得饶益，虚空众生因虚空而得饶益。

"如来出现也是如此，能以种种功德饶益无量众生。就是见佛生欢喜者，能得欢喜利益；安住清净戒者，能得清净戒的利益；安住禅定及无量者，能得到神圣出世的大神通利益；安住法门光明者，能得到因果的不坏利益；安住无所有光明者，能得到一切法的不坏利益。所以说如来的出现，能饶益无量的众生。

"佛子啊！以上是为如来、应、正等觉出现的第十相。菩萨摩诃萨应如是了知。

"佛子啊！❸菩萨摩诃萨如了知如来出现，则能了知无量；因为他了知无量的行持，所以了知广大；因为他了知周遍十方，所以了知无有来去；因为他了知远离生、住、灭，所以了知无行与无所行；因为他远离心意识，所以了知无身的境界；因为他的了知如虚空，所以了知平等；因为他了知一切众生都无我，所以了知无穷尽；因为他了知遍满一切佛国刹土无有穷尽，所以了知无有退失的境界；因为他了知穷尽后际无断绝，所以了知无坏；因为他了知如来智慧无有等化相对，所以了知无二；因为他了知平等观察有为、无为，所以了知一切众生皆得到饶益，因为本愿回向自在圆满。"

普贤菩萨摩诃萨为了重新表明这个意义而说下面的偈颂：

十力大雄最为无上，譬如虚空无等等比，
境界广大不可测量，功德第一超于世间。
十力功德无边无量，心意思量所不能及，
人中师子之一法门，众生亿劫莫能了知。
十方国土碎为微尘，或有算计了知其数，
如来一毛功德数量，千万亿劫无能宣说。
如人持尺量于虚空，复有随行计其数量，
虚空边际不可得测，如来境界亦复如是。
或有能于刹那时顷，悉知三世众生之心，
设经众生数等时劫，不能了知佛一念性。
譬如法界遍于一切，然不可见取为一切，
十力境界亦复皆然，遍于一切亦非一切。
真如离妄恒常寂静，无生无灭普皆周遍，

诸佛境界亦复皆然，体性平等不增不减。
譬如实际而非实际，普在三世亦非普时，
导师境界亦复如是，遍于三世皆无障碍。
法性无作无有变易，犹如虚空本然清净，
诸佛性净亦复如是，本性非性离于有无。
法性不在于言论中，无说离说恒皆寂灭，
十力境界体性亦然，一切文辞莫能相辩。
了知诸法体性寂灭，如鸟飞空无有踪迹，
以本愿力示现色身，令见如来广大神变。
若有欲知诸佛境界，当净其意宛如虚空，
远离妄想及诸贪取，令心所向悉皆无碍。
是故佛子应善谛听，我以少譬明佛境界，
十力功德不可测量，为悟众生于今略说。
导师所示现于身业，语业心业诸般境界，
转妙法轮入般涅槃，一切善根我今宣说。
譬如世界最初安立，非一因缘而可成就，
无量方便诸种因缘，成此三千大千世界。
如来出现亦复如是，无量功德乃得成就，
刹尘心念尚可了知，十力生因莫能计测。
譬如劫初云霆下雨，而起四种广大风轮，
众生善根菩萨威力，成此三千界各安住。
十力法云亦复如是，起智风轮清净意念，
昔所回向诸般众生，普导令成无上大果。
如有大雨名为洪澍，无有处所能容受者，
唯除世界将成之时，清净虚空广大风力。
如来出现亦复如是，普雨法雨充满法界，
一切劣意无能受持，唯除清净广大妙心。
譬如空中澍下大雨，无所从来无所从去，

作者受者悉亦皆无，自然如是普皆充洽。
十力法雨亦复如是，无去无来亦无造作，
本行为因菩萨大力，一切大心咸皆听受。
譬如空云澍下大雨，一切无能数其雨滴，
唯除三千自在之王，具功德力悉能明了。
善逝法雨亦复如是，一切众生莫能测量，
唯除于世自在之人，明见如观掌中珍宝。
譬如空云澍下大雨，能灭能起亦能断除，
一切珍宝悉能成就，三千所有悉皆分别。
十力法雨亦复如是，灭惑起善断除诸见，
一切智宝皆使成就，众生心乐悉皆分别。
譬如空中雨下一味，随其所雨各有不同，
岂彼雨性有所分别，然随物异法亦如是。
如来法雨非一非异，平等寂静离于分别，
然随所化种种殊异，自然如是无边相貌。
譬如世界初成之时，先成色界诸天宫殿，
次及欲天次于人处，乾闼婆宫最后成就。
如来出现亦复如是，先起无边菩萨妙行，
次化乐寂诸缘觉等，次声闻众后及众生。
诸天初见莲华瑞相，知佛当出心生欢喜，
水缘风力起于世间，宫殿山川悉亦成立。
如来宿善广大光明，巧别菩萨与其授记，
所有智轮体性皆净，各能开示演诸佛法。
譬如树林依地而有，地依于水而得不坏，
水轮依风轮依空轮，而其虚空则无所依。
一切佛法依于慈悲，慈悲复依方便安立，
方便依智智依于慧，无碍慧身无所依恃。
譬如世界既成立已，一切众生获得其利，

地水所住及空居者，二足四足皆蒙利益。

法王出现亦复如是，一切众生获其利益，

若有见闻及亲近者，悉使灭除诸惑烦恼。

如来出现法无边际，世间迷惑莫能了知，

为欲开悟诸含识等，无譬喻中说其譬喻。

"佛子啊！❶菩萨摩诃萨应该如何见如来、应、正等觉之身？

"佛子啊！❶菩萨摩诃萨应该在无量处所见佛陀如来身。为什么呢？菩萨摩诃萨不应仅只以一法、一事、一身、一国土、一众生得见如来，应当在一切处所都见到如来。佛子啊！譬如虚空，能遍至一切的色相与非色相之处，但是却也没有遍至一切处，但是也不是没有到达一切处。为什么呢？因为虚空无身，如来身也是如此。虽然看来遍至一切处所，遍及一切众生，遍满一切法，遍及一切国土，然而却不可以说他到达，也不可以说他没到达。为什么呢？因为如来身其实无身的呀！他只是为了众生而示现。佛子啊！以上是如来身的第一相，诸菩萨摩诃萨应如是见。

"再者❶，佛子啊！譬如虚空宽广没有色相，但却能显现所有的颜色，但虚空仍然没有分别，也没有戏论。佛陀的身相也是如此，因为他的智慧光明普遍照明，因此能成就众生世间、出世间的种种善根业力，而如来身仍然没有分别，也没有戏论。为什么？因为如来从无始以来，早已断除一切的执着，一切的戏论。佛子啊！以上就是如来身的第二相，诸菩萨摩诃萨应该如是看待。

"再者❶，佛子啊！譬如日出阎浮提时，得以饶益无量众生。就是转黑暗为光明，转湿气为干燥，并且使草木生长，成熟谷稼，廓彻虚空开敷莲华，使行路的人见到道路，居住家中的人能开始作业。为什么呢？因为日轮能普遍放出无量的光明。

"佛子啊！诸佛的智日也是如此。他能以无量事业普遍利益众生。就是消灭诸恶，生起善根，转愚痴为智慧，大慈救护众生，大悲度脱众生。使他们增长五根、五力、七觉分，生起深信，舍弃并远离污浊之心；使他们得以见闻，不坏因果；使他们都能得到天眼，看见死亡、出生之处，使他们的心无碍、不坏善根；使他们的智慧修明，开出觉悟之华；使他们都能发心，成就根本的愿行。为什么呢？因为如来有广大的智慧光明身，能放出无量光明普遍照耀。佛子啊！这是如来身的第三相，诸菩萨摩诃萨应该是如是明见了知。

"再者⑱，佛子啊！譬如太阳出现阎浮提时，先照耀一切须弥山等诸大山王，次照山阴的黑暗处，再照高原，然后普照一切大地。太阳不会这样想：'我先照这里，然后照别处。'但是因为山地有高下，所以受日照就有先后。

"如来、应、正等觉也是如此，他虽然成就了无边的法界智轮，恒常放出无碍的智慧光明，但是他的光明却是先照菩萨摩诃萨等诸大山王，再照缘觉，再照声闻，再照决定善根的众生。随着他们心量，开示他们广大的智慧，然后普照一切的众生，乃至普及邪定的人。这是为了利益未来的因缘，使他们成熟啊！而佛陀如来的大智日光不会这样想：'我当先照菩萨大行者，乃至最后才照邪定的众生。'他只是放出光明平等普照，无碍无障，没有什么分别。

"佛子啊！譬如日月随时出现，普照大山幽谷，无私无二，如来的智慧也是如此，普照一切，没有分别。智慧光明之所以有种种不同，实在是随着众生的善根、欲念不同而显现的啊！佛子啊！这就是如来身的第四相，诸菩萨摩诃萨应如是见。

"再者，佛子啊！⑲譬如太阳出来的时候，天生的盲人因为没有眼根，所以没法看到日光。虽然他们看不见太阳，但是仍然可以从目光受益。为什么呢？他们因为日光而得知昼夜时节，受用种种衣服饮食，调适自己的身体，远离各种的疾患。

"如来的智日也是如此。没有信心，没有了解，毁弃戒行，毁弃正见，以邪命、不正确的生活方式的人，就像天生没有正信眼根的盲人，看不见诸佛智慧日轮。虽然他们看不见佛的智慧日轮，但是却能受益于佛的智日。为什么呢？因为佛陀的威神力，能消除所有的众生身苦及种种烦恼，乃至未来的种种苦因。

"佛子啊！佛陀有名为"积集一切功德"的光明；有名为'普照一切'的光明；有名为'清净自在照'的光明；有名为'出大妙音'的光明；有名为'普解一切语言法使人欢喜'的光明；有名为'示现永断一切疑自在境界'的光明；有名为'无住智自在普照'的光明；有名为'永断一切戏论自在智'的光明；有名为'随所应出妙音声'的光明；有名为'出清净自在音庄严国土成熟众生'的光明。

"佛子啊！诸佛每一毛孔放出此等千种光明，五百光明普照下方；五百光明普照上方种种佛国刹土的种种佛陀处所。凡见到此光明的菩萨，一时都得到如来的境界，使十种头、十种眼、十种耳、十种鼻、十种舌、十种身、十种手、十种足、十种地、十种智，都得到清净。这些先前已经成就诸处、诸地的菩萨，一看见这个光明时，都变得更清净，并且成熟一切善根，趣入一切智慧。安住二乘的，都能除灭一切的尘垢。其余天生眼盲的众生，不但身体得到快乐，心也能得到清净，柔软调伏，堪修念智。地狱、饿鬼、畜生各个生趣的众生，也都得到快乐，解脱众苦，命终后都投生天上、人间。

"佛子啊！众生不知道自己是以何种因缘，以哪一位大神的威力而来此投生呢？若天生盲者就会这么想：'我们生于天上、人间，我应该是梵天所造作化生的吧。'这时，如来安住在普自在的三昧，发出六十种妙音告诉他们说：'你们并非梵天造作的，也不是梵天所化生的，也非帝释护世所造作。实在都是如来威神之力所生。'那些众生听到了之后，因为佛陀的威神力，所以无不了知自己的宿命，而心生欢喜。因为心生欢喜。自然又生出优昙华云、香云、音乐云、衣云、盖云、幢云、幡云、末香云、宝云、师子幢半月楼阁云、歌咏赞叹云，种种庄严云等，他们都以尊重心供养佛陀。为什么？因为这些众生都得到了清净的眼目。如来更为他们授记无上正等正觉。佛子啊！如来能以智日如是利益天生眼盲的人，成熟他们的善根。佛子啊！这是如来身的第五相，诸菩萨摩诃萨应如是见。

"再者，佛子啊！[20]譬如月轮有四种奇特未曾有的法。是哪四种？一，光明照耀，掩盖了一切星宿的光明；二，随着不同时间而示现各种亏盈；三，在阎浮提澄净的水中，影像无不示现；四，凡是看见月轮者，月轮无不正在眼前，而月轮仍是同一个，没有幻化造作，没有戏论。

"佛子啊！如来身月也是如此，有四种奇特未曾有的法，是哪四种？一，光明映照，使一切声闻、独觉、学、无学等暗淡无光；二，随着其所适宜的，示现寿命长短不同，而如来身却毫无增减；三，在一切世界的清净心众生的菩提根器中，形影无不示现；四，凡是瞻仰面对的众生，都说如来只示现在我眼前，因此能随着众生心乐而说法，随顺他们的地位使他们解脱，随顺应该受度化者，使得他们见佛身，而如来身实际上却没有任何分别，没有戏论，所作利益都得到究竟圆满。佛子啊！就是如来身的第六相，诸位菩萨摩诃萨应如是见。

"再者❷，佛子啊！譬如三千大千世界，大梵天王能以少许方便之力，在大千世界普遍示现他的身相，一切众生都得以看见梵王示现自己眼前。而这个梵王实际上也不分身，也无种种身。佛子啊！诸佛如来也是如此，没有分别，没有戏论，既不分身，也无种种身。只是随着众生心中悦乐而示现身形，从来没想要刻意示现若干种身相。佛子啊！这就是如来身的第七相，诸菩萨摩诃萨应如是见。

"再者❷，佛子啊！譬如医王善于了知众药及各种咒论，阎浮提中所有的药，他都能善加利用。又因为他宿世各种善根的力量、以大明咒力为方便，凡看见他的众生，身上的病没有不痊愈的。那位大医王知道他的生命将终了，就说：'我命终之后，一切众生无所依靠，我现在应该为他们方便示现。'这时，医王把药涂在身上，以明咒的力量来摄持，使他命终之后，身体不会毁坏，不会分散，也不会干枯萎缩。威仪视听与原本生前的肉身没有差别，凡是需要治病的众生只要看他的身体都能痊愈。

"佛子啊！如来、应、正等觉，无上医王也是如此，无量百千亿那由他劫已经成就以来炼治种种法药，他因此能修学一切方便善巧大明咒力，到达彼岸。并且除灭众生的各种烦恼病以及安住寿命，经过无量劫之后，他的身心清净没有思虑，没有动用。但对一切佛事都未尝休息，凡见到他的众生，各种烦恼病无不消灭。佛子啊！这就是如来身的第八相，诸菩萨摩诃萨应如是见。

"再者❷，佛子啊！譬如大海有名为'集一切光明毗卢遮那藏'的摩尼宝。众生只要一接触这种光，颜色就会变得和它一样；凡是看见的人，眼根莫不得到清净。凡是它光明照耀之处，都雨下名为安乐的摩尼宝，一切众生无不远离病苦，而安稳调适。

"佛子啊！诸佛如来也是如此，他是众生的大宝，能聚集一切功德大智慧藏。众生只要一接触诸佛的宝智慧光，身体就会变得与佛身同一颜色；凡是看见佛陀的人，就会证得清净的法眼。凡是心的光明照耀之处，众生莫不因此远离贫穷，乃至具足诸佛的菩提大乐。佛子啊！如来法身无所分别，也没有戏论，所以能为众生作大佛事。佛子啊！这就是为佛陀如来身的第九身相，诸菩萨摩诃萨应该是如是见。

"再者❷，佛子啊！譬如大海有名为一切世间庄严藏的如意摩尼宝王。具足成就百万功德，凡它安住的处所，众生所有的灾患无不消除，所愿都能圆满具足；但是少福的众生并没法看见这个如意摩尼宝王。如来身如意宝王也是如此，名为能使一切众生皆得欢喜。如果有众生能诸见佛身、听闻佛名、赞佛功德，都能永离生死的苦患。假使一切世界、一切众生，都能一时专心地想见如来，无不得见，所愿皆得圆满。

"佛子啊！所以少福德的众生并不能看见佛身，除非是如来以自在神力示现应当调伏的众生面前。众生只要一看见佛身便能种下善根，乃至成熟，这实在是因为众生善根成熟，才能得见如来身相。佛子啊！这是如来身的第十相，诸位菩萨摩诃萨应如是见。

"这都是因为如来的心量遍及十方，所行无碍，宛如虚空。普遍趣入法界，安住真如实际，无生无灭。平等安住三世，永离一切分别。安住于穷尽后际誓愿，庄严清净一切世界，庄严每一佛陀身，才能有此成就。"

这时，普贤菩萨摩诃萨为了重新宣明这个意义，而说出下面的偈颂：

譬如虚空遍于十方，若色非色有与非有，

三世众生身与国土，如是普在无边际中。
诸佛其身亦复如是，一切法界无不遍达，
不可得见亦不可取，为化众生而现其形。
譬如虚空不可取着，普使众生造作聚业，
不念我今何所造作，云何我作为谁所作，
诸佛身业亦复如是，普使群生勤修善法，
如来未曾有所分别，我今于彼种种造作。
譬如日出阎浮提中，光明破暗悉皆无余，
山树池莲地上聚物，种种品类悉皆蒙益。
诸佛日出亦复如是，生长人天聚善妙行，
永除痴暗得智慧明，恒受尊荣一切大乐。
譬如日光出现于时，先照山王次余诸山，
从照高原以及大地，而日未始有所分别。
善逝光明亦复如是，先照菩萨次及缘觉，
后照声闻以及众生，而佛本来无所动念。
譬如生盲不见于日，日光亦为彼作饶益，
令知时节受诸饮食，永离众患身得安稳。
无信众生不见于佛，而佛亦为兴大义利，
闻名及以得触光明，因此乃至得证菩提。
譬如净月在虚空中，能蔽众星示其盈缺，
一切水中悉皆现影，诸有观瞻悉对其前。
如来净月亦复皆然，能蔽余乘示其修短，
普现天人净心之水，一切皆谓对其面前。
譬如梵王住自宫中，普现三千诸梵天处，
一切人天咸得睹见，实不分身向于彼等。
诸佛现身亦复如是，一切十方无不遍达，
其身无数不可称量，亦不分身亦不分别。
如有医王善巧方术，若有见者病皆得愈，

命虽已尽妙药涂身，令其作务悉皆如初。

最胜医王亦复如是，具足方便一切智慧，

以昔妙行示现佛身，众生见者烦恼除灭。

譬如海中有大宝王，普出无量诸般光明，

众生触者同其色相，若有见者眼得清净。

最胜宝王亦复如是，触其光者悉皆同色，

若有得见五眼开明，破诸尘暗安住佛地。

譬如如意摩尼宝珠，随有所求悉皆满足，

少福众生不能得见，非是宝王有所分别。

善逝宝王亦复如是，悉满所求诸般欲乐，

无信众生不能见佛，非是善逝心生弃舍。

【注释】

❶ 前品在说明平等之因，这品继而说明平等之果，回答第二会所行之问。

❷ 次举十种譬喻，解释前说，第一为大千世界兴起造成之喻，说明众因缘所成就。

❸ 共业：如山河大地等，众人共同受用得生果报之因业。

❹ 第二，洪霆大千之比喻。

❺ 第三，霆雨无所从来之比喻。

❻ 第四，大雨难知的比喻。

❼ 第五，大雨成败的比喻，显示佛陀灭除众生困惑成就的功德。

❽ 第六，一雨随因缘而有分别之喻。

❾ 第七，高胜处先成之喻，比喻佛从有殊胜因缘者先救济的功德。

❿ 第八，从事相中别申因缘的比喻，显示佛成办大事之德。

⓫ 第九，四轮相依的比喻，显示佛的体用依持之德。

⓬ 第十，大千饶益的比喻，显示佛陀救世之德。

⓭ 次一段以叙述如来出现对众生的饶益作结束，有十一句，各别结十门，仅九与
十两句说第九门，故为十一句。

❹ 前段说明如来出现之相，以下分九段分别解释，其中先说明身业。

❺ 第一为虚空周遍之喻，说明周遍十方的佛身。

❻ 第二，以虚空无分别的比喻，说明无着无碍的佛身。

❼ 第三，以日光饶益的比喻，以下说明普入众生、成就利益的佛身。

❽ 第四，以日光平等照耀的比喻，说明平等随时益的佛身。

❾ 第五，以日光利天生眼盲的比喻，显示佛无生潜在利益众生之身。

❿ 第六，以月光奇特的比喻，显示佛圆回等住之身。

㉑ 第七，以梵王普现的比喻，显示佛无心而能普应化之身。

㉒ 第八，以医王延寿的比喻，显示佛无穷后际之身。

㉓ 第九，以摩尼宝珠利益万物的比喻，来说明佛陀庄严刹土、利益众生。

㉔ 第十，以宝玉满众生愿望的比喻，来说明佛陀因为能圆满众生的愿望，而具足了庄严相好。

卷第五十一
如来出现品第三十七之二

【原典】

"佛子！菩萨摩诃萨应云何知如来、应、正等觉音声？佛子！菩萨摩诃萨应知如来音声遍至，普遍无量诸音声故；应知如来音声随其心乐，皆令欢喜，说法明了故；应知如来音声随其信解，皆令欢喜，心得清凉故；应知如来音声化不失时，所应闻者无不闻故；应知如来音声无生灭，如呼响故；应知如来音声无主，修习一切业所起故；应知如来音声甚深，难可度量故；应知如来音声无邪曲，法界所生故；应知如来音声无断绝，普入法界故；应知如来音声无变易，至于究竟故。佛子！菩萨摩诃萨应知如来音声，非量、非无量，非主、非无主，非示、非无示。何以故？佛子！譬如世界将欲坏时，无主无作，法尔而出四种音声。其四者何？一曰：'汝等当知初禅安乐，离诸欲恶，超过欲界。'众生闻已，自然而得成就初禅，舍欲界身，生于梵天。二曰：'汝等当知二禅安乐，无觉无观，超于梵天。'众生闻已，自然而得成就二禅，舍梵天身，生光音天。三曰：'汝等当知三禅安乐，无有过失，超光音天。'众生闻已，自然而得成就三禅，舍光音身，生遍净天。四曰：'汝等当知四禅寂静，超遍净天。'众生闻已，自然而得成就四禅，舍遍净身，生广果天。是为四。佛子！此诸音声无主无作，但从众生诸善业力之所出生。佛子！如来音声亦复如是，无主无作，无有分别，非入非出，但从如来功德法力，出于四种广大音声。其四者何？一曰：

'汝等当知一切诸行皆悉是苦，所谓地狱苦、畜生苦、饿鬼苦、无福德苦、著我我所苦、作诸恶行苦。欲生人、天当种善根，生人、天中，离诸难处。'众生闻已，舍离颠倒，修诸善行，离诸难处，生人、天中。二曰：'汝等当知一切诸行众苦炽然，如热铁丸。诸行无常，是磨灭法，涅槃寂静，无为安乐，远离炽然，消诸热恼。'众生闻已，勤修善法，于声闻乘得随顺音声忍。三曰：'汝等当知声闻乘者，随他语解，智慧狭劣。更有上乘，名独觉乘，悟不由师，汝等应学。'乐胜道者闻此音已，舍声闻道，修独觉乘。四曰：'汝等当知过二乘位更有胜道，名为大乘。菩萨所行，顺六波罗蜜，不断菩萨行，不舍菩提心，处无量生死而不疲厌，过于二乘，名为大乘、第一乘、胜乘、最胜乘、上乘、无上乘、利益一切众生乘。'若有众生信解广大，诸根猛利，宿种善根，为诸如来神力所加，有胜乐欲，希求佛果，闻此音已，发菩提心。佛子！如来音声不从身出、不从心出，而能利益无量众生。佛子！是为如来音声第一相，诸菩萨摩诃萨应如是知。

"复次，佛子！譬如呼响，因于山谷及音声起，无有形状，不可睹见，亦无分别，而能随逐一切语言。如来音声亦复如是，无有形状，不可睹见，非有方所，非无方所，但随众生欲解缘出，其性究竟，无言无示，不可宣说。佛子！是为如来音声第二相，诸菩萨摩诃萨应如是知。

"复次，佛子！譬如诸天有大法鼓，名为觉悟。若诸天子行放逸时，于虚空中出声告言：'汝等当知一切欲乐皆悉无常，虚妄颠倒，须臾变坏，但诳愚夫，令其恋著。汝莫放逸，若放逸者，堕诸恶趣，后悔无及。'放逸诸天闻此音已，生大忧怖，舍自宫中所有欲乐，诣天王所，求法行道。佛子！彼天鼓音，无主无作，无起无灭，而能利益无量众生。当知如来亦复如是，为欲觉悟放逸众生，出于无量妙法音声，所谓无著声、不放逸声、无常声、苦声、无我声、不净声、寂灭声、涅槃声、无有量自然智声、不可坏菩萨行声、至一切处如来无功用智地声，以此音声遍法界中而开悟之。无数众生闻是音已，皆生欢喜，勤修善法，各于自乘而求出离，所谓或修声闻乘，或修独觉乘，或习菩萨无上大乘。而如来音，不住方所，无有言说。佛子！是为如来音声第三相，诸菩萨摩诃萨应如是知。

"复次，佛子！譬如自在天王有天采女，名曰善口，于其口中出一音声，其声则与百千种乐而共相应，一一乐中复有百千差别音声。佛子！彼善口女从口一声，出于如是无量音声。当知如来亦复如是，于一音中出无量声，随诸众生心乐差别，皆悉遍至，悉令得解。佛子！是为如来音声第四相，诸菩萨摩诃萨应如是知。

"复次，佛子！譬如大梵天王住于梵宫，出梵音声，一切梵众靡不皆闻，而彼音声不出众外。诸梵天众咸生是念：'大梵天王独与我语。'如来妙音亦复如是，道场众会靡不皆闻，而其音声不出众外。何以故？根未熟者，不应闻故。其闻音者，皆作是念：'如来世尊独为我说。'佛子！如来音声无出无住，而能成就一切事业。是为如来音声第五相，诸菩萨摩诃萨应如是知。

"复次，佛子！譬如众水皆同一味，随器异故，水有差别，水无念虑，亦无分别。如来言音亦复如是，唯是一味，谓解脱味，随诸众生心器异故无量差别，而无念虑，亦无分别。佛子！是为如来音声第六相，诸菩萨摩诃萨应如是知。

"复次，佛子！譬如阿那婆达多龙王兴大密云，遍阎浮提普霆甘雨，百谷苗稼皆得生长，江河泉池一切盈满，此大雨水不从龙王身心中出，而能种种饶益众生。佛子！如来、应、正等觉亦复如是，兴大悲云，遍十方界，普雨无上甘露法雨，令一切众生皆生欢喜，增长善法，满足诸乘。佛子！如来音声不从外来、不从内出，而能饶益一切众生。是为如来音声第七相，诸菩萨摩诃萨应如是知。

"复次，佛子！譬如摩那斯龙王将欲降雨，未便即降，先起大云，弥覆虚空凝停七日，待诸众生作务究竟。何以故？彼大龙王有慈悲心，不欲恼乱诸众生故。过七日已，降微细雨，普润大地。佛子！如来、应、正等觉亦复如是，将降法雨，未便即降，先兴法云，成熟众生，为欲令其心无惊怖，待其熟已，然后普降甘露法雨，演说甚深微妙善法，渐次令其满足如来一切智智无上法味。佛子！是为如来音声第八相，诸菩萨摩诃萨应如是知。

"复次，佛子！譬如海中有大龙王，名大庄严，于大海中降雨之时，或降十种庄严雨，或百，或千，或百千种庄严雨。佛子！水无分别，但以龙王不思议力令其庄严，乃至百千无量差别。如来、应、正等觉亦复如是，为诸众生说法之时，或以十种差别音说，或百，或千，或以百千，或以八万四千音声说八万四千行，乃至或以无量百千亿那由他音声各别说法，令其闻者，皆生欢喜。如来音声无所分别，但以诸佛于甚深法界圆满清净，能随众生根之所宜，出种种言音，皆令欢喜。佛子！是为如来音声第九相，诸菩萨摩诃萨应如是知。

"复次，佛子！譬如娑竭罗龙王，欲现龙王大自在力，饶益众生，咸令欢喜，从四天下乃至他化自在天处，兴大云网，周匝弥覆。其云色相无量差别，或阎浮檀金光明色，或毗琉璃光明色，或白银光明色，或玻璃光明色，或牟萨罗光明色，或玛瑙光明色，或胜藏光明色，或赤真珠光明色，或无量香光明色，或无垢衣光明色，或清净水光明色，或种种庄严具光明色，如是云网，周匝弥布。既弥布已，出种种色电光。所谓阎浮檀金色云出琉璃色电光，琉璃色云出金色电光，银色云出玻璃色电光，玻璃色云出银色电光，牟萨罗色云出玛瑙色电光，玛瑙色云出牟萨罗色电光，胜藏宝色云出赤真珠色电光，赤真珠色云出胜藏宝色电光，无量香色云出无垢衣色电光，无垢衣色云出无量香色电光，清净水色云出种种庄严具色电光，种种庄严具色云出清净水色电光，乃至种种色云出一色电光，一色云出种种色电光。复于彼云中出种种雷声，随众生心，皆令欢喜。所谓或如天女歌咏音，或如诸天妓乐音，或如龙女歌咏音，或如乾闼婆女歌咏音，或如紧那罗女歌咏音，或如大地震动声，或如海水波潮声，或如兽王哮吼声，或如好鸟鸣啭声，及余无量种种音声。既震雷已，复起凉风，令诸众生心生悦乐，然后乃降种种诸雨，利益安乐无量众生。从他化天至于地上，于一切处所雨不同。所谓于大海中雨清冷水，名无断绝；于他化自在天雨箫笛等种种乐音，名为美妙；于化乐天雨大摩尼宝，名放大光明；于兜率天雨大庄严具，名为垂髻；于夜摩天雨大妙华，名种种庄严具；于三十三天雨众妙香，名为悦意；于四天王天雨天宝衣，名为覆盖；于龙王宫雨赤真珠，名涌出光明；于阿修罗宫雨诸兵仗，名降伏怨敌；于北郁单越雨种种华，名曰开敷，余三天下悉亦如是，然各随其处，所雨不同。虽彼龙王其心平等，无有彼此，但以众生善根异故，雨有差别。佛子！如来、应、正等觉无上法王亦复如是，欲以正法教化众生，先布身云，弥覆法界，随其乐欲为现不同。所谓或为众生现生身云，或为众生现化身云，或为众生现力持身云，或为众生现色身云，或为众生现相好身云，或为众生现福德身云，或为众生现智慧身云，或为众生现诸力不可坏身云，或为众生现无畏身云，或为众生现法界身云。佛子！如来以如是等无量身云，普覆十方一切世界，随诸众生所乐，各别示现种种光明电光。所谓或为众生现光明电光，名无所不至；或为众生现光明电光，名无边光明；或为众生现光明电光，名入佛秘密法；或为众生现光明电光，名影现光明；或为众生现光明电光，名光明照耀；或为众生现光明电光，名入无尽陀罗尼门；或为众生现光明电光，名正念不乱；或为众生现光明电光，名究竟不坏；或为众生现光明电光，名顺入诸趣；或为众生现光明电光，名满一切愿皆令欢喜。佛子！如来、应、正等觉现如是等无量光明电光已，复随众生心之所乐，出生无量三昧雷声。所谓善觉智三昧雷声、炽然离垢海三昧雷声、一切法自在三昧雷声、金刚轮三昧雷声、须弥山幢三昧雷声、海印三昧雷声、日灯三昧雷声、普令众生欢喜三昧雷声、无尽藏三昧雷声、不坏解脱力三昧雷声。佛子！如来身云中出如是等无量差别三昧雷声已，将降法雨，先现瑞相，开悟众生。所谓从无障碍大慈悲心，现于如来大智风轮，名能令一切众生生不思议欢喜适悦。此相现已，一切菩萨及诸众生，身之与心，皆得清凉。然后从如来大法身云、大慈悲云、大不思议云，雨不思议广大法雨，令一切众生身心清净。所谓为坐菩提场菩萨雨大法雨，名法界无差别；为最后身菩萨雨大法雨，名菩萨游戏如来秘密教；为一生所系菩萨雨大法雨，名清净普光明；为灌顶菩萨雨大法雨，名如来庄严具所庄严；为得忍菩萨雨大法雨，名功德宝智慧华开敷不断菩萨大悲行；为住向行菩萨雨大法雨，名入现前变化甚深门而行菩萨行无休息无疲厌；为初发心菩萨雨大法雨，名出生如来大慈悲行救护众生；为求独觉乘众生雨大法雨，名深知缘起法远离二边得不坏解脱果；为求声闻乘众生雨大法雨，名以大智慧剑断一切烦恼冤；为积集善根决定、不决定众生雨大法雨，名能令成就种种法门生大欢喜。佛子！诸佛如来随众生心，雨如是等广大法雨，充满一切无边世界。佛子！如来、应、正等觉其心平等，于法无吝，但以众生根欲不同，所雨法雨示有差别。是为如来音声第十相，诸菩萨摩诃萨应如是知。

"复次，佛子！应知如来音声有十种无量。何等为十？所谓如虚空界无量，至一切处故；如法界无量，无所不遍故；如众生界无量，令一切心喜故；如诸业无量，说其果报故；如烦恼无量，悉令除灭故；如众生言音无量，随解令闻故；如众生欲解无量，普观救度故；如三世无量，无有边际故；如智慧无量，分别一切故；如佛境界无量，入佛法界故。佛子！如来、应、正等觉音声成就如是等阿僧祇无量，诸菩萨摩诃萨应如是知。"

尔时，普贤菩萨摩诃萨欲重明此义，而说颂言：

三千世界将坏时，众生福力声告言，四禅寂静无诸苦，令其闻已悉离欲。

十力世尊亦如是，出妙音声遍法界，为说诸行苦无常，令其永度生死海。

譬如深山大谷中，随有音声皆响应，虽能随逐他言语，而响毕竟无分别。

十力言音亦复然，随其根熟为示现，令其调伏生欢喜，不念我今能演说。

如天有鼓名能觉，常于空中震法音，诫彼放逸诸天子，令其闻已得离著。

十力法鼓亦如是，出于种种妙音声，觉悟一切诸群生，令其悉证菩提果。

自在天王有宝女，口中善奏诸音乐，一声能出百千音，一一音中复百千。

善逝音声亦如是，一声而出一切音，随其性欲有差别，各令闻已断烦恼。

譬如梵王吐一音，能令梵众皆欢喜，音唯及梵不出外，一一皆言
己独闻。

十力梵王亦复然，演一言音充法界，唯沾众会不远出，以无信故
未能受。

譬如众水同一性，八功德味无差别，因地在器各不同，是故令其
种种异。

一切智音亦如是，法性一味无分别，随诸众生行不同，故使听闻
种种异。

譬如无热大龙王，降雨普洽阎浮地，能令草树皆生长，而不从身
及心出。

诸佛妙音亦如是，普雨法界悉充洽，能令生善灭诸恶，不从内外
而得有。

譬如摩那斯龙王，兴云七日未先雨，待诸众生作务竟，然后始降
成利益。

十力演义亦如是，先化众生使成熟，然后为说甚深法，令其闻者
不惊怖。

大庄严龙于海中，霔于十种庄严雨，或百或千百千种，水虽一味
庄严别。

究竟辩才亦如是，说十二十诸法门，或百或千至无量，不生心念
有殊别。

最胜龙王娑竭罗，兴云普覆四天下，于一切处雨各别，而彼龙心
无二念。

诸佛法王亦如是，大悲身云遍十方，为诸修行雨各异，而于一切
无分别。

"佛子！诸菩萨摩诃萨应云何知如来、应、正等觉心？佛子！如来心、
意、识俱不可得，但应以智无量故，知如来心。譬如虚空为一切物所依，

而虚空无所依。如来智慧亦复如是，为一切世间、出世间智所依，而如来智无所依。佛子！是为如来心第一相，诸菩萨摩诃萨应如是知。

"复次，佛子！譬如法界常出一切声闻、独觉、菩萨解脱，而法界无增减。如来智慧亦复如是，恒出一切世间、出世间种种智慧，而如来智无增减。佛子！是为如来心第二相，诸菩萨摩诃萨应如是知。

"复次，佛子！譬如大海，其水潜流四天下地及八十亿诸小洲中，有穿凿者无不得水，而彼大海不作分别：'我出于水。'佛智海水亦复如是，流入一切众生心中，若诸众生观察境界、修习法门，则得智慧清净明了，而如来智平等无二、无有分别，但随众生心行异故，所得智慧各各不同。佛子！是为如来心第三相，诸菩萨摩诃萨应如是知。

"复次，佛子！譬如大海有四宝珠，具无量德，能生海内一切珍宝。若大海中无此宝珠，乃至一宝亦不可得。何等为四？一名积集宝，二名无尽藏，三名远离炽然，四名具足庄严。佛子！此四宝珠，一切凡夫诸龙神等悉不得见。何以故？娑竭龙王以此宝珠端严方正置于宫中深密处故。佛子！如来、应、正等觉大智慧海亦复如是，于中有四大智宝珠，具足无量福智功德，由此能生一切众生声闻、独觉、学、无学位，及诸菩萨智慧之宝。何等为四？所谓无染著巧方便大智慧宝、善分别有为无为法大智慧宝、分别说无量法而不坏法性大智慧宝、知时非时未曾误失大智慧宝。若诸如来大智海中无此四宝，有一众生得入大乘，终无是处。此四智宝，薄福众生所不能见。何以故？置于如来深密藏故。此四智宝，平均正直，端洁妙好，普能利益诸菩萨众，令其悉得智慧光明。佛子！是为如来心第四相，诸菩萨摩诃萨应如是知。

"复次，佛子！譬如大海，有四炽然光明大宝布在其底，性极猛热，常能饮缩百川所注无量大水，是故大海无有增减。何等为四？一名日藏，二名离润，三名火焰光，四名尽无余。佛子！若大海中无此四宝，从四天下乃至有顶，其中所有悉被漂没。佛子！此日藏大宝光明照触海水悉变为乳，离润大宝光明照触其乳悉变为酪，火焰光大宝光明照触其酪悉变为酥，尽无余大宝光明照触其酥变成醍醐，如火炽然，悉尽无余。佛子！如来、应、正等觉大智慧海亦复如是，有四种大智慧宝，具足无量威德光明。此智宝光触诸菩萨，乃至令得如来大智。何等为四？所谓灭一切散善波浪大智慧宝、除一切法爱大智慧宝、慧光普照大智慧宝、与如来平等无边无功用大智慧宝。佛子！诸菩萨修习一切助道法时，起无量散善波浪，一切世间天、人、阿修罗所不能坏。如来以灭一切散善波浪大智慧宝光明触彼菩萨，令舍一切散善波浪，持心一境，住于三昧；又以除一切法爱大智慧宝光明触彼菩萨，令舍离三昧味著，起广大神通；又以慧光普照大智慧宝光明触彼菩萨，令舍所起广大神通，住大明功用行；又以与如来平等无边无功用大智慧宝光明触彼菩萨，令舍所起大明功用行，乃至得如来平等地，息一切功用，令无有余。佛子！若无如来此四智宝大光照触，乃至有一菩萨得如来地，无有是处。佛子！是为如来心第五相，诸菩萨摩诃萨应如是知。

"复次，佛子！如从水际，上至非想非非想天，其中所有大千国土，欲、色、无色众生之处，莫不皆依虚空而起、虚空而住。何以故？虚空普遍故，虽彼虚空，普容三界而无分别。佛子！如来智慧亦复如是，若声闻智，若独觉智，若菩萨智，若有为行智，若无为行智，一切皆依如来智起、如来智住。何以故？如来智慧遍一切故，虽复普容无量智慧而无分别。佛子！是为如来心第六相，诸菩萨摩诃萨应如是知。

"复次，佛子！如雪山顶有药王树，名无尽根。彼药树根从十六万八千由旬下尽金刚地水轮际生。彼药王树若生根时，令阎浮提一切树根生；若生茎时，令阎浮提一切树茎生；枝、叶、华、果，悉皆如是。此药王树，根能生茎，茎能生根，根无有尽，名无尽根。佛子！彼药王树于一切处皆令生长，唯于二处不能为作生长利益，所谓地狱深坑及水轮中，然亦于彼初无厌舍。佛子！如来智慧大药王树亦复如是，以过去所发成就一切智慧善法，普覆一切诸众生界，除灭一切诸恶道苦，广大悲愿而为其根，于一切如来真实智慧种性中生，坚固不动，善巧方便以为其茎，遍法界智、诸波罗蜜以为其枝，禅定、解脱、诸大三昧以为其叶，总持、辩才、菩提分法以为其华，究竟无变诸佛解脱以为其果。佛子！如来智慧大药王树何故得名为无尽根？以究竟无休息故，不断菩萨行故，菩萨行即如来性，如来性即菩萨行，是故得名为无尽根。佛子！如来智慧大药王树，其根生时，令一切菩萨生不舍众生大慈悲根；其茎生时，令一切菩萨增长坚固精进深心茎；其枝生时，令一切菩萨增长一切诸波罗蜜枝；其叶生时，令一切菩萨生长净戒头陀功德少欲知足叶；其华生时，令一切菩萨具诸善根相好庄严华；其果生时，令一切菩萨得无生忍乃至一切佛灌顶忍果。佛子！如来智慧大药王树唯于二处不能为作生长利益，所谓二乘堕于无为广大深坑及坏善根非器众生溺大邪见贪爱之水，然亦于彼曾无厌舍。佛子！如来智慧无有增减，以根善安住，生无休息故。佛子！是为如来心第七相，诸菩萨摩诃萨应如是知。

"复次，佛子！譬如三千大千世界劫火起时，焚烧一切草木丛林，乃至铁围、大铁围山皆悉炽然，无有遗余。佛子！假使有人手执干草投彼火中，于意云何？得不烧不？"

答言："不也。"

"佛子！彼所投草容可不烧。如来智慧分别三世一切众生、一切国土、一切劫数、一切诸法，无不知者。若言不知，无有是处。何以故？智慧平等悉明达故。佛子！是为如来心第八相，诸菩萨摩诃萨应如是知。

"复次，佛子！譬如风灾坏世界时，有大风起，名曰散坏，能坏三千大千世界，铁围山等皆成碎末。复有大风，名为能障，周匝三千大千世界障散坏风，不令得至余方世界。佛子！若令无此能障大风，十方世界无不坏尽。如来、应、正等觉亦复如是，有大智风，名为能灭，能灭一切诸大菩萨烦恼习气；有大智风，名为巧持，巧持其根未熟菩萨不令能灭大智风轮，断其一切烦恼习气。佛子！若无如来巧持智风，无量菩萨皆堕声闻、辟支佛地。由此智故，令诸菩萨超二乘地，安住如来究竟之位。佛子！是为如来心第九相，诸菩萨摩诃萨应如是知。

"复次，佛子！如来智慧无处不至。何以故？无一众生而不具有如来智慧，但以妄想颠倒执著而不证得。若离妄想，一切智、自然智、无碍智则得现前。佛子！譬如有大经卷，量等三千大千世界，书写三千大千世界中事，一切皆尽。所谓书写大铁围山中事，量等大铁围山；书写大地中事，量等大地；书写中千世界中事，量等中千世界；书写小千世界中事，量等小千世界。如是，若四天下，若大海，若须弥山，若地天宫殿，若欲界空居天宫殿，若色界宫殿，若无色界宫殿，一一书写，其量悉等。此大经卷虽复量等大千世界，而全住在一微尘中。如一微尘，一切微尘皆亦如是。时，有一人智慧明达，具足成就清净天眼，见此经卷在微尘内，于诸众生无少利益，即作是念：'我当以精进力，破彼微尘，出此经卷，令得饶益一切众生。'作是念已，即起方便，破彼微尘，出此经卷，令诸众生普得饶益。如于一尘，一切微尘应知悉然。佛子！如来智慧亦复如是，无量无碍，普能利益一切众生，具足在于众生身中。但诸凡愚妄想执著，不知不觉，不得利益。尔时，如来以无障碍清净智眼，普观法界一切众生而作是言：'奇哉！奇哉！此诸众生云何具有如来智慧，愚痴迷惑，不知不见？我当教以圣道，令其永离妄想执著，自于身中得见如来广大智慧，与佛无异。'即教彼众生修习圣道，令离妄想，离妄想已，证得如来无量智慧，利益安乐一切众生。佛子！是为如来心第十相，诸菩萨摩诃萨应如是知。

"佛子！菩萨摩诃萨应以如是等无量无碍不可思议广大相，知如来、应、正等觉心。"

尔时，普贤菩萨摩诃萨欲重明此义，而说颂言：

> 欲知诸佛心，当观佛智慧，佛智无依处，如空无所依。
> 众生种种乐，及诸方便智，皆依佛智慧，佛智无依止。
> 声闻与独觉，及诸佛解脱，皆依于法界，法界无增减。
> 佛智亦如是，出生一切智，无增亦无减，无生亦无尽。
> 如水潜流地，求之无不得，无念亦无尽，功力遍十方。
> 佛智亦如是，普在众生心，若有勤修行，疾得智光明。
> 如龙有四珠，出生一切宝，置之深密处，凡人莫能见。
> 佛四智亦然，出生一切智，余人莫能见，唯除大菩萨。
> 如海有四宝，能饮一切水，令海不流溢，亦复无增减。
> 如来智亦尔，息浪除法爱，广大无有边，能生佛菩萨。

下方至有顶，欲色无色界，一切依虚空，虚空不分别。

声闻与独觉，菩萨众智慧，皆依于佛智，佛智无分别。

雪山有药王，名为无尽根，能生一切树，根茎叶华实。

佛智亦如是，如来种中生，既得菩提已，复生菩萨行。

如人把干草，置之于劫烧，金刚犹洞然，此无不烧理。

三世劫与刹，及其中众生，彼草容不烧，此佛无不知。

有风名散坏，能坏于大千；若无别风止，坏及无量界。

大智风亦尔，灭诸菩萨惑；别有善巧风，令住如来地。

如有大经卷，量等三千界，在于一尘内，一切尘悉然。

有一聪慧人，净眼悉明见，破尘出经卷，普饶益众生。

佛智亦如是，遍在众生心，妄想之所缠，不觉亦不知。

诸佛大慈悲，令其除妄想，如是乃出现，饶益诸菩萨。

【白话语译】

"佛子啊！菩萨摩诃萨应当如何了知如来的音声呢？

"佛子啊！菩萨应知诸佛能普遍发出无量的种种音声，所以诸佛的音声能够遍至一切世间；应知如来音声说法明了，所以能随着众生心之所乐，令他们心生欢喜；应知如来的心境清凉，所以他的音声能随着众生的信解，使他们都心生欢喜。因为所应听闻佛陀教化的众生都能听闻佛陀的开示，所以如来以音声教化众生都不错失因缘时节。如来的音声宛如空谷呼响般无常，所以如来的音声是性空而无生无灭的；因为如来修习一切净业，所以他的音声都是从无自性而生；如来的音声甚深，难可度量；如来的音声毫无邪曲，遍布法界；如来的音声毫无断绝，普入法界；如来的音声毫无变易，到达究竟。

"佛子啊！菩萨摩诃萨应了知如来的音声不是能计量的，也不是不能计量的；不是有主体的，也不是没有主体的；不可以说示现世间，也不可以说不曾示现世间。为什么呢？

"佛子啊！譬如世界将要毁灭时，没有主体、也没有造作者，但是自然会出现四种音声。是哪四种音声呢？第一种音声说：'你们这些人应当了知初禅的安乐，远离一切的欲念邪恶，而超离欲界。'众生听了之后，自然就会成就初禅，舍弃欲界的身体，出生初禅的梵天中。第二种音声说：'你们这些人应当了知二禅的安乐，二禅中没有粗糙的觉观等外来的感受，所以这个境界远远超出初禅的梵天。'众生听闻之后，自然就成就二禅，舍弃初禅梵天的身体，而出生二禅的光音天中。第三种音声说：'你们这些人应当了知三禅的安乐，这里的大乐遍身，不像二禅的大喜让心中涌动不安，这个境界确实超出二禅的光音天许多啊！'众生听闻之后，自然就成就三禅，舍弃二禅的光音身体，而出生在三禅遍净天。第四种音声说：'你们当知四禅的不动寂静，超出三禅遍净天的大乐境界。'众生听闻之后，自然就成就四禅的安乐境界，舍弃遍净的身体，出生在四禅的广果天。就是以上这四种声音。

"佛子啊！这些种种音声既没有主体、也没有造作的人，这些音声都是从众生种种的善业力出生的。

"佛子啊！如来的音声也是如此，没有主体、也没有造作者，更没有分别，非入、也非出。如来的功德法力，能生四种广大的音声。是哪四种呢？第一种音声说：'你们应当了知所有的业都是苦，就是地狱的苦、畜生的苦、饿鬼的苦、无福德的苦、执着于我以及我所有的苦、造作各种恶行的苦。如果你们要舍离各种苦难，就应投生人间、天上，并且种下人天的善根，才能离苦得乐。'众生听闻之后，就远离各种颠倒，修习种种善行，远离各种苦难之处，而投生人天。第二种音声说：'你们这些人应当了知诸行的各种苦恼，炽烈得就像热铁丸一样难以执握。所以诸行都是无常，应当磨灭的。如果你们能现证涅槃寂静，就能获得无为的安乐，远离一切炽烈的痛苦，除灭各种烦恼。'众生听闻之后，便勤修善法，得证了声闻乘随顺音声而开悟的安忍境界。第三种音声说：'你们这些人应当了知，只有智慧较狭小低劣的声闻乘，才会随顺他人的言语而解悟。你们这些人如果要学习，就要学习不必经由师长教导，就能自行开悟的独觉乘。'乐于殊胜之道的人一听闻这个音声，就舍弃声闻道，修习独觉乘。第四种音声说：'你们应当了知比二乘阶位更为殊胜的大乘、第一乘、胜乘、最胜乘、上乘、无上乘、利益一切众生乘；此乘是大乘菩萨所行，能随顺修持六波罗蜜，不断绝菩萨行，不舍离菩提心，即使为众生示现无量的生死轮转也毫不疲厌。'如果有人信解广大，身根勇猛锐利，宿世且曾种下无数的善根，并为诸佛如来的神力所加持，志乐意欲殊胜，希求圆证佛果，听闻此音之后，就能发起菩提心。

"佛子啊！如来的音声不是从身上发出的，也不是从心里发出的，但却能利益无量众生。佛子啊！以上就是如来音声的第一相，诸菩萨摩诃萨应如此了知。

"再者，佛子啊！譬如在山谷中的回响音声，无有形状，看不见，也指不出方位及位置，但这声音也不是没有方位处所，因为声音可以随着众生的意欲了解而出现。它的体性完全究竟圆满，空寂而无言语、无示现，不可宣说。佛子啊！以上就是如来音声的第二相，诸菩萨摩诃萨应如是了知。

"再者，佛子啊！譬如诸天有一座名为觉悟的大法鼓。如果诸天子的行为放逸时，大法鼓便会在虚空中发出警告的声音：'你们应当了知所有的欲乐都是无常、虚妄颠倒的，须臾之间就会毁坏。只有欺诳愚笨的人，才会贪恋执着。所以，你们切莫放逸。如果放逸无度，堕入各种恶趣时，就后悔也来不及了。'放逸的天人听到这个音声之后，心中无不忧心忡忡，纷纷舍弃自己宫中所有的欲乐，前往参拜天王，祈求佛法实行佛道。

"佛子啊！那个天鼓的音声既无主体、也无造作者。更无生起、无消灭，但却能利益无量众生。你们应当深知如来也是如此，他为了觉悟放逸的众生，常常发出无量妙法的音声，就是无执着的声音、不放逸的声音、无常的声音、苦的声音、无我的声音、不净的声音、寂灭的声音、涅槃的声音、无量自然智的声音、不可坏菩萨行的声音、至一切处如来无功用智慧境地的声音。如来以这些音声遍布法界，使众生一听闻这些声音，都能心生欢喜，勤修善法，各于本来所修的阶位而求出离开悟。这些阶位就是声闻乘、独觉乘、菩萨无上大乘。而如来的音声却不安住任何方位处所，也无有言说。佛子啊！以上就是如来音声的第三相，诸菩萨摩诃萨应当如是了知。

"佛子啊！譬如自在天王有一位名叫善口的天女。她一发出某种音声，这个音声就会与百千种乐音共同相应，每一乐音中又有百千种差别的音声。佛子啊！那个善口天女从口中一发出声音就能幻化如此无量的音声。所以，你们应当了知如来也是如此，能在一音中发出无量的声音。所以能随着众生心之喜乐差别，完全遍至，令他们觉悟解脱。佛子啊！以上就是如来音声的第四相，诸菩萨摩诃萨应如此了知。

"再者，佛子啊！譬如大梵天王安住梵宫时发出大梵的音声，一切的梵天大众没有不听闻的，而那音声实际上却没有传出任何一位梵天天人之外。每一个梵天天人心里都这样想着：'大梵天王在跟我谈话。'如来的妙音也是如此，道场内的大众没有不听闻，而他的音声也没有超出任何一位梵天天众之外。为什么呢？因为根器未成熟者根本听不到。所以，凡是听到音声的人没有不这样想的：'如来世尊单独为我说法。'佛子啊！如来的音声性空如幻、无示现也无止住，而能成就一切事业。以上就是如来音声的第五相，诸菩萨摩诃萨应如此了知。

"再者，佛子啊！譬如所有的水都是一样的，但是随着盛水的容器形状的不同，水就有了各种形状的差别。而水本身其实根本没有任何忆念思虑，也没分别。如来的言语音声也是如此，本来就是相同一味的解脱味，只是随着各种众生不同的心器而有不同。其实，如来的声音没有量上的差别，也没有忆念思虑，也没有分别。佛子啊！以上就是如来音声的第六相，诸菩萨摩诃萨应如此了知。

"再者，佛子啊！譬如阿那婆达多龙王，兴起广大的密云遍满阎浮提洲时，它普遍注下的甘霖，能生长百谷苗稼，盈满所有的江河泉池。这大雨水虽不是出自龙王的身心，但却能饶益种种众生。佛子啊！如来也是如此，他能兴起大悲云遍布十方法界，雨下无上的甘露法雨，使众生都心生欢喜，增长善法，并且满足各种法乘。佛子啊！如来的音声不从外来，不从内出，但是却能饶益一切的众生。以上就是如来音声的第七相，诸菩萨摩诃萨应如此了知。

"再者，佛子啊！譬如摩那斯龙王不是一想到要降雨就立刻降雨，而是先生起广大的雨云弥覆整个虚空，并且凝住虚空七日。七日之后，再降下微细雨，普遍润泽大地，等待众生把该做的事都做完了之后再下雨。为什么呢？因为那位大龙王非常慈悲，不想恼乱各种众生啊！佛子啊！如来也是如此，如来不是想要降下法雨就立刻降下法雨，而是先兴起法云，使众生成熟，这是为了不使众生惊畏恐怖。等到他们成熟之后，再普遍降下甘露法雨，演说甚深的微妙善法，让众生的心渐渐地盈满如来一切智智的无上法味。佛子啊！以上就是如来音声的第八相，诸菩萨摩诃萨应如此了知。

"佛子啊！譬如海中有名为大庄严的龙王。在大海中降雨时，有时降下十种庄严雨，有时百种，有时千种，有时百千种庄严雨。佛子啊！水本来毫无分别，但是因为龙王不可思议的力量而使水有种种庄严，乃至有百千无量种的差别。如来也是如此，他为各种众生说法时，有时以十种差别音声演说，有时百种，有时千种，有时以百千种，有时以八万四千种音声，说八万四千行。乃至有时以无量百千亿那由他的音声各别说法，使听闻的人无不心生欢喜。但如来的音声本来无所分别，但是诸佛在甚深法界早已圆满清净，因此能随着众生根器的不同，发出种种言语音声，使他们都心生欢喜。佛子啊！以上就是如来音声的第九相，诸菩萨摩诃萨应如此了知。

"再则，佛子啊！譬如婆竭罗龙王，想要示现龙王的大自在力饶益、欢喜众生时，就会从四天下及至他化自在天处兴起大云网，周匝弥覆整个天界。这些云彩的色相各各差别，有的或是现出阎浮檀金的光明颜色，或是现出毗琉璃的光明颜色，或是现出白银的光明颜色，或是现出玻璃的光明颜色，或是现出牟萨罗车渠的光明颜色，或是现出玛瑙的光明颜色，或是现出殊胜宝藏的光明颜色，或是现出赤红真珠的光明颜色，或是现出无量的香光明颜色，或是现出无垢衣的光明颜色，或是现出清净水的光明颜色，或是现出种种庄严具的光明颜色，用像这样的大云网周匝遍布。

"龙王将广大云网弥盖满布虚空后，又出现种种色的电光，就是以阎浮檀金色的云，发出琉璃色的电光；以琉璃色的云，发出金色的电光；以银色的云，发出玻璃色的电光；以玻璃色的云，发出银色的电光；以牟萨罗色的云，发出玛瑙色的电光；以玛瑙色的云，发出牟萨罗色的电光；以殊胜藏宝色的云，发出赤真珠色的电光；以赤真珠色的云，发出殊胜藏宝色的电光；以无量的香色的云，发出无垢衣色的电光；以无垢衣色的云，发出无量的香色的电光；以清净水色的云，发出种种庄严具足色的电光；以种种庄严具足色的云，发出清净水色的电光；乃至以种种色云，发出一色的电光；或以一色云，发出种种色的电光。

"再在这些云中发出种种随顺众生心的雷声，使他们欢喜雀跃。或是宛如天女歌咏的声音，或是宛如天上妓乐的声音，或是宛如龙女歌咏的声音，或是宛如乾闼婆女歌咏的声音，或是宛如紧那罗女歌咏的声音，或是宛如大地震动的声音，或是宛如海水浪潮的声音，或是宛如兽王哮吼的声音，或是宛如好鸟鸣啭的声音，及其他无量种音声。

"震雷之后，龙王又吹起凉风，悦乐各种众生。然后才降下种种的雨，利益安乐众生。欲界的第六天从他化自在天及至地上，在每一处降下不同的雨。在大海中雨下名为无断绝的清冷水，在他化自在天雨下箫笛等种种名为美妙的乐音，在化乐天雨下名为放大光明的摩尼宝，在兜率天雨下名为垂髻的大庄严器具，在夜摩天雨下名为种种庄严具的妙华，在三十三天雨下名为悦意的众妙香，在四天王天雨下名为覆盖的天宝衣，在龙王宫雨下名为涌出光明的赤真珠，在阿修罗宫雨下各种名为降伏怨敌的兵仗，在北郁单越雨下名为开敷的种种华，其余三天下也都是如此，然后各随着不同处所，雨下不同的东西。

"虽然那位龙王的心念平等，不分彼此，但是因为众生善根各各相异，所以它雨下的事物就有种种差别。

"佛子啊！如来也是如此，他想要教化众生正法时，先布满身云弥满覆盖法界，然后再随着众生的乐欲为他们示现不同的境界。或是示现生身的云，或是示现化身的云，或是示现佛力执持身云，或是示现色的身云，或是示现相好的身云，或是示现福德的身云，或是示现智慧的身云，或是示现诸力不可坏的身云，或是示现无畏的身云，或是示现法界的身云。

"佛子啊！如来能以如此等等无量的身云，普遍覆盖十方世界，随着众生不同的喜乐，各别示现种种光明的电光。或是示现名为无所不至的光明电光；或是示现名为无边光明的电光；或是示现名为入佛秘密法的光明电光；或是示现名为影现光明的光明电光；或是示现名为光明照耀的光明电光；或是示现名为入无尽陀罗尼门的光明电光；或是示现名为正念不乱的光明电光；或是示现名为究竟不坏的光明电光；或是示现名为顺入诸趣的光明电光；或是示现名为圆满一切愿皆令欢喜的光明电光。

"佛子啊！如来示现如此等无量光明的电光后，再随顺众生心之喜乐，出生无量禅定三昧的雷声。就是善觉智禅定三昧的雷声、炽然离垢海禅定三昧的雷声、一切法自在禅定三昧的雷声、金刚轮禅定三昧的雷声、须弥山幢禅定三昧的雷声、海印禅定三昧的雷声、日灯禅定三昧的雷声、普令众生欢喜三昧的雷声、无尽藏禅定三昧的雷声、不坏解脱力禅定三昧的雷声。

"佛子啊！如来的身云出现如此等无量差别的禅定三昧雷声后，在降下法雨前，先示现瑞相开悟众生。从无障碍的大慈悲心，出现如来名为能令众生生起不可思议欢喜适悦的大智风轮。此相出现之后，一切菩萨及众生的身心无不清凉。然后如来的大法身云、大慈悲云、大不可思议云雨下不思议的广大法雨，令一切众生身心清净。为坐菩提道场的菩萨雨下名为法界无差别的大法雨；为最后身菩萨雨下名为菩萨游戏如来秘密教法的大法雨；为一生所系菩萨雨下名为清净普光明的大法雨；为灌顶菩萨雨下如来庄严具庄严的大法雨；为证得法忍的菩萨雨下功德宝智慧华开敷不断菩萨大悲行的大法雨；为安住十回向、十行的菩萨雨下入现前变化甚深法门菩萨行而无休息无疲劳、厌倦的大法雨；为初发心的菩萨雨下出生如来大慈悲行救护众生的大法雨；为求独觉乘的众生雨下深知缘起法、远离二边，得到不坏解脱的大法雨；为求声闻乘的众生雨下以大智慧剑断除一切烦恼怨贼的大法雨；为积集善根决定、不决定的众生，雨下能使其成就种种法门、生起大欢喜的大法雨。

"佛子啊！诸佛如来能随顺众生心，雨下如此等广大的法雨，充满无边的世界。佛子啊！如来的心念平等，对法毫无吝惜，但因众生根器欲想不同，所雨下的法雨示现也就有种种差别。以上就是如来音声的第十相，诸菩萨摩诃萨应当如是了知。

"再者，佛子啊！菩萨应当了知如来音声有十种无量。是哪十种呢？一，宛如虚空无量，因为如来的声音能遍至一切处；二，宛如法界无量，因为如来的声音无不周遍；三，宛如众生无量，因为如来的声音能使一切众生都心生欢喜；四，宛如诸业无量，因为如来的声音能宣说果报；五，宛如烦恼无量，因为如来能完全消灭烦恼；六，宛如众生的言语音声无量，因为如来的声音能随着众生心中的悟解、言语，而使听者了解；七，宛如想要解脱的众生无量，因为如来的声音能普遍观察救度众生；八，宛如三世无量，因为如来的声音无有边际；九，宛如智慧无量，因为如来的声音能明白分别一切；十，宛如佛境界无量，因为如来的声音能趣入诸佛法界。佛子啊！如来的音声，能成就了如此无量的阿僧祇，诸菩萨摩诃萨应当如此了知。”

这时，普贤菩萨摩诃萨为了要重新明示这个意义，就宣说下面的偈颂：

三千世界将坏之时，众生福力音声告言，
四禅寂静无诸苦恼，令其闻已悉皆离欲。
十力世尊亦复如是，出妙音声遍于法界，
为说诸行皆苦无常，令其永度生死大海。
譬如深山大谷之中，随有音声悉皆响应，
虽能随逐他人言语，而响毕竟无有分别。
十力言音亦复皆然，随其根熟而为示现，
令其调伏心生欢喜，不念我今能为演说。
如天有鼓名为能觉，常于空中大震法音，
诚彼放逸诸天子等，令其闻已得离执着。
十力法鼓亦复如是，出于种种微妙音声，
觉悟一切诸群生众，令其悉证菩提道果。
自在天王亦有宝女，口中善奏诸般音乐，
一声能出百千音声，一一音中复有百千。
善逝音声亦复如是，一声而出一切之音，
随其性欲有所差别，各令闻已断除烦恼。
譬如梵王吐一音声，能令梵众悉皆欢喜，
音唯及梵不出于外，一一皆言自己独闻。
十力梵王亦复皆然，演一言音充满法界，
唯沾众会而不远出，以无信故未能信受。
譬如众水同一体性，八功德味无有差别，
因地在器各有不同，是故令其种种差异。
一切智音亦复如是，法性一味无有分别，

随诸众生所行不同，故使听闻种种差异。

譬如无热大力龙王，降雨普洽阎浮地中，

能令草树悉皆生长，而不从身及心中出。

诸佛妙音亦复如是，普雨法界悉皆充洽，

能令生善灭除诸恶，不从内外而得有具。

譬如摩那斯大龙王，兴云七日未先雨下，

待诸众生作务完竟，然后始降成就利益。

十力演义亦复如是，先化众生使彼成熟，

然后为说甚深妙法，令其闻者心不惊怖。

大庄严龙王于海中，霔于十种庄严大雨，

或百或千或百千种，水虽一味庄严无别。

究竟辩才亦复如是，说十二十诸种法门，

或百或千乃至无量，不生心念有殊差别。

最胜龙王名娑竭罗，兴云普覆于四天下，

于一切处雨下各别，而彼龙王心无二念。

诸佛法王亦复如是，大辈身云遍满十方，

为诸修行雨下各异，而于一切无所分别。

"佛子啊！诸菩萨摩诃萨要怎样才能了知诸佛如来的心呢？佛子啊！诸佛如来的心、意、识都是性空寂灭了不可得的。我们应以如来无量的智慧，来了知如来的心❶。譬如一切万物都依止虚空，但虚空自身却无所依止；如来的智慧也是如此，他的智慧为一切世间、出世间的人所依止，而如来的智慧却无所依止。以上就是如来心的第一相，诸菩萨摩诃萨应当如此了知。

"再者❷，佛子啊！譬如法界常能出生一切声闻、独觉、菩萨的解脱，而法界却无有增减；如来的智慧也是如此，恒常超出一切世间、出世间的种种智慧，但如来的智慧却无有增减。佛子啊！以上就是如来心的第二相，诸菩萨摩诃萨应当如此了知。

"再者❸，佛子啊！譬如大海，海水潜流在世界四天下的地下，以及几十亿人口的各个洲渚。任何人只要穿凿地底，没有不得到水的，而大海也不会认为你挖凿的水源都是由我而来的。佛陀的智慧海水也像这样流入众生心中，凡是观察如来境界，修习诸佛法门的众生，没有不得到清净明了的智慧的。而如来的智慧本来平等无二，无有分别，但是因为众生的心性行为各各不同，所以他们得到的智慧也就各不相同。佛子啊！以上就是如来心的第三相，诸菩萨摩诃萨应当如此了知。

"再者❹，佛子啊！譬如大海有四颗宝珠，具足无量的福德，能出生大海之内的一切珍宝。如果大海没有这宝珠，那么即使是一宝也无法获得。是哪四颗宝珠呢？就是积集宝珠、无尽藏宝珠、远离炽然宝珠、具足庄严宝珠。

"佛子啊！娑竭龙王因为这些宝珠十分端严方正，所以就把它们放在宫中最隐秘的地方，以致一切的凡夫及种种龙神等都看不见这四颗宝珠。

"佛子啊！如来大智慧海也有四颗大智宝珠，具足无量的福德、智慧功德，能生出一切众生声闻、独觉，学、无学位，及诸位菩萨的智慧之宝。是哪四种智慧宝呢？就是无染着善巧方便的大智慧宝、善于分别有为、无为法的大智慧宝、分别宣说无量法而不坏法性的大智慧宝、了知时或非时未曾失误的大智慧宝。如果诸佛如来的大智慧海没有这四种宝珠，任何众生就不可能趣入大乘。但薄福的众生并无法看见这四种智宝。为什么呢？因为这四种智慧宝平均正直、端洁妙好，能利益所有的菩萨，令他们得到智慧光明。所以是放在如来非常幽深隐秘的地方啊！佛子啊！以上就是如来心的第四相，诸菩萨摩诃萨应当如此了知。

"再者❺，佛子啊！譬如海底满布四种炽然的光明大宝，这些光明大宝非常猛烈热炽，常能饮下或收容百川注入的无量大水，所以大海始终没有任何增减。是哪四种炽然光明的大宝呢？第一种叫作日藏，第二种叫作离润，第三种叫作大焰光，第四种叫作尽无余。佛子啊！若大海没有这四种宝，四天下乃至地上所有高耸的山峰，都会被大海漂流吞没。

"佛子啊！当海水一触及日藏大宝的光明，就会化为乳水。乳水一触及离润大宝的光明，就会提炼成酪块。酪块一触及大焰光宝的光明，就会变成酥块。酥块一触及尽无余大宝的光明，就会变成醍醐。假如这四宝的大火十分炽然，就会化整个大海为醍醐，无有剩余。

"佛子啊！如来的大智慧海也像这样，有四种大智慧宝，具足无量的威德光明。诸位菩萨一被这些大智慧宝照触之后，就会获得如来的大智慧。是哪四种大智慧宝呢？一，消灭一切离散善心波浪的大智慧宝；二，除去一切法爱执着的大智慧宝；三，智慧光明普照的大智慧宝；四，与如来平等无边，无功用的大智慧宝。

"佛子啊！当诸位菩萨修习一切辅助道法的时候，就会生起世间天人、阿修罗都无法破坏的无量离散善心波浪。如来以消灭一切离散善心波浪的大智慧宝光明，照触那些菩萨时，能使他们舍弃一切未入定境的离散善心波浪，而持心一境，安住禅定三昧。如来又以除去一切法爱执着的大智慧宝光明照触那些菩萨，令他们舍离三昧境界，生起广大的神通。又以智慧光明普照的大智慧光明照触那些菩萨，令他们生起舍离的广大神通，安住大光明的功用行。又以与如来平等无边的无功用大智慧宝光明照触那些菩萨，令他们舍离生起的大光明功用行，安住无功用，乃至证得如来的平等境地，止息一切的功用，停息一切的功用无复有余。

"佛子啊！如果如来没有这四大智慧宝光的照触，就不可能有任何一位菩萨得证如来的境地。佛子啊！以上就是如来心的第五相，诸位菩萨摩诃萨应当如此了知。

"再者❻，佛子啊！譬如从水际起，上至非想、非非想天，其中所有的大千国土，欲界、色界、无色界众生聚集的地方，莫不是依止虚空而起，而安住虚空。为什么呢？因为虚空遍及一切，包容三界而没有任何的分别。

"佛子啊！如来的智慧也是如此，无论是声闻智，或是独觉智、菩萨智，或有为行智、无为行智，莫不是依止如来的智慧而生，依止如来的智慧而安住。为什么呢？因为如来的智慧遍布一切，如来虽然普遍无私地包容无量智慧，却不曾有任何分别。佛子啊！以上就是如来心的第六相，诸菩萨摩诃萨应当如此了知。

"再者❼，佛子啊！雪山顶上有名为无尽根的药王树，那棵药王树根长十六万八千由旬，不断向下生长，穷尽金刚地水轮的边际。药王树如果长根的时候，能令阎浮提的一切树根生长。长茎时，能令阎浮提一切的树茎生长，枝、叶、花、果实等也都是如此。这药王树的根能生茎，茎能生根，根无有止尽，所以叫作无尽根。佛子啊！药王树虽然能使一切树生长繁茂，但是它却唯独没有让两个地方的树生长繁茂，就是处在地狱深坑及水轮的树。尽管如此，药王树还是一样滋润它们，从不厌弃舍离。

"佛子啊！如来智慧的大药王树也像这样，以过去所发的誓愿，成就一切的智慧善法。普遍覆盖一切众生，除灭一切恶道之苦。他以广大的悲愿作根，从一切如来真实智慧的种性中出生，坚固不动摇；再用善巧方便作茎；再以遍满法界的智慧，各种波罗蜜作枝干；以禅定解脱诸大三昧作树叶；以忆念不忘总持的辩才及各种菩提分法作花朵；以究竟不变，如同诸佛的解脱作果实。

"佛子啊！如来智慧的大药王树，为何也叫作无尽根呢？因为如来究竟精进不曾休息，不曾断绝菩萨行。菩萨行即是如来性，如来性即是菩萨行，所以才叫作无尽根。佛子啊！如来智慧的大药王树根生长时，会使一切菩萨生起不舍离众生的大慈悲根。茎在生长的时候，会使一切菩萨增长坚固精进的深心茎。枝在生长的时候，会使一切菩萨增长一切诸波罗蜜枝。树叶在生长的时候，会使一切菩萨生长净戒头陀功德的少欲知足叶。华朵在生长的时候，会使一切菩萨具足所有善根的相好庄严华。果实在生长的时候，会使一切菩萨得证无生法忍乃至诸灌顶忍的果实。

"佛子啊！如来智慧的大药王树唯独设法滋长两个地方的花果，就是声闻、缘觉二乘，因为他们堕入无为的广大深坑，无法生起大慈悲心行菩萨行；还有败坏善根的众生，因为他们在大邪见的贪爱大水中漂溺流转不止。尽管如此，佛陀也从不曾舍弃厌离他们。

"佛子啊！如来智慧无有任何增减，这都是因为他的根性善于安住，精进从不休息。佛子啊！以上就是如来心的第七相，诸位菩萨摩诃萨应当如此了知。

"再者❽，佛子啊！譬如三千大千世界生起劫火时，能够把一切的草木丛林，乃至于大铁围山，都烧得无有剩余。佛子啊！假使有人把干草投入劫火中，会怎么样呢？会不燃烧吗？这是不可能的。佛子啊！如来能以智慧分别三世一切的众生、国土、劫数、诸法，无不了知的。如果说有什么是如来不了知的，那是不可能的。为什么呢？因为佛陀的智慧平等，能够完全明了通达一切。佛子啊！以上就是如来心的第八相，诸菩萨摩诃萨应当如此了知。

"再者❾，佛子啊！譬如宇宙被名为散坏的大风吹起，破坏世界时，能吹坏三千大千世界，甚至连铁围山等也会被吹成碎末。又有名为能障的大风，这风能周匝围绕三千大千世界，使散坏风不致吹到其他的地方。佛子啊！如果没有这"能障"的大风，十方世界恐怕早就毁坏殆尽了。如来也是如此，有名为能灭的大智风，能灭除一切菩萨的烦恼习气；又有名为巧持的大智风，能善巧护持善根尚未成熟的菩萨，使他们不会被能灭的大智风灭除。佛子啊！所以如来的大智风轮虽能断除菩萨的所有烦恼习气，如果没有如来善巧执持的智风，那么，无量菩萨都会堕入声闻、辟支佛的境地。所以这个智风，能让诸菩萨超出二乘，安住如来的究竟位。佛子啊！以上就是如来心的第九相，诸菩萨摩诃萨应当如此了知。

"再者❿，佛子啊！如来智慧无所不至。为什么呢？因为没有一个众生不具有如来智慧的，只是因为妄想、颠倒、执着而不能证得。如果众生能远离妄想。那么一切的智慧、自然的智慧、无碍的智慧就都能够示现在前。佛子啊！譬如有数量等同三千大千世界的大经卷，三千大千世界的一切事情无不尽载其中。记载大铁围山中的事，数量等同大铁围山；记载大地中的事，数量等同大地；记载中千世界的事，数量等同中千世界；记载小千世界的事，数量等同小千世界。如此一般，不管是大海，或是须弥山，或是地天宫殿，或是欲界的空居天宫殿，或色界的宫殿，或是无色界的宫殿，都能一一记载，数量都等同这部大经卷。虽然这数量等同大千世界，而却能完全止住一微尘中，如同一粒微尘，一切的微尘也都是这样。

"这时，有一个人他的智慧明了通达，具足成就清净的天眼，见到此经卷隐藏在微尘内，根本没法大大利益众生。他心里就这样想：'我应当以精进力打破这些微尘，取出这经卷，使它得以饶益一切众生。'他这样想之后，就生起了方便心，破除这些微尘，取出这件大经卷，普遍饶益所有的众生。就像这一微尘，他对一切的微尘也都是这样想。

"佛子啊！如来的智慧也是如此，无量无碍、能普遍利益一切众生，具足众生身中。只是愚昧凡夫，因为妄想、执着、不知、不觉，所以没法得到利益。这时，如来以无障碍的清净智慧，普遍观察法界众生，而说了下面的话：'奇怪啊！奇怪啊！这些众生有如来的智慧，但为什还如此愚痴迷惑，不能了知明见。我应当以圣道教导他们，使他们永远远离妄想执着。自身就见到如来的广大智慧，与佛无异。'他就教导众生修习圣道，使他们舍离妄想，证得如来的无量智慧，利益安乐一切的众生。佛子啊！以上就是如来心的第十相，诸位菩萨摩诃萨应当如此了知。

"佛子啊！菩萨摩诃萨应当以如此无量无碍不可思议的广大相，了知如来的心。"

这时，普贤菩萨摩诃萨为了要重新明示这个义理，就宣说下面的偈颂：

> 若欲知诸佛心，　当观诸佛智慧，
> 佛智无有依处，　如空亦无所依。
> 众生种种喜乐，　及诸方便智慧，
> 皆依止佛智慧，　佛智无所依止。
> 声闻与独觉等，　以及诸佛解脱，
> 皆依止于法界，　法界无有增减。
> 佛智亦复如是，　出生一切智慧，
> 无增亦复无减，　无生亦无有尽。
> 如水潜流于地，　求之无不得之，
> 无念亦无穷尽，　功力遍于十方。
> 佛智亦复如是，　普在众生心中，
> 若有勤修行者，　疾得智慧光明。

如龙具有四珠，出生一切珍宝，
置之深密之处，凡人莫能见之。

诸佛四智亦然，出生一切智慧，
余人莫能得见，唯除诸大菩萨。

如大海有四宝，能饮一切众水，
令海恒不流溢，亦复无有增减。

如来智慧亦尔，息浪除诸法爱，
广大无有边际，能生诸佛菩萨。

下方至有顶天，欲色及无色界，
一切依于虚空，虚空亦不分别。

声闻与独觉等，菩萨众之智慧，
皆依止于佛智，佛智无有分别。

雪山有大药王，其名为无尽根，
能生一切众树，根茎叶及华实。

佛智亦复如是，如来种中出生，
既得菩提道已，复生菩萨妙行。

如人手把干草，置之于劫火烧，
金刚犹皆洞然，此无不烧之理。

三世时劫与刹，及于其中众生，
彼草容或不烧，此佛无不了知。

有风名为散坏，能于大千世界，
若无别风止息，坏及无量世界。

大智之风亦尔，灭诸菩萨痴惑，
别有善巧妙风，令住如来胜地。

如有一大经卷，量等三千世界，
在于一尘之内，一切尘中悉然。

有一聪慧之人，净眼悉能明见，
破尘出此经卷，普皆饶益众生。

佛智亦复如是，遍在众生心中，

妄想之所缠缚，不觉亦复不知。

诸佛广大慈悲，令其去除妄想，

如是乃为出现，饶益诸菩萨众。

【注释】

❶ 以上就法而总说，以下同前段一样举比喻分别解释。有十个比喻，显示如来十
  种大智慧。开始用虚空以无依为依之喻，以阐明佛无依成事之智。

❷ 法界湛然的比喻，以示显佛体无增减之智。

❸ 大海潜益的比喻，以比喻佛体均饶益众生之智。

❹ 大宝出生的比喻，以比喻佛用兴体密之智。

❺ 珠消海水的比喻，以比喻佛灭除众生疑惑成德之智。

❻ 虚空含受的比喻，以比喻佛依持无碍之智。

❼ 药王生长的比喻，以比喻佛穷劫利乐众生之智。

❽ 劫火烧尽的比喻，以比喻佛知一切无不尽之智。

❾ 劫风持坏的比喻，以比喻佛善巧方便能留惑润生之智。

❿ 尘含经卷的比喻，以比喻佛性通平等之智。

卷第五十二
如来出现品第三十七之三

【原典】

"佛子！菩萨摩诃萨应云何知如来、应、正等觉境界？佛子！菩萨摩诃萨以无障无碍智慧，知一切世间境界是如来境界，知一切三世境界、一切刹境界、一切法境界、一切众生境界、真如无差别境界、法界无障碍境界、实际无边际境界、虚空无分量境界、无境界境界是如来境界。佛子！如一切世间境界无量，如来境界亦无量；如一切三世境界无量，如来境界亦无量；乃至如无境界境界无量，如来境界亦无量；如无境界境界一切处无有，如来境界亦如是一切处无有。佛子！菩萨摩诃萨应知心境界是如来境界，如心境界无量无边、无缚无脱，如来境界亦无量无边、无缚无脱。何以故？以如是如是思惟分别，如是如是无量显现故。佛子！如大龙王随心降雨，其雨不从内出、不从外出。如来境界亦复如是，随于如是思惟分别，则有如是无量显现，于十方中悉无来处。佛子！如大海水，皆从龙王心力所起，诸佛如来一切智海亦复如是，皆从如来往昔大愿之所生起。佛子！一切智海无量无边，不可思议，不可言说。然我今者略说譬喻，汝应谛听。佛子！此阎浮提有二千五百河流入大海，西拘耶尼有五千河流入大海，东弗婆提有七千五百河流入大海，北郁单越有一万河流入大海。佛子！此四天下，如是二万五千河相续不绝流入大海。于意云何？此水多不？"

答言："甚多"。

"佛子！复有十光明龙王，雨大海中水倍过前；百光明龙王，雨大海中水复倍前；大庄严龙王、摩那斯龙王、雷震龙王、难陀跋难陀龙王、无量光明龙王、连霪不断龙王、大胜龙王、大奋迅龙王，如是等八十亿诸大龙王，各雨大海，皆悉展转倍过于前。娑竭罗龙王太子，名阎浮幢，雨大海中水复倍前。佛子！十光明龙王宫殿中水流入大海，复倍过前；百光明龙王宫殿中水流入大海，复倍过前；大庄严龙王、摩那斯龙王、雷震龙王、难陀跋难陀龙王、无量光明龙王、连霪不断龙王、大胜龙王、大奋迅龙王，如是等八十亿诸大龙王，宫殿各别，其中有水流入大海，皆悉展转倍过于前。娑竭罗龙王太子阎浮幢宫殿中水流入大海，复倍过前。佛子！娑竭罗龙王连雨大海，水复倍前；其娑竭罗龙王宫殿中水涌出入海，复倍于前。其所出水绀琉璃色，涌出有时，是故大海潮不失时。佛子！如是大海，其水无量，众宝无量，众生无量，所依大地亦复无量。佛子！于汝意云何？彼大海为无量不？"

答言："实为无量，不可为喻。"

"佛子！此大海无量于如来智海无量百分不及一，千分不及一，乃至优波尼沙陀分不及其一。但随众生心为作譬喻，而佛境界非譬所及。佛子！菩萨摩诃萨应知如来智海无量，从初发心修一切菩萨行不断故；应知宝聚无量，一切菩提分法、三宝种不断故；应知所住众生无量，一切学、无学、声闻、独觉所受用故；应知住地无量，从初欢喜地乃至究竟无障碍地诸菩萨所居故。佛子！菩萨摩诃萨为入无量智慧，利益一切众生故，于如来、应、正等觉境界应如是知。"

尔时，普贤菩萨摩诃萨欲重明此义，而说颂言：

如心境界无有量，诸佛境界亦复然；如心境界从意生，佛境如是应观察。

如龙不离于本处，以心威力霆大雨，雨水虽无来去处，随龙心故悉充洽。

十力牟尼亦如是，无所从来无所去，若有净心则现身，量等法界入毛孔。

如海珍奇无有量，众生大地亦复然，水性一味等无别，于中生者各蒙利。

如来智海亦如是，一切所有皆无量，有学无学住地人，悉在其中得饶益。

"佛子！菩萨摩诃萨应云何知如来、应、正等觉行？佛子！菩萨摩诃萨应知无碍行是如来行，应知真如行是如来行。佛子！如真如，前际不生，后际不动，现在不起。如来行亦如是，不生、不动、不起。佛子！如法界非量、非无量，无形故。如来行亦如是，非量、非无量，无形故。佛子！譬如鸟飞虚空，经于百年，已经过处、未经过处皆不可量。何以故？虚空界无边际故。如来行亦如是，假使有人经百千亿那由他劫分别演说已说、未说皆不可量。何以故？如来行无边际故。佛子！如来、应、正等觉住无碍行，无有住处，而能普为一切众生示现所行，令其见已，出过一切诸障碍道。佛子！譬如金翅鸟王，飞行虚空，回翔不去，以清净眼观察海内诸龙宫殿，奋勇猛力，以左右翅鼓扬海水悉令两辟，知龙男女命将尽者而搏取之。如来、应、正等觉金翅鸟王亦复如是，住无碍行，以净佛眼观察法界诸宫殿中一切众生，若曾种善根已成熟者，如来奋勇猛十力，以止观两翅鼓扬生死大爱水海，使其两辟而撮取之，置佛法中，令断一切妄想戏论，安住如来无分别无碍行。佛子！譬如日月，独无等侣，周行虚空，利益众生，不作是念：'我从何来，而至何所。'诸佛如来亦复如是，性本寂灭，无有分别，示现游行一切法界，为欲饶益诸众生故，作诸佛事无有休息，不生如是戏论分别：'我从彼来，而向彼去。'佛子！菩萨摩诃萨应以如是等无量方便、无量性相，知见如来、应、正等觉所行之行。"

尔时，普贤菩萨欲重明此义，而说颂言：

譬如真如不生灭，无有方所无能见；大饶益者行如是，出过三世不可量。

法界非界非非界，非是有量非无量；大功德者行亦然，非量无量无身故。

如鸟飞行亿千岁，前后虚空等无别；众劫演说如来行，已说未说不可量。

　　金翅在空观大海，辟水搏取龙男女；十力能拔善根人，令出有海除众惑。

　　譬如日月游虚空，照临一切不分别；世尊周行于法界，教化众生无动念。

　　"佛子！诸菩萨摩诃萨应云何知如来、应、正等觉成正觉？佛子！菩萨摩诃萨应知如来成正觉，于一切义无所观察，于法平等无所疑惑，无二无相，无行无止，无量无际，远离二边，住于中道，出过一切文字言说，知一切众生心念所行、根性欲乐、烦恼染习。举要言之，于一念中悉知三世一切诸法。佛子！譬如大海普能印现四天下中一切众生色身形像，是故共说以为大海；诸佛菩提亦复如是，普现一切众生心念、根性乐欲而无所现，是故说名诸佛菩提。佛子！诸佛菩提，一切文字所不能宣，一切音声所不能及，一切言语所不能说，但随所应方便开示。佛子！如来、应、正等觉成正觉时，得一切众生量等身，得一切法量等身，得一切刹量等身，得一切三世量等身，得一切佛量等身，得一切语言量等身，得真如量等身，得法界量等身，得虚空界量等身，得无碍界量等身，得一切愿量等身，得一切行量等身，得寂灭涅槃界量等身。佛子！如所得身，言语及心亦复如是，得如是等无量无数清净三轮。佛子！如来成正觉时，于其身中普见一切众生成正觉，乃至普见一切众生入涅槃，皆同一性，所谓无性。无何等性？所谓无相性、无尽性、无生性、无灭性、无我性、无非我性、无众生性、无非众生性、无菩提性、无法界性、无虚空性，亦复无有成正觉性。知一切法皆无性故，得一切智，大悲相续，救度众生。佛子！譬如虚空，一切世界若成若坏，常无增减。何以故？虚空无生故。诸佛菩提亦复如是，若成正觉、不成正觉，亦无增减。何以故？菩提无相、无非相，无一、无种种故。佛子！假使有人能化作恒河沙等心，一一心复化作恒河沙等佛，皆无色、无形、无相，如是尽恒河沙等劫无有休息。佛子！于汝意云何？彼人化心，化作如来，凡有几何？"

如来性起妙德菩萨言："如我解于仁所说义，化与不化，等无有别，云何问言凡有几何？"

普贤菩萨言："善哉！善哉！佛子！如汝所说，设一切众生，于一念中悉成正觉，与不成正觉等无有异。何以故？菩提无相故。若无有相，则无增无减。佛子！菩萨摩诃萨应如是知，成等正觉同于菩提一相无相。如来成正觉时，以一相方便入善觉智三昧。入已，于一成正觉广大身现一切众生数等身，住于身中。如一成正觉广大身，一切成正觉广大身悉亦如是。佛子！如来有如是等无量成正觉门，是故应知如来所现身无有量。以无量故，说如来身为无量界、等众生界。佛子！菩萨摩诃萨应知如来身一毛孔中，有一切众生数等诸佛身。何以故？如来成正觉身究竟无生灭故，如一毛孔遍法界，一切毛孔悉亦如是，当知无有少许处空无佛身。何以故？如来成正觉，无处不至故；随其所能，随其势力，于道场菩提树下师子座上，以种种身成等正觉。佛子！菩萨摩诃萨应知自心念念常有佛成正觉。何以故？诸佛如来不离此心成正觉故。如自心，一切众生心亦复如是，悉有如来成等正觉，广大周遍，无处不有，不离不断，无有休息，入不思议方便法门。佛子！菩萨摩诃萨应如是知如来成正觉。"

尔时，普贤菩萨摩诃萨欲重明此义，而说颂言：

正觉了知一切法，无二离二悉平等，自性清净如虚空，我与非我不分别。

如海印现众生身，以此说其为大海；菩提普印诸心行，是故说名为正觉。

譬如世界有成败，而于虚空不增减；一切诸佛出世间，菩提一相恒无相。

如人化心化作佛，化与不化性无异；一切众生成菩提，成与不成无增减。

佛有三昧名善觉，菩提树下入此定，放众生等无量光，开悟群品如莲敷。

如三世劫刹众生，所有心念及根欲，如是数等身皆现，是故正觉名无量。

"佛子！菩萨摩诃萨应云何知如来、应、正等觉转法轮？佛子！菩萨摩诃萨应如是知如来以心自在力无起无转而转法轮，知一切法恒无起故；以三种转断所应断而转法轮，知一切法离边见故；离欲际、非际而转法轮，入一切法虚空际故；无有言说而转法轮，知一切法不可说故；究竟寂灭而转法轮，知一切法涅槃性故；以❶一切文字、一切言语而转法轮，如来音声无处不至故；知声如响而转法轮，了于诸法真实性故；于一音中出一切音而转法轮，毕竟无主故；无遗无尽而转法轮，内外无著故。佛子！譬如一切文字语言，尽未来劫说不可尽，佛转法轮亦复如是，一切文字安立显示，无有休息，无有穷尽。佛子！如来法轮悉入一切语言文字而无所住。譬如书字，普入一切事、一切语、一切算数、一切世间出世间处而无所住。如来音声亦复如是，普入一切处、一切众生、一切法、一切业、一切报中而无所住。一切众生种种语言，皆悉不离如来法轮。何以故？言音实相即法轮故。佛子！菩萨摩诃萨于如来转法轮应如是知。

"复次，佛子！菩萨摩诃萨欲知如来所转法轮，应知如来法轮所出生处。何等为如来法轮所出生处？佛子！如来随一切众生心行欲乐无量差别，出若干音声而转法轮。佛子！如来、应、正等觉有三昧，名究竟无碍无畏。入此三昧已，于成正觉一一身、一一口，各出一切众生数等言音，一一音中众音具足，各各差别而转法轮，令一切众生皆生欢喜。能如是知转法轮者，当知此人则为随顺一切佛法，不如是知，则非随顺。佛子！诸菩萨摩诃萨应如是知佛转法轮，普入无量众生界故。"

尔时，普贤菩萨摩诃萨欲重明此义，而说颂言：

如来法轮无所转，三世无起亦无得，譬如文字无尽时，十力法轮亦如是。

如字普入而无至，正觉法轮亦复然，入诸言音无所入，能令众生悉欢喜。

佛有三昧名究竟，入此定已乃说法，一切众生无有边，普出其音令悟解。

一一音中复更演，无量言音各差别，于世自在无分别，随其欲乐普使闻。

文字不从内外出，亦不失坏无积聚，而为众生转法轮，如是自在甚奇特。

"佛子！菩萨摩诃萨应云何知如来、应、正等觉般涅槃？佛子！菩萨摩诃萨欲知如来大涅槃者，当须了知根本自性。如真如涅槃，如来涅槃亦如是；如实际涅槃，如来涅槃亦如是；如法界涅槃，如来涅槃亦如是；如虚空涅槃，如来涅槃亦如是；如法性涅槃，如来涅槃亦如是；如离欲际涅槃，如来涅槃亦如是；如无相际涅槃，如来涅槃亦如是；如我性际涅槃，如来涅槃亦如是；如一切法性际涅槃，如来涅槃亦如是；如真如际涅槃，如来涅槃亦如是。何以故？涅槃无生无出故，若法无生无出，则无有灭。佛子！如来不为菩萨说诸如来究竟涅槃，亦不为彼示现其事。何以故？为欲令见一切如来常住其前，于一念中见过去、未来一切诸佛色相圆满皆如现在，亦不起二、不二想。何以故？菩萨摩诃萨永离一切诸想著故。佛子！诸佛如来为令众生生欣乐故，出现于世；欲令众生生恋慕故，示现涅槃；而实如来无有出世，亦无涅槃。何以故？如来常住清净法界，随众生心示现涅槃。佛子！譬如日出，普照世间，于一切净水器中影无不现，普遍众处而无来往，或一器破便不现影。佛子！于汝意云何？彼影不现为日咎不？"

答言："不也。但由器坏，非日有咎。"

"佛子！如来智日亦复如是，普现法界无前无后，一切众生净心器中佛无不现，心器常净，常见佛身，若心浊器破，则不得见。佛子！若有众生应以涅槃而得度者，如来则为示现涅槃，而实如来无生、无没，无有灭度。佛子！譬如火大，于一切世间能为火事，或时一处其火息灭。于意云何？岂一切世间火皆灭耶？"

答言:"不也。"

"佛子!如来、应、正等觉亦复如是,于一切世界施作佛事,或于一世界能事已毕,示入涅槃,岂一切世界诸佛如来悉皆灭度?佛子!菩萨摩诃萨应如是知如来、应、正等觉大般涅槃。复次,佛子!譬如幻师善明幻术,以幻术力,于三千大千世界一切国土、城邑、聚落示现幻身,以幻力持,经劫而住。然于余处,幻事已讫,隐身不现。佛子!于汝意云何,彼大幻师岂于一处隐身不现,便一切处皆隐灭耶?"

答言:"不也。"

"佛子!如来、应、正等觉亦复如是,善知无量智慧方便种种幻术,于一切法界普现其身,持令常住尽未来际。或于一处,随众生心,所作事讫,示现涅槃。岂以一处示入涅槃,便谓一切悉皆灭度?佛子!菩萨摩诃萨应如是知如来、应、正等觉大般涅槃。

"复次,佛子!如来、应、正等觉示涅槃时,入不动三昧。入此三昧已,于一一身各放无量百千亿那由他大光明,一一光明各出阿僧祇莲华,一一莲华各有不可说妙宝华蕊,一一华蕊有师子座,一一座上皆有如来结跏趺坐,其佛身数正与一切众生数等,皆具上妙功德庄严,从本愿力之所生起。若有众生善根熟者,见佛身已,则皆受化。然彼佛身,尽未来际,究竟安住,随宜化度一切众生未曾失时。佛子!如来身者,无有方处,非实非虚,但以诸佛本誓愿力,众生堪度,则便出现。菩萨摩诃萨应如是知如来、应、正等觉大般涅槃。佛子!如来住于无量无碍究竟法界、虚空界,真如法性无生无灭及以实际,为诸众生随时示现,本愿持故,无有休息,不舍一切众生、一切刹、一切法。"

尔时,普贤菩萨摩诃萨欲重明此义,而说颂言:

> 如日舒光照法界,器坏水漏影随灭;最胜智日亦如是,众生无信见涅槃。
>
> 如火世间作火事,于一城邑或时息;人中最胜遍法界,化事讫处示终尽。

幻师现身一切刹，能事毕处则便谢；如来化讫亦复然，于余国土常见佛。

佛有三昧名不动，化众生讫入此定，一念身放无量光，光出莲华华有佛。

佛身无数等法界，有福众生所能见，如是无数一一身，寿命庄严皆具足。

如无生性佛出兴，如无灭性佛涅槃，言辞譬喻悉皆断，一切义成无与等。

"佛子！菩萨摩诃萨应云何知于如来、应、正等觉见闻亲近所种善根？佛子！菩萨摩诃萨应知于如来所见闻亲近所种善根皆悉不虚，出生无尽觉慧故，离于一切障难故，决定至究竟故，无有虚诳故，一切愿满故，不尽有为行故，随顺无为智故，生诸佛智故，尽未来际故，成一切种胜行故，到无功用智地故。佛子！譬如丈夫，食少金刚，终竟不消，要穿其身，出在于外。何以故？金刚不与肉身杂秽而同止故。于如来所种少善根亦复如是，要穿一切有为诸行烦恼身过，到于无为究竟智处。何以故？此少善根不与有为诸行烦恼而共住故。佛子！假使干草积同须弥，投火于中，如芥子许，必皆烧尽。何以故？火能烧故。于如来所种少善根亦复如是，必能烧尽一切烦恼，究竟得于无余涅槃。何以故？此少善根性究竟故。佛子！譬如雪山有药王树，名曰善见。若有见者，眼得清净；若有闻者，耳得清净；若有嗅者，鼻得清净；若有尝者，舌得清净；若有触者，身得清净；若有众生取彼地土，亦能为作除病利益。佛子！如来、应、正等觉无上药王亦复如是，能作一切饶益众生。若有得见如来色身，眼得清净；若有得闻如来名号，耳得清净；若有得嗅如来戒香，鼻得清净；若有得尝如来法味，舌得清净，具广长舌，解语言法；若有得触如来光者，身得清净，究竟获得无上法身；若于如来生忆念者，则得念佛三昧清净；若有众生供养如来所经土地及塔庙者，亦具善根，灭除一切诸烦恼患，得贤圣乐。佛子！我今告汝，设有众生见闻于佛，业障缠覆，不生信乐，亦种善根无空过者，乃至究竟入于涅槃。佛子！菩萨摩诃萨应如是知于如来所见闻亲近，所种善根，悉离一切诸不善法，具足善法。

"佛子！如来以一切譬喻说种种事，无有譬喻能说此法。何以故？心智路绝，不思议故。诸佛菩萨但随众生心，令其欢喜，为说譬喻，非是究竟。佛子！此法门名为如来秘密之处，名一切世间所不能知，名入如来印，名开大智门，名示现如来种性，名成就一切菩萨，名一切世间所不能坏，名一向随顺如来境界，名能净一切诸众生界，名演说如来根本实性不思议究竟法。佛子！此法门，如来不为余众生说，唯为趣向大乘菩萨说，唯为乘不思议乘菩萨说，此法门不入一切余众生手，唯除诸菩萨摩诃萨。佛子！譬如转轮圣王所有七宝，因此宝故显示轮王，此宝不入余众生手，唯除第一夫人所生太子，具足成就圣王相者。若转轮王无此太子具众德者，王命终后，此诸宝等于七日中悉皆散灭。佛子！此经珍宝亦复如是，不入一切余众生手，唯除如来法王真子，生如来家，种如来相诸善根者。佛子！若无此等佛之真子，如是法门不久散灭。何以故？一切二乘不闻此经，何况受持、读诵、书写、分别解说！唯诸菩萨乃能如是。是故，菩萨摩诃萨闻此法门应大欢喜，以尊重心恭敬顶受。何以故？菩萨摩诃萨信乐此经，疾得阿耨多罗三藐三菩提故。佛子！设有菩萨于无量百千亿那由他劫行六波罗蜜，修习种种菩提分法。若未闻此如来不思议大威德法门，或时闻已，不信、不解、不顺、不入，不得名为真实菩萨，以不能生如来家故。若得闻此如来无量不可思议无障无碍智慧法门，闻已信解，随顺悟入，当知此人生如来家，随顺一切如来境界，具足一切诸菩萨法，安住一切种智境界，远离一切诸世间法，出生一切如来所行，通达一切菩萨法性，于佛自在心无疑惑，住无师法，深入如来无碍境界。佛子！菩萨摩诃萨闻此法已，则能以平等智知无量法，则能以正直心离诸分别，则能以胜欲乐现见诸佛，则能以作意力入平等虚空界，则能以自在念行无边法界，则能以智慧力具一切功德，则能以自然智离一切世间垢，则能以菩提心入一切十方网，则能以大观察知三世诸佛同一体性，则能以善根回向智普入如是法，不入而入，不于一法而有攀缘，恒以一法观一切法。佛子！菩萨摩诃萨成就如是功德，少作功力，得无师自然智。"

尔时，普贤菩萨欲重明此义，而说颂言：

见闻供养诸如来，所得功德不可量，于有为中终不尽，要灭烦恼离众苦。

譬人吞服少金刚，终竟不消要当出；供养十力诸功德，灭惑必至金刚智。

如干草积等须弥，投芥子火悉烧尽；供养诸佛少功德，必断烦恼至涅槃。

雪山有药名善见，见闻嗅触消众疾；若有见闻于十力，得胜功德到佛智。

尔时，佛神力故，法如是故，十方各有十不可说百千亿那由他世界六种震动，所谓东涌西没、西涌东没、南涌北没、北涌南没、边涌中没、中涌边没。十八相动，所谓动、遍动、等遍动，起、遍起、等遍起，涌、遍涌、等遍涌，震、遍震、等遍震，吼、遍吼、等遍吼，击、遍击、等遍击。雨出过诸天一切华云、一切盖云、幢云、幡云、香云、鬘云、涂香云、庄严具云、大光明摩尼宝云、诸菩萨赞叹云、不可说菩萨各差别身云，雨成正觉云、严净不思议世界云，雨如来言语音声云，充满无边法界。如此四天下，如来神力如是示现，令诸菩萨皆大欢喜，周遍十方一切世界，悉亦如是。

是时，十方各过八十不可说百千亿那由他佛刹微尘数世界外，各有八十不可说百千亿那由他佛刹微尘数如来，同名普贤，皆现其前，而作是言："善哉！佛子！乃能承佛威力，随顺法性，演说如来出现不思议法。佛子！我等十方八十不可说百千亿那由他佛刹微尘数同名诸佛皆说此法；如我所说，十方世界一切诸佛亦如是说。佛子！今此会中，十万佛刹微尘数菩萨摩诃萨，得一切菩萨神通三昧，我等皆与授记，一生当得阿耨多罗三藐三菩提。佛刹微尘数众生，发阿耨多罗三藐三菩提心，我等亦与授记，于当来世经不可说佛刹微尘数劫，皆得成佛，同号佛殊胜境界。我等为令未来诸菩萨闻此法故，皆共护持。如此四天下所度众生，十方百千亿那由他无数无量，乃至不可说不可说法界虚空等一切世界中所度众生，皆亦如是。"

尔时，十方诸佛威神力故，毗卢遮那本愿力故，法如是故，善根力故，如来起智不越念故，如来应缘不失时故，随时觉悟诸菩萨故，往昔所作无失坏故，令得普贤广大行故，显现一切智自在故，十方各过十不可说百千亿那由他佛刹微尘数世界外，各有十不可说百千亿那由他佛刹微尘数菩萨来诣于此，充满十方一切法界，示现菩萨广大庄严，放大光明网，震动一切十方世界，坏散一切诸魔宫殿，消灭一切诸恶道苦，显现一切如来威德，歌咏赞叹如来无量差别功德法，普雨一切种种雨，示现无量差别身，领受无量诸佛法，以佛神力各作是言：“善哉！佛子！乃能说此如来不可坏法。佛子！我等一切皆名普贤，各从普光明世界普幢自在如来所而来于此，彼一切处亦说是法，如是文句，如是义理，如是宣说，如是决定，皆同于此，不增不减。我等皆以佛神力故，得如来法故，来诣此处，为汝作证。如我来此，十方等虚空遍法界一切世界诸四天下亦复如是。”

尔时，普贤菩萨承佛神力，观察一切菩萨大众，欲重明如来出现广大威德，如来正法不可沮坏，无量善根皆悉不空，诸佛出世必具一切最胜之法，善能观察诸众生心，随应说法未曾失时，生诸菩萨无量法光，一切诸佛自在庄严，一切如来一身无异，从本大行之所生起，而说颂言：

一切如来诸所作，世间譬喻无能及，为令众生得悟解，非喻为喻而显示。

如是微密甚深法，百千万劫难可闻；精进智慧调伏者，乃得闻此秘奥义。

若闻此法生欣庆，彼曾供养无量佛，为佛加持所摄受，人天赞叹常供养。

此为超世第一财，此能救度诸群品，此能出生清净道，汝等当持莫放逸。

注释

❶"以"，大正本原无，今依明本增之。

【白话语译】

"佛子啊！❶菩萨应该如何了知如来的境界呢？佛子啊！菩萨摩诃萨能以无障碍的智慧，了知世间所有的境界无不是如来境界。了知一切过去、现在、未来的三世境界，一切佛刹的、一切法的境界，一切众生的境界，真如无差别的境界，法界无障碍的境界，真如、实际无边的境界，虚空无法分量的境界，无境界的境界等，都是如来的境界。

"佛子啊！就如同世间所有的境界无量，如来的境界也是无量的。如同一切过去、现在、未来的三世无量，如来的境界也是无量的。乃至如同无境界的境界无量，如来的境界也是无量的。如同无境界的境界在一切处无所有，如来的境界也是如此，在一切处都是无所有的。

"佛子啊！菩萨摩诃萨应当了知心的境界就是如来的境界，就如同心的境界无量无边，即无有所谓缠缚、也无有所谓解脱，如来的境界也是无量无边，没有所谓的束缚或解脱。为什么呢？因为如来是用如是、如是的实相思惟分别，用如是、如是显现无量的实相。

"佛子啊！❷就如同大龙王是随着自己的心意而下雨，这雨既不是从身内而出，也不是从身外出。如来的境界也是如此，随着如是的思惟分别就能显现无量的如是。因此，如来在十方世界，都是无来也无去。佛子啊！❸就好像海水都是龙王的心力所化现，诸佛如来的所有智慧海也是这样，都是从如来往昔的大愿所生起。

"佛子啊！❹一切智慧大海虽然无量无边，不可思议，没法用言语述说，但是我现在仍然要用譬喻为你们宣说，你们应当仔细聆听。

"佛子啊！在这个世界南方的阎浮提洲，有两千五百条河流流入大海，西方的拘耶尼洲则有五千条河流流入大海，东方的弗婆提洲则有七千五百条河流流入大海，北方的郁单越洲更有一万条河流流入大海。佛子啊！这个世界的四方，各有如同上述的两万五千条河流相续不绝地流入大海。你认为这样流注的水有多少呢？"

听法的大众回答："很多。"

"佛子啊！又有十位光明龙王在大海中降雨，他们降下的雨量是前述所说水量的一倍以上；一百位光明龙王降雨大海时，降下的雨水又是前述所说雨水的两倍以上；大庄严龙王、摩那斯龙王、雷震龙王、难陀跋难陀龙王、无量光明龙王、连霍不断龙王、大胜龙王、大奋迅龙王，如前述等八十亿位诸大龙王，在大海中降下的雨水，都倍于前者。娑竭罗龙王名为阎浮幢的太子，在大海中降雨时，所降的雨水又比前面八十亿位龙王所降的雨水加倍。

"佛子啊！如果十座光明龙王宫殿中的水流入大海，那些水又倍于前者雨下的水；百座光明龙王宫殿中的水流入大海时，那些水又倍于前者的水量。

"大庄严龙王、摩那斯龙王、雷震龙王、难陀跋难陀龙王、无量光明龙王、连霍不断龙王、大胜龙王、大奋迅龙王，如上所述等八十亿位诸大龙王，各有他们自己的宫殿，宫殿中各自有水流入大海，都是展转倍于前面所述。娑竭罗龙王太子阎浮幢宫殿中所流入大海的水量，又倍于前者。

"佛子啊！娑竭罗龙王连续降雨大海时，这些水又倍于前者的水量；娑竭罗龙王宫涌出流入海中的水，又倍于前面所说的水量。这宫殿所流出的水是绀青琉璃色，这水会在一定的时间涌出，所以大海潮汐才会固定周而复始。

"佛子啊！如同这大海的水流广大，无边无量、又宝藏无量，众生无量，它所依止的大地也是无量的。佛子啊！你们认为如何呢？那些大海是无量的吗？"

听法的大众回答："大海实在是非常广大，大到无法比喻。"

"佛子啊！这大海的无量若和如来智慧大海的无量相较，还不及如来智慧大海的百分之一，也不及千分之一，乃至不及优婆尼沙陀❺分之一。这只是随着众生的理解譬喻。其实佛的境界，根本没法用譬喻形容。

"佛子啊！菩萨摩诃萨应该了知，如来的智慧海无量，因为他从发心以来，修持一切菩萨行不曾间断；应该了知如来聚集的法宝无量，因为一切的菩提分法从不断绝三宝的种性；应该了知如来安住的众生无量，因为一切在学位、无学位的声闻、独觉等贤圣都能受用；应该了知他所安住的境地无量，因为从初欢喜地到究竟无障碍地，乃至诸位菩萨所安住的境地，他都安住在。

"佛子啊！菩萨摩诃萨为了证入无量的智慧利益一切众生，应该如此了知如来的境界。"

这时，普贤菩萨想要重新说明这个义理，就说了下面的偈颂：

> 如心境界无有限量，诸佛境界亦复皆然，
> 如心境界从意出生，佛境如是应当观察。
> 如龙不离于其本处，以心威力霆下大雨，
> 雨水虽无有来去处，随龙心故悉皆充洽。
> 十力牟尼亦复如是，无所从来亦无所去，
> 若有净心则示现身，量等法界入于毛孔。
> 如海珍奇无有限量，众生大地亦复皆然，
> 水性一味等无差别，于中生者各蒙其利。
> 如来智海亦复如是，一切所有皆无限量，
> 有学无学住地圣人，悉在其中而得饶益。

"佛子啊！菩萨摩诃萨应该如何了知如来的行愿？

"佛子啊！菩萨摩诃萨应当了知无碍行是如来行，应该了知真如行是如来行。佛子啊！就如同真如是不生前际的境界，不动后际的境界，也不现起现在的境界。就如同了知过去、未来、现在都是性空如幻，不生不灭。如来行也是如此，不生、不动、不起。

"佛子啊！就如同法界是不能计量的，但也不是无法计量的，因为法界如同虚空无形、无相。如来行也是如此，不是能计量的，也不是无法计量的，因为如来行如同虚空无形无相。佛子啊！假如飞翔虚空的鸟儿，不断地飞了百年，它所经过的地方，或尚未经过的地方，都是不可计量的。

为什么呢？因为虚空没有边际。如来行也是这样。假如有人经过百千亿那由他劫分别演说如来行，不管他已经宣说的有多少，或还有多少尚未宣说，这一切都是不可思量的。为什么呢？因为如来行没有边际。

"佛子啊！如来安住在无碍行时，无有住处。所以能普遍为一切众生示现所行，使他们看见之后，超越所有的障碍。佛子啊！就像金翅鸟王飞行虚空，回翔不去，能不断以清净明亮的双眼观察海中各类龙族的宫殿，只要它一发现龙宫，就会奋勇猛力地向前飞去。鼓动翅膀扬起海水，使海水向两侧分开，好让它观察龙族的男女。如果有寿命即将穷尽者，就飞下去攫取他们。

"如来的金翅鸟王也是如此，当他安住无碍行时，能用清净的佛眼观察法界各宫殿里的所有众生。如果有曾经种下善根，已经成熟的，如来就奋勇猛力地鼓动止与观的双翅，扬起广大的生死爱欲之海。分这海为两侧，而摄取善根成熟的众生，安置他们在佛法中。让他们断绝一切妄想戏论，安住如来无分别、无碍行的境界。

"佛子啊！譬如日月单独安住虚空，没有和它们一样的伴侣。日月周行虚空，利益众生时，也不会这样想：'我从某处来，将要到某处去。'如来也是这样，他的体性本来寂灭，没有分别。示现游行一切法界，只是为了饶益众生。兴作各种佛事，不曾稍歇，但是他不会产生如此的戏论分别：'我从这里来，要往那里去。'佛子啊！菩萨摩诃萨应该以如此等无量的方便、无量的性相，知见如来所行之行。"

这时，普贤菩萨为了要重新说明这个义理，就说了下面的偈颂：

> 譬如真如本不生灭，无有方所无能见之，
> 大饶益者妙行如是，出过三世不可限量。
> 法界非界与非非界，非是有量亦非无量，
> 大功德者妙行亦然，非量无量无身之故。
> 如鸟飞行亿千岁时，前后虚空等无差别，
> 众劫演说如来妙行，已说未说不可限量。

金翅在空观诸大海，辟水博取男女龙众，

十力能拔诸善根人，令出有海拔除众惑。

譬如日月游于虚空，照临一切不可分别，

世尊周行于诸法界，教化众生无有动念。

"佛子啊！诸位菩萨摩诃萨怎样才能了知如来所成就的正觉？

"佛子啊！菩萨摩诃萨应当了知如来成就正等正觉现证一切义理，无所观察，对诸法平等也毫无疑惑。现前的一切都是无二、无相、无行、无止、无量、无际，远离两边对待，安住中道第一义谛。他虽远离一切的文字言说，却明白了知一切众生的心念所行、根器体性、志欲、喜乐与烦恼染习。简单地说，他一念之间就能完全了知过去、现在、未来三世一切诸法。

"佛子啊！譬如大海能普遍印现四天下一切众生的身形，因为这个特质，我们便说这就是大海。诸佛菩提也是如此，因为他能普遍示现所有众生的心念、根性、乐欲，所以我们称他为诸佛菩提。佛子啊！❻诸佛菩提是一切文字所不能宣说，一切声音所不能到达，一切言语所不能说尽的。只能随着众生所相应根器因缘，方便开示。

"佛子啊！❼如来成就正觉的时候，得到了等同一切数量身形，得到了等同一切法数量的身形，得到了等同一切刹数量的身形，得到了等同过去、现在、未来三世数量的身形，得到了等同诸佛数量的身形，得到了等同语言数量的身形，得到了等同所有真如数量的身形，得到了等同法界数量的身形，得到了等同虚空界数量的身形，得到了等同无碍界数量的身形，得到了等同一切誓愿数量的身形，得到了等同一切行数量的身形，得到了等同一切寂灭涅槃数量的身形。

"佛子啊！如同前述佛陀所证得的身形，他的言语及心念也是如此，得到了等同上述无量无数的清净身、语、意三轮。

"佛子啊！❽如来成就正觉的时候，他自身中能普见众生成就正觉，乃至于普见众生进入涅槃，都是同一体性。这个体性就是无性。是哪些无性呢？就是无相性、无尽性、无生性、无灭性、无我性、无非我性、无众生性、无非众生性、无菩提性、无法界性、无虚空性，也无有成正觉性。因为他了知诸法都是无性，所以他能证得一切智慧，大悲相续不绝，救度众生。

"佛子啊！❾譬如虚空，不会因为世界成就或毁坏，就增加或减少。为什么呢？因为虚空无生。诸佛菩提也是如此，成正觉与不成正觉，都丝毫不会增加或减少。为什么？因为菩提无相。也不是非相，不能说它们是一样的，但也不能说他们各各相异。

"佛子啊！❿假如有人能幻化等同恒河沙数的心，每一心识又再幻化等同恒河沙数无色、无形、无相。如此地穷尽恒河沙数的时劫，没有休息地幻化。佛子啊！你们怎么想呢？那些人所幻化的心、幻化的如来到底有多少？"

如来性起妙德菩萨回答说："如同我对仁者所说义理的了解，幻化与不幻化都是同一的，没有差别，所以怎么能问有多少呢？"

普贤菩萨说："善哉！善哉！佛子啊！如同你所说，假设一切众生，能在一念之间成就正觉，或不成就正觉，两者都是平等没有差异的。为什么？因为菩提无相。既然无相，就没有所谓的增加、或是减少。佛子啊！⓫菩萨摩诃萨应当了知不管成就正等正觉与否，都是等同菩提的一相无相。如来成就正觉的时候，能以一相的方便证入善觉智的三昧禅定，证入之后，又能以一个成就正觉的广大身，示现等同一切众生数量的身形。并仍然安住原来的广大身形，如同一个成就正觉的广大身形，如此度化一切成就正觉的广大身也是如此。

"佛子啊！如来有等同上述无量成就正觉的法门，所以，你们应该了知如来示现的身形是无量的。因为无量，所以说如来的身形无量，等同众生。佛子啊！⓬菩萨摩诃萨应当了知如来身的一个毛孔中，有等同众生数量的佛身。为什么这样说呢？因为如来成就正觉身，究竟没有生灭。如同一毛孔遍于法界，一切毛孔也都是如此。所以菩萨应了知佛身是周遍法界，无所不在的。为什么这样说？因为如来已经成就正觉，无处不到。因此，如来能利用他的力量、势力，或示现道场，或示现菩提树下的师子座，用种种身形成就正觉。

"佛子啊！⑬菩萨摩诃萨应当了知自心念念之间都有佛陀圆满成就正觉。为什么这样说？因为诸佛不曾离开这个心而圆满成就正觉。如同自心，一切的众生心也是如此，都有如来成就正觉，广大周遍一切法界。而且不远离、不断绝、从不休息，因此证入不可思议的方便法门。

"佛子啊！菩萨摩诃萨应当如是了知如来成就正觉。"

这时，普贤菩萨想重新说明这个义理，而说了如下的偈颂：

> 正觉了知一切诸法，无二离二悉皆平等，
> 自性清净宛如虚空，我与非我亦不分别。
> 如海印现诸众生身，以此说其名为大海，
> 菩提普印诸心妙行，是故说此名为正觉。
> 譬如世界有成有败，而于虚空亦不增减，
> 一切诸佛出世间中，菩提一一相恒皆无相。
> 如人化心化作佛陀，化与不化体性无异，
> 一切众生成就菩提，成与不成无有增减。
> 佛有三昧名为善觉，菩提树下证入此定，
> 放众生等无量光明，开悟群品宛如莲敷。
> 如同三世劫刹众生，所有心念以及根欲，
> 如是数等妙身皆现，是故正觉名为无量。

"佛子啊！⑭菩萨摩诃萨怎样才能了知如来转动法轮？

"佛子啊！菩萨摩诃萨应当了知如来能以心的自在力量，无生、无转而常转法轮，这是因为了知一切法常住不断，恒常无生起的缘故。以随着众生根器指示诸法的示相转、使众生如法修行的劝修转，以及使其正证其身的依作证转行等三种转，断除所应断除的境界而转动法轮，因为他了知一切的法远离两边的相对见地；能远离欲际、非欲际而常转法轮，这是因为他已证入一切法的虚空际；能无言无语而常转法轮，因为他了知一切法不可言说；用究竟寂灭而常转法轮，因为了知一切法的涅槃体性⑮；能用一

切文字、一切言语而常转法轮，因为如来的声音无处不到；能了知声音如空谷回响而常转法轮，因为他明白了知诸法的真实体性；能以一个声音生出一切的声音而常转法轮，因为如来毕竟性空，无有主体；能够无有遗漏、无有穷尽地常转法轮，因为他内外皆无执着。

"佛子啊！例如一切的文字、语言穷尽未来劫数不可穷尽，诸佛也是如此转动法轮，安立显示一切文字，没有休息，没有穷尽。

"佛子啊！如来的法轮完全证入一切语言文字不曾安住。例如写字，普遍入于一切事、一切语言、一切算数、一切世间、出世间等处所，没有安住。如来的声音也是如此，遍入一切地方、一切众生、一切法、一切业、一切报中而没有安住。一切众生的种种语言，都不离如来的法轮。为什么？因为言语声音的实相即是法轮。佛子啊！菩萨摩诃萨对于如来的转法轮应如是了知。

"其次，佛子啊！❶菩萨摩诃萨若想了知如来所转的法轮，应当了知如来法轮的出处。什么是如来法轮的出处？佛子啊！如来能随顺众生的心行、志欲、喜乐等无量的差别，而发出种种不同的声音常转法轮。佛子啊！如来有一种叫究竟无碍无畏的三昧。他一进入这个三昧之后，能从每一位成正觉的身中、口中，各各发出等同众生数量的语言声音。每一个声音都具足所有的声音，各各不同而转法轮，使一切众生心生欢喜。凡是能够如此了知转法轮者的菩萨，就是随顺佛法的人，如果不能如是了知的，就称不上是随顺佛法的人。

"佛子啊！菩萨摩诃萨应当如是了知佛陀之所以转法轮，是因为他已普遍趣入无量的众生界。"

这时，普贤菩萨摩诃萨为了想要重新说明这个义理，就说了下面的偈颂：

如来法轮本无所转，三世无起亦无所得，
譬如文字无有尽时，十力法轮亦复如是。
如字普入而无所至，正觉法轮亦复皆然，

入诸言音而无所入，能令众生悉生欢喜。

佛有三昧名为究竟，入此定已乃为说法，

一切众生无有边际，普出其音令皆悟解。

一一音中复更演说，无量言音各有差别，

于世自在无所分别，随其欲乐普皆使闻。

文字不从内外而出，亦不失坏无所积聚，

而为众生恒转法轮，如是自在甚为奇特。

"佛子啊！菩萨摩诃萨要怎样才能知道如来大般涅槃的境界？

"佛子啊！想要了知如来大涅槃的菩萨摩诃萨，应当了知涅槃的根本自性，就如同真如涅槃，如来的涅槃也是如此；如同实际涅槃，如来的涅槃也是如此；如同法界涅槃，如来的涅槃也是如此；如同虚空涅槃，如来的涅槃也是如此；如同法性涅槃，如来的涅槃也是如此；如同远离欲望涅槃，如来的涅槃也是如此；如同无相际涅槃，如来的涅槃也是如此；如体性际涅槃，如来的涅槃也是如此；如同一切法性际涅槃，如来的涅槃也是如此；如同真如际涅槃，如来的涅槃也是如此。为什么呢？

"因为涅槃是无生起、无出兴的。如果诸法是无生起、无出兴，就没有所谓的殒灭。

"佛子啊！❶如来不会为菩萨宣说诸佛如来的究竟涅槃，也不会为他们示现这些境界。为什么呢？这是为了使他们见到诸佛如来常住其前，能够在一念之间就看见过去、未来的诸佛色相圆满，如同当下，不生起二或是不二等分别的念头。为什么呢？因为菩萨摩诃萨永远离弃了一切名利心想的执着。

"佛子啊！❷诸佛如来为了使众生生起欣乐，而出现世间；又为了使众生恋眷羡慕诸佛，而示现涅槃。其实，如来既不曾出现世上，也没有涅槃。为什么这样说呢？因为如来始终安住清净的法界，只是随着众生心而示现涅槃。

"佛子啊！譬如太阳出来的时候，普照世间，一切装着净水的器皿没有不出现太阳影像的。它虽然出现在许多地方，而实际上却没有任何来往。如果有器皿破了，就没法看到太阳的影像。佛子啊！你们怎么想呢？那些影像没有出现，是太阳的过失吗？"

大众回答："不是的，这并非太阳的过错，而是因为器皿坏了。"

"佛子啊！如来的智慧也是如此，能像太阳普遍示现法界，没有前后。因此，只要众生的心器清净，诸佛没有不示现的。若人心器常清净，就可以常见诸佛；如果心器混浊，或是破灭了，就没法见到诸佛。

"佛子啊！如果有众生应当因为见佛涅槃而度脱的，如来就会为他示现涅槃。其实，如来既没有生，也没有死，更没有真实的灭度。佛子啊！例如大火，虽能在世间的任何地方燃烧任何东西，但如果某个时候，某个地方的火熄灭了，你们会认为世间所有的火都熄灭了吗？"

大众回答："不会的。"

"佛子啊！如来也是如此，某位如来在世界兴作佛事。有时，他在某个世界间能做的事已经做完了，就示现涅槃，难道世间诸佛也都跟着灭度了吗？佛子啊！菩萨摩诃萨应如是了知如来的大般涅槃。

"其次，佛子啊！例如幻化大师善巧明了一切的幻术，因此能利用幻术，在三千大千世界一切的国土、城邑、聚落示现幻化之身。即使过了一个时劫，幻化之身仍然安住。但是幻化师其他地方幻化的事早已结束，而隐身不现。佛子啊！你们认为那些幻化大师在一个地方隐身不现，难道连在所有的地方都隐藏消灭了吗？"

大众回答："不是的。"

"佛子啊！如来也是如此。诸佛明白了知无量智慧方便的种种幻术，因此能在一切佛界中普遍示现身形，尽未来际使身常住。有时在某个地方，随顺众生结束所作的事业后，就示现涅槃。难道他在一个地方示现入涅槃，便说他在一切国土都灭度了吗？佛子啊！菩萨摩诃萨应如上所述地了知如来的大般涅槃境界。

"其次，佛子啊！如来示现涅槃时，进入不动三昧的禅定。进入这个三昧后，能在一一身中各自放出无量百千亿那由他大光明，一一光明各现出阿僧祇莲华，一一莲华各有不可说妙宝花蕊，一一花蕊中各有师子座，一一座上都有如来结跏趺坐。那些佛身数量刚好等同众生的数量，都具足了从根本愿力所生起的上妙功德庄严。如果众生的善根成熟，一见到诸佛身形，就能受佛陀教化开示。但是这教化众生的佛身却是穷尽未来际，都究竟安住，他只是随着最适宜众生的时机因缘，教化救度他们。所以，佛子啊！你们应当了知如来身是没有方向处所，既不能说是实在的、也不能说是虚幻的。诸佛只是依着根本誓愿的力量，有众生堪以救度时，就出现在世间。菩萨摩诃萨应该像上面所说的了知如来的大般涅槃。

"佛子啊！如来安住无量无碍的究竟法界、虚空界时，真如的法性没有生起，也没有灭绝。因为他能及用究竟实际的境界，为众生随时示现总持不变的本愿，没有休息，也不舍弃一切众生、一切刹土、一切法门。"

这时，普贤菩萨摩诃萨为了要重新说明这个义理而说出下面的偈颂：

> 如日舒光照映法界，器坏水漏影像随灭，
> 最胜智日亦复如是，众生无信见彼涅槃。
> 如火世间现作火事，于一城邑或时休息，
> 人中最胜遍诸法界，化事讫处示现终尽。
> 幻师现身一切刹土，能事毕处则便示现，
> 如来化托亦复皆然，于余国土恒常见佛。
> 佛有三昧名为不动，化众生迕入于此定，
> 一念身放无量光明，光出莲华华中有佛。
> 佛身无数等诸法界，有福众生所能亲见，
> 如是无数一一妙身，寿命庄严悉皆具足。
> 如无生性诸佛出兴，如无灭性佛示涅槃，
> 言辞譬喻悉皆断绝，一切义成无与等比。

"佛子啊！⑲菩萨摩诃萨应该怎样才能见闻亲近如来所种的善根？

"佛子啊！菩萨摩诃萨应当了知，凡在诸佛的处所，见闻以及亲近诸

佛所种的善根，都是功不唐捐，且不会虚过的。因为亲近诸佛如来能出生无尽的觉悟智慧；能远离一切的障碍困难；能决定无碍直至究竟，毫不虚假诳语；能圆满一切的誓愿，有为行从不穷尽；能随顺无为的智慧；能生起诸佛的智慧；能穷尽未来际，成就一切种胜行，达到无功用的智慧。

"佛子啊！例如有人吞下少量的金刚，终究是无法消化的，金刚甚至会穿过他的身体，露出身外。为什么呢？因为金刚不会和杂秽的肉身共同安止。众生在如来处所种下的少量善根也是如此，能穿过一切的有为行、烦恼身，而到达无为究竟的智慧。为什么能够这样？因为像这样微小的善根是不会再与各种有为行共同安住的。佛子啊！假如干草堆得跟须弥山一样广大，只要投入芥子的火苗，就可以烧尽这座干草堆。为什么呢？因为火能燃烧草堆。众生在如来处所种下的微少善根也是如此，定能烧尽所有的烦恼，得到究竟的无余涅槃。为什么呢？这都是因为这种微小善根性的究竟本性。

"佛子啊！譬如雪山，有一棵名叫善见的药王树。凡是看见这树的众生，眼根莫不变得清净；凡是听到它名字的人，耳根莫不变得清净；凡是嗅到它味道的人，鼻根莫不变得清净；凡是尝到它味道的人，舌根莫不变得清净；凡是接触到它的人，身体莫不变得清净。即使众生，只是挖取那树附近的泥土，也能除去病厄。

"佛子啊！如来这位无上药王也是如此，能作一切饶益众生的事业。如果有人得见如来的色身，就能清净眼根；如果有人得以听闻如来的名号，就能清净耳根；如果有人得以嗅到如来的戒香，就能清净鼻根；如果有人得以尝到如来的法味，就能清净舌根，具备广长舌相，了解一切语言之法；如果有人得以接触如来的光明，就能清净身体，获得究竟无上的法身；如果有人能忆念如来，就能得到念佛三昧的清净；如果有人能供养如来，即使连如来经过的土地和塔庙也供养的话，就具足了能灭除所有烦恼忧愁的善根，得到贤圣的喜乐。

"佛子啊！我现在告诉你们：'如果有业障深重的众生得以见闻诸佛，即使不心生信心喜乐，但也能种下善根，丝毫不会空过，一直到究竟入涅

槃。佛子啊！菩萨摩诃萨应如是了知，在如来的处所，见闻亲近诸佛所种下的善根，都能完全远离一切的不善法，具足善法。'

"佛子啊！如来虽能运用一切的譬喻宣说种种佛事，但其实却没有任何譬喻能够宣说这个法。为什么呢？因为这不是用心智可以思惟的，境界不可思议。诸佛菩萨只是随顺众生的心，使他们欢喜，为他们引用譬喻，本来就不算究竟。佛子啊！这法门叫作如来秘密之处的法门，或称一切世间所不能了知的法门，或称入如来印法门，或称开大智慧的法门，或称示现如来种性的法门，或称成就一切菩萨的法门，或称一切世间所不能破坏的法门，或称一向随顺如来境界的法门，或称能清净一切众生界的法门，或称演说如来根本实性，不可思议的究竟法门。

"佛子啊！这些法门，如来不为一般的众生演说，只为趣向大乘的菩萨演说，或为不可思议的菩萨乘演说。这些法门不会流入一般众生的手中，除了菩萨摩诃萨之外。

"佛子啊！譬如转轮圣王的处所有七宝，人们因为这七宝而知道他是轮王。就像这些宝物不会落入其他人的手中，除了第一夫人所生的太子，具足成就转轮圣王条件的人。假如转轮圣王没有这位具足聚多德性的太子，那么这些宝物在转轮圣王命终之后七天，就会全部散失灭绝。佛子啊！这经典珍宝也是如此，不会落入一般众生的手中，只会承传如来的正法王子，或生于如来之家，种下如来相诸善根的人。

"佛子啊！如果没有这些佛陀的真子，这些法门不久之后就会散失灭绝。为什么呢？因为一切声闻、缘觉二乘不曾听闻此经，怎么谈得上受持、读诵、书写此经，甚至为人分别解说呢？所以，也只有诸位菩萨才能这样做。因为这个缘故，所以菩萨摩诃萨听闻这个法门之后应当欢喜、善重恭敬地顶礼接受。为什么呢？因为菩萨摩诃萨能信受喜乐这经典，立刻证得无上正等正觉。佛子啊！假设有菩萨于无量百千亿那由他劫行六度波罗蜜，修习种种菩提分法。如果没有听闻这种如来不思议大威德法门，或是当时听了之后，无法相信、或无法理解、不能随顺或证入的话，就不能称为真实菩萨，因为他无法出生于如来家中。如果菩萨听闻如来这种无量不可思议无障碍的智慧法门之后，能相信理解或随顺悟入，那么这位菩萨一定能生在如来家中，随顺一切如来境界；具备所有的菩萨法门，安住一切种智；远离所有的世间法，出生一切如来所行；通达一切菩萨的法性，对佛陀的自在，心毫无疑惑；安住无师之法，深入如来无碍的境界。

"佛子啊！菩萨摩诃萨听闻这个法门之后，就能用平等的智慧了知无量法门；就能用正直的心远离各种分别；就能用殊胜的欲乐现见诸佛；就能以作意的力量，趣入平等的虚空界；就能以自在的忆念行于无边法界；就能以智慧力具足一切功德；就能用本然如是的智慧远离世间所有的尘垢；就能用菩提心证入一切十方网；就能用广大的观察了知三世诸佛，都是同一体性；就能用善根回向的智慧趣入这个法门。这就是不入而入⑳；不会攀缘任何一法，恒常以一法观一切法㉑。佛子啊！大菩萨成就如此功德，少作功用时，就能得到无师的自然智慧。"

这时，普贤菩萨为了重新说明这个义理而说出如下的偈颂：

> 见闻供养诸佛如来，所得功德不可思量，
> 于有为中终不可尽，要灭烦恼离于聚苦。
> 譬人吞服少许金刚，终不消化必要当出，
> 供养十力诸般功德，灭惑必至金刚智地。
> 如干草积等须弥山，投芥子火悉皆烧尽，
> 供养诸佛少许功德，必断烦恼至于涅槃。
> 雪山有药名为善见，见闻嗅触消除众疾，
> 若有见闻于十力尊，得胜功德到于佛智。

这时，因为佛陀的威神力，法尔如是，十方不可说百千亿那由他世界都同时起了六种震动。这六种震动，就是东边涌出西边没入、西边涌出东边没入、南边涌出北边没入、北边涌出南边没入、边境涌出中间没入、中间涌出边境没入。从六种震动中又发生十八种的震动，这十八相动就是摇动、普遍地摇动、平等普遍地摇动浮起、普遍地浮起、平等普遍地浮起、

涌出、普遍地涌出、平等普遍地涌出、震撼、普遍地震撼、平等普遍地震撼、发出吼声、普遍地吼声、平等普遍地吼声、叩击、普遍地叩击、平等普遍地叩击。雨下过诸天的一切华云、一切宝盖云、宝幢云、香云、鬘云、涂香云、庄严具足云、大光明摩尼宝云、诸菩萨赞叹云、不可说菩萨各差别身云、雨下成正觉云、严净不思议世界云、雨下如来言语音声云，充满无边法界。如此四天下，如来的神力如是示现，使诸位菩萨都心生欢喜，周围一切的十方世界也是如此。

这时，十方各过八十不可说百千亿那由他佛国刹土微尘数世界外，各有八十不可说百千亿那由他佛国刹土微尘数的如来都同称名为普贤如来，都出现其前而这么说："善哉！佛子啊！只有你才能承受诸佛的威力，随顺法性，演说如来出现不可思议之法。佛子啊！我们十方世界。各有八十不可说百千亿那由他佛国刹土微尘数共同名号的佛，都在宣说此法，如同我所说的，十方世界一切诸佛也是这么演说。

"佛子啊！今天这个聚会，十万佛国刹土微尘数的菩萨摩诃萨，都已得到一切菩萨的神通三昧。我等都为他们授记，使他们以一生就可证得无上正等正觉。又佛国刹土微尘数里凡是发无上正等正觉的众生，我等也为他们授记。他们在未来世，经过不可说佛国刹土微尘数劫后，都得以成佛，他们共同的名号是佛殊胜境界如来。我为了使未来诸位菩萨听闻此法，所以都前来护持。如此四天下所度的众生，数量无尽，乃至于不可说不可说，法界虚空等一切世界中应当度化的众生，也是如此。"

这时，因为十方诸佛的威神力，因为毗卢遮那如来的本愿力，因为法本来如此，又因为诸佛的善根力，又因为如来生起的智慧，当下即证而不越过心念，又因为如来随应因缘而不错失时节，又因为诸佛能随时觉悟诸菩萨，又诸佛往昔所有的作为毫无过失败坏，又诸佛能使诸菩萨得到普贤广大的行愿，显现一切的智慧自在。所以，十方各过不可说百千亿那由他佛国刹土微尘数世界外，各有不可说百千亿那由他佛国刹土微尘数，充满十方一切法界的菩萨都来此处拜谒，示现菩萨的广大庄严。放大光明网，震动十方世界，诸魔的宫殿无不坏散，所有的恶道苦无不除灭，而显现一切如来的威德。并且歌咏叹赞如来的无量差别功德法，更普遍雨下种种雨。又示现无量差别身，领受无量的诸佛法，他们受诸佛神力加持，说着："善哉！佛子啊！你能宣说这个如来不可破坏之法。佛子啊！我们共同的名号是普贤菩萨，各从普光明世界普幢自在如来的处所来到这里，那里的一切处所也都演说这个法。那里所说的文句、义理，宣说的情形、决定的情形，都与您这儿相同，既不增加，也不减少。我们都因为佛陀的威神力，而证得如来法，所以特别前来此处，为你作证，如同我出现此处，为您作证。十方等虚空遍法界一切世界诸四天下的道场，也是如此。"

这时，普贤菩萨承受佛的神力，观察一切菩萨，想要重新说明如来出现的广大威德，及如来正法不可破坏，及无量的善根都是不空，诸佛出世必定具足最殊胜之法。又观察所有众生的心念，能随时应时机说法，因此能生起诸菩萨的无量法光。一切诸佛自在庄严，一切如来一身无异，都是从本来大行愿生起，而说出下面的偈颂：

> 一切如来所有作业，世间譬喻无能及者，
> 为令众生能得悟解，非喻为喻而为显示。
> 如是微密甚深妙法，百千万劫难可得闻，
> 精进智慧大调伏者，乃得闻此秘奥妙义。
> 若闻此法心生欣庆，彼曾供养无量诸佛，
> 为佛加持为所摄受，人天赞叹常为供养。
> 此为超世第一宝财，此能救度一切群品，
> 此能出生清净妙道，汝等当持慎莫放逸。

【注释】

❶ 第五段，说明出现之意境。

❷ 以下举三个比喻解释，初为降雨无从之喻，以证明无余脱。

❸ 次为海水从心之喻，比喻无缚脱之因。

❹ 次为海水宏深之喻，比喻无量无边。

❺ 优波尼沙陀，古印度形容极少数量之名称。

❻ 此段说明体相甚深。

❼ 此段说明三轮平等。

❽ 此段说明因果交彻。

❾ 此段说明菩提之体离亏盈。

❿ 此段说明菩提之相无增减。

⓫ 此段说明菩提之用该动寂。

⓬ 此段说明菩提周遍法界。

⓭ 此段说明菩提普遍诸心。

⓮ 此段说明出现之转法轮，所以菩提必可转换之。

⓯ 以上五句显示法轮、体性寂寥，次四句颂相用深广。

⓰ 以下说明法所起之因。

⓱ 前段说明涅槃体性真常，此段说明涅槃德用圆备。

⓲ 说明出没自在，示现涅槃无为而无所为。

⓳ 这段说明出现之见闻亲近所生之善根。

⓴ 此句释前之不入，即指入相之不可留。

㉑ 此句释不入之入，即寂然无入而不失觉照作用之意。